suhrkamp taschenbuch 1062

Ödön von Horváths Spießer tauchen in den verschiedensten Personifizierungen auf. Sie verraten sich durch ihre Monologe, und sie wissen über alles Bescheid. So wissen sie auch, ohne nachzudenken, was gut ist und was böse ist, – und vor allem, was sie sich selber schuldig sind: eine doppelte Moral. Eine, die sie sich selber zugestehen, und eine andere, die sich für andere eignet.
Marcel Reich-Ranicki nannte *Sechsunddreißig Stunden*, 1928/29 entstanden und 1972 erstmals publiziert, »eine kleine literarische Sensation«. Hermann Kesten schrieb über den 1930 erschienenen Roman *Der ewige Spießer*: »Horváth ist ein sehr witziger Erzähler, ein satirischer Beobachter der mittleren Gemeinheiten der mittleren Existenzen unserer mittleren Großstädte. Er erzählt innerhalb ganz einfacher Fabeln eine Fülle reizender, manchmal grotesker, scharf und treffend beobachteter, immer lustiger Anekdoten.«
Die neue Edition der Werke Ödön von Horváths trennt die Theaterstücke von den Prosawerken, ordnet die Texte dann chronologisch an, unter Beigabe der Pläne, Skizzen und Varianten. Anmerkungen zur Entstehung, Überlieferung und Textgestaltung sowie den heutigen Forschungsstand berücksichtigende Erläuterungen ergänzen jeden Band.
Band 1: *Zur schönen Aussicht und andere Stücke*
Band 2: *Sladek*
Band 3: *Italienische Nacht*
Band 4: *Geschichten aus dem Wiener Wald*
Band 5: *Kasimir und Karoline*
Band 6: *Glaube Liebe Hoffnung*
Band 7: *Eine Unbekannte aus der Seine und andere Stücke*
Band 8: *Figaro läßt sich scheiden*
Band 9: *Don Juan kommt aus dem Krieg*
Band 10: *Der jüngste Tag und andere Stücke*
Band 11: *Sportmärchen und andere Prosa*
Band 12: *Der ewige Spießer*
Band 13: *Jugend ohne Gott*
Band 14: *Ein Kind unserer Zeit*
Band 15: *Skizzen und Fragmente*

Ödön von Horváth
Gesammelte Werke

Kommentierte Werkausgabe in Einzelbänden
Herausgegeben von Traugott Krischke
unter Mitarbeit von Susanna Foral-Krischke

Band 12

Ödön von Horváth

Der ewige Spießer

Suhrkamp

Umschlagphoto: Ödön von Horváth Archiv, Berlin

suhrkamp taschenbuch 1062
Erste Auflage 1987

Satz: LibroSatz, Kriftel
Druck: Nomos Verlagsgesellschaft, Baden-Baden
Printed in Germany
Umschlag nach Entwürfen von
Willy Fleckhaus und Rolf Staudt

5 6 7 8 9 10 – 99 98 97 96 95 94

Inhalt

Sechsunddreißig Stunden

Roman

I

Die ganze Geschichte spielt in München. Als Agnes ihren Eugen kennen lernte, da war es noch Sommer. Sie waren beide arbeitslos und Eugen knüpfte daran an, als er sie ansprach. Das war in der Thalkirchner Straße vor dem städtischen Arbeitsamt und er sagte, er sei bereits zwei Monate ohne Arbeit und eigentlich kein Bayer, sondern ein geborener Österreicher. Sie sagte, sie sei bereits fünf Monate arbeitslos und eigentlich keine Münchnerin, sondern eine geborene Oberpfälzerin. Er sagte, er kenne die Oberpfalz nicht und sie sagte, sie kenne Österreich nicht, worauf er meinte, Wien sei eine sehr schöne Stadt und sie sehe eigentlich wie eine Wienerin aus. Sie lachte und er sagte, ob sie nicht etwas mit ihm spazieren gehen wollte, er habe so lange nicht mehr diskuriert, denn er kenne hier nur seine Wirtin und das sei ein pedantisches Mistvieh. Sie sagte, sie wohne bei ihrer Tante und schwieg. Er lächelte und sagte, er freue sich sehr, daß er sie nun kennen gelernt habe, sonst hätte er noch das Reden verlernt. Sie sagte, man könne doch nicht das Reden verlernen. Hierauf gingen sie spazieren. Über Sendlingertorplatz und Stachus, durch die Dachauerstraße, dann die Augustenstraße entlang hinaus auf das Oberwiesenfeld.
Als Eugen die ehemaligen Kasernen sah, meinte er, oft nütze im Leben der beste Wille nichts. Überhaupt gäbe es viele Mächte, die stärker wären als der Mensch, aber so dürfe man nicht denken, denn dann müßte man sich aufhängen. Sie sagte, er solle doch nicht so traurig daherreden, hier sei nun das Oberwiesenfeld und er solle doch lieber sehen, wie weit heut der Horizont wär und wie still die Luft, nur ab und zu kreise über einem ein Flugzeug, denn dort drüben sei der Flughafen. Er sagte, das wisse er schon und die Welt werde immer enger, denn bald wird

man von da drüben in zwei Stunden nach Australien fliegen, freilich nur die Finanzmagnaten mit ihren Sekretären und Geheimsekretärinnen. So sei das sehr komisch, das mit dem Herrn von Löwenstein, der zwischen England und Frankreich in der Luft auf das Klosett gehen wollte und derweil in den Himmel kam. Überhaupt entwickle sich die Technik kolossal, neulich habe ein Amerikaner den künstlichen Menschen erfunden, das sei wirklich großartig, daß der menschliche Geist solche Höhen erklimmt und sie werde es ja auch noch erleben, daß, wenn das so weiter geht, Europa zugrunde gehen wird. Daran wären zwar nicht die Maschinen schuld, sondern die anarchischen Produktionsverhältnisse und er habe gestern gelesen, daß sich das Sphinxgesicht der Wirtschaft langsam dem Sozialismus zuwende, weil sich die Kapitalisten anfangen zu organisieren. Sie sagte, jener amerikanische künstliche Mensch würde sie schon sehr interessieren. Er sagte, auch in München gäbe es künstliche Menschen, aber nun wolle er nichts mehr sagen.
Das war Ende August 1928. Es hatte wochenlang nicht mehr geregnet und man prophezeite einen kurzen trüben Herbst und einen langen kalten Winter. Die Landeswetterwarte konstatierte, daß das Hoch über Irland einem Tief über dem Golf von Biskaya weiche. Drüben in Amerika soll bereits Schnee gefallen sein und auch der Golfstrom sei nicht mehr so ganz in Ordnung, hörte man in München.
Am Nachmittag hatte es zwar drei Mal gedonnert, aber wieder nicht geregnet und nach Sonnenuntergang war es noch derart drückend schwül, als hätte die Luft Fieber. Erst um Mitternacht setzte sich langsam der Staub auf die verschwitzte Stadt.
Agnes fragte Eugen, ob auch er es fühle, wie schwül der Abend sei und dann: sie denke nun schon so lange darüber

nach und könne es sich gar nicht vorstellen, was er für einen Beruf hätte. »Kellner«, sagte er, und hätte es keinen Weltkrieg gegeben, wäre er heute sicher in einem ausländischen Grandhotel, wahrscheinlich in Afrika, in der Oase Bisra. Er könnt jetzt unter Palmen wandeln. Er hätt zehn Neger unter sich und tät dem Vanderbilt seinem Neffen servieren, er hätt fürstlich verdient und hätt sich mit fünfzig ein kleines Hotel im Salzkammergut gekauft. Auch die Pyramiden hätt er gesehen, wäre nicht die Schweinerei in Sarajevo passiert, wo die Serben den tschechischen Erzherzog, der wo der österreich-ungarische Thronfolger war, erschossen haben. Sie sagte, sie wisse nicht, was dieses Sarajevo für eine Stadt sei, ihr Vater sei zwar gefallen, gleich ganz zu Beginn und soviel sie gehört hätte, liege er vor Paris, aber sie könne sich an den ganzen Weltkrieg nicht gut erinnern, denn als der seinerzeit ausbrach, da sei sie erst vier Jahre alt gewesen. Sie erinnerte sich nur an die Inflation, wo auch sie Billionärin gewesen sei, aber sie denke lieber nicht daran, denn damals sei ihre Mutter an der Kopfgrippe gestorben. Sie habe zwar ihre Mutter nie richtig geliebt, die sei sehr mager gewesen und so streng weiß um den Mund herum und sie hätt oft das Gefühl gehabt, daß die Mutter denke: warum lebt das Mädel? Sie habe noch heut ab und zu Angst, obwohl nun die Mutter seit fünf Jahren tot sei. So habe sie erst neulich geträumt, sie sei wieder ganz klein und ein General mit lauter Orden sei in der Küche erschienen und habe gesagt: »Im Namen seiner Majestät ist der Ernährer der Familie auf dem Felde der Ehre gefallen!« Und die Mutter habe nur gesagt: »Soso, wenn er nur nicht wieder den Hausschlüssel verliert.« Und der General habe präsentiert und sei verschwunden und die Mutter habe sich vor sie hingeschlichen und sie entsetzlich gehässig angeglotzt. Dann habe sie das Licht ausgedreht, weil es plötzlich Nacht geworden sei, und den Gashahn aufgedreht und etwas vor sich hingemurmelt, das habe geklungen wie eine Prozession. Aber plötzlich sei es unheimlich licht geworden und das war überirdisch. Und Gottvater selbst sei zur Tür hereingekommen und habe zur Mutter gesagt: »Was tust du deinem Kinde? Das ist strengstens verboten, Frau Pollinger!« Dann habe der Gottvater das Fenster aufgerissen und den Gashahn geschlossen.

Und Agnes erklärte Eugen: »Solche Dummheiten träumt man oft, aber das war eine blöde Dummheit.«

Und Agnes dachte, wenn sie heut an ihre Kindheit zurückdenkt, so sieht sie sich in einem hohen Zimmer am Boden sitzen und mit bunten Kugeln spielen. Draußen scheint die Sonne, aber kein Strahl fällt in das Zimmer. Sie hat das Gefühl, als schwebe der Raum ungeheuer hoch über der Erde. Und dann weiß sie, daß draußen tief unten in der Ebene ein breiter Fluß fließen würde, wenn sie größer wäre und durch das Fenster sehen könnte.

Lautlos fährt ein Zug über die Brücke. Der Abend wartet am Horizont mit violetten Wolken.

Aber das ist freilich alles ganz anders gewesen. Der Himmel war verbaut und durch das Fenster jenes Zimmers sah man auf einen trüben Hof mit Kehrichttonnen und verkrüppelten Fliederbüschen. Hier klopften die Hausfrauen Teppiche und wenn ihre Hündinnen läufig waren, ließen sie sie nur hier unten spazieren, denn draußen auf der Straße wimmerten die Kavaliere. Kinder durften hier aber nicht spielen, das hat der Hausmeister untersagt, seit sie den Flieder gestohlen und ohne Rücksicht auf die sterbende böse Großmutter Biedermann im ersten Stock gejohlt und gepfiffen haben, daß irgendein Tepp die Feuerwehr alarmierte.

Dies Haus steht noch heute in Regensburg und im dritten Stock links erlag 1923 Frau Helene Pollinger der Kopfgrippe. Sie war die Witwe des auf dem Felde der Ehre gefallenen Artilleristen und Zigarettenvertreters Martin Pollinger.

Und ungefähr fünf Jahre später, Ende August 1928, ging ihre Tochter Agnes mit einem arbeitslosen Kellner aus Österreich über das Münchener Oberwiesenfeld und erzählte:

»Als sie meine Mutter begrabn habn, da war es der achtundzwanzigste Oktober und dann bin ich von Regensburg zur Tante nach München gefahrn. Ich war, glaub ich, grad vierzehn Jahr alt und hab im Zug sehr gefroren, weil die Heizung hin war und das Fenster kein Glas nicht gehabt hat, es war nämlich grad Infalation. Die Tante hat mich am Hauptbahnhof erwartet und hat geweint, nun bin ich also ein Waisenkind, ein Doppelwaisenkind, ein Niemandskind, ein ganz bedauernswertes und dann hat die Tante furchtbar geschimpft, weil sie nun gar nicht weiß, was sie mit mir anfangen soll, sie hat ja selber nichts und ob ich etwa glaub, daß sie etwas hätt und ob meine Mutter selig vielleicht geglaubt hätt, daß sie etwas hätt, und wenn ich auch die Tochter ihrer einzigen Schwester selig bin und diese einzige Schwester selig soebn in Gott verstorbn ist, so muß man halt doch schon wissn, daß ein jeder sterbn muß, keiner lebt ewig nicht, da hilft sich nichts. Und die Tante hat gesagt, auf die Verwandtn ist wirklich kein Verlaß nicht. Ich bin dann bald zu einer Näherin gekommen und hab dort nähen gelernt und hab Pakete herumtragn müssen in ganz München, aber die Näherin hat ein paar Monat drauf einen Postbeamten geheiratet, nach Ingolstadt. Da hat die Tante wieder furchtbar geschimpft und hat mich hinausschmeißen wollen, aber ich bin im letzten Moment zu einer anderen Näherin gekommen, da hab ich aber ein Kostüm verschnittn und dann hab ich wirklich Glück gehabt, daß ich gleich wieder zu einer

Näherin gekommen bin, da hab ich aber wieder ein Kostüm verschnittn, ich hab schon wirklich Pech gehabt.«
Und Agnes fuhr fort, im letzten Kriegsjahr sei mal die Tante in Regensburg gewesen und habe gesagt, sie sehe zwar ihrem Vater schon gar nicht ähnlich, aber sie hätte genau sein Haar, worauf ihre Mutter gemeint habe: »Gelobt sei Jesus Christus, wenn du sonst nichts von ihm hast!« Und dazu habe die Mutter so bissig gegrinst, daß sie sehr böse geworden ist, weil ja der Vater schon tot geschossen gewesen wäre, und sie habe die Mutter sehr geärgert gefragt, was sie denn von ihr hätte. Da sei aber die Mutter plötzlich sehr traurig geworden und habe nur gesagt: »Sei froh, wenn du nichts von mir hast!« Sie glaube auch, daß sie schon rein gar nichts von der Mutter habe. Sie habe jedoch ein Jugendbildnis der Großmutter aus Straubing gesehen und da sei sie direkt erschrocken, wie ähnlich sie der sehe. Sie könne ihre Tochter sein oder ihre Schwester. Oder sie selbst.
Eugen meinte, daß jeder Mensch Verwandte hat, der eine mehr und der andere weniger, entweder reiche oder arme, boshafte oder liebe, und jeder Verwandte vererbt einem etwas, der eine mehr und der andere weniger, entweder Geld, ein Haus, zwei Häuser oder einen großen Dreck. Auch Eigenschaften wären erblich, so würde der eine ein Genie, der zweite Beamter, der Dritte ein kompletter Trottel, aber die meisten Menschen würden bloß Nummern, die sich alles gefallen ließen. Nur wenige ließen sich nicht alles gefallen und das wäre sehr traurig.
Und Eugen erzählte, er habe vor dem Weltkrieg im Bahnhofscafé in Temesvar den Bahnhofsvorstand bedient, das sei ein ungarischer Rumäne gewesen und hätte angefangen über die Vererbung nachzugrübeln, hätte sich Tabellen zusammengestellt, addiert, subtrahiert, multipliziert, dividiert und im Lexikon studiert von A bis Z und wäre

endlich dahintergekommen, daß jeder mit jedem irgendwie verwandt ist, mit jedem Räuber, Mörder, General, Minister, sogar mit jedem römisch-katholischen Priester und dem Wunderrabbi von Kolomea. Darüber sei er dann verrückt geworden und hätte aus der Irrenanstalt Briefe an seine Verwandten geschickt. So habe er zu Weihnachten Franz Joseph folgendermaßen gratuliert:

Liebe Nichte!
Ich wünsche Dir einen recht angenehmen Geburtstag.
Herzliche Grüße aus dem K.K. priv. Narrenhaus!
Das Wetter ist schön
Auf Wiedersehn!
Es küßt Dich
Deine Mama.

Und Eugen erklärte Agnes, obwohl jener Bedauernswerte korrekt verrückt gewesen sei, hätte jener doch recht gehabt, denn jeder Mensch sei tatsächlich mit jedem Menschen verwandt, aber es habe keinen Sinn, sich mit dieser Verwandtschaft zu beschäftigen, denn wenn man sich all das so richtig überlegen würde, müßte man wahrscheinlich auch verrückt werden. Da habe der alte Schuster Breitenberger in Preßburg schon sehr recht gehabt, wie er, bevor er gestorben ist, zu seiner versammelten Familie gesagt hat: »Leutl, wenn ihr mal recht blöd seids, so denkts an mich!«
Agnes sagte, sie denke fast nie an ihre Familienverhältnisse und sie wundere sich schon eine ganze Weile sehr, wieso, wodurch und warum sie darauf zu sprechen gekommen sei.
Eugen sagte, er denke überhaupt nie an seine Vorfahren. Er sei doch kein Aristokrat, der darüber Buch führe, damit er es sich auf den Tag ausrechnen könne, wann er verteppen würde.

So endete das Gespräch über die liebe Verwandtschaft. – Der Tag gähnte, er war bereits müde geworden und zog sich schon die Stiefel aus, als Agnes fühlte, daß Eugen bald ihre Hüften berühren werde. Er tat es auch und sagte »Pardon!«

2

Zehn Minuten später saßen Agnes und Eugen unter einer Ulme. Er hatte sie nämlich gefragt, ob sie sich nicht setzen wollten, er sei zwar nicht müde, aber immerhin hätte er nichts dagegen, wenn er sich setzen könnte. Sie hatte ihn etwas mißtrauisch angeschaut, und er hatte ein ganz unschuldiges Gesicht geschnitten, aber sie hatte ihm diese Unschuld schon gar nicht geglaubt und gesagt, sie hätte nichts dagegen, daß er sich setzen wollte, er könnte sich ruhig setzen und wenn er sich setzen würde, würde sie sich auch setzen.
Es war nirgends eine Bank zu sehen und sie haben sich dann ins Gras gesetzt. Unter einer Ulme.
Das war ein großer alter Baum, und die Sonne ging unter. Im Westen, natürlich.
Überhaupt ging alles seine schicksalhafte Bahn, das Größte und das Kleinste, auch unter der Ulme.
Man hörte es fast gehen, so still war es ringsum.
Auch Agnes und Eugen saßen schweigend unter ihrer Ulme und sie dachte: »So ein Baum ist etwas Schönes.«
Und er dachte: »So ein Baum ist etwas Schönes.«
Und da hatten sie beide recht.

3

Agnes lachte.
Es fiel ihr nämlich plötzlich ein, daß sie ja noch gar nicht weiß, wie der Mann da neben ihr heißt. Sie wisse ja nur, daß er den Vornamen Eugen hat und vielleicht hat er einen sehr komischen Nachnamen, etwa Käsbohrer, Itzelplitz, Rindskopf, Kalbskopf oder die drei bayerischen Köpf: Holzkopf, Gipskopf, Saukopf oder Baron Rotz, Fürst Steiß, Graf Huber Sepp –
Warum sie denn lache und worüber, erkundigte sich Eugen.
Es sei ihr nur etwas eingefallen.
Was?
Es sei ihr eingefallen, daß sie einmal einen Menschen kannte, der Salat hieß.
Er meinte, das fände er gar nicht komisch, eher tragisch. So kenne er einen tragischen Fall, einen Kollegen in Linz, der an seinem Familiennamen zugrunde gegangen ist.
»Er hieß Johann Suppe und war in ganz Oberösterreich berühmt, er war nämlich Zahlkellner im ›Erzherzog Albrecht‹ und alle Gäste riefen ihn nur per ›Herr Rindssuppe! Herr Nudelsuppe! Herr Reissuppe! Herr Krautsuppe! Zahlen, Herr Brotsuppe! Sie haben sich verrechnet, Herr Erdäpfelsuppe! Wo bleibt meine Erbsensuppe, Herr Erbsensuppe?! Was macht mein Bier, Herr Biersuppe?! Schweinerei das, Herr Schweinssuppe!‹ und so weiter, bis er eines Tages sagte: ›Jetzt hab ich aber die Suppen satt! Meiner Seel, ich laß mich umtaufen und wenn ich Pischeles heißen werd!‹ Er ist aufs Magistrat gegangen, um die Formulare zur Namensänderung auszufüllen, aber diese Formulare hatte ein Beamter unter sich, der auch Stammgast im ›Erzherzog Albrecht‹ war und der hat ihn gleich per ›Herr Bohnensuppe‹ apostrophiert und

hat ihn gefragt: ›Na wo fehlts denn, mein lieber Bouillon mit Ei?‹ und da hat sich mein unglücklicher Kollege eine Beamtenbeleidigung geleistet und hat sich dann später im Gefängnis ein Magenleiden geholt, und wie er dann herausgekommen ist, da hat ihm der Arzt gesagt: ›Sie müssen strengste Diät halten, Sie dürfen nur mehr Suppe essen, sonst nichts.‹ Da ist er sehr bleich geworden und der Arzt hat ihn trösten wollen und hat gesagt: ›Ja, so ist das Leben, mein lieber Herr Kraftbrühe!‹ und da hat er sich an dem Arzt vergriffen und hat wegen schwerer Körperverletzung Kerker gekriegt und hat sich dann dort erhängt. Er ist an sich selbst gestorben.«
Und Eugen schloß, er sei froh, daß er nicht Johann Suppe heiße, sondern Eugen Reithofer. Und Agnes war auch froh, daß sie nicht Agnes Suppe heißt, sondern Agnes Pollinger, und er meinte, Pollinger sei kein so verbreiteter Name wie Reithofer und er sei fest überzeugt, daß sie sehr froh sein darf, daß sie Pollinger heißt, denn ein verbreiteter Name bereite einem oft eklatante Scherereien: »So war ich mal 1913 in einem gewissen Café Mariahilf und der Cafétier hat auch Reithofer geheißen. Kommt da an einem Montag ein eleganter alter Pensionist, hat sich einen Kapuziner bestellt und mich in einer Tour fixiert und hat dann sehr höflich gefragt: ›Pardon, Sie sind doch der Herr Reithofer selbst?‹ ›Ja‹, hab ich gesagt und da hat er gesagt: ›Also, Pardon, mein lieber Herr Reithofer, ich bin der Oberstleutnant Ferdinand Reithofer und ich möchte Sie nur bitten, daß Sie sich nicht allen Menschen per Oberstleutnant Reithofer vorstellen, Sie ordinärer Hochstapler und Canaille.‹ Da hab ich ihm natürlich zwei Watschen gegeben und er ist davongestürzt, als hätt ich ihm auch noch zwei Fußtritt gegeben, denn ich hab mich noch nie per Oberstleutnant Reithofer vorgestellt und ich hab im Moment nicht gedacht, daß dieser Pensionist ja gar nicht

mich, sondern den Cafétier gemeint hat, der ja auch Reithofer geheißen hat. Der Cafétier hat dann am Dienstag eine Vorladung auf das Kommissariat bekommen, er ist hin und dort haben sie ihn dann verhört wegen der beiden Watschen und dem einen Fußtritt. Er hat überhaupt von nichts gewußt, er hat sich nämlich auch noch nie per Oberstleutnant Reithofer vorgestellt und das Ganze war ein Irrtum von dem Pensionisten Reithofer. Nämlich der, der sich per Oberstleutnant Reithofer vorgestellt hat, das war ein gewisser Versicherungsagent Reithofer aus dem VIII. Bezirk, aber die Polizei hat gesagt, das spiele eine sekundäre Rolle, sie verhöre ihn jetzt nur wegen der beiden Watschen und dem Fußtritt und der Cafétier Reithofer hat gemeint, daß er verrückt geworden ist oder vielleicht hypnotisiert worden ist und ist wütend ins Café zurückgekommen und hat seinen Ärger am Piccolo ausgelassen. Er hat ihm zwei Watschen gegeben. Dieser Piccolo hat auch Reithofer geheißen.«
Während Eugen sprach, kam Agnes immer mehr und mehr dahinter, daß dies eine sehr verwickelte Geschichte ist. Und sie wurde traurig, denn auf einmal schien ihr alles auf der Welt so fürchterlich verwickelt zu sein, daß jeder in alles unerbittlich hineingewickelt wird. Da könne sich keiner herauswickeln und sie bedauerte sich selbst, als hätte sie von jenem ungerechten Cafétier Reithofer jene zwei Watschen bekommen. »Ich bin doch auch nur ein Piccolo«, dachte sie und Eugen konstatierte:
»Freilich geht das nicht immer so glücklich aus, indem irgend so ein Piccolo zwei Watschen kriegt. So hat man mich mal fast verhaften wollen, weil ein Zahlkellner, der wo auch Reithofer geheißen hat, seine Braut erschlagen, zerstückelt und im Herd verbrannt hat. Später hat es sich erst rausgestellt, daß der nicht Reithofer geheißen hat, sondern Wimpassinger.«

Agnes konstatierte, jeder Lustmord sei ein scheußliches Verbrechen und Eugen erwiderte, heute hätten es sich die Kapazitäten ausgerechnet, daß jeder Lustmord eine Krankheit wäre, ein ganz gewöhnliches Gebrechen, wie etwa ein Buckel oder ein Schnupfen. Die Lustmörder seien nämlich alle wahnsinnig, aber die Kapazitäten hätten es sich ausgerechnet, daß fast jeder Mensch ein bisserl wahnsinnig wäre.
Agnes meinte, sie sei ganz normal.
Eugen meinte, auch er sei ganz normal.
So endete das Gespräch über die komischen Familiennamen und deren tragische Folgen, über die beiden Watschen und den armen Kellner Johann Suppe, über Lustmörder und Kapazitäten mit besonderer Berücksichtigung des normalen Geschlechtsverkehrs.

4

Es wurde immer dunkler unter der Ulme und Eugen dachte: »Also einen Lustmord könnt ich nie machen.« Und Agnes dachte: »Also wie ein Lustmörder sieht der nicht aus«, worauf sie ihn fragte, ob er Berlin kenne? Sie möchte mal gerne nach Berlin. Oder gar nach Amerika. Auch in Garmisch-Partenkirchen sei sie noch nie gewesen, sie habe überhaupt noch nie einen richtigen Berg gesehen und sie habe gehört, daß die Zugspitze ein sehr hoher Berg sei mit eisernen Nägeln in der Wand, an denen die Touristen hinaufkletterten und viele Sachsen abstürzten.
Sie wartete aber seine Antwort auf ihre Frage, ob er Berlin kenne, gar nicht ab, sondern erklärte ihm, daß nach ihrer innersten Überzeugung jene Touristen, die über jene eisernen Nägel hinaufkletterten, durchaus schwindelfrei sein müßten und daß jene Sachsen, die herunterfielen, sicher-

lich nicht schwindelfrei wären. Und sie teilte ihm mit, daß sie nur zwei Städte auf der ganzen Erde kennt, nämlich München und Regensburg, wo sie geboren sei. Regensburg liege an der Donau und in der Nähe sei die Walhalla, wo die berühmten Männer als Marmorbüsten herumständen, während München an der Isar liege. Die Donau sei zwar größer als die Isar, aber dafür könne die Isar nichts. Hinwiederum sei die Isar zwar grüner als die Donau, dafür sei aber wieder München die Hauptstadt Bayerns.
So sprach sie, ohne zu wissen, was sie sprach, denn sie dachte nur daran, daß etwas vor sich gehen werde, sobald sie aufhören würde zu sprechen, nämlich er hat ja schon mal ihre Hüfte berührt. Er hat zwar »Pardon!« gesagt, aber unter der Ulme wurde es, wie gesagt, immer dunkler und auf so ein »Pardon!« ist kein Verlaß.
Sie hatte Angst vor dem Ende ihrer Erzählungen, wie Scheherazade in Tausend und einer Nacht. Sie erzählte zwar keine Märchen, sondern Blech und Mist und Eugen wurde ganz melancholisch und dachte sich: »Sind denn alle Mädel blöd? Oder ist das nur so eine weibliche Nervosität, nämlich so Frauen sind sehr sensibel, die spürens gleich im vorhinein.«
Und er erinnerte sich an eine zarte Blondine, das war die Frau des Restaurateurs Klein in Preßburg, eine ungarische Jüdin, die hat mal zu ihm gesagt: »Spüren Sie denn gar nichts, Herr Jenö!« Er hat gesagt, nein, er spürte gar nichts und er könnte es sich überhaupt nicht vorstellen, was er spüren sollte, worauf sie gesagt hat: »Freitag nacht verreist mein Herr Gemahl und heut ist Freitag. Spüren Sie denn noch immer nichts, lieber Jenö?« Da hat er schon etwas gespürt und Freitag nacht im Bett hat sie ihm dann zugehaucht, sie hätte es schon am Montag vor vierzehn Tagen gespürt, daß er Freitag nacht so süß sein werde. So sensibel war jene blonde Frau Klein.

»Aber nicht nur die Blondinen, auch die Schwarzen sind sensibel«, überlegte Eugen. »Auch die Brünetten, die Strohgelben und Tizianroten – – und auch diese Agnes da ist genauso sensibel, sonst tät sie eben keine solchen Blödheiten daherreden.«
Sie fing ihm an leid zu tun wegen ihrer Sensibilität. Sie mußte sich ja furchtbar anstrengen mit dem vielen Reden, weil sie es auch im vorhinein spürt.
Und er dachte, das wäre jetzt sehr edel, wenn er ihr nur väterlich über das Haar streichen, ihr Zuckerln schenken und sagen würde: »Geh ruhig nach Haus, mein liebes Kind.«
Er tat es natürlich nicht, sondern lächelte sanft und verlegen, als würden die Kindlein zu ihm kommen.
Und Agnes redete, redete, redete, ohne Komma, ohne Punkt – – nur ab und zu flatterte aus all dem wirren Geschwätz ein ängstliches Fragezeichen über das stille Oberwiesenfeld.

5

Sie wollte ihn gerade fragen, ob auch er es nicht glaube, daß an all dem Elend die Juden schuld sind, wie es der Hitler überall herumplakatiert, da legte er seine Hand auf ihr Knie und sie verstummte.
Mittendrin.
Sie fühlte seine linke Hand auf ihrem linken Knie.
Seine Hand war stark und warm.
Und wurde immer stärker und sie fühlte ihre Wärme durch den Strumpf dringen bis unter ihre Haut und sie selbst wurde immer unentschlossener, was sie nun mit seiner linken Hand und ihrem linken Knie anfangen soll. Soll sie sagen: »Was machens denn da mit Ihrer linken

Hand? Glaubens nur ja nicht, daß mein linkes Knie Ihrer linken Hand gehört! Mein Knie ist kein solches Knie! Mein Knie ist zum Knien da, aber nicht dazu, daß Sie mich am End noch aufregen!« Oder soll sie gar nichts sagen, sondern nur sanft seine linke Hand von ihrem linken Knie langsam wegheben oder spaßig über seine linke Hand schlagen und dazu lächeln, aber dann würde sie ihn vielleicht erst auf irgendwelche Kniegedanken bringen, denn vielleicht weiß er es ja noch gar nicht, daß er seine linke Hand auf ihrem linken Knie hat, er hat sie vielleicht nur zufällig da und dann wäre ihr das sehr peinlich, denn dann würde er denken, daß sie denkt, daß er seine linke Hand nicht zufällig auf ihrem linken Knie hat. Oder soll sie überhaupt nichts sagen und nichts tun, sondern nur warten, bis er seine linke Hand von ihrem linken Knie nimmt, denn er weiß sicher nichts von seiner linken Hand, er sitzt ja ganz weltverloren neben ihr und scheint an etwas Ernstes zu denken und nicht an ein linkes Knie – – da fühlte sie seine Hand auf ihrem rechten Knie.
Sie preßte sich erschrocken zusammen und da lag nun seine linke Hand auf ihren beiden Knien. So groß war er. Und Agnes dachte: also ist der da neben mir doch nicht so weltverloren, aber er scheint noch immer an etwas sehr Ernstes zu denken und vielleicht weiß ers noch immer nicht, was seine linke Hand tut – – da fühlte sie, wie seine rechte Hand hinter ihrem Rücken ihren rechten Oberarm erfaßte.
Auch seine rechte Hand war stark und warm.
Und Agnes dachte, er sei nicht nur stark und groß, sondern vielleicht auch grob und es sei nun erwiesen, daß er an nichts Ernstes denkt, sondern an sie. Und es wäre halt doch das beste, wenn sie ihm sehr bald folgendes sagen würde: »Was machens denn da mit Ihrer linken Hand und Ihrer rechten Hand? Glaubens nur ja nicht, daß mein

rechtes Knie Ihrer linken Hand gehört! Mein linkes Knie ist kein solches Knie und mein rechtes Knie ist nur zum Knien da, aber nicht dazu da, daß Sie mit Ihrer rechten Hand meinen rechten Arm so narrisch zamdrucken, au! Gehns weg mit Ihrer linken Hand! Was machens denn da mit Ihrer rechten Hand, au! Werdens gleich Ihre linke Hand von meiner rechten Schulter runter? Himmel, mein Haar! Mein linker Daumen, au! Mein rechter kleiner Finger, au! Gehns weg mit Ihrer Nasen, ich beiß! Jesus Maria, mein Mund! Au, Sie ganz Rabiater! Sie mit Ihrer linken Hand – –«

Aber von all dem hat der mit seiner linken Hand nichts gehört, denn sie hat ihm ja kein Wort gesagt, sondern all dies sich nur gedacht. Sie wußte nämlich, daß sich solch eine linke Hand durch Worte nicht hindern läßt – – und Agnes überlegte, sie habe sich zwar gewehrt, aber sie hätte sich drei Mal so wehren können, er hätte sie genau so abgeküßt, denn er sei noch stärker und überhaupt gut gebaut, jedoch wäre es ungerecht, wenn man sagen würde, daß er grob ist. Nein, grob sei er gar nicht gewesen, aber es sei schon sehr ungerecht eingerichtet, daß die Herren stärker sind als die Damen. So hätten es die Mannsbilder immer besser und seien doch oft nur Schufte, die sofort hernach verschwänden, obwohl sie oft angenehme Menschen seien, wie dieser da mit seiner linken Hand, der sie ja auch erst nur drei Mal geküßt hätte und das dritte Mal sei es am schönsten gewesen.

Die Sonne war untergegangen und nun kam die Nacht.

So ging alles, wie es kommen mußte.

Erstaunt stellte Agnes fest, daß Eugen sie noch immer umarmt hält und sie ihn.

Sie war sprachlos und die ganze Welt schien sprachlos zu sein, so still war es unter der Ulme.

So kam alles, wie es kommen sollte.

Man hörte es fast kommen und Eugen sah sich plötzlich um.
Auch Agnes erschrak und fragte ihn schüchtern, ob er etwas gehört hätte.
»Ja«, sagte er, »es war nichts.«
Und sie meinte, ob sie jetzt nicht gehen wollten und er meinte, nein. So blieben sie sitzen.

6

Eugen sprach sehr leise.
Wenn das Oberwiesenfeld noch Exerzierplatz wäre, sagte er, dann wäre es hier heute nicht so still und er hasse das Militärische und sie könnte fast seine Tochter sein, obzwar er nur zwölf Jahre älter sei, aber die Kriegsjahre würden ja doppelt gezählt werden, wenn man etwa Generalspensionsberechtigung haben würde – – aber nun wolle er wirklich nicht mehr so traurig daher reden. Er lächelte dabei und wartete, bis sie ihn ansah. Und als sie ihn ansah, da sah er sie an und sagte, der Abend, respektive die Nacht, sei wirklich warm. Sie sagte, sie liebe den Sommer und er sagte, nun flöge auch kein Flugapparat mehr herum, sie seien alle daheim. Er möchte so ein Flugapparat sein und auch mal daheim sein können. Und jetzt sei überhaupt wieder ein Tag zu End und morgen begänne ein neuer Tag. Heute sei Dienstag und morgen sei Mittwoch und sie solle doch nicht so sein, sie sei ja gar nicht so, sie sei ganz anders, er wisse schon, wie sie sei. Es sei überhaupt schon stockfinster, wer sollte denn noch kommen? Es sei niemand da, nur sie zwei. Sie seien wirklich allein. Mehr allein könne man gar nicht sein.
Er preßte sie an sich und Agnes sagte, das sehe sie schon ein, daß sie ganz allein sind, aber sie fürchte sich immer

so, es könne was daraus werden aus dem Alleinsein, nämlich das ginge ihr gerade noch ab.
Und sie preßte sich an ihn und meinte resigniert, vielleicht sei sie dumm, weil sie sich so sehr fürchte. Gerührt erwiderte er, freilich sei das dumm, jedoch begreiflich, aber ihm könnte sie sich ganz anvertrauen, er sei nämlich ein durchaus anständiger und vorsichtiger Mann.

7

Es war nach der Polizeistunde, als sich Eugen von Agnes verabschiedete. Er hatte sie bis nach Hause gebracht und sah ihr nun zu, wie sie sich anstrengte, die Haustüre mit einem falschen Hausschlüssel zu öffnen.
Nämlich sie hatte ihren richtigen Hausschlüssel verloren, als sie vor drei Wochen mit dem Zimmerherren ihrer Tante, einem gewissen Herrn Kastner, im Kino gewesen ist. Man hat den Film »Madame wünscht keine Kinder« gegeben und der Kastner hat sie immer abgreifen wollen, sie hat sich gewehrt und dabei den Hausschlüssel verloren. Das durfte aber die Tante nie erfahren, sonst würde sie schauerlich keppeln, nicht wegen der Greiferei, sondern wegen des Schlüssels.
Der Kastner ist damals sehr verärgert gewesen und hat sie gefragt, wie sie wohl darüber denke, daß man jemand zu einem Großfilm einladet und dann »nicht mal das?!« Er ist sehr empört gewesen, aber trotzdem hat er sie zehn Tage später zu einem Ausflug nach dem Ammersee mitgenommen, doch dieser Sonntagnachmittag hat auch damit geendet, daß er gesagt hat, nun sei das Maß voll.
Der Kastner hat ihr noch nie gefallen, denn er hat vorn lauter Stiftzähne. Nur ein Zahn ist echt, der ist schwarz, das Zahnfleisch ist gelb und blutet braun.
Die Tante wohnte in der Schellingstraße, nicht dort, wo

sie bei der Ludwigskirche so vornehm beginnt, sondern dort, wo sie aufhört. Dort vermietete sie im vierten Stock Zimmer und führte parterre das Geschäft ihres verstorbenen Mannes, kaum größer als eine Kammer. Darüber stand »Antiquariat« und im Fenster gab es zerrissene Zeitschriften und verstaubte Aktpostkarten.
Als Eugen so vor der Haustüre stand, fiel es ihm plötzlich auf, daß er eigentlich schon unglaublich oft so vor einer Haustüre gestanden ist und zugeschaut hat, wie irgendeine sie öffnete, und er fand es eigenartig, daß er es gar nicht zusammenzählen kann, wie oft er schon so dagestanden ist. Doch bald dünkte ihm das eigentlich gar nicht eigenartig, sondern selbstverständlich und er wurde stolz. In wie vielen Straßen und Ländern ist er schon so dagestanden! Mit Österreicherinnen, Böhminnen, Ungarinnen, Rumäninnen, Serbinnen, Italienerinnen und jetzt mit einer Oberpfälzerin! Um ein Haar wäre er auch mit Negerinnen, Türkinnen, Araberinnen, Beduininnen so dagestanden, nämlich in der Oase Bisra, hätte es keinen Weltkrieg gegeben. Und wer weiß, mit wem allen er noch so dastehen wird, wo und wie oft, warum und darum, denn er hat ja eigentlich keine Heimat und auch er weiß es nicht, was ihm bevorsteht.
Und Eugen wurde sentimental und dachte, man sollte an vieles nicht denken können, aber er dürfe es nicht vergessen, daß er nun schon zwei Monate so herumlungert und keine Aussicht auf Arbeit hat, man werde ja immer älter und er denke schon lange an keine Oase Bisra mehr, er würde auch in jedem Bauernwirtshaus servieren.
Afrika verschwand und da er nun schon mal sentimental geworden ist, dachte er auch gleich an seine erste Liebe, weil das damals eine große Enttäuschung gewesen war, da sie ihm nur ein einziges Mal eine Postkarte geschrieben hatte: »Beste Grüße Ihre Anna Sauter.« Und darunter:

»Gestern habe ich drei Portionen Gefrorenes gegessen.«
Das war seine erste Liebe.
Seine zweite Liebe war das Wirtshausmensch in seinem Heimatdorfe, fern in Niederösterreich, nahe der ungarischen Grenze. Sein Vater war Lehrer, er war das neunte Kind und damals fünfzehn Jahre alt und das Wirtshausmensch gab ihm das Ehrenwort, daß er es um acht Uhr Abend in den Maisfeldern treffen wird und, daß es nur zwei Kronen kostet. Aber als er hinkam, stand ein Husar bei ihr und wollte ihn ohrfeigen. Vieles ist damals in seiner Seele zusammengebrochen und erst später hat er erfahren, daß das seiner Seele nichts geschadet hat, denn das Wirtshausmensch war krank und trieb sich voll Geschwüren und zerfressen im Land herum und bettelte. Bis nach Kroatien kam sie und in Slavonien riet ihr eine alte Hexe, sie solle sich in den Düngerhaufen legen, das heilt. Sie ist aber in die Grube gefallen, weil sie schon fast blind war, und ersoffen.
Endlich konnte Agnes die Haustüre öffnen und Eugen dachte, wie dürfe man nur denken, daß diese Agnes da nicht hübsch ist! Er gab ihr einen Kuß und sie sagte, heute sei Dienstag und morgen sei Mittwoch.
Sie schwieg und sah die Schellingstraße entlang, hinab bis zur Ludwigskirche.
Dann gab sie ihm ihr Ehrenwort, am Mittwoch um sechs Uhr abends an der Ecke der Schleißheimerstraße zu sein und er sagte, er wolle es ihr glauben und sie meinte noch, sie freue sich schon auf den Spaziergang über das Oberwiesenfeld.
»Also morgen« lächelte Agnes und überlegte sich: er hat wirklich breite Schultern und der Frack steht ihm sicher gut und sie liebte die weißen Hemden.
Sie sah ein großes Hotel in Afrika.
»Also morgen« wiederholte sie.

8

Agnes stand im Treppenhaus und ihre Seele verließ die afrikanische Küste. Sie schwebte über den finsteren Tannenwäldern, lieblichen Seen und unheimlichen Eisriesen des Salzkammerguts und erblickte endlich das kleine Hotel, das sich Eugen kaufen wollte, hätte es eben nur jenen Weltkrieg nicht gegeben und hätte er in jenem großen afrikanischen Hotel dem Vanderbilt seinem Neffen serviert.
Und während sie die Stufen hinaufstieg, wurde auch jenes kleine Hotel immer größer und da sie den vierten Stock betrat, war das Hotel auch vier Stock hoch gewachsen. Es hatte sogar einen Turm und aus jedem Fenster hing eine Fahne und vor dem Eingang stand ein prächtiger Portier in Gold und Rot und ein Unterportier in Rot und Gold. Auch ein großer Garten war da, eine Terrasse am See, ein Autobus und das Alpenglühen. Das Publikum war elegant und plauderte. Man sah viele Pyjamas und auch die herrlichen hellbrauen Schuhe, die es beim Schlesinger in der Kaufingerstraße zu kaufen gibt.
Überhaupt diese Schuhe!
Sie ist mal zum Schlesinger hinein und hat bloß gefragt: »Bittschön, was kostn die hellbraunen Schuh in der Auslag?« Aber die Verkäuferin hat sie nur spöttisch angeschaut und eine zweite Verkäuferin hat gesagt: »Nur sechsundvierzig Mark« und hat dazu so grausam gelächelt, daß sie direkt verwirrt geworden ist und niesen hat müssen.
»Nur sechsundvierzig Mark!« hörte sie jetzt im Treppenhaus wieder die Stimme der Verkäuferin, während sie sich die Schuhe auszog, denn sonst würde die Tante aufwachen und fragen: »Was glaubst du, wo du schon enden wirst, Schlampn läufiger?«

Sie könnte nicht antworten. Sie wollte nichts glauben. Sie wußte ja nicht, wo sie enden wird.

9

Die Wohnung der Tante bestand aus zwei Zimmern, Küche, kleinem Vorraum und stockfinsterem Klosett. Das eine Zimmer hatte die Tante an den Herrn Kastner vermietet, das andere stand augenblicklich leer, denn es war schon seit einem halben Jahr verwanzt. Die Wanzen hatte der Herr Kastner gebracht und hatte sich dann bei der Tante beschwert und hatte ihr mitgeteilt, daß er ihr die Miete schuldig bleibt, bis nicht die letzte Wanze vertilgt wäre.

Das leere Zimmer bewohnte Agnes. Die Tante schlief in der Küche, weil sie mit der Heizung sparen wollte. Der Sommer 1928 war zwar ungewöhnlich heiß, aber die Tante war das nun einmal seit 1897 so gewöhnt und so schnarchte sie nun in der Küche neben ihrem Kanari.

Als Agnes die Wohnung betrat, erwachte der Kanari und sagte: »Piep.«

»Piep nur«, ärgerte sich Agnes, »wenn du die Tante aufpiepst, dann laß ich dich aber fliegen, ich weiß, du kannst nicht fliegen, so kriegt dich die Katz.«

Erschrocken verstummte der Kanari und horchte: droben auf dem Dache saß die Katz und unterhielt sich mit dem Kater vom ersten Stock über den Kanari, während sich Agnes in ihr Zimmer schlich.

»Man sollte alles der Tante erzählen«, dachte der Kanari. »Es tut mir tatsächlich leid, daß ich nur singen kann. Ich wollt, ich könnt sprechen!«

10

»So ein Kanari hats gut«, dachte Agnes. »Ich wollt, ich könnt singen!« fuhr sie fort und setzte sich apathisch auf den einzigen Stuhl, der krächzte, aber sie meinte nur: »Zerbrich!« So müde war sie.

Der Stuhl ächzte jämmerlich, er war nämlich sehr zerbrechlich, denn der Kastner hatte ihn mal aus Wut über die Tante zerbrochen und die Tante hatte ihn vor vier Wochen bloß provisorisch zusammengeleimt.

Agnes zog sich aus, so langsam, als wöge jeder Strumpf zehn Pfund.

Ihr gegenüber an der Wand hing ein heiliges Bild: ein großer weißer Engel schwebte in einem Zimmer, das auch verwanzt sein konnte, und verkündete der knieenden Madonna: »Bei Gott ist kein Ding unmöglich!« Und Agnes dachte, Eugen habe wirklich schön achtgegeben und sei überhaupt ein lieber Mensch, aber leider kein solch weißer Engel, daß man unbefleckt empfangen könnte. Warum dürfe das nur Maria, warum sei gerade sie auserwählt unter den Weibern? Was habe sie denn schon so besonderes geleistet, daß sie so fürstlich belohnt worden ist? Nichts habe sie getan, sie sei doch nur Jungfrau gewesen und das hätten ja alle mal gehabt.

Auch sie selbst hätte das mal gehabt.

Noch vor drei Jahren.

Sie hatte sich damals viel darüber geärgert und gekränkt, denn die Theres und überhaupt all ihre Altersgenossinnen, die mit ihr bei den verschiedenen Schneiderinnen nähen gelernt hatten, waren schon diese lästige Übergangsform los und zu richtiggehenden Menschen geworden. Nur sie hatte sich sehr geschämt und ihre Kolleginnen angelogen, daß sie bereits entjungfert worden ist. Die Theres hatte es ihr geglaubt, denn sie hatte sie einmal mit

einem Konditorlehrling aus der Schellingstraße im Englischen Garten spazieren sehen und sie konnte es ja nicht gewußt haben, daß dieser junge Mann auf folgender Plattform gestanden ist: je größer die himmlische, um so kleiner die irdische Liebe. Er ist ein großer himmlischer Lügner und irdischer Feigling gewesen, nämlich er hatte sich selbst befriedigt.
Als Agnes einsah, daß diese bequeme Seele sie pflichtbewußt verkümmern ließ, hing sie sich an einen anderen Konditorlehrling aus der Schellingstraße. Der hätte Friseur sein können, so genau kannte er jedes Rennpferd und die Damenmode. Er schwärmte für Fußball, war sehr belesen und überaus sinnlich. Als er aber erfuhr, daß sie noch Jungfrau ist, da lief er davon. Er sagte, das hätten sich die Südseeinsulaner schon sehr nachahmenswert eingerichtet, daß sie ihre Bräute durch Sklaven entjungfern lassen. Er sei weder ein dummer Junge noch ein Lebegreis, er sei ein Mann und wolle ein Weib, aber keine Kaulquappe, und übrigens sei er kein Sklave, sondern ein Südseeinsulaner.
Sie wurde dann endlich, nachdem sie schon ganz verzweifelt war, von einem Rechtsanwalt entjungfert. Das begann auf dem Oktoberfest vor der Bude der Lionella. Diese Lionella war ein Löwenmädchen mit vier Löwenbeinen, Löwenfell, Löwenmähne und Löwenbart und Agnes überlegte gerade, ob wohl diese Lionella auch noch Jungfrau sei, da lernte sie ihren Rechtsanwalt kennen. Der hatte bereits vier Maß getrunken, rülpste infolgedessen und tat sehr lebenslustig. Sie wollte zuerst noch einige andere Mißgeburten sehen und er kaufte die Eintrittskarten, denn er hatte eine gute Kinderstube. Dann fuhren sie zwei Mal mit der Achterbahn und zwei Mal auf der Stufenbahn. Sie aßen zu zweit ein knuspriges Huhn, er trank noch vier Maß und sie drei. So hatten beide ihren

Bierrausch, er verehrte ihr sein Lebkuchenherz, ließ sie noch im Hippodrom reiten und fuhr sie dann mit einem Kleinauto in seine Kanzlei. Dort warf er die Akten eines Abtreibungsprozesses vom Sofa und endlich wurde Agnes entjungfert. Das Sofa roch nach Zigaretten, Staub, Kummer und Betrug und Agnes zitterte, trotz ihrer wilden Entschlossenheit ein Mensch zu werden, vor dem unbekannten Gefühl. Sie spürte aber nicht viel davon, so neugierig war sie und der Rechtsanwalt merkte es gar nicht, daß sie noch Jungfrau war, so besoffen war er. Als sie ihm aber hernach gestand, daß er ihr nun ihre Unschuld genommen hat, da wurde er plötzlich nüchtern, knöpfte sich überstürzt die Hosen zu und schmiß sie hinaus. »Also erpressen laß ich mich nicht!« sagte er höflich. »Ich bin Rechtsanwalt! Ich kenn das! Ich hab schon mal so eine wie dich verteidigt!«
Das geschah 1925.
Im Winter verliebte sich dann einer in sie und der hatte ein angenehmes Organ. Das war ein melancholischer Kaffeehausmusiker, ein schwermütiger Violinvirtuose mit häuslichen Sorgen. Er erzählte ihr, sein Vater wäre gar nicht sein Vater, seine Stiefmutter sei eine sadistische Säuferin, während seine ehemalige Braut eine bittere Enttäuschung gewesen wäre, denn sie sei eine unheilbare Lesbierin. Sein geliebtes einziges Schwesterlein sei schon vor seiner Geburt gestorben und er selbst sei ein großer Einsamer, ein verpatztes Genie, ein Kind der ewigen Nacht. Der Dezembertag war trüb und lau und Agnes gab sich ihm aus lauter Mitleid auf einer Bank, denn sonst hätte er sie noch vergewaltigt. Als sie aber erfuhr, daß sein Vater in russischer Kriegsgefangenschaft dem Typhus erlag, daß seine Stiefmutter seine echter Mutter ist, eine arme abgearbeitete Kaminkehrerswitwe, die von seinem einzigen Schwesterlein, der Stenotypistin Frieda, ernährt wird, während

er selbst ein Säufer, Kartenspieler und Ehemann ist, da wollte sie ihn nicht wiedersehen und versetzte ihn am nächsten Montag. Er schrieb ihr dann einen Brief, nun werde er sich vergiften, denn ohne ihr Mitleid könne er nicht leben, da sie so angenehm gebaut wäre. Aber er vergiftete sich nicht, sondern lauerte ihr auf der Straße auf und hätte sie geohrfeigt, hätte sie nicht der Brunner Karl aus der Schellingstraße beschützt, indem, daß er dem Virtuosen das Cello in den Bauch rannte. Da begann ihre Liebe zu Brunner Karl, eine richtige Liebe mit fürchterlicher Angst vor einem etwaigen Kinde. Aber der Brunner sagte, das sei ganz unmöglich, denn das sei ihm noch nie passiert und er bezweifle es mächtig, ob er der einzige gewesen sei und überhaupt hätte er sie nur aus Mitleid genommen, denn sie sei ja gar nicht sein Typ.
Der Brunner hatte recht, es kam kein Kind, aber Agnes kniete auf dem Ölberg.
Sie kannte in der Schellingstraße ein Dienstmädchen, das brach plötzlich im Korridor zusammen und gebar ein Kind. Es dämmerte bereits, als man sie in irgendein Mutterheim einlieferte. Dort mußte sie für ihre unentgeltliche Unterkunft, Verpflegung und Behandlung die Fenster putzen, den Boden scheuern und Taschentücher waschen und sich alle paar Stunden auf paar Stunden in ein verdunkeltes Zimmer legen, um möglichst rasch einschlafen zu können, um wieder kräftige Milch zu produzieren, denn sie mußte neben ihrem eigenen Sohn noch zwei fremde Findelssäuglinge stillen.
Aber ein anderes Dienstmädchen ließ sich von einem Elektrotechniker einen strafbaren Eingriff machen und starb an Blutvergiftung. Der Elektrotechniker wurde verhaftet und nach drei Monaten bekam er im Untersuchungsgefängnis einen Tobsuchtsanfall und brüllte: »Ich bin Elektrotechniker! Meine liebe Familie hungert! Liebe

Leutl, ich bin Elektrotechniker!« Aber man schien es ihm nicht zu glauben, denn die lieben Detektive prügelten ihn bloß und die lieben Richter verurteilten ihn ohne einen lieben Verteidiger.
Einmal flüchtete sich Agnes in die Frauenkirche, weil es schauerlich regnete. Dort predigte ein päpstlicher Hausprälat, daß eine jede werdende Mutter denken muß, sie werde einen Welterlöser gebären.
Und Agnes überlegte nun in ihrem verwanzten Zimmer, diese Geschichte mit dem großen weißen Engel dort drüben auf jenem heiligen Bilde sei eine große Ungerechtigkeit. Überhaupt sei alles ungerecht, jeder Mensch, jedes Ding. Sicher sei auch der Stuhl ungerecht, der Schrank, der Tisch, das Fenster, der Hut, der Mantel, die Lampe. Auch die Maria Muttergottes hätte eben Protektion gehabt genau wie die Henny Porten, Lya de Putti, Dolores del Rio und Carmen Cartellieri. »Wenn man keine Protektion nicht hat, indem, daß man keinen Regisseur nicht kennt, da wirst halt nicht auserwählt«, konstatierte Agnes.
»Auserwählt« wiederholte sie langsam und sah auf ihrem Hemde noch die Spuren von Eugens linker und rechter Hand. Sie schloß die Augen und glaubte, das Bett wäre Gras. Unter der Ulme.
Seine Hand war nicht so eklig knochig, wie jene des Herrn stud. jur. Wolf Beckmann, der die ihre bei jeder Begrüßung fast zerdrückte. Nur wenn er in Couleur war, dann grüßte er sie nicht.
Sie war auch nicht so schwammig talgig, wie jene des greisen Meier Goldstein, der ihrer Tante ab und zu uralte Nummern des »La Vie Parisienne« zum Verkauf in Kommission übergab und der zu ihr jedes Mal sagte: »Was ich für Pech hab, daß Sie kein Junge sind, gnädiges Fräulein!« Auch war seine Hand nicht so klebrig und kalt, wie jene

ihres Nachbarn Kastner, der mal zu ihrer Tante sagte: »Ich höre, daß ihre liebe Nichte arbeitslos ist. Ich habe beste Beziehungen zum Film und es hängt also lediglich von ihrer lieben arbeitslosen Nichte ab.«
Und Agnes hörte, wie der Kastner im Zimmer nebenan auf und ab ging. Er sprach leise mit sich selbst, als würde er etwas auswendig lernen. Plötzlich ging er aufs Klosett. »Piep«, sagte der Kanari in der Küche und der Kastner verließ das Klosett. Er hielt vor ihrer Türe.
Agnes und der Kanari lauschten.
Droben auf dem Dache hatte der Kater die Katz verlassen und die Katz schnurrte nun befriedigt vor sich hin: »Jetzt wird bald wieder geworfen werden!« Sie träumte von dem Katzenwelterlöser, während der Kastner zu Agnes kam, ohne anzuklopfen.
Der Kastner stellte sich vor Agnes hin, wie vor eine Auslage. Er hatte seine moderne Hose an, war in Hemdsärmeln und roch nach süßlicher Rasierseife.
Sie hatte sich im Bette emporgesetzt, bestürzt über diesen Besuch, denn sie hörte, wie der boshafte Kanari sich anstrengte, die Tante zu wecken und wenn die Tante den Kastner hier finden würde und wenn sich der Kastner vielleicht auf den geleimten Stuhl setzen würde und dieser Stuhl dann gar zusammenbricht und – – –
»Gnädiges Fräulein, zürne mir nicht!« entschuldigte sich der Besuch ihre Zwangsvorstellung unterbrechend und verbeugte sich ironisch. »Honny soit qui mal y pense.«
Der Kastner sprach sehr gewählt, denn eigentlich wollte er Journalist werden, jedoch damals war seine Mutter anderer Meinung. Sie hatte nämlich viel mit den Zähnen zu tun und konstatierte: »Die Zahntechniker sind die Wohltäter der Menschheit. Ich will, daß mein Sohn ein Wohltäter wird!« Er hing sehr an seiner Mutter und wurde also Zahntechniker, aber leider kein Wohltäter, denn er

hatte bloß Phantasie statt Präzision. Seine Gebisse waren lauter gute Witze. Es war sein Glück, daß kurz nach seiner Praxiseröffnung der Krieg ausbrach. Er stellte sich freiwillig und wurde Militärzahntechniker. Nach dem Waffenstillstand fragte er sich: »Bin ich ein Wohltäter? Nein, ich bin kein Wohltäter. Ich bin die typische Bohèmenatur und so eine Natur gehört auf den leichtlebigen Montmartre und nicht in die Morgue.« Er wollte wieder Journalist werden, aber er landte beim Film, denn er hatte ein gutes konservatives Profil und kannte einen homosexuellen Hilfsregisseur. Er statierte und spielte sogar eine kleine Rolle in dem Film: »Der bethlehemitische Kindermord oder Ehre sei Gott in der Höhe«. Der Film lief nirgends, hingegen flog er aus dem Glashaus, weil er eine minderjährige Statistin, die ein bethlehemitisches Kind verkörperte, nackt fotografierte. Dies Kind war nämlich die Mätresse eines Aufsichtsrates. Der Kastner ließ die Fotografien durch einen pornographischen Klub vertreiben und dort erkannte eben dieser Aufsichtsrat, durch einen Rittmeister eingeführt, auf einer Serie »Pikante Akte« seine minderjährige Mätresse und meinte entrüstet: »Also, das ist ärger als Zuhälterei! Das ist fotografische Zuhälterei!«
Und nun schritt dieser fotografische Zuhälter vor Agnes Bette auf und ab und bildete sich etwas ein auf seine Dialektik.

11

»Agnes«, deklamierte der Kastner, »du wirst dich wundern, daß ich noch mit dir rede, du darfst dich aber nicht wundern, daß ich mich auch wundere. Ich wollte ja eigentlich seit dem Ammersee kein Sterbenswörtchen mehr

an deine Adresse verschwenden und dich einfach übersehen, du undankbares Luder.«
»Hörst du den Kanari?« fragte das undankbare Luder.
»Ich höre das Tier. Es zwitschert. Deine liebe Tante hat einen außerordentlich gesunden Schlaf. Ein Kanari zwitschert keine Rolle. Und wenn schon!«
»Wenn sie dich hört, flieg ich raus!«
»Schreckloch, lächerloch!« verwunderte sich gereizt der sonderbare Fotograf. »Deine liebe Tante wird sich hüten, solange ich dich beschirme! Deine liebe Tante halt ich hier auf meiner flachen Hand, ich muß nur zudrücken. Deine liebe Tante verkauft nämlich die unretouschierten künstlerischen Akte, die ich fotografiere. Verstanden?«
Agnes schwieg und der Kastner lächelte zufrieden, denn es fiel ihm plötzlich auf, daß er auch Talent zum Tierbändiger hat. Und er fixierte sie, als wäre sie eine Löwin, eine Tigerin oder zumindest eine Seehündin. Er hätte sie zu gerne gezwungen, eine Kugel auf der Nase zu balancieren. Er hörte bereits den Applaus und überraschte sich entsetzt dabei, wie er sich verbeugen wollte.
»Was war denn das!« fuhr er sich an, floh aus dem Zirkus, der plötzlich brannte und knarrte los:
»Zur Sache! Es geht um dich! Es geht einfach nicht, was du in erotischer Hinsicht treibst! Ich verfolge mit zunehmender Besorgnis deinen diesbezüglichen Lebenswandel. Ich habe den positiven Beweis, daß du dich, seit du arbeitslos bist, vier Männern hingegeben hast. Und was für Männern! Ich weiß alles! Zwei waren verheiratet, der dritte ledig, der vierte geschieden. Und soeben verließ dich der fünfte. Leugne nicht! Ich habe es ja gesehen, wie er dich nach Hause gebracht hat!«
»Was geht das dich an?« fragte ihn Agnes ruhig und sachlich, denn es freute sie, daß er sich wiedermal über ihr Triebleben zu ärgern schien. Sie gähnte scheinbar gelang-

weilt und ihre Sachlichkeit erregte sie, ähnlich wie Eugens linke Hand und es tat ihr himmlisch wohl, seine Stiftzähne wiedermal als abscheulich, ekelhaft, widerlich, unverschämt, überheblich und dumm bewerten zu können.
»Mich persönlich geht das gar nichts an«, antwortete er traurig wie ein verprügelter Apostel. »Ich habe nur an deine Zukunft gedacht, Agnes!«
Zukunft! Da stand nun wieder dies Wort vor ihr, setzte sich auf den Bettrand und strickte Strümpfe. Es war ein altes verhutzeltes Weiblein und sah der Tante ähnlich, nur, daß es noch älter war, noch schmutziger, noch zahnloser, noch vergrämter, noch verschlagener – – –. »Ich stricke, ich stricke«, nickte die Zukunft, »ich stricke Strümpfe für Agnes.«
Und Agnes schrie: »So laß mich doch! Was willst du denn von mir?«
»Ich persönlich will nichts von dir«, antwortete der Kastner feierlich und die Zukunft sah sie lauernd an.

12

»Du bist natürlich in einer sogenannten Sackgasse, wenn du dir etwa einbildest, daß mein Besuch zu dieser allerdings ungewöhnlichen Stunde eine Wiederannäherung bedeutet«, fuhr er nach einer Kunstpause fort und setzte ihr auseinander, daß, als er sie kennenlernte, er sofort erkannt hat, daß sie keine kalte Frau, sondern vielmehr feurig ist, ein tiefes stilles Wasser, eine Messalina, eine Lulu, eine Büchse der Pandora, eine Ausgeburt. Es gäbe überhaupt keine kalten Frauen, er habe sich nämlich mit diesen Fragen beschäftigt, er »spreche hier aus eigener, aus sexualer und sexualethischer Neugier gesammelter Erfahrung«. Man solle sich doch nur die Damenmode ansehen! Was zöge sich solch eine »kalte Frau« an! Stöckelschuhe, damit Busen und Hintern mehr heraussträten und sich erotisizierender präsentieren können, ein Dekolleté in Dreiecksform, deren Linien das Auge des männlichen Betrachters unfehlbar zum Nabel und darunter hinaus auf den Venusberg führen, sollte er auch gerade an der Lösung noch so vergeistigter Probleme herumgrübeln. Häufig entfache auch eine scheinbar sinnlose, jedoch unbewußt hinterlistig angebrachte Schleife am Popo vielgestaltige männliche Begierden und diese ganze Damenmode stamme aus dem raffinierten Rokoko, das sei die Erfindung der Pompadour und des Sonnenkönigs. Aber nun wolle er seinen kulturgeschichtlichen Vortrag beenden, er wisse ja, daß sie ein richtiges Temperament hat und er wolle ihr nur schlicht versichern, daß sie sich gewaltig täuscht, wenn sie meinen sollte, er sei nur hier wegen ihrem heißen Blut – – – Nie! Er stünde vor ihr ohne erotische Hintergedanken, lediglich deshalb, weil er ein weiches Herz habe und wisse, daß sie keinen Pfennig hat, sondern zerrissene Schuhe und nirgends eine Stellung findet. Er habe in letzter Zeit viel an sie gedacht, gestern und vorgestern, und endlich habe er ihr eine Arbeitsmöglichkeit verschafft.

»Allerdings«, betonte er, »ist diese Arbeitsmöglichkeit keine bürgerliche, sondern eine künstlerische. Ich weiß nicht, ob du weißt, daß ich mit dem berühmten Kunstmaler Lothar Maria Achner sehr intim bekannt bin. Er ist ein durchaus künstlerisch veranlagter hochtalentierter Intellektueller, zart in der Farbe und dennoch stark, und sucht zur Zeit krampfhaft ein geeignetes Modell für seine neueste werdende Schöpfung, einen weiblichen blühenden Akt. Auf einem Sofa. Im Trancezustand. Er soll nämlich im Auftrag des hessischen Freistaates eine ›Hetäre im Opiumrausch‹ für das dortige Museum malen.«

Das war nun natürlich nicht wahr, denn als Auftraggeber dieser werdenden Schöpfung zeichnete nicht der hessische Freistaat, sondern ein kindischer Viehhändler aus Kempten im Allgäu, der einer kultivierten Hausbesitzerswitwe, auf deren Haus er scharf war, zeigen wollte, daß er sogar für moderne Kunst etwas übrig hat und, daß er also nicht umsonst vier Jahre lang in der Kunststadt München mit Vieh gehandelt hatte.
»Ich dachte sogleich an dich«, fuhr er nach einer abermaligen Kunstpause fort, »und ich habe es erreicht, daß er dich als Modell engagieren wird. Du verdienst pro Stunde zwanzig Pfennig und er benötigt dich sicher fünfzig Stunden lang, er ist nämlich äußerst gewissenhaft. Das wären also zehn Mark, ein durchaus gefundenes Geld. Aber dieses Geld bedeutet nichts in Anbetracht deiner dortigen Entfaltungsmöglichkeiten. Im Atelier Lothar Maria Achners gibt sich nämlich die Spitze der Gesellschaft Rendezvous, darunter zahlreiche junge Herren im eigenen Auto. Das sind Möglichkeiten! Es tut mir nämlich als Mensch persönlich leid, wenn ich sehe, wie ein Mensch seine Naturgeschenke sinnlos verschleudert. Man muß auch seine Sinnlichkeit produktiv gestalten! Rationalisation! Rationalisation! Versteh mich recht: ich verlange zwar keineswegs, daß du dich prostituierst – – – Agnes, ich bin bloß ein weichherziger Mensch und ohne Hintergedanken. Es ist wohl töricht, daß ich mich für dich einsetze, denn daß du beispielsweise seinerzeit am Ammersee unpäßlich warst, das glaube ich dir nimmer!«
Natürlich war sie damals nicht unpäßlich gewesen, aber der Kastner hatte kein Recht sich zu beschweren, denn es war erstunken und erlogen, daß er ihr derart selbstlos die Stellung als Hetäre im Opiumrausch verschaffte. Er hatte vielmehr zu jenem Kunstmaler gesagt: »Also, wenn du mir zehn Mark leihst, dann bringe ich dir morgen ein tadello-

ses Mädchen für zwanzig Pfennig. Groß, schlank, braunblond, und es versteht auch einen Spaß. Aber wenn du mir nur fünf Mark leihen kannst, so mußt du dafür sorgen, daß ich Gelegenheit bekomme, um sie mir zu nehmen. Also ich erscheine um achtzehn Uhr, Kognak bringe ich mit, Grammophon hast du.«
Er blieb vor ihr stehen, bemitleidete sich selbst und nickte ihr ergriffen zu: »Ich wollte du wärest nie geboren. Warum denn nur, frage ich mich und dich, warum denn nur gibst du dich mir nicht? Doch lassen wir dies! Passé!«
Und Agnes dachte: warum denn nur sage ich es ihm nicht, daß er vorn lauter Stiftzähne hat?
»Du kannst eben nicht lieben«, meinte er. »Du bist allerdings häufig bereit, dich mit irgendeinem nächsten Besten ins Bett zu legen, aber wie du fühlst, du könntest dich in jenen nächsten Besten ehrlich mit der Seele verlieben, kneifst du auf der Stelle. Du würdest ihn nimmer wiedersehen wollen, er wäre aus dir ausradiert.«

13

Agnes sagte sich, wenn der Kastner noch nie recht gehabt hätte, so habe er eben diesmal recht. Sie müsse wirklich mehr an sich denken, sie denke zwar eigentlich immer an sich, aber wahrscheinlich zu langsam. Sie müsse sich das alles genau überlegen – was »alles«? Merkwürdig, wie weit nun plötzlich das ganze Oberwiesenfeld hinter ihr liegt, als wäre sie seit vier Wochen nicht mehr dort spaziert. Und es sei doch eigentümlich, daß dieser Eugen sie schon nach zwei Stunden genommen hat und daß das alles so selbstverständlich gewesen ist, als hätte es so kommen müssen. Er sei ja sicher ein guter Mensch, aber er könnte ihr wirklich gefährlich werden, denn es stimme schon, daß er zu jenen Männern gehört, denen man sich naturnotwendig gleich ganz ausliefern muß – – Nein! sie wolle ihn nie mehr sehen! Sie werde morgen einfach nicht da sein, dort an der Ecke der Schleißheimerstraße. Es hätte doch auch schon gar keinen Sinn, an das Salzkammergut zu denken und das blöde Afrika, all diese dummen Phantasien! Es sei halt nun mal Weltkrieg gewesen und den könne man sich nicht wegdenken, man dürfe es auch nicht. Der Kastner habe schon sehr recht, sie werde auch die Hetäre markieren, sich für fünfzig Stunden auf das Sofa legen und zehn Mark verdienen und vielleicht wirklich irgendein eigenes Auto kennen lernen, aber man solle nichts verschreien.

14

So näherte sich also Agnes einem einfachen Schluß, während sie ein ehemaliger Filmstatist, der ursprünglich Zahntechniker war, jedoch eigentlich Journalist werden wollte, fixierte. Er hörte sich gerne selbst, fühlte sich in Form und legte los wie ein schlechtes Feuilleton.
»Diese Angst vor der wahren seelischen Liebe ist eine typische Jungmädchenerscheinung des zwanzigsten Jahrhunderts, aber natürlich keine Degenerationserscheinung, wenn man in deinen wirtschaftlichen Verhältnissen steckt. Es ist dies lediglich eine gesunde Reaktion auf alberne Vorstellungen, wie zum Beispiel, daß die fleischliche Vergattung etwas heiligeres ist, als eine organische Funktion. Wieviel Unheil richtet diese erhabene Dummheit unter uns armen Menschen an!«
Er hielt plötzlich inne in seinen Definitionen und biß sich auf die Zunge, so überrascht war er, daß er tatsächlich mal recht hatte. Er war ja ein pathologischer Lügner.

Doch rasch erholte er sich von der Wahrheit, setzte sich ergriffen über seine Selbstlosigkeit auf den zusammengeleimten Stuhl, vergrub zerknirscht über die menschliche Undankbarkeit den Kopf in den Händen und seufzte: »Ich bin zu gut! Ich bin zu gut!«
»Er ist also wirklich besser, als er aussieht«, dachte Agnes. »Das hängt halt nur von solchen Stiftzähnen ab, daß man meint, das ist ein Schuft. So täuscht man sich. Am End ist auch der Eugen gar nicht so anständig, wie er sich benommen hat. Es gibt wenige gute Leut und die werdn immer weniger.«
Und der Kastner tat ihr plötzlich leid und auch seine Stiftzähne taten ihr leid, die großen und die kleinen.

15

Am nächsten Morgen erzählte die Tante im Antiquariat ihrer einzigen Freundin, einer ehemaligen Schreibwarengeschäftsinhaberin und Kleinrentnerin, daß Agnes nun endlich eine Stellung bekommen hat. Sie werde von einem hochtalentierten Kunstmaler gemalt und dafür bezahlt und das habe ihr überraschend schnell der Herr Kastner verschafft. Das sei doch ein lieber braver Mensch und sie habe sich also in ihm getäuscht, sie hätte ja schon immer gesagt, daß er geschäftlich höchst unreell ist. Er betrüge sie nämlich und es sei kein Verlaß auf ihn. So habe er ihr Aktfotografien geliefert und sie hätte ihm doch gesagt, sie könnte mit diesen neumodischen Figuren nichts anfangen, das seien ja nur Knochen und die Herren mögen ja nur die volleren Damen, unterwachsen und mollig, auch ohne Bubikopf. Auch wenn die Herren so täten als liefen sie jeder Dürren nach, so sei das doch unnatürlich, denn die Herren fühlten im Grunde ihrer Seele altmodisch, aber

heute würden sich die Herren schon gleich schämen, mit einer Dicken über die Straße zu gehen. Neulich habe ihr ein Herr von der Ortskrankenkasse erzählt, daß, wenn eine Üppige ein Restaurant betritt und da sitzen lauter Herren mit lauter mageren Damen, dann fingen alle Herren hinter der Üppigen her heimlich das Trenzen an.
Die Freundin meinte, es sei überhaupt Bruch mit dieser neuen Sinneslust, und sie schimpfte auf die neueingeführte Vierundzwanzigstundenzeit. Ihr Bruder sei Logenschließer im Nationaltheater und der sage auch immer, früher sei an so einer Julia noch was dran gewesen oder gar an der Desdemona, die hätte gleich einen Hintern gehabt wie ein Bräuroß, aber jetzt sähe die Desdemona direkt minderjährig aus und kein Theaterbesucher begreife den Othello, den Mohr von Venedig, daß er sich wegen so ein Krischperl so furchtbar aufregt. Es sei eine Sünde an den Klassikern. – –
Diese ihre einzige Freundin hieß Afra Krumbier. Sie kannten sich schon von der Schule her, waren beide dreiundsechzig Jahre alt, und seit vier Jahren saß Afra den ganzen Tag in der Tante ihrem »Antiquariat«. Sie kramten gemeinsam die zerrissenen Bücher durch, lasen aufmerksam jede neuerschienene antiquarische Zeitschrift, machten sich gegenseitig auf originelle Zitate aufmerksam, durchdachten gar vielerlei, waren sehr neugierig und ziemlich abergläubig, verurteilten die Mädchen, die sich nackt fotografieren ließen, beschimpften und verfluchten die Polizei, die sich um etwas anderes kümmern sollte als um solche harmlose Aktaufnahmen, erinnerten sich der guten alten Militärmusik, verehrten den heiligen Antonius von Padua und interessierten sich für Fürstenstammbäume und alles Lebendige, besonders für Sexualprobleme, Darmtätigkeit und Kommunalpolitik.
Afra Krumbier war das Echo der Tante.

Wie die Tante hatte auch sie in der Inflation ihr kleines Geld verloren und hungerte nun als sogenannte Kleinrentnerin. Ihr einziger Trost war die Tante und ihr einziger Stolz, daß sie was von Politik versteht. Wäre sie als die Tochter eines Aufsichtsrates geboren worden, hätte auch sie einen politischen Salon geführt, hätte Reichsminister protegiert, Leitartikel geschrieben über die Baden-Badener Polospiele und die kulturellen Entwicklungsmöglichkeiten des Proletariats und hätte natürlich zugegeben, daß Lenin ein Säkularmensch war und daß der Marxismus Schiffbruch erlitten hat. So aber besuchte sie nur eifrig Wahlversammlungen und meldete sich sogar manchmal zur Diskussion. Dann waren die Angehörigen jener Partei, für die sie eintreten wollte, bestürzt, die Opposition begeistert und die Nichtwähler belustigt.
Sie wählte 1919 unabhängig sozialdemokratisch, 1920 deutsch-national, 1924 völkisch, 1925 bayerisch volksparteilich und 1928 sozialdemokratisch. Wie alle Kleinbürger zog sie infolge Denkunfähigkeit auch politisch verschrobene Schlüsse, hielt Gemeinplätze für ihre persönlichen Erkenntnisse und diese wieder nicht nur nicht für »graue Theorie«, sondern sogar für »Praxis«. Aber so einfältig war sie nun dennoch nicht, wie es der Freiherr von Aretin wünschte, der nach den Maiwahlen 1928 in den »Münchener Neueste Nachrichten« behauptet hatte, daß das niederbayerische Bauernweiblein nur in dem Glauben, daß der Kommunismus mit der heiligen Kommunion zusammenhängt, kommunistisch wählt. Und sie glaubte auch nicht, was in der »Münchener Zeitung« stand, daß nämlich die Herrschaft des Sozialismus eine Orgie der sieben Todsünden bedeutet. Sie besaß doch immerhin den unchristlichen Instinkt, ihre Mitbürger in »Großkopfete« und »anständige Menschen« einzuteilen.
Dieser Instinkt hatte sie auch mit ihrem einzigen Ver-

wandten entzweit, dem Gatten ihrer verstorbenen Schwester, einem gewissen Studienrat Gustav Adolf Niemeyer aus der Schellingstraße.
Der hatte ihr seinerzeit, da sie von der unabhängigen Sozialdemokratie begeistert war, folgenden Brief gesandt:

An Afra Krumbier.
Weiber verstehen nichts von Politik. Das Maß ist voll.
Wir sind nicht mehr verwandt.
Gustav Adolf Niemeyer.

16

Dieser Studienrat hatte einen hoch aufgeschossenen Sohn mit einem etwas krummen Rücken, riesigen Händen und einer Brille. Er hieß ebenfalls Gustav Adolf und als er 1914, da der liebe Gott sprach: »Es werde Weltkrieg!« (und es geschah also und Gott sah, daß er gut getan), einrücken mußte, wollte er gerade Chemie studieren und sagte: »Meiner Meinung nach hat die Chemie Zukunft.«
Die Horizonte waren rot von den Flammen der brennenden Dörfer und Wälder, rund zwölf Millionen Menschen wurden zerstückelt und über das Leben kroch das Gas. Es war Hausse in Prothesen und Baisse in Brot. Immer mehr glich die Erde dem Monde.
Der Studienrat sammelte Kriegspostkarten, Kriegsmedaillen, Kriegsbriefmarken, Kriegsscherzartikel und nachts kratzte er diebisch die Kriegsberichte von den Anschlagsäulen.
Weihnachten kam, das Fest der Liebe, und die deutschen Leitartikel huldigten dem deutschen Christkind, die französischen dem französischen Christkind, es gab auch eine österreichische Madonna, eine ungarische, englische, belgische, liechtensteinische, bayerische. Alle

diese Madonnen waren sich feindlich gesinnt und gar zahlreiche Heilige übernahmen Ehrenprotektorate über schwere und leichte Artillerie, Flammenwerfer und Tanks.
1915 fiel Gustav Adolf junior in Flandern und Gustav Adolf senior verfaßte folgende Trauernotiz: »Es widerfuhr mir die große Freude, den einzigen Sohn auf dem Altar des Vaterlandes geopfert zu haben.« Und er lächelte: »Wenn das die Mutter noch erlebt hätte!«
Dem einzigen Sohn widerfuhr allerdings weniger Freude über sein Opfer. Von einem spanischen Reiter aufgespießt, brüllte er vier Stunden lang auf dem Altar des Vaterlandes. Dann wurde er heiser und starb.
Sein Feld der Ehre war ein Pfahl der Ehre, der ihm die Gedärme ehrenvoll heraustrieb.
Als eitler Rohling schritt der vaterländische Vater stolz und dumm durch die Schellingstraße und bildete sich ein, die Leute wichen ihm aus, man sehe es ihm direkt an, daß sein einziger Sohn in Flandern gefallen ist. Ja, er plante sogar, sich selbst freiwillig zu opfern, jedoch dies vereitelten Bismarcks Worte, die er abgöttisch liebte: »Den Krieg gewinnen die deutschen Schulmeister.«
Aber es kam bekanntlich anders. Am Ende ihrer Kraft brachen die Mittelmächte zusammen und fassungslos stammelte Gustav Adolf senior: »Aber die Pazifisten können doch nicht recht haben, denn warum ist denn dann mein Sohn gefallen?«
Erst anläßlich des Versailler Diktates atmete er auf. Nun konnte er es sich ja wieder beweisen, daß die Pazifisten nicht recht haben und daß also sein Sohn nicht umsonst gefallen ist.
Als Liebknecht und Luxemburg ermordet wurden, wurde es ihm klar, daß das deutsche Volk seine Ehre verloren hat und daß es selbe nur dann wiedererringen kann, wenn

abermals zwei Millionen junger deutscher Männer fallen.
Als Kurt Eisner ermordet wurde, hing er die Fotografie seines Mörders neben jene seines Sohnes.
Als Gustav Landauer ermordet wurde, stellte er fest: »Die Ordnung steht rechts!«
Als Gareis ermordet wurde, macht er einen Ausflug in das Isartal und zwischen Grünwald und Großhesselohe sagte er dreimal: »Deutsche Erde!«
Als Erzberger ermordet wurde, betrat er seit langer Zeit wiedermal ein Biercabaret am Sendlingertorplatz. Dort sang ein allseits beliebter Komiker den Refrain: »Gott erhalte Rathenau, Erzberger hat er schon erhalten!« Es war kehr komisch.
Als Rathenau ermordet wurde, traf er einen allseits beliebten Universitätsprofessor, der meinte: »Gottlob, einer weniger!«
Als Haase ermordet wurde, ging er in die Oper und prophezeite in der Pause: »Das Volk steht auf, der Sturm bricht los!«
Und der Sturm brach los, das »Volk« stand auf und warf sich auf dem Münchener Odeonsplatz auf den Bauch. Da wurde es windstill in des Schulmeisters Seele.
Geistig gebrochen, doch körperlich aufrecht ließ er sich von der Republik pensionieren, witterte überall okkulte Mächte und haßte die Gewerkschaften.
Er wurde Spiritist. Als er aber entdeckte, daß es auch unter den Jüdinnen Spiritistinnen gibt, wandte er sich ab vom Spiritismus.
Er fürchtete weder Frankreich, noch die Tschechoslowakei, nur die Freimaurer. Genau so, wie einst seine Urgroßmutter die Preußen gefürchtet hatte. Die war an Verfolgungswahn erkrankt und hatte geglaubt, jeder Preuße hätte an seinem linken Fuße vierzehn Zehen.
Von Tag zu Tag sah er seiner Urgroßmutter ähnlicher.

Er vertiefte sich in seine abgekratzten Kriegsberichte und wollte es unbedingt ergründen, wieso wir den Krieg verloren haben, obwohl wir ihn nicht verloren haben. Und seine einzige Freude waren seine gesammelten Kriegsscherzartikel.

17

Das war Afra Krumbiers Schwager.
Sie hatte ihn nie recht gemocht, denn seit ihre verstorbene Schwester Frau Studienrat geworden war, hatte sie angefangen Afra von oben herab zu behandeln, weil Afra in ihrer Jugend nur mit einem Kanzleibeamten verlobt gewesen war, der sie obendrein auch noch sitzen gelassen hatte, weil er defraudiert hatte und durchgebrannt war.
Und seit nun Afra im Antiquariat der Tante sozusagen lebte, vergaß sie ihren Schwager fast ganz, so sehr konzentrierten sich die Tante und sie aufeinander. Diese Konzentration war sogar so stark, daß die beiden Alten es oft selbst nicht mehr zu wissen schienen, wessen Nichte Agnes ist.
So fragte auch heute wieder Afra die Tante, welcher Kunstmaler sich die Agnes als Modell gewählt hätte, ob er eine Berühmtheit sei oder eine Null, ob noch jung oder schon älter, ob verheiratet, verwitwet, geschieden oder ob er so im Konkubinat dahinlebe, wie das bei den Kunstmalern meistens der Fall sei.
Die Tante meinte, sie kenne den Kunstmaler nicht persönlich, er wohne zwar nicht weit von hier und sie höre nur Gutes über ihn, zwar habe sie nur gehört, daß er Achner heißt, aber auf die Kunstmaler sei kein Verlaß, und sie habe es der Agnes auch schon erklärt, daß sie sich ja nicht unterstehen soll bei künstlichem Lichte als Modell herumzustehen. Bei künstlichem Lichte könne nämlich kein

Kunstmaler malen und dann noch Modell stehen; das sei eine Schweinerei. Sie kenne nämlich mehrere Modelle, die beim künstlichen Licht Kinder bekommen hätten, und so Künstler schwörten gerne ab, besonders Kunstmaler.
Und die Krumbier erwiderte, das sei schon sehr wahr, aber es gebe auch korrekte Kunstmaler. So kenne sie eine Konkubine, die dürfe heute sechzig Jahre alt sein und lebe noch immer mit ihrem Kunstmaler zusammen. Der sei zwar erst fünfunddreißig Jahre alt und habe noch nie ein Bild verkauft, aber das könne ihm sauwurscht sein, denn jene Konkubine habe Geld.
Die Tante wollte gerade erklären, daß die Kunstmaler solch ein Konkubinat »freie Liebe« nennen, weil es nicht wie eine bürgerliche Ehe auf Geld aufgebaut sei – da betrat ein Kunde das »Antiquariat«, der hochwürdige Herr Religionslehrer Joseph Heinzmann.
Hochwürden waren sehr sittenstreng und hatte eine schmutzige Phantasie. Nicht umsonst hatte das Christentum zweitausend Jahre lang die Gültigkeit des Geschlechtstriebes bezweifelt.
Einmal verbot dieser fromme Religionslehrer einem achtjährigen Mädchen, mit nackten Oberarmen in der Schulbank zu sitzen, denn das sei verderblich. Aber am nächsten Sonntag in der Sakristei setze ihm deren Vater, ein Feinmechaniker aus der Schellingstraße, auseinander, daß er doch nicht hinschauen soll, wenn er eine solche Sau sei und daß er durch einen überaus glücklichen Zufall erfahren habe, daß Hochwürden gern gar oft ein sauberes »Antiquariat« in der Schellingstraße besuche, um sich dort an den Fotografien nackter Weiber zu ergötzen. Und der hochwürdige Herr erwiderte, das sei eine gewaltige Verleumdung; wohl besuche er des öfteren jenes »Antiquariat« in der Schellingstraße, aber nur, um sich Heiligenbildchen zu kaufen, die dort sehr preiswert wären und

die er dann unter seine Lieblingsschülerinnen verteile. Und er lächelte scheinheilig und meinte noch, der Herr Feinmechaniker solle nur ja nicht verleumden, denn das wäre keine läßliche Sünde. Aber der Herr Feinmechaniker sagte, er scheiße auf alle läßlichen und unerläßlichen Sünden, und er wiederholte, daß jenes »Antiquariat« Hochwürden allerdings leicht verderblich werden könnte, falls sich Hochwürden nur noch einmal erfrechen sollte, sich über die nackten Oberarme seiner achtjährigen Tochter aufzuregen. »Nun, nun, nun« antwortete Hochwürden gekränkt, nämlich er begann jeden Satz mit dem Wörtchen »nun« und diesmal fiel ihm kein Satz ein, denn der Feinmechaniker hatte recht und Hochwürden ließ ihn entrüstet stehen. – –
Seit dieser Unterredung besuchte dieser heilige Geselle nur ab und zu die Tante, denn er war nicht nur schlau, sondern auch feig. Die Tante hatte ihn bereits drei Wochen lang nicht gesehen und als er jetzt den Laden betrat, hub er gleich an zu lügen:
»Nun, ich habe es Euch doch schon des öfteren aufgetragen, gute Frau, daß Ihr in die Auslage nicht diese obszönen Nuditäten hängen sollt, wie dieses ›Vor dem Spiegel‹ oder jenes schamlose ›Weib auf dem Pantherfell‹. Welchen Samen streuen solche Schandbilder in die Seele unserer heranreifenden Jugend!«
»Das sind doch keine Schandbilder, das sind doch nur Fotografien!« ärgerte sich die Tante. »Das kauft sich keine heranreifende Jugend nicht, das kaufn sich nur die heranreifendn Kunstmaler, das habn die nämlich zur Kunst nötig.«
Hochwürden trat an den Bücherständer, durchstöberte den verstaubten Kram, und die Tante knurrte bloß: »Nun, ich kenn schon deine Irrlehren, alter Sünder, ganz ausgschamter!«

»Nun, gute Frau, die Kunst ist göttlichen Ursprungs, aber heute fotografiert der Satan. Nun, wollen wir mal sehen, ob Ihr etwas Neues bekommen habt, oder? Nun, habt Ihr noch das Büchlein über die gnostischen Irrlehren? Nun, Ihr wißt doch, wie sehr wir uns für Irrlehren interessieren.«
Sie haßte ihn nämlich, denn auch er gehörte zu jenen Kunden, die sich alle Wochen tausend Weiber »auf dem Pantherfell, vor dem Spiegel« betrachten und sich dann keine einzige kaufen, sondern sich nur höflich bedanken und sagen: »Ja, wissen Sie, das ist doch nicht das, was ich zur Kunst benötige. Ich benötige eine große schlanke Blondine, aber die hier sind schwarz, braun, rot, zu blond und entweder zu groß, zu klein, zu dick, zu dünn oder zu teuer. Die können wir armen heranreifenden Künstler uns nicht leisten.« –
Und während die Krumbier leise der Tante von den abscheulichen Verbrechen der Jesuiten in Mexiko, Bolivien und Peru erzählte, entzifferte Hochwürden Buchtitel:
»Aus dem Liebesleben der Sizilianerinnen. – Sind Brünette grausam? – Selbstbekenntnisse einer Dirne. – Selbstbekenntnisse zweier Dirnen. – Selbstbekenntnisse dreier Dirnen. – Fort mit den lästigen Sommersprossen! – Die unerbittliche Jungfrau. – Gibt es semitische Huren? – Sadismus, Masochismus und Hypnose. – Marianischer Kalender. – Unser österreich-ungarischer Bundesgenosse. – Abtreibung und Talmud. – Wie bist Du, Weib? – Quo vadis, Weib? – Sphinx Weib. – Wer bist Du, Weib? – Wer seid Ihr, Weiber?«
Und Hochwürden seufzte wie ein alter Hirsch und blätterte benommen in dem Werke »Tugend oder Laster?« und sein Blick blieb an der Stelle kleben: »Der Coitus interruptus ist auf dem Seewege von den Griechen zu den Juden gekommen.« Erschüttert über solch unzüchtige Er-

forschung des antiken Transportwesens, legte er behutsam das Buch auf eine Darstellung der Leda, schwitzte wie ein Bär und starrte sinnierend vor sich hin.
Vor ihm lagen zwei Weiber auf je einem Pantherfell.
»Apropos, wie geht es der lieben Nichte?« wandte er sich an die Tante. »Nun, das ist ein hübsches Kind, das sich hoffentlich niemals auf einem Pantherfell fotografieren lassen wird; die Welt ist unsittlich, gute Frau, und ich las jetzt soeben im Marianischen Kalender, daß der Agnestag am 21. Januar ist. Nun, die Geschichte der heiligen Agnes ist erbaulich, ihr Sinnbild ist das Lamm. Nun, die heilige Agnes war eine schöne römische Christin und weil sie die Ehe mit einem vornehmen heidnischen Jüngling ausschlug, wurde sie in ein öffentliches Haus gebracht, blieb aber auch da mit einem Heiligenschein versehen, unversehrt auf ihrem Lotterbett. Nun, als endlich aber ihr Bräutigam ihr Gewalt antun wollte, erblindete er, wurde aber auf ihre Fürbitte hin wieder sehend. Nun, dennoch wurde sie zum Feuertod verurteilt, und weil sie die Flammen nicht verbrennen konnten, hat man sie enthauptet. Nun, das von dem Blindwerden fällt mir ein, wenn ich diese Schamlosigkeit auf den Pantherfellen hier erblicke. Nun, übrigens ich muß nun gehen. Nun, also behüt Euch Gott, liebe Frau, – die Welt ist verroht, aber Gottes Mühlen mahlen langsam.«
Er ging.
Und die Tante sagte: »Nun, das ist ein ganz hintervotziger Hund. Jedesmal bevor er rausgeht, erzählt er irgend so ein Schmarrn, damits nicht so auffällt, daß er sich nie was kauft.«
Und die Krumbier meinte, auch ihre Schutzheilige, die heilige Afra, sei seinerzeit dem Venusdienst geweiht worden auf der Insel Zypern, aber eines Tages sei der heilige Bischof Narzissus in jenes Freudenhaus gekommen und

hätte dort die heilige Afra und ihre Mutter samt deren Dienerinnen getauft und jetzt ruhe Afras heiliger Leib in der Kirche von St. Ulrich in Augsburg.
Die Tante brummte nur, es sei schon merkwürdig, daß so viele Heilige aus Freudenhäusern stammen.
Aber die Krumbier meinte, man könne auch die Freudenmädchen nicht so ohne weiteres verdammen. So habe sie eine Bekannte gehabt, bei der hätten nur Huren gewohnt, doch die wären peinlich pünktlich mit der Miete gewesen und hätten die Möbel schon sehr geschont, sauber und akkurat. Sie hätten sich ihre Zimmer direkt mit Liebe eingerichtet und nie ein unfeines Wort gebraucht. – –

18

Als jener gesalbte Lüstling im Antiquariat über die heilige Agnes sprach, betrat Agnes Pollinger den fünften Stock des Hauses Schellingstraße 104 und stand nun vor dem Atelier Arthur Maria Lachners. »Akademischer Kunstmaler« las sie auf dem Schilde unter seinem schönen Namen.
Und darunter hing ein Zettel mit der Überschrift: »Raum für Mitteilungen, falls nicht zuhause« und da stand: »Wir sind um zwo im Stefani. Schachmatt. – – Sie kommt, ich erscheine um achtzehn Uhr. Kastner. – – War gestern Abend da, Blödian. Erwarte mich. Rembrandt. – – Was macht mein Edgar Allan Poe III. Band? Du weißt schon. – – Kann Dir mitteilen, daß ich nicht kann. Elly. – – Bin Mittwoch fünf Uhr Nachmittag da. Gruß Priegler.« Und diese Mitteilungen umgaben auf dem Rande des Zettels lauter einzelne Worte, wie eine Girlande. Es waren meist Schmähworte, wie: »Bruch, Aff, Mist, Trottel, Arsch, Rindvieh, Gauner, Hund« usw.

Neben dem Zettel erblickte Agnes eine kurze Schnur, an deren Ende ursprünglich ein Bleistift befestigt worden war, aber dieser Bleistift ist wieder mal geklaut worden, und nun hing die arme Schnur nur so irgendwie herunter, mürrisch, einsam und erniedrigt, ohne Zweck und ohne Sinn. Sie hatte ihre Daseinsberechtigung verloren und ihre einzige Hoffnung war ein neuer Bleistift. Sie wußte ja noch nicht, daß ihr Herr, der Lachner, bereits beschlossen hatte, nie wieder einen Bleistift vor seine Tür zu hängen. Die Schnur kannte den Dieb, sie wußte, daß er Kastner hieß, und es quasselte die Schnur, daß keine Behörde ihre Anklagen zu Protokoll nahm. –

Agnes wollte läuten, aber neben der Klingel hing ebenfalls ein Zettel: »Glocke ruiniert, bitte sehr stark gen die Pforte zu pochen. AML.«

Und Agnes erriet, daß diese drei Buchstaben »Arthur Maria Lachner« bedeuten und sie pochte sehr stark gegen die Pforte.

Sie hörte wie jemand rasch und elastisch einen langen Korridor entlang schritt und sie war überzeugt, daß dieser lange Korridor stockfinster ist, obwohl sie ihn ja noch nie gesehen hatte.

Ein Herr in Pullover und Segelschuhen öffnete: »Ach, Sie sind doch wahrscheinlich das Modell? Je nun, Sie kommen gerade recht, ich bin AML und Sie heißen doch Pollinger, nicht? Alors, erlauben Sie, daß ich vorausgehe, der Korridor ist nämlich leider stockfinster. Bitte, nach mir.«

Und Agnes war befriedigt, daß sie es erraten, daß der Korridor stockfinster ist. – –

Das Atelier hingegen war hell und groß, die Sonne brannte durch die hohe Glasscheibe und Agnes dachte, hier muß es auch im strengsten Winter mollig warm sein; wenn nur auch im Winter die Sonne so scheinen würde wie im Sommer. Dann dürfte es ruhig schneien.

Links an der Wand lehnte ein kleiner eiserner Herd. Auf ihm standen Bierflaschen, Teetassen, ein Teller, zwei verbogene Löffel, ein ungereinigter Rasierapparat und die Briefe Vincent van Goghs in Halbleinen. Hinter einer spanischen Wand lag ein Grammophon in einem unüberzogenen Bette und rechts im Hintergrund thronte ein Buddha auf einer Kiste, die mysteriös bemalt war. An den Wänden hingen Reproduktionen von Greco und Bayros und drei Originalporträts phantastischer indischer Göttinnen von AML. Die Staffelei wartete vor einem kleinen Podium, auf dem sich ein altes durchdrücktes Sofa zu schämen schien. Es roch nach Ölfarben, Sauerkohl und englischen Zigaretten.
Und AML sprach:

»Wie, Sie heißen Agnes? Ich war einst mit einer Agnes befreundet, die schrieb die entzückendsten Märchen, so irgendwie feine zarte in der Farbe. Sie war die Gattin unseres Botschafters in der Tschechoslowakei. Sie haben Sie gekannt? Nein? Sehr schade, da haben Sie wirklich etwas versäumt! Ich bin auch mit dem Botschafter befreundet, ich habe ihn porträtiert und das Bild hängt nun in der Nationalgalerie in Berlin. Kennen Sie Berlin? Nein? Sehr schade, da haben Sie wirklich etwas versäumt! Als ich das letze Mal in Berlin war, traf ich Unter den Linden meinen Freund, den Botschafter in der Tschechoslowakei. Sie kennen doch die Tschechoslowakei? Nein? Ich auch nicht. Sehr schade, da haben Sie wirklich etwas versäumt.«

Und dann sprach er über die alte Stadt Prag und erwähnte so nebenbei den Golem. Und er meinte, er sei nun auf die tschechoslowakischen Juden zu sprechen gekommen, weil seine Großmutter Argentinierin gewesen wäre, eine leidenschaftliche Portugiesin, die man einst in Bremen wegen ihrer schwarzen Glutaugen leider für eine Israelitin

gehalten hätte – – und er unterbrach sich selbst ungeduldig; er wolle nun tatsächlich nicht über die südamerikanischen Pampas plaudern, sondern über sich, seine Sendung und seine Arbeitsart. Der Kastner würde es ihr ja wahrscheinlich schon mitgeteilt haben, daß er sie im Auftrag eines Düsseldorfer Generaldirektors als Hetäre im Opiumrausch malen muß.
So benannte AML einen Viehhändler aus Kempten zum Generaldirektor in Düsseldorf und Agnes wurde stutzig: der Kastner hätte ihr doch gesagt, daß sie im Auftrage des hessischen Freistaates als Hetäre im Opiumrausch gemalt werden würde.
Doch AML lächelte nur und log: der Kastner hätte sich versprochen, denn im Auftrage des hessischen Freistaates müßte er eine Madonna schaffen. Aber dazu benötige er ein demivièrge Modell mit einem wissenden Zug um den unbefleckten Mund. Er sei sich ja bewußt, daß er nicht das richtige Verhältnis zur Muttergottes besitze, und er führte Agnes vor den Buddha auf der Kiste.
Das sei sein Hausaltar, erklärte er ihr. Sein Gott sei nicht gekreuzigt worden, sondern hätte nur ständig seinen Nabel betrachtet und dieser Erlöser nenne sich Buddha. Er selbst sei nämlich Buddhist. Auch er würde regelmäßig meditieren, zur vorgeschriebenen Zeit die vorschriftsmäßigen Gebete und Gebärden verrichten und wenn er seiner Eingebung folgen dürfte, würde er die Madonna mit sechs Armen, zwölf Beinen, achtzehn Brüsten und drei Köpfen malen. Aber das Interessanteste an ihm sei, daß er trotz der buddhistischen Askese Sinn für Hetären im Opiumrausch habe, das sei eben sein Zwiespalt, er habe ja auch zwei verschiedene Gesichtshälften. Und er zeigte ihr sein Selbstporträt. Das sah aus, als hätte er links eine gewaltige Ohrfeige bekommen.
»Die ungemeine Ausprägung der linken Gesichtshälfte ist

ein Merkmal der Invertiertheit«, konstatierte er. »Alle großen Männer waren invertiert. Auch Oscar Wilde.« Neuerdings nämlich überraschte sich AML bei Erregungen homosexueller Art. Als korrekter Hypochonder belauerte er auch seinen Trieb.
Und Agnes betrachtete Buddhas Nabel und dachte, das wäre bloß ein Schmeerbauch, und wenn der Buddhist noch nicht blöd sein sollte, so würde er bald verblöden, so intelligent sei er.

19

Agnes trat hinter die spanische Wand. »Ziehen Sie sich nur ruhig aus«, vernahm sie des Buddhisten Stimme und hörte, wie er sich eine Zigarette anzündete. »Es ist bekannt, daß sich das erste Mal eine gewisse Scheu einstellt. Sie sind doch kein Berufsmodell. Jedoch nur keine falsche Scham! Wir alle opfern auf dem Altare der Kunst und ohne Schamlosigkeit geht das eben nicht, sagt Frank Wedekind.«
Agnes fand es höchst überflüssig, daß er sich verpflichtet fühlte, ihr das Entkleiden zu erleichtern, denn sie dachte sich ja nichts dabei, da es ihr bekannt war, daß sie gut gebaut ist.
Einmal wurde sie von der Tante erwischt, wie sie sich gerade Umfang und Länge ihres Oberschenkels maß, nämlich in der Sonntagsbeilage standen die genauen Maße der amerikanischen Schönheitskönigin Miss Virginia und die Redaktion der Sonntagsbeilage versprach derjenigen Münchnerin hundert Mark, deren Körperteile genau die selben Maße aufweisen konnte. Die Tante behauptete natürlich, das wären wahrscheinlich die Maße eines Menschenaffen und Agnes täte bedeutend klüger, wenn sie auf das Arbeitsamt in der Thalkirchner Straße

ginge, statt sich von oben bis unten abzumessen, wie eine Badhur und sie fragte sie noch, ob sie sich denn überhaupt nicht mehr schäme. Agnes dachte sich nur, wenn sie der Tante ihre Maße hätte, dann würde sie sich allerdings schämen und freute sich, daß sie genau so gebaut ist wie Miss Virginia. Nur mit dem Busen, dem Unterarm und den Ohren klappte es nicht so ganz genau, aber sie beschwindelte sich selbst und war überzeugt, das könne bei der Verteilung der hundert Mark keinerlei Rolle spielen. Aber es spielte eine Rolle und die hundert Mark gewann ein gewisses Fräulein Koeck aus der Blumenstraße und in der nächsten Sonntagsbeilage protestierte dagegen ein Kaufmann aus der Thierschstraße, weil die Hüfte seiner Gattin nur um einen knappen Zentimeter breiter wäre, als die Hüfte der Schönheitskönigin und Fräulein Koeck hätte doch hingegen um einen ganzen halben Zentimeter dünnere Oberschenkel und um zwo Zentimeter längere Finger. Auch ein Turnlehrer aus der Theresienstraße protestierte und schrieb, man müsse überhaupt betreffs Hüften die Eigenart des altbayerischen Menschenschlages gebührender berücksichtigen, und es gäbe doch gottlob noch unterschiedliche Rassenmerkmale. Und Agnes dachte, es gibt halt keine Gerechtigkeit.
Damals schlug ihr dann der Kastner vor, ob er sie als künstlerischen Akt fotografieren dürfe, aber sie müsse sich vorher noch so ein Lächeln wie die Hollywooder Stars antrainieren. Sie ließ sich zwar nicht fotografieren, versuchte aber vor dem Spiegel das Hollywooder Lächeln zu erlernen, fing jedoch plötzlich an Grimassen zu schneiden und erschrak derart über ihr eigenes Gesicht, daß sie entsetzt davonlief.
Aber der Kastner ließ nicht locker und noch vor zehn Tagen, als er mit ihr am Ammersee badete, versuchte er sie zu fotografieren. Er erzählte ihr, daß in Schweden alles

ohne Trikot badet, denn das Trikot reize die Phantasie, ohne sie zu befriedigen und das wäre ungesund. Hier mengte sich ein fremder Badegast in das Gespräch und sagte, er wäre Schwede und er fragte Agnes, ob sie nicht mit ihm Familienkunde treiben wolle, maßen sie einen Langschädel habe und blau und blond sei; jedoch der Kastner wurde sehr böse und log, er selbst sei ebenfalls Schwede, worauf jener Schwede sehr verlegen wurde und kleinlaut hinzufügte, er wäre allerdings nur ein geborener Schwede, aber Privatgelehrter. – –

Dieser geborene schwedische Privatgelehrte fiel nun Agnes plötzlich ein, weil AML sagte: »In Schweden badet alles ohne Trikot. Lassen Sie die Strümpfe an! Ein weiblicher Akt mit Strümpfen wirkt bekanntlich erotisierender. Meine Hetäre trägt Strümpfe! Ich will die Hetäre mit Strümpfen erschaffen, mit Pagenstrümpfen! Eine Hetäre ohne Pagenstrümpfe ist, wie – –« Er stockte, denn es fiel ihm kein Vergleich ein, und er ärgerte sich darüber und fuhr rasch fort: »Ich las gestern eine pittoreske Novelle von – –« Er stockte wieder, denn es fiel ihm kein Novellist ein und legte wütend los: »Vorgestern habe ich mich rasiert und da habe ich mich furchtbar geschnitten und heute habe ich mich wieder rasiert und habe mich nicht geschnitten! Kennen Sie die Psychoanalyse? Es ist alles Symbol, das stimmt. Wir denken symbolisch, wir können nur zweideutig denken. Zum Beispiel: das Bett. Wenn wir an ein Bett denken, so ist das ein Symbol für das Bett. Verstehen Sie mich? Ich freue mich nur, daß Sie kein Berufsmodell sind. Ich hasse das Schema, ich benötige Individualität! Ich bin nämlich krasser Individualist, hinter mir steht keine Masse, auch ich gehöre zu jener ›unsichtbaren Loge‹ wahrer Geister, die sich über ihre Zeit erhoben und über die gestern in den ›Neuesten‹ ein fabelhaftes Feuilleton stand!«

Und während Agnes ihr Hemd auf das Grammophon legte, verdammte er den Kollektivismus.

20

Manchmal schwätzte AML als wäre er ein Schwätzer. Aber er schwätzte ja nur aus Angst vor einem gewissen Gedanken. – –
Sein Vater war Tischlermeister gewesen und AML hatte zu Hause nie ein böses Wort gehört. Er erinnerte sich seiner Eltern als ehrlicher arbeitsamer Menschen und manchmal träumte er von seiner Mutter, einer rundlichen Frau mit guten großen Augen und fettigem Haar. Es war alles so schön zu Hause gewesen und zufrieden. Es ist gut gekocht und gern gegessen worden und heute schien es AML, als hätten auch seine Eltern an das Christkind geglaubt und den Weihnachtsmann. Und manchmal mußte AML denken, ob er nicht auch lieber Tischlermeister geworden wäre mit einem Kind und einer rundlichen Frau mit guten großen Augen und fettigem Haar.
Dieser Gedanke drohte ihn zu erschlagen.
Und um nicht erschlagen zu werden, verkroch er sich vor jedem seiner Gedanken. Wenn er allein im Atelier saß, sprach er laut mit sich selbst, nur um nichts denken zu müssen. Oder er ließ das Grammophon spielen, rezitierte Gedichte, pfiff Gassenhauer und manchmal schrieb er sich sogar selbst Nachrichten auf den Zettel mit der Überschrift: »Raum für Mitteilungen, falls nicht zu Hause.«
Er tat, wie die Chinesen tun, die überall hin Glöcklein hängen, um die bösen Geister zu verscheuchen. Denn die bösen Geister fürchten auch das feinste Geräusch und glotzen uns nur in der Stille an.
Er haßte die Stille.

Etwas in seinem Wesen erinnerte an seinen verstorbenen Onkel August Meinzinger in Graz. Der sammelte Spitzen, hatte lange schmale Ohren und saß oft stundenlang auf Kinderspielplätzen.
Er war ein alter Herr und in seinem Magen wuchs ein Geschwür. Er mußte auf seine Lieblingsknödel verzichten, wurde boshaft und bigott, bedauerte kein Mönch geworden zu sein, las Bücher über die Folterwerkzeuge der Hölle und nahm sich vor, rechtschaffene Taten zu vollbringen; denn er hatte solche Angst vor dem Tode, daß er sich beschiß, wenn er eine Sense sah. Die Hölle, das Magengeschwür und die entschwundenen Lieblingsknödel beunruhigten seine Phantasie.
Einst als AML vier Jahre alt wurde, besuchte Onkel August München. Und da es dämmerte, schlich er an AMLs Bettchen und kniff ihn heimlich blau und grün, weil er eingeschlafen war, ohne gebetet zu haben. Er schilderte ihm die Qualen der Hölle und zitterte dabei vor dem jüngsten Gericht wie ein verprügelter Rattler. Der kleine AML hörte ihm mit runden Augen zu, fing plötzlich an zu weinen und betete. Er wußte zwar nicht, was er daherplapperte und hätte es auch gar nicht begriffen, daß er ein sündiger Mensch ist. Seine Sünden bestanden damals lediglich darin, daß er mit ungewaschenen Händchen in die Butter griff, was ihm wohltat, daß er verzweifelte, wenn der Kaminkehrer kam, in der Nase bohrte und daran lutschte, sich des öfteren bemachte, in den Milchreis rotzte und den Pintscher Pepperl auf den Hintern küßte.
Und als AML in die Schule kam, verschied der Onkel August in Graz nach einem fürchterlichen Todeskampfe. Er röchelte zehn Stunden lang, redete wirres Zeug daher und brüllte immer wieder los: »Lüge! Lüge! Ich kenn kein kleines Mizzilein, ich hab nie Bonbons bei mir, ich hab kein Mizzilein in den Kanal gestoßen, Mizzilein ist von

selbst ertrunken, allein! Allein! Ich hab ja nur an den Wädelchen getätschelt, den Kniekehlchen! Meine Herren, ich hab nie Bonbons bei mir!« Und dann schlug er wild um sich und heulte: »Auf dem Diwan sitzt der Satan! Auf dem Diwan sitzt noch ein Satan!« Dann wimmerte er, eine Straßenbahn überfahre ihn mit Rädern wie Rasiermesser. Und seine letzten Worte lauteten: »Es ist strengstens verboten mit dem Wagenführer zu sprechen!«
Und des Onkels Seele schwebte himmelwärts aus der steiermärkischen Stadt Graz und mit seinem Geld wurde der Altar einer geräderten heiligen Märtyrerin renoviert und ihr gekröntes Skelett neu vergoldet, denn August Meinzinger hatte tatsächlich sein ganzes Vermögen aus rücksichtsloser Angst vor dem höllischen Schlund in jenen der alleinseligmachenden Kirche geworfen.
Nur seinem Neffen AML hatte er ein silbernes Kruzifixlein hinerlassen, welches dieser fünfzehn Jahre später, 1913, im Versatzamt verfallen ließ, denn er benötigte das Geld für die Behandlung seines haushohen Trippers.
Und kaum war er geheilt, brach der Weltkrieg aus. Er wurde Pionier, bekam in Belgrad das eiserne Kreuz und in Warschau seinen zweiten Tripper.
Und kaum war er geheilt, brach Deutschland zusammen. Und während die Menschen, die weitergehen wollten, erschossen wurden, bekam er seinen dritten Tripper.
Und kaum war er geheilt, trat in Weimar die Nationalversammlung zusammen. Er wurde beherrscht und schwor, sich offiziell zu verloben, um seinen Geschlechtsverkehr gefahrlos gestalten zu können. Er wollte die Tochter eines Regierungsbaumeisters heiraten, es war eine reine Liebe und sie brachte ihm seinen vierten Tripper.
Nun wurde er immer vergeistigter und bildete sich ein, er sei verflucht. Hatte er mal Kopfschmerzen, Katarrh, einen blauen Fleck, Mitesser, Husten, Fieber, Durchfall oder

harten Stuhl, immer witterte er irgendeinen mysteriösen Tripper. Er wagte sich kaum mehr einem Weib zu nähern, haßte auch die Muttergottes und wurde Buddhist.
Durch das Mikroskop erblickte er das Kleinod im Lotos.

21

Agnes stand nun vor AML.
Sie hatte nur ihre Strümpfe an und schämte sich, weil der eine zerrissen war, während AML meinte, es wäre jammerschade, daß sie keine Pagenstrümpfe habe. Dann forderte er sie auf, im Atelier herumzugehen. »Gelöst«, sagte er. »Nur gelöst!« Und so gelöst solle sie sich auch setzen, legen, aufstehen, niederknien, kauern, aufstehen, wieder hinlegen, wieder aufstehen, sich beugen und wieder herumgehen – – das hätten nämlich auch die Modelle von Rodin genauso machen müssen. Selbst Balzac hätte vor Rodin vierzehn Tage lang so gelöst herumgehen müssen, bis Rodin die richtige Pose gefunden hätte. Er habe es zwar nicht nötig, dabei Skizzen zu machen, wie jener, er behalte nämlich alle seine Skizzen im Kopf, denn er habe ein gutes Gedächtnis. Damit wolle er sich jedoch keineswegs mit Rodin vergleichen, das wäre ja vermessen, aber er sei halt nun mal so.
Agnes tat alles, was er wollte und wunderte sich über sein sonderbar sachliches Mienenspiel, denn eigentlich hatte sie erwartet, daß er sich ihr nähern werde. Und nun schämte sie sich noch mehr über ihren zerrissenen Strumpf.
Sie erinnerte sich des Fräulein Therese Seitz aus der Schellingstraße. Die war Berufsmodell und hatte ihr mal von einem Kunstmaler erzählt, der behauptet hätte, er könnte sie leider nicht malen, wenn sie sich ihm nicht hingeben

wollte und er müßte sie leider hinausschmeißen, das würde er nämlich seiner Kunst schuldig sein.
Endlich fand AML die richtige Pose. Sie hatte sich auf das Sofa gesetzt und lag nun auf dem Bauche. »Halt!« rief er, raste hinter seine Staffelei und visierte: »Jetzt hab ich die Hetäre! Nur gelöst! Gelöst! – – – es ist in die Augen fallend, daß sich die Kluft zwischen dem heutigen Schönheitsideal und jenem der Antike immer breiter auftut. Ich denke an die Venus von Milo.«
Und während AML an Paris dachte, dachte Agnes an sich und wurde traurig, denn: »Was tut man nicht alles für zwanzig Pfennig in der Stunde!«
Überhaupt diese Kunst!
Keine zwanzig Pfennige würde sie für diese Kunst ausgeben! Wie oft hatte sie sich schon über diese ganze Kunst geärgert!
Wie gut haben es doch die Bilder in den Museen! Sie wohnen vornehm, frieren nicht, müssen weder essen noch arbeiten, hängen nur an der Wand und werden bestaunt, als hätten sie Gottweißwas geleistet.
Aber am meisten ärgerte sich Agnes über die Glyptothek auf dem Königsplatze, in der die Leute alte Steintrümmer beglotzen, so andächtig, als stünden sie vor der Auslage eines Delikatessengeschäftes.
Einmal war sie in der Glyptothek, denn es hat sehr geregnet und sie ging gerade über den Königsplatz. Drinnen führte einer mit einer Dienstmütze eine Gruppe von Saal zu Saal und vor einer Figur sagte er, das sei die Göttin der Liebe. Die Göttin der Liebe hatte weder Arme noch Beine. Auch der Kopf fehlte und Agnes mußte direkt lächeln und einer aus der Gruppe lächelte auch und löste sich von der Gruppe und näherte sich Agnes vor einer Figur ohne Feigenblatt. Er sagte, die Kunst der alten Griechen sei unnachahmbar und vor dem Kriege hätten auf Befehl des

Zentrums die Saaldiener aus Papier Feigenblätter schneiden und diese auf die unsterblichen Kunstwerke hängen müssen und das wäre wider die Kunst gewesen. Und er fragte Agnes, ob sie mit ihm am Nachmittag ins Kino gehen wollte und Agnes traf sich mit ihm auf dem Sendlingertorplatz. Er kaufte zwei Logenplätze, aber da es Sonntag war und naß und kalt, war keine Loge ganz leer und das verstimmte ihn und er sagte, hätte er das geahnt, so hätte er zweites Parkett gekauft, denn dort sehe man besser, er sei nämlich sehr kurzsichtig. Und er wurde ganz melancholisch und meinte, wer weiß, wann sie sich wiedersehen werden, er sei nämlich aus Augsburg und müsse gleich nach der Vorstellung wieder nach Augsburg fahren und eigentlich liebe er das Kino gar nicht und die Logenplätze wären verrückt teuer. Agnes begleitete ihn hernach an die Bahn, er besorgte ihr noch eine Bahnsteigkarte und weinte fast, da sie sich trennten und sagte: »Fräulein, ich bin verflucht. Ich hab mit zwanzig Jahren geheiratet, jetzt bin ich vierzig, meine drei Söhne zwanzig, neunzehn und achtzehn und meine Frau sechsundfünfzig. Ich war immer Idealist. Fräulein, Sie werden noch an mich denken. Ich bin Kaufmann. Ich hab Talent zum Bildhauer.«

22

Drei Stunden später schlug es dreiviertelfünf.
AML beschäftigte sich bereits seit vier Uhr mit dem Hintergrunde seiner »Hetäre im Opiumrausch«. Der Hintergrund war nämlich seine schwächste Seite. Unter solch einem Hintergrund konnte er unsagbar leiden.
Auch jetzt juckte es ihn überall, es offenbarten sich ihm nur Hintergründe, die nicht in Frage kamen.
So schien ihm also der Dreiviertelfünfuhrschlag als wahre

Erlösung, denn da sein Freund Harry Priegler um fünf Uhr erscheinen wollte, konnte er sagen: »Ziehen Sie sich an, Fräulein Pollinger! Für heut sind wir soweit. Dieser Hintergrund! Dieser Hintergrund! Dieser ewige Hintergrund!«

Und während Agnes sich vor einem Hintergrunde, der ebenfalls nicht in Frage kam, anzog, knurrte ihr Magen. Sie hatte nämlich an diesem Tage zwei Semmeln gegessen, sonst noch nichts. Ursprünglich hatte sie sich ja Suppe, Fleisch, gemischten Salat und Kompott bestellen wollen, so ein richtiges Menü für neunzig Pfennig, aber da sie erst um halb zwölf erwacht war und dann auch noch zehn Minuten lang gemeint hatte, es wäre erst acht oder höchstens neun, während sie doch um zwölf Uhr bereits als Hetäre im Atelier sein mußte, so war ihr eben für jenes Menü keine Zeit übrig geblieben. Abgesehen davon, daß sie ja nur mehr dreiundzwanzig Pfennig besaß.

Die zwei Semmeln kaufte sie sich bei jener Bäckersfrau in der Schellingstraße, die bekannt war ob ihrer Klumpfüße. Als Agnes den Laden betrat, las sie gerade die Hausbesitzerszeitung und meinte: »Der Mittelstand wird aufgerieben. Und was wird dann aus der Kultur? Überhaupts aus der Menschheit?«

»Was geht mich die Menschheit an?« dachte Agnes und ärgerte sich, daß die Semmeln immer kleiner werden.

23

Agnes schlüpfte in ihren Schlüpfer.

»Es sind halt immer die gleichen Bewegungen«, überlegte sie. »Nur, daß ich jetzt seit einem Jahr keine Strumpfbänder trag, sondern einen Gürtel. Man kann zwar zum Gürtel auch Strumpfbänder tragen, aber oft haben die Männer

schon gar keinen Sinn für Schmuck und werden bloß höhnisch und dann ist die ganze Stimmung zerrissen.«
Und sie erinnerte sich einer Fotografie in der »Illustrierten«. Auf der sah man eine lustige Amerikanerin aus New York, die auf ihrem Strumpfband eine Uhr trug. Die »Strumpfbanduhr« stand darunter und dann war auch noch vermerkt, daß sie nicht nur einen Sekundenzeiger besitzt, sondern auch ein Läut- und Weckwerk und, daß sie nicht nur die Viertelstunden, sondern auch die Minuten schlägt und daß sie sich sogar als Stoppuhr verwerten läßt, zum Beispiel bei leichtathletischen Wettbewerben. Sie registriere nämlich genau die Zehntelsekunden und in der Nacht leuchte ihr Zifferblatt und überhaupt könne man von ihr auch die jeweiligen Stellungen der Sonne und des Mondes erkennen – – – ein ganzes Stück Weltall – – und die glückliche Besitzerin dieser Strumpfbanduhr sei Miß Flora, die Tochter eines Konfektionskönigs, des Enkelkindes braver Berliner aus Breslau.

24

Harry Priegler war pünktlich. Er nahm die vier Treppen, als wären sie gar nicht da und betrat das Atelier ohne Atembeschwerden, denn er war ein durchtrainierter Sportsmann.
Als einziger Sohn eines reichen Schweinemetzgers und dank der Affenliebe seiner Mutter, einer klassenbewußten Beamtentochter, die es sich selbst bei der silbernen Hochzeit noch nicht völlig verziehen hatte, einen Schweinemetzger geheiratet zu haben, konnte er seine gesunden Muskeln, Nerven und Eingeweide derart rücksichtslos pflegen, daß er bereits mit sechzehn Jahren als eine Hoffnung des deutschen Eishockeysportes galt.

Er hatte die Hoffenden nicht enttäuscht. Allgemein beliebt wurde er gar bald der berühmteste linke Stürmer und seine wuchtigen Schüsse auf das Tor, besonders die elegant und unhaltbar placierten Fernschüsse aus dem Hinterhalt, errangen internationale Bedeutung. Und was er auch immer vertrat, seinen Verein oder seine Vaterstadt, Südbayern oder Großdeutschland, immer kämpfte er überaus fair. Nie kam es vor, daß er sich ein »Foul« zuschulden kommen ließ, denn infolge seiner raffinierten Technik der Stockbehandlung und seiner überragenden Geschwindigkeit hatte er es nicht nötig.
Natürlich trieb er nichts als Sport. Das Eishockey war sein Beruf, trotzdem blieb er Amateur, denn seinen nicht gerade bescheidenen Lebensunterhalt bestritten die geschlachteten Schweine.
Harrys Arbeit hing in erschreckender Weise vom Wetter ab. Gab es kein Eis, hatte er nichts zu tun. Spätestens Mitte Februar wurde er arbeitslos und frühestens Mitte Dezember konnte er wieder eingestellt werden. Wenn ihm jemand während dieser Zeit auf der Straße begegnete, so teilte er dem mit einer gewissen müden Resignation mit, daß er entweder vom Schneider kommt oder zum Schneider geht. Er trug sich recht bunt, kaute Gummi und markierte mit Vorliebe den Nordamerikaner. Kurz: er war einer jener »Spitzen der Gesellschaft, die sich in ihren eigenen Autos bei AML Rendezvous geben«, wie sich der Kastner Agnes gegenüber so plastisch ausgedrückt und über die er noch geäußert hat: »Das sind Möglichkeiten! Ich verlange zwar keineswegs, daß du dich prostituierst.«
Auch die übrigen Spieler seiner Mannschaft, vom Mittelstürmer bis zum Ersatzmann, waren in gleicher Weise berufstätig. Zwei waren zwar immatrikuliert an der philosophischen Fakultät, erste Sektion, jedoch dies geschah nur so nebenbei, denn alle waren Söhne irgendwelcher

Schweinemetzger in Wien, Elberfeld oder Kanada. Nur der rechte Verteidiger ließ sich von einer Dame, deren Mann für das Eishockey kein Gefühl hatte, aushalten.
Mit diesem rechten Verteidiger vertrug sich Harry ursprünglich recht gut, aber dann trübte eine Liebesgeschichte ihre Zuneigung und seit jener Zeit haßte ihn der rechte Verteidiger. Immerhin besaß er aber Charakter genug, um bei Wettkämpfen mit Harry präzis zusammenzuspielen, als wäre nichts geschehen.
Der rechte Verteidiger hatte sich nämlich mit Erfolg in die Geliebte des Tormannes verliebt und diese Geliebte hatte plötzlich angefangen, sich für Harry zu interessieren. Der Tormann, ein gutmütiger Riese, hat bloß traurig gesagt: »Frauen sind halt unsportlich« und der rechte Verteidiger hatte nichts dagegen einzuwenden, solange die Unsportliche auch ihn erhört hatte, denn er war ein großzügiger Mann. Aber Harry hatte jene Unsportliche nicht riechen können und darüber hatte sie sich so geärgert, daß sie plötzlich den rechten Verteidiger nicht mehr riechen konnte. »Also vom Wintersport hab ich jetzt genug«, hatte sie gesagt und ist nach San Remo gefahren und hat sich dort von einem faschistischen Parteisekretär Statuten beibringen lassen, ist dann zurückgekommen und hat vom Mussolini geschwärmt und konstatiert: »In Italien herrscht Ordnung!«
Harry lernte AML im »Diana« kennen. Das »Diana« und der »Bunte Vogel« in der Adalbertstraße zu Schwabing waren während der Inflation sogenannte Künstlerkneipen mit Künstlerkonzert und es trafen sich dort allerhand arme Mädchen, Corpsstudenten, Schieber, verkommene Schauspieler, rachsüchtige Feuilletonisten und homosexuelle Hitlerianer. Hier entstand dies Lied:

Wir wollen uns mit Kognak berauschen
Wir wollen unsere Weiber vertauschen

Wir wollen uns mit Scheiße beschmieren
Wir wollen überhaupt ein freies Leben führen!

Harry hatte für Kunst nichts übrig, ihn interessierten eigentlich nur die Mädchen, die sich möglichst billig erstehen ließen. Denn trotz seines lebemännischen Äußeren konnte er ab und zu recht geizig werden, wenn es um das Ganze ging. Überhaupt bricht bei Kavalieren seiner Art durch die Kruste der Nonchalance gar häufig überraschend primitiv eine ungebändigte Sinneslust, eine Urfreude am Leben.
So hat mal der Mittelstürmer seiner Liebe den Nachttopf an den Kopf werfen wollen und ein anderer Mittelstürmer hat es auch getan.
Als Harry und AML sich kennen lernten, fanden sie sich sogleich sympathisch. Beide waren betrunken, Harry hatte natürlich Valuten, AML natürlich nur mehr eine Billion, hingegen hatte er ein Mädchen, welches hinwiederum Harry nicht hatte. So bezahlte letzterer die Zeche und AML improvisierte ein Atelierfest. Kurz nach zwei Uhr übergab sich Harry und bettelte um ein Stück Papier, jedoch AML meinte: »Ehrensache! Das putz ich auf, das ist Hausherrnrecht! Ehrensache!« Und er putzte tatsächlich alles fein säuberlich auf und übergab sich dann selbst, während Harry ihm ob seiner Gastfreundschaft dankte. Dann näherte er sich einem Mädchen, das schon so müd war, daß sie ihn mit AML verwechselte.
Aber AML verzieh Harry und meinte nur, die schönste Musik sei die Musik der Südsee. Dann schmiß er die Müde raus und so entwickelte sich zwischen den beiden Männern eine wahre Freundschaft. Harry bezahlte die Zeche der Mädchen, die AML einlud. Und so konnte es auch nicht ausbleiben, daß Harry sich anfing, für Kunst zu interessieren. Dumpf pochte in ihm die Pflicht, lebenden Künstlern unter die Arme zu greifen.

Er ließ sich sein Lexikon prunkvoll einbinden, denn das sei schöner als die schönste Tapete oder Waffen an der Wand. Er las gerne Titel und Kapitelüberschriften, aber am liebsten vertiefte er sich in Zitate auf Abreißkalendern.
Dort las er am hundertsten Todestag Ludwig van Beethovens: »Kunst ist eigentlich undefinierbar.«

25

Als Agnes Harry vorgestellt wurde, sagte er: »Angenehm!« und zu AML: »Verzeih, wenn ich wiedermal störe!«
»Oh bitte! Du weißt doch, daß ich nicht gestört werden kann! Fräulein Pollinger ist nur mein neues Modell. Ich stehe wiedermal vor dem Hintergrund. Bist du mit dem Auto da?«
Hätte Agnes etwas Zerbrechliches in der Hand gehalten, dann hätte sie es bei dem Worte »Auto« wahrscheinlich fallen lassen, so unerwartet tauchte es vor ihr auf, als würde es sie überfahren – – obwohl sie sich doch seit Kastners Besuch darüber im klaren war, daß sie oben drinnen sitzen will. Und sie überraschte sich dabei, wie gut ihr Harrys grauer Anzug gefiel und, daß sie den Knoten seiner Krawatte fabelhaft fand.
Die beiden Herren unterhielten sich leise. Nämlich AML wäre es irgendwie peinlich gewesen, wenn seine Hetäre erfahren hätte, daß er Harry vierzig Mark schuldet und daß er diese Schuld noch immer nicht begleichen kann und daß er Harry lediglich fragen wollte, ob er ihm nicht noch zwanzig Mark pumpen könnte. – – »Sie fährt sicher mit«, meinte er und betonte dies »sicher« so überzeugt, daß es Agnes hören mußte, obwohl sie nicht lauschte.

Nun wurde sie aber neugierig und horchte, denn sie liebte das Wort »vielleicht« und gebrauchte nie das Wort »sicher«. Und dies fiel ihr plötzlich auf und sie war mit sich sehr zufrieden.
Scheinbar interessiert blätterte sie in den Briefen van Goghs und hörte, wie Harry von zwei Herren sprach, die ihm anläßlich seines fabelhaften Spieles in der Schweiz persönlich gratulieren wollten. Als sie ihm aber ihre Aufwartung machten, da stahlen sie ihm aus seiner Briefmarkensammlung den »schwarzen Einser« und den »sächsischen Dreier«. Einer von ihnen habe sich an eine Baronin attachiert und diese Baronin sei sehr lebensfreudig, nämlich sie habe sich gleich an drei Männer attachiert. Der Baron sei unerwartet nach Hause gekommen und habe nur gesagt: »Guten Abend, die Herren!« und dann sei er gleich wieder fort. Die Herren seien verdutzt gewesen und der Baron habe sich in der gleichen Nacht auf dem Grabe seiner Mutter erschossen. Harry sagte noch, er verstünde es nicht, wie man sich aus Liebe erschießen kann.
Auch Agnes verstand dies nicht.
Sie dachte, was wäre das für eine Überspanntheit, wenn sie sich auf dem Grabe ihrer Mutter erschießen würde. Oder wenn sich zum Beispiel jetzt der Eugen auf dem Grabe seiner Mutter erschießen würde. Abgesehen davon, daß seine Mutter vielleicht noch lebt, würde ihr so etwas niemals einfallen, und auch dem Eugen wahrscheinlich vielleicht niemals. Zwar hätte es ganz so hergeschaut, als hätte er ein tieferes Gefühl für sie empfunden, denn er hätte schon ziemlich gestottert, wenn er ihr etwas Erfreuliches hätte sagen wollen.
Auch Agnes stotterte einst.
Zur Zeit ihrer einzigen großen Liebe, damals, da sie mit dem Brunner aus der Schellingstraße ging, stieg ihr auch jedesmal, wenn sie an ihn dachte, so ein tieferes Gefühl

aus dem Magen herauf und blieb in der Gurgel stecken. Und wenn sie ihm gar mal unerwartet begegnete, wurde es ihr jedes Mal übel vor lauter Freude, so, daß sie sich am liebsten übergeben hätte. Der Brunner aber lachte jedes Mal, nur einmal wurde er plötzlich sehr ernst und streng und meinte, wenn man an nichts anderes zu denken hätte, so wäre ja so eine große Liebe recht abwechslungsreich. Darüber war sie dann recht empört, denn sie hatte ja alles andere, an das sie sogar sehr hätte denken müssen, vergessen. Sie las ja auch damals bloß solch blöde Bücher über eifersüchtige Männer und leidenschaftliche Weiber.
Und als sie dann der Brunner sitzen ließ, heulte sie auf ihrer verwanzten Matratze und es fiel ihr tatsächlich ein: was tät er sagen, wenn ich jetzt aus dem Fenster springen tät? Und vielleicht grad ihm auf den Kopf fallen tät?
Seinerzeit lief sie sogar in die Kirche und betete: »Lieber Gott! Laß diesen Kelch an mir vorübergehen – –« Sie sprach plötzlich hochdeutsch, nämlich sie fand diesen Satz so wahr und wunderschön. Sie glaubte daran, daß da drinnen eine tiefe Erkenntnis steckt.
Heute, wenn ihr dieser Satz einfällt, kriegt sie einen roten Kopf, so komisch kommt sie sich vor. Aus Liebe tun sich ja heut nur noch die Kinder was an!
So erhängte sich erst unlängst ein Realgymnasiast wegen einer Realgymnasiastin, weil die sich mit einem Motorradfahrer einließ. Zuerst fühlte sich die Realgymnasiastin geschmeichelt, aber dann fing sie plötzlich an, von lauter erhängten Jünglingen zu träumen und wurde wegen Zerstreutheit zu Ostern nicht versetzt. Sie wollte ursprünglich Kinderärztin werden, verlobte sich dann aber mit jenem Motorradfahrer. Der hieß Heinrich Lallinger.
Erst heute begreift Agnes ihren Brunner aus der Schellingstraße, der da sagte, daß wenn zwei sich gefallen, so kommen die zwei halt zusammen, aber das ganze Ge-

schwätz von der Seele in der Liebe, das sei bloß eine Erfindung jener Herrschaften, die wo nichts zu tun hätten, als ihren nackten Nabel zu betrachten. Und in diesem Sinne wäre es auch lediglich eine Gefühlsroheit, wenn irgendeine Agnes außer seiner Liebe auch noch seine Seele verlangen täte, denn so eine tiefere Liebe endete bekanntlich immer mit Schmerzen und warum sollte er sich sein Leben noch mehr verschmerzen. Er wolle ja keine Familie gründen, dann allerdings müßte er schon ein besonderes Gefühl aufbringen, denn immer mit demselben Menschen zusammenzuleben, da gehöre schon was Besonderes dazu. Aber er wolle ja gar keine Kinder, es liefen schon eh zu viel herum, wo wir doch unsere Kolonien verloren hätten.

Heute würde Agnes antworten: »Was könnt schon aus meim Kind werden? Es hätt nicht mal eine Tante, bei der es dann später wohnen könnt! Wenn der Mensch im Leben erreicht, daß er in einem Auto fahren kann, da hat er schon sehr viel erreicht.«

26

»Sicher!« hatte AML gesagt. »Sicher fährt sie mit.«

Er war so sicher seiner Sache, er betrieb ja nicht nur psychologische Studien, sondern er empfand auch eine gewisse Schadenfreude anläßlich jeder geglückten Kuppelei, denn er durchschritt im Geiste dann immer wieder seinen Weg zu Buddha.

Agnes befürchtete bereits, von Harry nicht aufgefordert zu werden und so sagte sie fast zu früh »ja« und vergaß ihren knurrenden Magen vor Freude über die Fahrt an den Starnberger See.

Harry hatte sie nämlich gefragt: »Fräulein, Sie wollen

doch mit mir kommen – – nur an den Starnberger See?«
Unten stand das Auto. Es war schön und neu und als Agnes sich in es setzte, dachte sie einen Augenblick an Eugen, der in einer knappen Stunde an der Ecke der Schleißheimerstraße stehen wird. Sie erschrak darüber, daß sie ihn höhnisch betrachtete, wie er so dort warten wird, – – ohne sich setzen zu können. – – »Pfui!« sagte sie sich und fügte hinzu: »Lang wird er nicht warten!«
Dann ging das Auto los.

27

Um sechs Uhr wartete aber außer Eugen noch ein anderer auf Agnes, nämlich der Kastner.
Er hatte doch erst vor vierundzwanzig Stunden zu AML gesagt: »Also, wenn du mir zehn Mark leihst, dann bringe ich dir morgen ein tadelloses Modell für zwanzig Pfennig. Groß, schlank, braunblond und es versteht auch einen Spaß. Aber wenn du mir nur fünf Mark leihen kannst, so mußt du dafür sorgen, daß ich Gelegenheit bekomme, um sie mir nehmen zu können. Also ich erscheine um achtzehn Uhr, Kognak bringe ich mit, Grammophon hast du.«
AML hatte dem Kastner zwar nur drei Mark geliehen, hingegen hatte er sich vom Harry Priegler außer den vierzig abermals zwanzig Mark leihen lassen, macht zusammen plus sechzig Mark neben minus drei Mark. Es wäre also unverzeihbar töricht gewesen, wenn er dem Harry betreffs Agnes nicht entgegengekommen wäre, nur um dem Kastner sein Versprechen halten zu können.
Der Kastner war ein korrekter Kaufmann und übersah auch sofort die Situation. Alles sah er ein und meinte nur: »Du hast wieder mal dein Ehrenwort gebrochen.« Aber dies sollte nur eine Feststellung sein, beileibe kein Vor-

wurf, denn der Kastner konnte großzügig werden, besonders an manchen Tagen.
An solchen Tagen wachte er meistens mit einem eigentümlichen Gefühl hinter der Stirne auf. Es tat nicht weh, ja es war gar nicht so häßlich, es war eigentlich nichts. Das einzig Unangenehme dabei war ein gewisser Luftzug, als stünde ein Ventilator über ihm. Das waren die Flügel der Verblödung.

28

Der Vater des Kastner war ursprünglich Offizier. Er hieß Alfons und jedes dritte Wort, das er sprach, schrieb oder dachte, war das Wort »eigentlich«. So hatte er »eigentlich« keine Lust zum Leutnant, aber er hatte sich seinerzeit »eigentlich« widerspruchslos dem elterlichen Zwange gebeugt und war in des Königs Rock geschlüpft, weil er »eigentlich« nicht wußte, was er »eigentlich« wollte. »Eigentlich« konnte er sauber zeichnen, aber er wäre kein guter Künstler geworden, denn er war sachlich voller Ausreden und persönlich voller Gewissensbisse, statt umgekehrt. Er war ein linkischer Leutnant, las Gedichte von Lenau, Romane von Tovote, kannte jede Operette und hatte Zwangsvorstellungen. In seinem Tagebuch stand: »Ich will nicht mehr! Ich kann nicht mehr! Oh, warum hat mich Gott eigentlich mit Händen erschaffen!«
Die Mutter des Kastner war ursprünglich Verkäuferin in einer Konditorei und so mußte der Vater naturgemäß seinen Abschied nehmen, denn als Offizier konnte er doch keine arbeitende Frau ehelichen, um den Offiziersstand nicht zu beschmutzen. Er wurde von seinem Vater, einem allseits geachteten Honorarkonsul, enterbt. »Mein Sohn hat eine Kellnerin geheiratet«, konstatierte der Honorar-

konsul. »Mein Sohn hat eine Angestellte geheiratet. Mein Sohn hat eine Dirne geheiratet. Ich habe keinen Sohn mehr.«

So wurde der Leutnant Alfons Kastner ein Sklave des Kontors und war derart ehrlich, niemals dies Opfer zu erwähnen. Denn, wie gesagt, war ja dies Opfer nur ein scheinbares, da ihm weitaus bedeutsamer für seine Zukunft, als selbst der Feldmarschallrang, eine Frau dünkte, die ihn durch ihre Hilflosigkeit zwang, alles zu »opfern«, um sie beschützen zu können, zu bekleiden, beschuhn, ernähren – – kurz: für die er verantwortlich sein mußte, um sich selbst beweisen zu können, daß er doch »eigentlich« ein regelrechter Mann sei. Er klammerte sich krampfhaft an das erste Zusammentreffen. Damals war sie so blaß, klein und zerbrechlich, entsetzt und hilfesuchend hinter all der Schlagsahne und Schokolade gestanden. Sie hatte sich nämlich mit einer Prinzregententorte überessen, aber da sie dies ihrem Alfons nie erzählt hatte, weil sie es selbst längst vergessen hatte, wurde er ihr hörig. Sie war noch unberührt und wurde von ihrem Alfons erst in der Hochzeitsnacht entjungfert, allerdings erst nach einem Nervenzusammenbruche seinerseits mit Weinen und Selbstmordgedanken. Denn die Frau, die ihn »eigentlich« körperlich reizen konnte, mußte wie das Bild sein, das sie später zufällig in seiner Schublade fand: eine hohe dürre Frau mit männlichen Hüften und einem geschulterten Gewehr. Darunter stand: »Die fesche Jägerin. Wien 1894. Guido Kratochwill pinx.«

Und obwohl sie klein und rundlich war, blieb sie ihm doch ihr ganzes Leben über treu und unterdrückte jede Regung für einen fremden Mann, weil er ihr eben hündisch hörig war. So wurde sie die Gefangene ihres falschen Pflichtgefühles und bald verabscheute sie ihn auch, verachtete ihn mit dem Urhaß der Kreatur, weil

die Treue, die ihr seine Hörigkeit aufzwang, sie hinderte, sich auszuleben.
Sie fing an, alle Männer zu hassen, als würde sie keiner befriedigen können und immer mehr glich sie einer Ratte. Es war keine glückliche Ehe.
Und sie wurde auch nicht glücklicher, selbst da sie ihm zwei Kinder gebar. Das erste, ein Mädchen, starb nach zehn Minuten, das zweite, ein Sohn, wollte mal später »eigentlich« Journalist werden.

29

»Ich hab extra Zigaretten mitgebracht«, sagte der Kastner. Er saß bereits sechs Minuten auf dem Bette neben dem Grammophon und stierte auf einen Fettfleck an der spanischen Wand.
Dieser Fettfleck erinnerte ihn an einen anderen Fettfleck. Dieser andere Fettfleck ging eines Tages in der Schellingstraße spazieren und begegnete einem dritten Fettfleck, den er lange, lange Zeit nicht gesehen hatte, so, daß diese einst so innig befreundeten Fettflecke fremd aneinander vorbeigegangen wären, wenn nicht plötzlich ein vierter Fettfleck erschienen wäre, der ein außerordentliches Personengedächtnis besaß. »Hallo!« rief der vierte Fettfleck. »Ihr kennt euch doch, wir wollen jetzt einen Kognak trinken, aber nicht hier, hier zieht es nämlich, als stünde ein Ventilator über uns.«
»Ich hab extra einen Kognak mitgebracht«, sagte der Kastner. »Es wäre sehr leicht gewesen mit deinem Grammophon und meinem Kognak, sie war ja ganz gerührt, daß ich ihr hier das beschafft hab. Die Zigaretten kosten fünf Pfennig, ich rauch sonst nur welche zu drei, aber auf die war ich schon lang scharf, sie hat eine schöne Haut.

Ich glaub, ich bin nicht wählerisch. Als Kind war ich wählerisch, ich hab es mir auch leisten können, weil ich einen schönen Gang gehabt haben soll. Heut hab ich direkt wieder gehinkt.«
Heute sprach der Kastner gar nicht wählerisch. Heute hinkte sein Hochdeutsch und er war nicht stolz, weder auf seine Dialektik noch auf seine deutliche Aussprache. Er murmelte nur vor sich hin, als hätte er es vergessen, daß er »eigentlich« Journalist werden wollte.
Die Sonne sank schon immer tiefer und AML konnte kein Wort herausbringen vor innerer Erregung. Denn plötzlich, wie er den Kastner so dasitzen sah, sah er einen Hintergrund. »Die Stirne dieses Kastners wäre ein prächtiger Hintergrund« frohlockte sein göttlicher Funke.
Nämlich wenn es dämmerte, offenbarten sich AML die Hintergründe und je dunkler es wurde, um so farbenprächtiger strahlte an ihn die Ewigkeit. Es war sein persönliches Pech, daß man in der Finsternis nicht malen kann.
»Es sind mazedonische Zigaretten«, sagte der Kastner. »Bulgarien ist ein fruchtbares Land. Ein Königreich. Ich war dort im Krieg und in Sofia gibt es eine große Kathedrale, die dann die Agrarkommunisten in die Luft gesprengt haben. Das hier ist nicht der echte Tabak, denn die Steuern sind zu hoch; wir haben eben den Feldzug verloren. Es war umsonst. Wir haben umsonst verloren.«
»Auch in der Kunst das gleiche Spiel«, meinte AML. »Die Besten unserer Generation sind gefallen.«
»Stimmt«, philosophierte der Kastner. »Dir gehts gut, du bist talentiert.«
»Gut?!« schrie der Talentierte. »Gut?! Was weißt denn du von einem Hintergrund?!«
»Nichts«, nickte der Philosoph.
Und trank seinen Kognak und es dauerte nicht lange, so

war er damit einverstanden, daß Agnes mit Harry an den Starnberger See fuhr. Eine fast fromme Ergebenheit erfüllte seine Seele und es fiel ihm weiter gar nicht auf, daß er zufrieden war.
Er kam sich vor wie ein gutes Gespenst, das sich über seine eigene Harmlosigkeit noch niemals geärgert hat.
Selbst da der Kognak alle wurde, war er sich nicht böse.

30

Als der Kastner an der spanischen Wand den Fettfleck entdeckte, erblickte Agnes aus Harrys Auto den Starnberger See.
Die Stadt mit ihren grauen Häusern war verschwunden, als hätte sie nie in ihr gewohnt und Villen tauchten auf, rechts und links und überall, mit Rosen und großen Hunden.
Der Nachmittag war wunderbar und Agnes fuhr durch eine fremde Welt. Sie hatte die Füße hübsch artig nebeneinander und den Kopf etwas im Nacken, denn auch der Wind war wunderbar und sie schien kleiner geworden vor soviel Wunderbarem.
Harry war ein blendender Chauffeur.
Er überholte jedes Auto, jedes Pferd und jede Kuh. Er nahm die Kurven, wie sie kamen und fuhr durchschnittlich vierzig, streckenweise sogar hundert Kilometer. Jedoch, betonte er, seien diese hundert Kilometer keineswegs leichtsinnig, denn er fahre ungewöhnlich sicher, er wäre ja auch bereits vier Rennen gefahren und hätte bereits viermal wegen vier Pannen keinen Preis errungen. Er könne tatsächlich von Glück reden, daß er nur mit Hautabschürfungen davongekommen ist, trotzdem er sich viermal überschlagen hätte.

Ausnahmsweise sprach Harry nicht über das Eishockey, sondern beleuchtete Verkehrsprobleme. So erzählte er, daß für jedes Kraftfahrzeugunglück sicher irgend ein Fußgänger die Schuld trägt. So dürfe man es einem Herrenfahrer nicht verübeln, daß er, falls er solch einen Fußgänger überfahren hätte, einfach abblenden würde. So habe er einen Freund in Berlin und dieser Freund hätte mit seinem fabelhaften Lancia eine Fußgängerin überfahren, weil sie beim verbotenen Licht über die Straße gelaufen wäre. Aber trotz dieses verbotenen Lichtes sei eine Untersuchung eingeleitet worden, ja sogar zum Prozeß sei es gekommen, wahrscheinlich weil jene Fußgängerin Landgerichtsratswitwe gewesen sei, jedoch dem Staatsanwalt wäre es vorbeigelungen, daß sein Freund zur Zahlung einer Entschädigung verurteilt wird. »Es käme mir ja auf ein paar tausend Märker nicht an«, hätte der Freund gesagt, »aber ich will die Dinge prinzipiell geklärt wissen.« Sie hätten ihn freisprechen müssen, obwohl der Vorsitzende ihn noch gefragt hätte, ob ihm denn diese Fußgängerin nicht leid täte trotz des verbotenen Lichtes. »Nein«, hätte er gesagt, »prinzipiell nicht!« Er sei eben auf seinem Recht bestanden.
Jedesmal, wenn Harry irgend einen Benzinmotor mit dem Staatsmotor zusammenstoßen sah, durchglühte ihn revolutionäre Erbitterung.
Dann haßte er diesen Staat, der die Fußgänger vor jedem Kotflügel mütterlich beschützt und die Kraftfahrer zu Staatsbürgern zweiter Klasse degradiert.
Überhaupt der deutsche Staat, meinte er, solle sich lieber kümmern, daß mehr gearbeitet wird, damit man endlich mal wieder hochkommen könne, anstatt, daß er für die Fußgänger sorgt! Fußgänger würden so und so überfahren und nun erst recht! Da hätten unsere ehemaligen Feinde schon sehr recht, wenn sie in diesen Punkten Deutschland

verleumdeten! Er könne ihre Verleumdungen nur unterschreiben, denn die wären schon sehr wahr, obwohl er durchaus vaterländisch gesinnt sei.
Er kenne genau die Ansichten des Auslandes, da er mit seinem Auto jedes Frühjahr, jeden Sommer und jeden Herbst zwecks Erholung von der anstrengenden Eishockeysaison ein Stückchen Welt durchfahre.
So sei er erst unlängst durch Dalmatien gefahren und in Salzburg habe er sich das alte Stück von Jedermann angesehen. Der Reinhardt wäre ja ein berühmter Regisseur und die Religion sei schon etwas sehr Mächtiges.
In Salzburg hätte er auch seinen Berliner Freund getroffen und dessen Frau, eine Ägypterin, eine enorme Schönheit mit Zuckerrohrplantagen. Sie wäre enorm reich und die Ägypter wären enorm genügsame Leute und falls ihnen etwas nicht genügen sollte, schon würden die Engländer schießen. Ohne Pardon. Die Engländer seien eben enorme Kaufleute.
Im Frühjahr habe er in Baden-Baden zwei Engländerinnen getroffen und deren Meinung sei gewesen, es wäre ein Skandal, wie der Staat die Automobilistinnen belästige. Der Staat solle doch lieber gegen den drohenden Bolschewismus energisch vorgehen, als gegen Luxusreisende. Und im Sommer habe er sich auf dem Fernpaß zwei Französinnen genähert, die hätten genau dieselben Worte gebraucht und im Herbst habe er in Ischl zwei Wienerinnen gesprochen und die hätten auch genau dieselben Worte gebraucht, obwohl es Jüdinnen gewesen seien.
Und Harry fuhr fort, der Bolschewismus sei ein Verbrechen und jeder Bolschewist ein Verbrecher. Er kenne zwar eine Ausnahme, den Sohn eines Justizrates und der wäre ein weltfremder Idealist, aber trotzdem interessiere sich dieser Weltfremde nur für elegante Damen. Dieser Idealist sehe immer enorm ausgemergelt aus und er habe ihm mal

erklärt, daß, wenn eine Dame nicht elegant wäre, könne er keinen Kontakt zu ihr kriegen, und dies sei sein Konflikt. Und er habe noch hinzugefügt: »Wenn das so weitergeht, gehe ich noch an meinem Konflikt zugrunde.«
Und Harry erklärte Agnes, dieser Salonkommunist sei nämlich enorm sinnlich.

31

Sie fuhren durch Possenhofen.
Hier wurde eine Kaiserin von Österreich geboren, und drüben am anderen Ufer ertrank ein König von Bayern im See. Die beiden Majestäten waren miteinander verwandt und als junge Menschen trafen sie sich romantisch und unglücklich auf der Roseninsel zwischen Possenhofen und Schloß Berg.
Es war eine vornehme Gegend.
Vor Feldafing spielten zwei vollschlanke Jüdinnen Golf. Eine vollschlanke Majorin fing erst vor kurzem an.
»Essen tun wir in Feldafing«, entschied Harry. »In Feldafing ist ein annehmbares Publikum, seit der Golfplatz draußen ist. Ich fahr oft heraus, in der Stadt kann man ja kaum mehr essen, überall sitzt so ein Bowel.«
Und er meinte noch, früher sei er auch oft nach Tutzing gefahren, das liege sechs Kilometer südlich, aber jetzt könne kein anständiger Mensch mehr hin, nämlich dort stünde jetzt eine Fabrik und überall treffe man Arbeiter.

32

In Feldafing sitzt man wunderbar am See.
Besonders an einem Sommerabend ohne Wind. Dann ist

der See still und du siehst die Alpen von Kufstein bis zur Zugspitze und kannst es oft kaum unterscheiden, ob das noch Felsen sind oder schon Wolken. Nur die Benediktenwand beherrscht deutlich den Horizont und wirkt beruhigend.

Agens kannte keinen einzigen Berg und Harry erklärte ihr, wie die Gipfel und Grate heißen und ob sie gefährlich zu bezwingen wären, langwierig, leicht oder überhaupt nicht. Denn Harry war auch Hochtourist, aber schon seit geraumer Zeit wollte er von der Hochtouristik nichts mehr wissen, da er es nicht mitansehen konnte, wie grauenhaft unsportlich sich neunundneunzig Prozent der Hochtouristen benehmen. Er verübelte es ihnen, daß sie sich statt einer sportlich einwandfreien Ausrüstung nur Lodenmäntel kaufen können und er verzieh es ihnen nicht, daß sie untrainiert waren, weil sie im Jahre nur vierzehn Tage Urlaub bekommen.

Diese neunundneunzig Prozent verekelten ihm Gottes herrliche Bergwelt und nun besaß er nur drei Interessensphären: das Eishockeyspielen, das Autofahren und die Liebe. Manchmal verwechselte er diese Begriffe. Dann liebte er das Eishockey, spielte mit dem Auto und fuhr mit den Frauen.

Seine Einstellung Schlittschuhen und Autozubehörteilen gegenüber kann ruhig als pedantisch bezeichnet werden. Hingegen Frauen gegenüber besaß er ein bedeutend nachsichtigeres Herz: er zog nur eine ungefähre Grenze zwischen zwanzig und vierzig Jahren und selbst innerhalb dieser Grenze war er nicht besonders wählerisch, bloß ordinär.

33

Im Seerestaurant zu Feldafing saßen außer Harry und Agnes noch elf Damen und elf Herren. Die Herren sahen Harry ähnlich, obwohl sich jeder die größte Mühe gab, anders auszusehen.
Die Damen waren durchaus gepflegt und sahen daher sehr neu aus, bewegten sich fein und sprachen dummes Zeug. Wenn eine aufs Klosett mußte, schien sie verstimmt zu sein, während ihr jeweiliger Herr aufatmend rasch mal in der Nase bohrte.
Die Speisekarte war lang und groß, aber Agnes konnte sie nicht entziffern, obwohl die Speisen keine französischen Namen hatten, sondern hochdeutsch, jedoch eben ungewöhnlich vornehme.
»Königinsuppe?« hörte sie des Kellners Stimme und ihr Magen knurrte. Der Kellner hörte ihn knurren und betrachtete voll Verachtung ihren billigen Hut, denn das Knurren kränkte ihn, da er einen schlechten Charakter hatte.
Harry bestellte zwei Wiener Schnitzel mit Gurkensalat. Bei »Wiener« fiel Agnes Eugen ein – – es war sieben Uhr und sie dachte, jetzt stehe jener Österreicher wahrscheinlich nicht mehr an der Ecke der Schleißheimerstraße. Jetzt spreche jener Östereicher vielleicht gerade eine andere Münchnerin an und gehe dann mit der auf das Oberwiesenfeld und setze sich unter eine Ulme. Und Agnes freute sich auf den Gurkensalat, nämlich sie liebte jeden Salat und sagte sich: »So sind halt die Männer!«
Seit Juni 1927 hatte Agnes keinen Gurkensalat gegessen. Damals hatte sie ein Mediziner zum Abendessen im »Chinesischen Turm« eingeladen und hernach ist sie mit ihm durch den Englischen Garten gegangen. Dieser Mediziner hatte sehr gerne Vorträge gehalten und hatte ihr auseinan-

dergesetzt, daß das Verzehren eines Gurkensalates auch nur eine organische Funktion ist, genau wie das Sitzen unter einer Ulme. Und dann hatte er ihr von einem bedauernswerten Genie erzählt, das den Unterschied zwischen der Mutter- und Dirnennatur entdeckt hatte. Aber schon kurz nach dieser Entdeckung hatte jenes bedauernswerte Genie diesen Unterschied plötzlich nicht mehr so genau erkennen können und hat sich erschossen, wahrscheinlich weil er sich mit dem Begriff Weib hatte versöhnen wollen. Und dann hatte der Mediziner auch noch gemeint, daß er noch nicht wüßte, ob Agnes eine Mutter- oder Dirnennatur sei.

34

Die Wiener Schnitzel waren wunderbar, aber Harry ließ das seine stehen, weil es ihm zu dick war und bestellte sich russische Eier und sagte »Prost!«
Auch der Wein war wunderbar und plötzlich fragte Harry: »Wie gefall ich Ihnen?«
»Wunderbar«, lächelte Agnes und verschluckte sich, nicht weil sie immerhin übertrieben hatte, sondern weil sie eben mit einem richtigen Hunger ihren Teil verzehrte. Es schmeckte ihr derart, daß der Direktor des Seerestaurants anfing, sie mißtrauisch zu beobachten, als hielte er es für wahrscheinlich, daß sie bald einen Löffel verschwinden läßt.
Denn die wirklich vornehmen Leute essen bekanntlich, als hätten sie es nicht nötig zu essen, als wären sie der Materie entwachsen. Als wären sie vergeistigt und sie sind doch nur satt.
»Wissen Sie«, sagte Harry plötzlich, »daß ich etwas nicht ganz verstehe: wieso kommt es, daß ich bei Frauen

soviel Glück habe? Ich hab nämlich sehr viel Glück. Können Sie sich vorstellen, wieviel Frauen ich haben kann! Ich kann jede Frau haben, aber das ist nicht das richtige.«

Er blickte verträumt nach der Benediktenwand und dachte: »Wie mach ich es nur, daß ich auf sie naufkomm? Das beste ist, ich warte, bis es finster ist, dann fahr ich zurück und bieg in einen Seitenweg ein. Nach Starnberg und wenn sie nicht will, dann fliegt sie raus.«

»Es ist nicht das richtige«, fuhr er laut fort. »Die Frauen sagen, ich kann hypnotisieren. Aber ob ich die Liebe finde? Ob ich überhaupt eine Liebe finde? Ob es überhaupt eine wahre Liebe gibt? Wissen Sie, was ich unter ›Liebe‹ verstehe?«

Er verfinsterte sich noch mehr, denn plötzlich mußte er gegen eine Blähung ankämpfen. Er kniff die Lippen zusammen und sah recht unglücklich aus, während Agnes dachte: »Jetzt hat der so ein wunderbares Auto und ist nicht glücklich. Was möcht der erst sagen, wenn er zu Fuß gehen müßt?«

35

Als Agnes mit ihrem Gurkensalat und Harry mit seinen russischen Eiern fertig war, beschimpfte er den Kellner mit dem schlechten Charakter, der untertänigst davonhuschte, um das Dessert zu holen.

Es war noch immer nicht finster geworden, es dämmerte nur und also mußte Harry noch ein Viertelstündchen mit Agnes Konversation treiben.

»Sehen Sie jene Dame dort am dritten Tisch links?« fragte er. »Jene Dame hab ich auch schon mal gehabt. Sie heißt Frau Schneider und wohnt in der Mauerkircherstraße acht. Der, mit dem sie dort sitzt, ist ihr ständiger Freund, ihr Mann ist nämlich viel in Berlin, weil er dort eine Freundin hat, der er eine Siebenzimmerwohnung eingerichtet hat. Aber als er die Wohnung auf ihren Namen überschrieben hat, entdeckte er erst, daß sie verheiratet ist und daß ihr Mann sein Geschäftsfreund ist. Diese Freundin hab ich auch schon mal gehabt, weil ich im Berliner Sportpalast Eishockey gespielt hab. Sie heißt Lotte Böhmer und wohnt in der Meinickestraße vierzehn. Und dort rechts die Dame mit dem Barsoi, das ist die Schwester einer Frau, deren Mutter sich in mich verliebt hat. Eine fürchterliche Kuh ist die Alte, sie heißt Weber und wohnt in der Franz-Joseph-Straße, die Nummer hab ich vergessen. Die hat immer zu mir gesagt: ›Harry, Sie sind kein Frauenkenner, Sie sind halt noch zu jung, sonst würden Sie sich ganz anders benehmen, Sie stoßen mich ja direkt von sich, ich hab schon mit meinem Mann soviel durchzumachen gehabt, Sie sind eben kein Psychologe.‹ Aber ich bin ein Psychologe, weil ich sie ja gerade von mir stoßen wollte. Und hinter Ihnen – – schauen Sie sich nicht um! – – sitzt eine große Blondine, eine auffallende Erscheinung, die hab ich auch mal von mir gestoßen, weil sie mich im Training gehindert hat. Sie heißt Else Hartmann und wohnt in der Fürstenstraße zwölf. Ihr Mann ist ein ehemaliger Artilleriehauptmann. Mit einem anderen ehemaligen Artilleriehauptmann bin ich sehr befreundet und der ist mal zu mir gekommen und hat gesagt: ›Hand aufs Herz, lieber Harry! Ist es wahr, daß du mich mit meiner Frau betrügst?‹ Ich hab gesagt: ›Hand aufs Herz! Es ist wahr!‹ Ich hab schon gedacht, er will sich mit mir duellieren, aber er hat nur gesagt: ›Ich danke dir, lieber Harry!‹ Und dann hat er mir auseinandergesetzt, daß ich ja nichts dafür kann, denn er weiß, daß der Mann nur der scheinbar aktive, aber eigentlich passive, während die Frau der

scheinbar passive, aber eigentlich aktive Teil ist. Das war schon immer so, hat er gesagt, zu allen Zeiten und bei allen Völkern. Er ist ein großer Psychologe und schreibt jetzt einen Roman, denn er kann auch schriftstellerisch was. Er heißt Albert von Reisinger und wohnt in der Amalienstraße bei der Gabelsbergerstraße.«
»Zahlen!« rief Harry, denn nun wurde es finster und die Sterne standen droben und ditto der Mond.
Auch die Nacht war wunderbar und dann ging das Auto los.

36

Nach Starnberg, im Forstenriederpark, bog Harry in einen Seitenweg, hielt plötzlich und starrte regungslos vor sich hin, als würde er einen großen Gedanken suchen, den er verloren hat.
Agnes wußte, was nun kommen wird, trotzdem fragte sie ihn, was nun kommen würde?
Er rührte sich nicht.
Sie fragte, ob etwas los wäre?
Er antwortete nicht.
Sie fragte, ob das Auto kaputt sei?
Er starrte noch immer vor sich hin.
Sie fragte, ob vielleicht sonst etwas kaputt sei?
Er wandte sich langsam ihr zu und sagte, es wäre gar nichts kaputt, doch hätte sie schöne Beine.
Sie sagte, das sei ihr bereits bekannt.
Er sagte, das sei ihm auch bereits bekannt und das Gras wäre sehr trocken, weil es seit Wochen nicht mehr geregnet hat. Dann schwieg er wieder und auch sie sagte nichts mehr, denn sie dachte an das gestrige Gras.
Plötzlich warf er sich auf sie, drückte sie nieder, griff

ihr zwischen die Schenkel und streckte seine Zunge zwischen ihre Zähne. Weil er aber einen Katarrh hatte, zog er sie wieder zurück, um sich schneuzen zu können.
Sie sagte, sie müsse spätestens um neun Uhr in der Schellingstraße sein.
Er warf sich wieder auf sie, denn er hatte sich nun ausgeschneuzt. Sie biß ihm in die Zunge und er sagte: »Au!« Und dann fragte er, ob sie denn nicht fühle, daß er sie liebt.
»Nein«, sagte sie.
»Das ist aber traurig«, sagte er und warf sich wieder auf sie.

37

Sie wehrte sich nicht.
So nahm er sie, denn sonst hätte er sich übervorteilt gefühlt, obwohl er bereits in Feldafing bemerkt hatte, daß sie ihn niemals besonders aufregen könnte, da sie ein Typ war, den er bereits durch und durch kannte, aber er fühlte sich verpflichtet, sich ihr zu nähern, weil sie nun mal in seinem Auto gefahren ist und weil er ihr ein Wiener Schnitzel mit Gurkensalat bestellt hatte, ganz abgesehen von seiner kostbaren Zeit zwischen fünf und neuneinhalb Uhr, die er ihr gewidmet hatte.
Sie wehrte sich nicht und es war ihr klar, daß sie so tat, weil sie nun mal in seinem Auto gefahren ist und weil er ihr ein Wiener Schnitzel mit Gurkensalat bestellt hatte. Nur seine Zeit fand sie nicht so kostbar, wie er.
Er hätte sich verdoppeln dürfen und sie hätte sich nicht gewehrt, als hätte sie nie darüber nachgedacht, daß man das nicht darf. Sie hätte wohl darüber nachgedacht, doch

hatte sie es einsehen müssen, daß die Welt, wenn man auch noch soviel nachdenkt, doch nur nach kaufmännischen Gesetzen regiert wird und diese Gesetze sind allgemein anerkannt, trotz ihrer Ungerechtigkeit.
Durch das Nachdenken werden sie nicht anders, das Nachdenken tut nur weh.
Sie ließ sich nehmen, ohne sich zu geben und ihre Gefühllosigkeit tat ihr wohl. Was sonst in ihrer Seele vorging, war nicht von Belang, es war nämlich nichts.
Sie sah den Harry über sich, vom Kinn bis zum Bauch, und drei Meter entfernt das Schlußlicht seines Autos und dessen Nummer: IIA 16747. Und über das alles wölbte sich der Himmel, aus dem der große weiße Engel kam und verkündete: »Vor Gott ist kein Ding unmöglich!«
Mit unendlichem Gleichmut vernahm sie die Verkündigung und genau so, wie ihr das alles bisher wunderbar schien, erschien ihr nun plötzlich alles komisch. Der Himmel, der Engel, das Auto, der Harry und besonders das karierte Muster seiner fabelhaften Krawatte, deren Ende ihr immer wieder in den Mund hing.
Es war sehr komisch und plötzlich gab ihr Harry eine gewaltige Ohrfeige, riß sich aus ihr und brüllte: »Eine Gemeinheit! Ich streng mich an und du machst nichts! Eine Gemeinheit. Ich bin da und du bist nicht da! Jetzt fahr zu Fuß, faules Luder!«
Es war sehr komisch.
Entrüstet sprang er in sein Auto und dann ging das Auto los.
Sie sah noch die Nummer: IIA 16747.
Dann war das Auto verschwunden.
Es war sehr komisch.

38

Agnes ging durch den Forstenriederpark.

Dem entschwundenen Schlußlicht nach.

Sie wußte weder, wo sie war, noch, wie weit sie sich von ihrer Schellingstraße befand. Sie kannte nur die ungefähre Richtung und wußte, daß sie nun nach Hause gehen muß, statt in einem wunderbaren Auto zu sitzen. Erst allmählich wurde es ihr klar, daß sie nun fünf, sechs oder sieben Stunden lang laufen muß, um ihre Schellingstraße zu erreichen.

Die Nacht war still und hinter den alten Bäumen rechts und links lag groß und schwarz der Wald.

In diesem Wald jagte einst der königlich-bayerische Hof und veranstaltete auch große Hoftreibjagden. Nämlich in diesem Walde wohnte viel Wild und all diese Hirsche, Rehe, Hühner und Schweine wurden königlich gehegt, bevor man die Schweine durch eine königliche Meute zerreißen oder die Hirsche durch Hunderte königliche Treiber in den Starnberger See treiben ließ, um sie dort vom Kahn aus königlich erschlagen zu können.

Heut ist dies alles staatlich und man treibt die Jagd humaner, weil die Treibjagden zu teuer sind.

Erst nach zehn Minuten gewöhnte sich Agnes daran, nichts mehr komisch zu finden, sondern gemein. Es war doch alles leider zu wahr und sie überzeugte sich, daß ihre Schuhe nun bald ganz zerreißen werden und dann fürchtete sie sich auch, denn im deutschen Reich wird viel gemordet und geraubt.

Zwar sei das Rauben nicht das schlimmste, überlegte sie. Es sei doch bedeutend schlimmer, daß sie nun allein durch den Wald gehen muß, denn wie leicht könnte sie ermordet werden, zum Beispiel aus Lust, aber der Harry würde nie bestraft werden, sondern nur der Mörder.

Überhaupt seien die Richter oft eigentümlich veranlagt. So habe ihr erst vor vier Wochen das Berufsmodell Fräulein Therese Seitz aus der Schellingstraße erzählt, daß sie 1927 der Motorradfahrer Heinrich Lallinger vom Undosawellenbad in die Schellingstraß fahren wollte, aber plötzlich sei er in einen Seitenweg eingebogen, um sie dann weiter drinnen im Wald zu vergewaltigen. Sie habe gesagt, er solle sofort halten, da sie sonst abspringen würde, er habe aber nur gelächelt und die Geschwindigkeit verdoppelt, aber trotz der sechzig Kilometer sei sie abgesprungen und hätte sich den Knöchel gebrochen. Sie habe dann den Lallinger angezeigt wegen fahrlässiger Körperverletzung und Freiheitsberaubung, aber der Oberstaatsanwalt habe ihr dann später mitgeteilt, daß er das Verfahren gegen Herrn Heinrich Lallinger eingestellt habe, weil ihm kein Verschulden nachzuweisen sei, da es ja bekannt sei, daß sich junge Mädchen, die sich abends mit einem Motorrad nach Hause fahren ließen, es als selbstverständlich erachteten, daß erst zu gewissen Zwecken ein Umweg gemacht werden würde. Freiheitsberaubung liege also nicht vor und sie sei selbst daran schuld gewesen, daß sie sich den Knöchel gebrochen hat.

39

Agnes hörte Schritte.
Das waren müde schleppende Schritte und bald konnte sie einen kleinen Mann erkennen, der vor ihr herging. Sie hätte ihn fast überholt und übersehen, so dunkel war es geworden.
Auch der Mann hörte Schritte, blieb stehen und lauschte.
Auch Agnes blieb stehen.

Der Mann drehte sich langsam um und legte den Kopf bald her bald hin, als wäre er kurzsichtig.
»Guten Abend«, sagte der Mann.
»Guten Abend«, sagte Agnes.
»Habens nur keine Angst, Fräulein«, sagte der Mann. »Ich tu niemand nix. Ich wohn in München und geh nach Haus.«
»Habn wir noch weit bis München?« fragte Agnes.
»Ich komm von Kochel«, sagte der Mann. »Den größten Teil hab ich hinter mir.«
»Ich komm grad von da«, sagte Agnes.
»So«, sagte der Mann und schien gar nicht darüber nachzudenken, was dies »von da« bedeuten könnte.
Sie gingen wieder weiter.
Es sah aus, als würde er hinken, aber er hinkte nicht, es sah eben nur so aus.
»Was klappert denn da?« fragte Agnes.
»Das bin ich«, sagte der Mann und sprach plötzlich hochdeutsch. »Ich hab nämlich eine sogenannte künstliche Ferse und einen hölzernen Absatz seit dem Krieg.«

40

Agnes hat es nie erfahren, daß der Mann Sebastian Krattler hieß und in der Nähe des Sendlingerberges wohnte. Er hat sich ihr weder vorgestellt, noch hat er ihr erzählt, daß er von Beruf Schuster war, daß er aber nirgends Arbeit fand und also, obwohl er bereits seit fast dreißig Jahren eingeschriebenes Mitglied der Sozialdemokratischen Partei war, auf die Walze gehen mußte, nachdem er noch vorher im Weltkrieg mit einer künstlichen Ferse ausgezeichnet worden ist.
Auch hat er es ihr verschwiegen, daß er einen Neffen im

Wallgau bei Mittenwald hatte, einen großen Bauern, bei dem er irgendeine Arbeit zu finden hoffte. Aber dieser Neffe hatte für ihn wegen seiner Kriegsauszeichnung keine Arbeit, denn die Bauern sind recht verschmitzte Leute.
Aber in Tirol würden die Pfaffen eine Kirche nach der anderen bauen und die höchstgelegenste Kirche stünde am Rande der Gletscher.
Das seien lauter gottgefällige Werke, denn die Tiroler seien halt genau wie die Nichttiroler recht religiös. Oder vielleicht nur schlecht. Oder blöd.
»Daß anders wird, erleb ich nimmer«, sagte der Mann.
»Was?« fragte Agnes.
»Sie werdens vielleicht noch erleben«, sagte der Mann und meinte noch, wenn es jetzt Tag wäre, dann könnte man schon von hier aus die Frauentürme sehen.

41

Um Mitternacht erblickte Agnes eine Bank und sagte, sie wolle sich etwas setzen, weil sie kaum mehr weiter könne und ihre Schuhe wären nun auch schon ganz zerrissen. Der Mann sagte, dann setze er sich auch, die Nächte seien ja noch warm.
Sie setzten sich und auf der Banklehne stand: »Nur für Erwachsene«.
Der Mann wollte ihr gerade sagen, es wäre polizeilich verboten, daß sich Kinder auf solch eine Bank setzen oder, daß man auf solch einer Bank schläft, da schlief Agnes ein. Der Mann schlief nicht. Nicht weil es polizeilich verboten war, sondern weil er an etwas ganz anderes dachte. Er dachte einen einfachen Gedanken. »Wenn nur ein anderer einen selbst umbringen könnt«, dachte der Mann.
Und Agnes träumte einen einfachen Traum:

Sie fuhr in einem wunderschönen Auto durch eine wunderbare Welt. Auf dieser Welt wuchs alles von allein und ständig. Sie mußte nichts bezahlen und alles hatte einen unaussprechlichen Namen, so einen richtig fremdländischen, es war alles anders als hier. »Hier ist es nämlich wirklich nicht schön«, meinte ein Herr. Dieser Herr hatte einen weißen Hut, einen weißen Frack und weiße Hosen, weiße Schuhe und weiße Augen. »Ich bin der Papst der Kellner«, sagte der Herr, »und ich hab in meiner Jugend im Forstenrieder Park die königlichsten Agnesse erlegt. Wir trieben sie in den Starnberger See hinein und gaben ihnen vom Kahn aus gewaltige Ohrfeigen. Eigentlich heiß ich gar nicht Harry, sondern Franz.« Und Agnes ging durch den Wald, es war ein Ulmenwald und unter jeder Ulme saß ein Eugen. Es waren da viele hunderte Ulmen und Eugene und sie hatten alle die gleichen Bewegungen. »Agnes«, sprachen die Eugene, »wir haben auf dich gewartet an der Ecke der Schleißheimerstraße, aber wir hatten dort keinen Platz, wir sind nämlich zuviel. Übrigens: war der Gurkensalat wirklich so wunderbar?« Da schwebte der große weiße Engel daher und hielt eine Gurke in der Hand. »Vor Gott ist keine Gurke unmöglich«, sagte der Engel.
Der Morgenwind ging an der Bank vorbei und der Mann sagte: »Das ist der Morgenwind.«

42

Bevor die Sonne kommt, geht ein Schauer durch die Menschen. Nicht weil sie vielleicht Kinder der Nacht sind, sondern weil das Quecksilber vor Sonnenaufgang um einige Grade sinkt.
Das hat seine atmosphärischen Ursachen und physikali-

schen Gesetze, aber Sebastian Krattler wollte nur festgestellt wissen, daß der Morgenwind, der immer vor der Sonne einherläuft, kühl ist.
Er lief über die träumende Agnes quer durch Europa und München und natürlich auch durch die Schleißheimerstraße, an deren Ecke Eugen auf Agnes gewartet hat.

43

Eugen stand bereits um zehn Minuten vor sechs an jener Ecke und wartete bis dreiviertelsieben.
Bis sechs Uhr ging er ihr immer wieder etwas entgegen, ihre Schellingstraße hinab, aber ab Punkt sechs hielt er sich peinlich an die verabredete Ecke, denn er dachte, Agnes könne ja auch unerwartet aus irgendeiner anderen Richtung kommen und dann fände sie eine Ecke ohne Eugen.
Sie kam jedoch aus keiner Richtung und zehn Minuten nach sechs sagte er sich, Frauen seien halt unpünktlich.
Er war den ganzen Tag über wieder herumgelaufen und hatte trotzdem keine Arbeit gefunden. Er hatte bereits seinen Frack versetzen müssen und nahm sich vor, daß er sich heute auf dem Oberwiesenfeld anders benehmen wird, als gestern. Heute wolle er die Agnes nicht körperlich begehren, sondern in Ruhe lassen und bloß mit ihr sprechen. Über irgend etwas sprechen.
Er besaß noch ganze vier Mark zwanzig und es war ihm auch bekannt, daß er als österreichischer Staatsbürger auf eine reichsdeutsche Arbeitslosenunterstützung keinen rechtlichen Anspruch hat und er erinnerte sich, daß er 1915 in Wolhynien einen Kalmücken sterben sah, der genauso starb, wie ein österreichischer Staatsbürger oder ein Reichsdeutscher.

Agnes kam noch immer nicht und um den Kalmücken zu verscheuchen, rechnete er sich aus, wieviel Schillinge, Franken, Lire und Lei vier Mark zwanzig sind. Er hatte lange nichts mehr addiert und stellte nun resigniert fest, daß er betreffs Kopfrechnen außer Übung ist.
Früher, während der Inflation, da hatte keiner so kopfrechnen können wie er. Überhaupt ging es ihm vorzüglich während der Geldentwertung, er hatte ja kein Geld und war der beliebteste Kellner in der Bar und auch die Bardame war in ihn verliebt. Sie hieß Kitty Lechleitner und man hätte es ihr gar nicht angesehen, daß sie Paralyse hatte, wenn sie nicht plötzlich angefangen hätte, alles was sie von sich gab, wieder aufzuessen. Sie hatte einen grandiosen Appetit und starb in Steinhof bei Wien und war doch immer herzig und freundlich, nur pünktlich konnte sie nicht sein.

44

Als Agnes den Starnberger See erblickte, befürchtete Eugen, daß ihr etwas zugestoßen ist. Nämlich er hatte einst ein Rendezvous mit einer Kassierin und während er sie erwartete, wurde sie von einem Radfahrer angefahren und zog sich eine Gehirnerschütterung zu. Er wartete ewig lange und schrieb ihr dann einen beleidigenden Brief und erst drei Wochen hernach erfuhr er, daß die Kassierin fünf Tage lang bewußtlos war und daß sie sehr weinte, als sie seinen beleidigenden Brief las, und daß sie den Radfahrer verfluchte.
»Nur nicht ungerecht sein«, dachte Eugen und zählte bis zwanzig. Nämlich wenn Agnes bis zwanzig nicht kommen sollte, dann würde er gehen. Er zählte sechs mal bis zwanzig und sie kam nicht.

Er ging aber nicht, sondern sagte sich, daß alle Weiber unzuverlässig sind und verlogen. So verlogen, daß sie gar nicht wissen könnten, wann sie lügen. Sie würden auch lügen, nur um einem etwas Angenehmes sagen zu können. So hätte doch diese Agnes gestern ausdrücklich gesagt, daß sie sich auf das Oberwiesenfeld freut. Auch Agnes sei halt eine Sklavennatur, aber dafür könnten ja die Weiber nichts, denn daran wären nur die Männer schuld, weil sie jahrtausendelang alles für die Weiber bezahlt hätten.
Daß ihn Agnes versetzt hatte, dies fiel ihm bereits um Punkt sechs ein, doch glaubte er es erst um dreiviertelsieben. »Wenn ich ein Auto hätt«, meinte er, »dann tät mich keine versetzen, vorausgesetzt, daß sie kein Auto hätt, dann müßt ich nämlich ein Flugzeug haben.«
Aber trotzdem er sich dies sagte, wußte er gar nicht, wie recht er hatte.

45

Während Harry in Feldafing den Gurkensalat bestellte, ging Eugen langsam die Schellingstraße entlang und hielt einen Augenblick vor der Auslage des Antiquariats. Er sah das »Weib vor dem Spiegel« und dachte, gestern nacht sei er noch dagestanden und jetzt gehe er daran vorbei.
Es fiel ihm nicht auf, daß das »Weib auf dem Pantherfell« aus der Auslage verschwunden ist. Nämlich am Nachmittag war ein Kriminaler zu der Tante gekommen und hat ihr mitgeteilt, daß sich ein Feinmechaniker aus der Schellingstraße über das »Weib auf dem Pantherfell« sittlich entrüstet hat, weil er wegen seiner achtjährigen Tochter auf einen gewissen hochwürdigen Herrn schlecht zu sprechen wäre. Und der Kriminaler hat der Tante auseinandergesetzt, daß solche Pantherfellbilder schon gar nichts

mit Kunst zu tun hätten und daß er eine Antiquariatsdurchsuchung machen müßte. Und dann hat der Kriminaler einen ganzen Koffer voller »Weiber auf dem Pantherfell« beschlagnahmt und hat dabei fürchterlich getrenzt und sich ganz genau nach dem Kastner erkundigt. Er hat nämlich den Kastner verhaften wollen wegen gewerbsmäßiger Verbreitung unzüchtiger Darstellungen und einem fahrlässigen Falscheid.
Dann ist der Kriminaler gegangen. Hierauf hat die Krumbier, damit sich die Tante beruhige, eine Geschichte von einem sadistischen Kriminalen erzählt, der sich ihr genähert hatte, als sie sechzehn Jahre alt gewesen ist. Er hatte ihr imponieren wollen und hatte ihr lauter Lustmordfotografien gezeigt. »So Kriminaler werden leicht pervers«, hat die Krumbier gesagt.
Aber die Tante hat sich nicht beruhigen lassen und hat gesagt, wie die Agnes nach Hause kommt, haut sie ihr eine herunter.

46

Eugen ging auch an dem Hause vorbei, in dessen Atelier der Buddhist AML als Untermieter malte. Das Atelier hatte er nämlich von einem anderen Untermieter gemietet, der sich aber weigerte, des Buddhisten Untermiete dem Mieter auszuzahlen, weil er sich benachteiligt fühlte, da der Mieter bei der Abfassung des Untermietekontraktes die offizielle Miete um das Doppelte gefälscht hatte.
Der Kastner beschäftigte sich gerade wieder mit einigen Fettflecken und ahnte noch nichts von jenem Kriminalen. Heute hätte ihn jeder Kriminale auch nicht besonders erregt, denn er wußte ja nicht mehr, war er noch besoffen oder schon blöd.

An der Türkenstraße hielt Eugen vor dem Fenster eines rechtschaffenen Fotografen. Da hing ein Familienbild. Das waren acht rechtschaffene Personen, sie hatten ihre Sonntagskleider an, blickten ihn hinterlistig und borniert an und alle acht waren außerordentlich häßlich.
Trotzdem dachte Eugen, es wäre doch manchmal schön, wenn man solch eine Familie haben könnte. Er würde auch so in der Mitte sitzen und hätte einen Bart und Kinder. So ohne Kinder sterbe man eben aus und das Aussterben sei doch etwas traurig, selbst wenn man als österreichischer Staatsbürger keinen rechtlichen Anspruch auf die reichsdeutsche Arbeitslosenunterstützung habe.
Und während Agnes ihren Gurkensalat aß, dachte er an sie. »Also sie hat mich versetzt, das Mistvieh«, dachte er. Aber er war dem Mistvieh nicht böse, denn dazu fühlte er sich zu einsam. Er ging nur langsam weiter, bis dorthin, wo die Schellingstraße anfängt und plötzlich wurde er einen absonderlichen Einfall nicht los und er konnte es sich gar nicht vorstellen, wieso ihm der eingefallen sei.
Es fiel ihm nämlich ein, daß ein Blinder sagt: »Sie müssen mich ansehen, wenn ich mit Ihnen spreche. Es stört mich, wenn Sie anderswohin sehen, mein Herr!«

47

Es wurde Nacht und Eugen wollte nicht nach Hause, denn er hätte nicht einschlafen können, obwohl er müde war. Er wäre am liebsten trotz seiner letzten vier Mark zwanzig in das Schelling-Kino gegangen, wenn dort der Tom Mix aufgetreten wäre, jener Wildwestmann, dem alles gelingt. Als er den das letzte Mal sah, überholte er gerade zu Pferd einen Expreßzug, sprang aus dem Sattel auf die Lokomo-

tive, befreite seine Braut aus dem Schlafwagen, wo sie gerade ein heuchlerischer Brigant vergewaltigen wollte, erlegte zehn weitere Briganten, schlug zwanzig Briganten in die Flucht und wurde an der nächsten Station von seinem treuen Pferde und einem Priester erwartet, der die Trauung sofort vollzog.
Eugen liebt nämlich alle Vieher, besonders die Pferde. Wegen dieser Pferdeliebe wäre er im Krieg sogar fast vor das Kriegsgericht gekommen, weil er einem kleinen Pferdchen, dem ein Splitter zwei Hufe weggerissen hatte, den Gnadenschuß gab und durch diesen Gnadenschuß seine ganze Kompanie in ein fürchterliches Kreuzfeuer brachte. Damals fiel sogar ein Generalstabsoffizier.
Im Schelling-Kino gab man keinen Tom Mix, sondern ein Gesellschaftsdrama, die Tragödie einer jungen schönen Frau. Das war eine Millionärin, die Tochter eines Millionärs und die Gattin eines Millionärs. Beide Millionäre erfüllten ihr jeden Wunsch, jedoch trotzdem war die Millionärin sehr unglücklich. Man sah wie sie sich unglücklich stundenlang anzog, maniküren und pediküren ließ, wie sie unglücklich erster Klasse nach Indien fuhr, an der Riviera promenierte, in Baden-Baden lunchte, in Kalifornien einschlief und in Paris erwachte, wie sie unglücklich in der Opernloge saß, im Karneval tanzte und den Sekt verschmähte. Und sie wurde immer noch unglücklicher, weil sie sich einem eleganten jungen Millionärssohn, der sie dezent-sinnlich verehrte, nicht geben wollte. Es blieb ihr also nichts anderes übrig, als ins Wasser zu gehen, was sie denn auch im Ligurischen Meere tat. Man barg ihren unglücklichen Leichnam in Genua und all ihre Zofen, Lakaien und Chauffeure waren sehr unglücklich.
Es war ein sehr tragischer Film und er hatte nur eine lustige Episode: die Millionärin hatte nämlich eine Hilfszofe und diese Hilfszofe zog sich mal heimlich ein großes

Abendkleid ihrer Herrin an und ging mit einem der Chauffeure groß aus. Aber der Chauffeur wußte nicht genau, wie die vornehme Welt Messer und Gabel hält und die beiden wurden als Bedienstete entlarvt und aus dem vornehmen Lokal gewiesen. Der Chauffeur bekam von einem der vornehmen Gäste noch eine tüchtige Ohrfeige und die Hilfszofe wurde von der unglücklichen Millionärin fristlos entlassen. Die Hilfszofe hat sehr geweint und der Chauffeur hat auch nicht gerade ein intelligentes Gesicht geschnitten. Es war sehr lustig.

48

Es wurde immer später.
Eugen ging über den Lenbachplatz und vor den großen Hotels standen wunderbare Autos. In den Hotelgärten saßen lauter vornehme Menschen und ahnten nicht, daß sie aufreizend lächerlich wirken, sowie man mehrere ihrer Art beisammen sieht.
Auch die Kellner waren sehr vornehm und es war nicht das erste Mal, daß Eugen seinen Beruf haßte.
Er ging nun bereits seit dreiviertelsieben ununterbrochen hin und her und war voll Staub, draußen und drinnen. Er sagte sich: »Also wenn die Welt zusammenstürzt, dreißig Pfennig geb ich jetzt aus und trink ein Bier, weil ich mich auch schon gern setzen möcht.«
Die Welt stürzte nicht zusammen und Eugen betrat ein kleines Café in der Nähe des Sendlingertorplatzes. »Heute Künstlerkonzert« stand an der Türe und als Eugen sich setzte, fing ein Pianist an zu spielen, denn Eugen war der einzige Gast.
Es saß zwar noch eine Dame vor ihrer Limonade, aber die schien zum Café zu gehören und verschlang ein Magazin.

Der Pianist spielte ein rheinisches Potpourri und Eugen las in der »Sonntagspost«, daß es den Arbeitslosen zu gut geht, sie könnten sich ja sogar ein Glas Bier leisten. Und in der Witzecke sah er eine arbeitslose Familie, die in einem riesigen Fasse am Isarstrand wohnte, sich sonnte, badete – und ihrem Radio lauschte.
Die Dame mit der Limonade hatte es gar nicht gehört, daß Eugen eintrat, so sehr war sie in ihr Magazin vertieft. Sie hätte sonst aufgehorcht, weil sie eine Prostituierte war, jedoch das Magazin war zu schön. Sie las und las:

> Eine mehrwöchige Kreuzfahrt auf komfortabler Luxusjacht unter südlichem Himmel – – wer hätte nicht davon geträumt? Wochen des absoluten Nichtstuns liegen vor Dir, sonnige Tage und helle Nächte, es gibt kein Telefon, keine Verabredung, keine gesellschaftlichen Verpflichtungen. Die Begriffe »Zeit«, »Arbeit«, »Geld« entschwinden am Horizont wie verdunstende Wölkchen. Einladende Liegestühle stehen unter dem Sonnendeck, kühle Klubsessel erwarten Dich im Rauchzimmer, Radio und Bibliothek sind zur Hand, über Deine Sicherheit beruhigen sich dreißig tüchtige Matrosen, für Dein leibliches Wohl sorgt ein erstklassiger Barmixer. Nach dem Essen wird das Grammophon aufgezogen, oder eine der Damen spielt Klavier. Du tanzt mit Phyllis oder Dorothy, oder Du spielst ein bißchen Whist, um Dich bei den älteren Damen beliebt zu machen, im Spielzimmer hast Du Gelegenheit beim Poker oder Bakkarat zu verlieren. Oder aber Du lehnst mit einem blonden »Flapper« an der Reeling und führst Mondscheingespräche, während der Papa in einem wunderbar komfortablen Deckstuhl liegt und den Rauch seiner Henry Clay zu den Sternen hinaufbläst, gedankenvoll die nächste Transaktion überlegend. – – – – Nichts in der

Welt gibt in diesem Maße das Gefühl dem Alltag entrückt zu sein.

49

Eugen trank apathisch sein Bier und blätterte apathisch in der Zeitung. »Der Redner sprach formvollendet«, stand in der Zeitung, »Man war froh, wieder mal den Materialismus überwunden zu haben« – – da fühlte Eugen, daß ihn ein Mensch anstarrt.
Der Mensch war die Prostituierte.
Sie hatte ihr Magazin ausgelesen und Eugen entdeckt.
»Guten Abend, Herr Reithofer!« sagte die Prostituierte. »Haben Sie mich denn vergessen? Ich bin doch – – na Sie wissen doch, wer ich bin, Herr Reithofer!«
Er wußte es nicht, aber da sie ihn kannte, mußte er sie ja auch kennen. Sie setzte sich an seinen Tisch und sagte, das sei Zufall, daß sie sich hier getroffen haben, und über so einen Zufall könnte man einen ganzen Roman schreiben. Einen Roman mit lauter Fortsetzungen.
Sie las nämlich leidenschaftlich gern.
Sie hieß Margarethe Swoboda und war ein außereheliches Kind. Als sie geboren wurde, wäre sie fast gleich wieder gestorben.
Erdreistet man sich Gottes Tun nach den Gesetzen der Logik begreifen zu wollen, so wird man sich überzeugen müssen, daß damals Gott der Allgütige den Säugling Margarethe Swoboda ganz besonders geliebt haben mußte, denn er wollte ihn ja zu sich nehmen. Aber die geschickte Hebamme Frau Wohlmut aus Wiener-Neustadt schlug scharf über die göttlichen Finger, die Margarethchen erwürgen wollten. »Au!« zischte der liebe Gott und zog seine Krallen hurtig zurück, während die

gottlose Hebamme meinte: »So Gott will, kommt das Wurm durch!«
Und Gott der Gerechte wurde ganz sentimental und seufzte: »Mein Gott, sind die Leut dumm! Als ob man es in einem bürgerlichen Zeitalter als außereheliches Kind gar so angenehm hätt! Na servus!«

50

Ursprünglich war Margarethe Swoboda, genau wie des Kastners Mutter, Verkäuferin in einer Konditorei.
In jener Konditorei verkehrten Gymnasiasten, Realschüler, Realgymnasiasten und höhere Töchter aus beschränkten Bürgerfamilien und böse alte Weiber, die Margarethe Swoboda gehässig hin und her hetzten, schikanierten und beschimpften, weil sie noch jung war.
Ein Gymnasiast, der Sohn eines sparsamen Regierungsrates, verliebte sich in sie und kaufte sich jeden Nachmittag um vier Uhr für fünf Pfennig Schokolade, nur um ihren Bewegungen schüchtern folgen zu können. Dann schrieb er mal während der Geographiestunde auf dem Rande der Karte des malayischen Archipels, was er alles mit ihr tun würde, falls er den Mut fände, ihr seine Liebe zu erklären. Hierbei wurde er von einem Studienrat ertappt, der Atlas wurde beschlagnahmt und nach genauer Prüfung durch ein Kollegium von Steißpaukern unter dem Vorsitz eines klerikalen Narren für unsittlich erklärt. Er flog aus der Schule und ist auf Befehl seines Vaters, eines bürokratischen Haustyrannen, in einer Besserungsanstalt verkommen.
Einmal ging er dort durch, knapp vor Weihnachten, aber der Polizeihund Cäsar von der Schmittenhöhe stellte ihn auf einem verschneiten Kartoffelacker und dann mußte er

beichten und kommunizieren und dann verbleuten ihn drei Aufseher mit Lederriemen und ein blonder Katechet mit Stiftenkopf und frauenhaften Händen riß ihm fast die Ohren aus.
Margarethe Swoboda hörte davon und obzwar sie doch nichts dafür konnte, da sie ja seine Leidenschaft nie erkannt hatte, weil sie erst siebzehn Jahre alt und überhaupt geschlechtlich unterentwickelt war, fühlte sie sich dennoch schuldbewußt, als hätte sie zumindest jenen Cäsar von der Schmittenhöhe dressiert. Sie wollte fort.
Raus aus der Konditorei.
Sie sagte sich: »Ach, gäbs nur keine Schokolade, gäbs nur keine Gymnasiasten, es gibt halt keine Gerechtigkeit!« Und sie kaufte sich das Buch »Stenographie durch Selbstunterricht«. Nachts, nach ihrer täglichen vierzehnstündigen Arbeitszeit, erlernte sie heimlich Gabelsbergers System. Dann bot sie sich in der meistgelesensten Zeitung Österreichs als Privatsekretärin an. Nach drei Tagen kam folgender Brief:

> Wertes Fräulein!
> Teilen Sie mir Näheres über Ihren Busen und über Ihre sonstigen Formen mit. Wenn Sie einen schönen und vor allem festen Busen haben, kann ich Ihnen sofort höchst angenehme Stellen zu durchweg distinguierten Herren vermitteln. Auch möchte ich wissen, ob Sie einen Scherz verstehen und entsprechend zu erwidern im Stande sind.
> Hochachtungsvoll!

Die Unterschrift war unleserlich und darunter stand:

> Vermittlerin mit prima Referenzen. Briefe wolle man unter Chiffre 8472 adressieren. Diskretion Ehrensache.

Diese »Diskretion Ehrensache« ist ein Sinnspruch im Wappen der Prostitution.
Seit es Götter und Menschen, Kaiser und Knechte, Herren und Hörige, Beichtväter und Beichtkinder, Adelige und Bürger, Aufsichtsräte und Arbeiter, Abteilungschefs und Verkäuferinnen, Familienväter und Dienstmädchen, Generaldirektoren und Privatsekretärinnen – – kurz: Herrscher und Beherrschte gibt, seit der Zeit gilt der Satz: »Im Anfang war die Prostitution!«
Und seit jener Zeit, da die Herrschenden erkannt hatten, daß es sich maskiert mit dem Idealismus eines gewissen Gekreuzigten, bedeutend erhebender, edler und belustigender rauben, morden und betrügen ließ – – seit also jener Gekreuzigte gepredigt hatte, daß auch das Weib eine dem Mann ebenbürtige Seele habe, seit dieser Zeit wird allgemein herumgetuschelt: »Diskretion Ehrensache!«
Wer wagt es also die heute herrschende Bourgeoisie anzuklagen, daß sie nicht nur die Arbeit, sondern auch das Verhältnis zwischen Mann und Weib der bemäntelnden Lügen und des erhabenen Selbstbetruges entblößt, indem sie schlicht die Frage stellt: »Na, was kostet schon die Liebe?«
Kann man ihr einen Vorwurf machen, weil sie dies im Bewußtsein ihrer wirtschaftlichen Macht der billigeren Buchführung wegen tut? Nein, das kann man nicht.
Die Bourgeoisie ist nämlich überaus ehrlich.
Sie spricht ihre Erkenntnis offen aus, daß die wahre Liebe zwischen Ausbeutern und Ausgebeuteten Prostitution ist.
Daß die Ausgebeuteten unter sich auch ohne Prostitution lieben könnten, das bezweifelt die Bourgeoisie nicht, denn sie hält die Ausgebeuteten für noch dümmer, da sie sich ja sonst nicht ausbeuten ließen.
Die Bourgeoisie ist nämlich überaus intelligent.
Sie hat auch erkannt, daß es selbst unter Ausbeutern nur

Ausbeutung gibt. Nämlich, daß die ganze Liebe nur eine Frage der kaufmännischen Intelligenz ist.
Kann man also die Bourgeoisie anklagen, weil sie alles auf den Besitzstandpunkt zurückführt?
Nein, das kann man nicht.
Und so bildete auch die Chiffre 8472 nur ein winziges Steinchen des Kolossalmosaiks in der Kuppel des kapitalistischen Venustempels.
Auch Margarethe Swoboda vernahm in jener Konditorei die Stimme: »Du wirst ihnen nicht entrinnen!«
»Wieso?« fragte Margarethe Swoboda, ließ den Brief fallen und lallte geistesabwesend vor sich hin: »Nein, das gibt es doch nicht, nein, das kann es doch nicht geben – –« und die Stimme schloß schadenfroh: »Vielleicht, wenn du Glück hast! Wenn du Glück hast!«

51

Margarethe Swoboda hatte kein Glück. Zwar stand in ihrem Horoskop, daß sie eine glückliche Hand hat, nämlich was sie auch in die Hand nähme, würde gewissermaßen zu Gold. Nur vor dem April müsse sie sich hüten, das wäre ihr Unglücksmonat und was sie im April auch beginnen möge, das gelänge alles vorbei.
»Da dürft ich halt überhaupt nicht leben«, meinte Margarethe Swoboda, denn sie hatte im April Geburtstag.
Dies Horoskop stellte ihr die Klosettfrau des Lokals und behauptete, daß sie das Weltall genau kennt bis jenseits der Fixsterne. So hätte sie auch ihrem armen Pintscher Pepperl das Horoskop gestellt und in diesem Horoskop wäre gestanden, daß der arme Pepperl eines fürchterlichen Todes sterben wird. Und das traf ein, denn der arme

Pepperl wurde von einem Bahnwärter aufgefressen, nachdem er von einem D-Zug überfahren worden war.
Die Klosettfrau hieß Regina Warzmeier und war bei allen Gästen sehr beliebt. Sie wußte immer Rat und Hilfe und alle nannten die liebe Frau »Großmama«.
Die Großmama muß mal sehr hübsch gewesen sein, denn es war allen Gästen bekannt, daß sich, als sie noch ein junges Ding war, ein polnischer Graf mit ihr eingelassen hatte. Dies ist ein österreichisch-ungarischer Gesandtschaftsattaché gewesen, ein routinierter Erotomane und zynisches Faultier, der sich mal zufällig auf der Reise nach seinen galizischen Gütern in München aufgehalten hatte.

52

Damals war Bayern noch Königreich und damals gab es auch noch ein Österreich-Ungarn.
Das war um 1880 herum, da hat er fast nur mit ihr getanzt, auf so einer richtigen Redoute mit Korsett und Dekolleté und der Attaché ist mit der Großmama am nächsten Mittag in einer hohen standesgemäßen Kutsche in das Isartal gefahren, dort sind sie dann zu zweien am lauschigen Ufer entlang promeniert. Sie haben von den blauen Bergen gesprochen und von dem, was dahinterliegt. Er hat vom sonnigen Süden erzählt, vom Vesuv und von Sizilien, von römischen Ruinen und den Wellen der Adria. Er hat ihr einen Ring aus Venedig geschenkt, ein Schlänglein mit falschen Rubinaugen und der Inschrift: »Memento!« Und dann hat sie sich ihm gegeben auf einer Lichtung bei Höllriegelsgreuth und er hat sie sich genommen.
Es war natürlich Nacht, so eine richtige kleinbürgerlich-romantische Nacht und Vormärz. Über die nahen Alpen

wehte der Frühlingswind und abends hing der Mond über schwarzen Teichen und dem Wald.
Nach zwei Wochen blieb bei der Großmama das aus, das sie mit dreizehn Jahren derart erschreckt hatte, daß sie wimmernd zu ihrer älteren Freundin Helene gerannt war, denn sie hatte gefürchtet, nun werde sie verbluten müssen. Aber Helene hatte sie umarmt, geküßt und gesagt: »Im Gegenteil, nun bist du ein Fräulein.«
Nun aber wußte sie, daß sie bald Mutter sein wird. Sie dachte, wenn sie nur wahnsinnig werden könnte, und wollte aus dem Fenster springen. Sie biß sich alle Fingernägel ab und schrieb drei Abschiedsbriefe, einen an ihren Vater und zwei an den polnischen Geliebten.
Ihr Vater war ein langsamer melancholischer Färbermeister, der unter dem Pantoffel seiner lauten herrschsüchtigen Gattin stand und alle maschinellen Neuerungen haßte, weil er weder Kapital noch Schlagfertigkeit besaß, immerhin aber genug Beobachtungsgabe, um erkennen zu können, wie er von Monat zu Monat konkurrenzunfähiger wird.
Diesem schrieb die Großmama: »Mein Vater! Verzeih Deiner unsagbar gefallenen Tochter Regina.« Und dem Attaché schrieb sie: »Warum laßt Du mich nach einem Worte von Dir verschmachten? Bist Du denn ein Schuft?« Diesen Brief zerriß sie und begann den zweiten: »Nimmer wirst Du mich sehen, bete für meine sündige Seele. Bald blühen Blümlein auf einem frischen armen Grabe und die verlassene Nachtigall aus dem Isartal singt von einem zerbrochenen Glück – – «
Und sie beschrieb ihr eigenes Begräbnis. Sie erlebte ihre eigene Himmelfahrt. Sie sah sich selbst im Schattenreich und tat sich selbst herzlich leid. Ein heroischer Engel beugte sich über sie und sprach: »Weißt du, was das ist, ein österreichisch-ungarischer Attaché? Nein, das weißt du

nicht, was das ist, ein österreich-ungarischer Attaché. Ein österreich-ungarischer Attaché verläßt keine werdende Mutter nicht, überhaupt als polnischer Graf, du kleingläubiges Geschöpf! Schließ das Fenster, es zieht!«
Sie schloß es und glaubt wieder an das verlogene Märchen vom Prinzen und dem spießbürgerlichen Bettelkind. Dabei wurde sie immer bleicher, hatte selten Appetit und erbrach sich oft heimlich.
An den lieben Gott hatte sie nie so recht geglaubt, nämlich sie konnte ihn sich nicht so recht vorstellen, hingegen um so inniger an den heiligen Antonius von Padua. Und sie betete zu dem himmlischen Jüngling mit der weißen Lilie um einen baldigen Brief von ihrem irdischen Grafen.
Natürlich kam keiner, denn freilich war auch auf jener Redoute nicht alles so, wie es die Großmama gerne sah. Sie ist keineswegs vor allen anderen Holden dem österreich-ungarischen Halunken aufgefallen, sondern dieser hat sich zuerst an eine Bacchantin gerieben, aber nachdem deren Kavalier etwas von Watschen sprach, war seine Begeisterung merklich abgekühlt. Aus der ersten Verlegenheit heraus tanzte er mit der Großmama, die als Mexikanerin maskiert war, und besoff sich aus Wut über den gemeinen Mann, der leider riesige Pratzen hatte. In seinem Rausche fand er die Großmama ganz possierlich und versprach ihr den Ausflug in das Isartal. Am nächsten Tage fand er sie allerdings vernichtend langweilig, und nur um nicht umsonst in das Isartal gefahren zu sein, nahm er sie. Hierbei mußte er an eine langbeinige Kokette denken, um den physischen Kontakt mit der kurzbeinigen Großmama herstellen zu können.
Als dann im Spätherbst die Großmama an einem Sonntagvormittag auf der Treppe zusammenbrach und eine Tochter gebar, da verstießen sie ihre Eltern natürlich nach Sitte und Recht. Die Mutter gab ihr noch zwei Ohrfeigen und

der Vater schluchzte, er verstehe das ganze Schicksal überhaupt nicht, was er denn wohl nur verbrochen habe, daß gerade seine Tochter unverheiratet geschwängert worden ist.
Selbst die Stammgäste hatten es nie erfahren, was aus Großmamas Töchterlein geworden ist. Die Großmama schwieg und man munkelte allerlei.
Sie hätte einen rechtschaffenen Hausbesitzer geheiratet oder sie sei eine Liliputanerin vom Oktoberfest, munkelten die einen und die anderen munkelten, sie sei von ihren Pflegeeltern als dreijähriges Kind so geprügelt worden, daß sie erblindet ist und die Pflegemutter ein Jahr Gefängnis bekommen hat, während der Pflegevater freigesprochen worden sei, weil er ja nur zugeschaut hätte. Und wieder andere munkelten, sie wäre bloß eine einfache Prostituierte in Hamburg, genau wie die Margarethe Swoboda in München.
»Sie erlauben doch, daß ich mich zu Ihnen setz«, sagte Margarethe Swoboda zu Eugen. »Das freut mich aber sehr, daß ich Sie wieder mal seh, Herr Reithofer! Seit wann sind Sie denn in München? Ich bin schon seit Mai da, aber ich fahr bald fort, ich hab nämlich gehört, in Köln soll es für mich besser sein. Dort ist doch heuer die Pressa, das ist eine große Journalistenausstellung, hier diese Heim- und Technikausstellung war für mich nichts besonderes.«
Eugen wußte noch immer nicht, daß sie Margarethe Swoboda heißt und er konnte sich nicht erinnern, woher sie ihn kennen könnte. Sie schien ihn nämlich genau zu kennen und Eugen wollte sie nicht fragen, woher er sie kenne, denn sie freute sich sehr ihn wiederzusehen und erinnerte sich gerne an ihn.
»Nicht jede Ausstellung ist gut für mich«, meinte Margarethe Swoboda. »So hab ich bei der Gesoleiausstellung in

Düsseldorf gleich vier Tage lang nichts für mich gehabt. Ich war schon ganz daneben und hab in meinem Ärger einen Ausstellungsaufseher angesprochen, einen sehr höflichen Mann aus Krefeld und hab ihm gesagt, es geht mir schon recht schlecht bei eurer Gesoleiausstellung und der Krefelder hat gesagt, das glaubt er gern, daß ich kein Geschäft mach, wenn ich vor seinem Pavillon die Kavaliere anspreche. Da hab ich erst gemerkt, daß ich vier Tag lang in der Gesundheitsabteilung gestanden bin, direkt vor dem Geschlechtskrankheitenpavillon und da hab ichs freilich verstanden, daß ich vier Tag lang nichts verdient hab, denn wie ich aus dem Pavillon herausgekommen bin, hat es mich vor mir selbst gegraust. Ich hätt am liebsten geheult, solche Ausstellungen haben doch gar keinen Sinn! Für mich sind Gemäldeausstellungen gut, überhaupt künstlerische Veranstaltungen, Automobilausstellungen sind auch nicht schlecht, aber am besten sind für mich die landwirtschaftlichen Ausstellungen.«
Und dann sprach sie noch über die gelungene Grundsteinlegung zum Deutschen Museum in Anwesenheit des Reichspräsidenten von Hindenburg, über eine große vaterländische Heimatkundgebung in Nürnberg und über den Katholikentag in Breslau und Eugen dachte: »Vielleicht verwechselt sie mich, es heißen ja auch andere Leut Reithofer und vielleicht sieht mir so ein anderer Reithofer zum verwechseln ähnlich.«
So wurde es immer später und plötzlich bemerkte Eugen, daß Margarethe Swoboda schielt. Zwar nur etwas, aber es fiel ihm trotzdem ein Kollege ein, mit dem er vor dem Krieg in Preßburg im Restaurant Klein gearbeitet hatte. Das ist ein freundlicher Mensch gewesen, ein großes Kind. Knapp vor dem Weltkrieg hatte dieser Kollege geheiratet und zu Eugen gesagt: »Glaub es mir, lieber Reithofer, meine Frau schielt, zwar nur etwas, aber sie hat ein gutes

Herz.« Dann ist er in Montenegro gefallen. Er hieß Karl Swoboda.
»Als mein Mann in Montenegro fiel«, sagte Margarethe Swoboda, »da hab ich viel an Sie gedacht, Herr Reithofer. Ich hab mir gedacht, ist er jetzt vielleicht auch gefallen, der arme Reithofer? Ich freu mich nur, daß Sie nicht gefallen sind. Erinnen Sie sich noch an meine Krapfen, Herr Reithofer?«
Jetzt erinnerte sich Eugen auch an ihre Krapfen. Nämlich er hatte mal den Karl Swoboda zum Pferderennen abgeholt und da hatte ihm jener seine Frau vorgestellt und er hatte ihre selbstgebackenen Krapfen gelobt. Er sah es noch jetzt, daß die beiden Betten nicht zueinander paßten, denn das eine war weiß und das andere braun – – und nach dem Pferderennen ist der Karl Swoboda sehr melancholisch gewesen, weil er für fünf Gulden verspielt hatte, und hatte traurig zu Eugen gesagt: »Glaub es mir, lieber Reithofer, wenn ich sie nicht geheiratet hätt, wär sie noch ganz verkommen, auf Ehr und Seligkeit!«
»Sie haben meine Krapfen sehr gelobt, Herr Reithofer«, sagte Karl Swobodas Witwe.

54

Als Eugen an die beiden Betten in Preßburg dachte, die nicht zueinander paßten, näherte sich ihm die Großmama. Wenn Großmama nichts zu tun hatte, stand sie am Buffet und beobachtete die Menschen. So hatte sie auch bemerkt, daß das »Gretchen« mit Eugen sympathisierte, weil sie sich gar nicht so benahm, wie sie sich Herren gegenüber benehmen mußte. Sie sprach ja mit Eugen, wie mit ihrem großen Bruder und solch große Brüder schätzte die Großmama und setzte sich also an Eugens Tisch.

Das Gretchen erzählte gerade, daß im Weltkrieg viele junge Männer gefallen sind und daß nach dem Weltkrieg sie selbst jeden Halt verloren hat, worauf die Großmama meinte, für Offiziere sei es schon sehr arg, wenn ein Krieg verloren geht. So hätten sich nach dem Krieg viele Offiziere total versoffen, besondes in Augsburg. Dort hätte sie mal in einer großen Herrentoilette gedient und da hätte ein Kolonialoffizier verkehrt, der alle seine exotischen Geweihe für ein Faß Bier verkauft hätte. Und ein Fliegeroffizier hätte gleich einen ganzen Propeller für ein halbes Dutzend Eierkognaks eingetauscht und dieser Fliegeroffizier sei so versoffen gewesen, daß er statt mit »Guten Tag!« mit »Prost!« gegrüßt hat.
Eugen meinte, der Weltkrieg habe freilich keine guten Früchte getragen und für Offiziere wäre es freilich besser, wenn ein Krieg gewonnen würde, aber obwohl er kein Offizier sei, wäre es für ihn auch schon sehr arg, wenn ein Krieg verloren würde, obwohl er natürlich überzeugt sei, daß wenn wir den Weltkrieg gewonnen hätten, daß er auch dann unter derselben allgemeinen wirtschaftlichen Depression zu leiden hätte. So sei er jetzt schon wieder mal seit zwei Monaten arbeitslos und es bestünde schon nicht die geringste Aussicht, daß es besser werden wird.
Hier mischte sich der Pianist ins Gespräch, der sich auch an den Tisch gesetzt hatte, weil er sehr neugierig war. Er meinte, wenn Eugen kein Mann, sondern eine Frau und kein Kellner, sondern eine Schneiderin wäre, so hätte er für diese Schneiderin sofort eine Stelle. Er kenne nämlich einen großen Schneidergeschäftsinhaber in Ulm an der Donau und das wäre ein Vorkriegskommerzienrat, aber Eugen dürfte halt auch keine Österreicherin sein, denn der Kommerzienrat sei selbst Österreicher und deshalb engagiere er nur sehr ungern Österreicher. Aber ihm zu Liebe

würde dieser Kommerzienrat vielleicht auch eine Österreicherin engagieren, denn er habe nämlich eine gewisse Macht über den Kommerzienrat, da seine Tochter auch Schneiderin gewesen wäre, jedoch hätte sie vor fünf Jahren ein Kind von jenem Kommerzienrat bekommen und von diesem Kind dürfe die Frau Kommerzienrat natürlich nichts wissen. Die Tochter wohne sehr nett in Neu-Ulm, um sich ganz der Erziehung ihres Kindes widmen zu können, da der Kommerzienrat ein selten anständiger Österreicher sei. Er spreche perfekt deutsch, englisch, französisch, italienisch und rumänisch. Auch etwas slowakisch, tschechisch, serbisch, kroatisch und verstehe ungarisch und türkisch. Aber türkisch könne jener Kommerzienrat weder lesen noch schreiben.
Der Pianist war sehr geschwätzig und wiederholte sich gerne. So debattierte er jeden Tag mit der Großmama und kannte keine Grenzen. Er erzählte ihr, daß seinerzeit jener Höhlenmensch, der als erster den ersten Ochsen an die Höhlenwand gezeichnet hatte, von allen anderen Menschen als großer Zauberer angebetet worden ist und so müßte auch heute noch jeder Künstler angebetet werden, auch die Pianisten. Dann stritt er sich mit der Großmama, ob die Fünfpfennigmarke Schiller oder Goethe heißt, worauf die Großmama jeden Tag erwiderte, auf alle Fälle sei die Vierzigpfennigmarke jener große Philosoph, der die Vernunft schlecht kritisiert hätte und die Fünfzigpfennigmarke sei ein Genie, das die Menschheit erhabenen Zielen zuführen wollte und sie könne es sich schon gar nicht vorstellen, wie so etwas angefangen würde, worauf der Pianist meinte, aller Anfang sei schwer und er fügte noch hinzu, daß die Dreißigpfennigmarke das Zeitalter des Individualbewußtseins eingeführt hätte. Dann schwieg die Großmama und dachte, der Pianist sollte doch lieber einen schönen alten Walzer spielen.

55

Als der Pianist sagte, daß er für Eugen sofort eine Stelle hätte, wenn – – da dachte Eugen an Agnes. Er sagte sich, das wäre ja eine Stelle für das Mistvieh, das er gestern in der Thalkirchner Straße angesprochen und das ihn heute in der Schleißheimerstraße versetzt habe. Gestern hätte sie ihm ja erzählt, daß sie Schneiderin wäre und bereits seit fünf Monaten keine Stelle finden könnte. Heute könnte er ihr ja sofort eine Stelle verschaffen, es würde ihm vielleicht nur ein Wort kosten, als wäre er der Kaiser von China, den es zwar auch bereits nicht mehr geben würde. Gestern auf dem Oberwiesenfeld hätte er es nicht geglaubt, daß er heute versetzt wird. »Sie ist halt ein Mistvieh«, sagte er sich und fügte hinzu: »Wahrscheinlich ist auch der Pianist ein Mistvieh!«
Und Eugen warf mit den Mistviehern nur so um sich, alles und jedes wurde zum Mistvieh, die Swoboda, die Großmama, der Tisch, der Hut, das Bier und das Bierglas – – wie das eben so manchmal geschieht.
»Aber es ist doch schön von dem Pianistenmistvieh, daß er mir helfen möcht«, fiel es ihm plötzlich auf. »Er weiß doch gar nicht, ob ich am End nicht auch ein Mistvieh bin. Ich bin doch auch eins, ich hab ja auch schon Mistvieher versetzt.«
»Überhaupt sollten sich die Mistvieher mehr helfen«, dachte er weiter. »Wenn sich alle Mistvieher helfen täten, ging es jedem Mistvieh besser. Es ist doch direkt unanständig, wenn man einem Mistvieh nicht helfen tät, obwohl man könnt, bloß weil es ein Mistvieh ist.«
Und dann fiel es ihm auch noch auf, daß es sozusagen ein angenehmes Gefühl ist, wenn man sich gewissermaßen selbst bestätigen kann, daß man einem Mistvieh geholfen hat. Ungefähr so:

Zeugnis.
Ich bestätige gerne, daß das Mistvieh Eugen Reithofer ein hilfsbereites Mistvieh ist. Es ist ein liebes gutes braves Mistvieh.
Eugen Reithofer
Mistvieh.

56

»Sagen Sie, Herr Pianist«, wandte sich Eugen an das hilfsbereite Mistvieh, »ich kann ja jetzt leider nicht weiblich werden, aber ich weiß ein Mädel für Ihren Kommerzienrat in Ulm. Sie ist eine vorzügliche Schneiderin und Sie täten mir persönlich einen sehr großen Gefallen, Herr Pianist«, betonte er und das war natürlich gelogen.
Der Pianist sagte, das wäre gar nicht der Rede wert, denn das kostete ihm nur einen Telefonanruf, da sich jener Kommerzienrat zufällig seit gestern in München befände und er könne ihn sofort im Hotel Deutscher Kaiser anrufen – – und schon eilte der hilfsbereite Pianist ans Telefon.
»Also das ist ein rührendes Mistvieh«, dachte Eugen und Margarethe Swoboda sagte: »Das ist ein seltener Mensch und ein noch seltenerer Künstler.« Und die Großmama sagte: »Er lügt.«
Aber ausnahmsweise täuschte sich die Großmama, denn nach wenigen Minuten erschien der Pianist, als hätte er den Weltkrieg gewonnen.
Der Kommerzienrat war keine Lüge und seine wunderbaren Beziehungen waren nur insofern übertrieben, daß es nicht stimmte, daß sich seine Tochter in Neu-Ulm lediglich der Erziehung ihres kommerzienrätlichen Kindes widmen kann, sondern sie mußte als Schneiderin weiterarbeiten und erhielt nur ein kleines kommerzienrätliches Taschengeld.

Der Pianist konnte sich vor lauter Siegesrausch nicht sofort wieder setzen, er ging also um den Tisch herum und setzte Eugen auseinander, Agnes könne die Stelle sofort antreten, jedoch müßte sie morgen früh Punkt sieben Uhr dreißig im Hotel Deutscher Kaiser sein. Dort solle sie nur nach dem Herrn Kommerzienrat aus Ulm fragen und der nimmt sie dann gleich mit, er fährt nämlich um acht Uhr wieder nach Ulm.
Eugen fragte ihn, wie er ihm danken sollte, aber der Pianist lächelte nur: vielleicht würde mal Eugen ihm eine Stelle verschaffen, wenn er kein Pianist wäre, sondern eine Schneiderin.
Eugen wollte wenigstens das Telefongespräch bezahlen, aber selbst dies ließ er nicht zu. »Man telefoniert doch gern mal für einen Menschen«, sagte er.
Selbst die Großmama war gerührt, aber am meisten war es der brave Pianist.

57

So kam es, daß am nächsten Morgen Eugen bereits um sechs Uhr durch die Schellingstraße ging, damit er sich mit seiner Hilfe nicht verspätet, auf daß er sich ein gutes Zeugnis ausstellen kann.
Er wollte gerade bei der Tante im vierten Stock läuten, da sah er Agnes über die Schellingstraße gehen. Sie kam von ihrer Bank für Erwachsene und war zerknüllt und elend und Eugen dachte: »Schau, schau, bis heut morgen hat mich das Mistvieh versetzt!«
Die Sonne schien in der Schellingstraße und der Morgenwind überschritt bereits den Ural, als Agnes über Eugen erschrak. Doch er fragte sie nicht, woher sie komme, was sie getan und warum sie ihr Wort gebrochen und ihn

versetzt hätte, sondern er teilte ihr lediglich mit, daß er für sie eine Stelle fand, daß sie schon heute früh zu einem richtigen Kommerzienrat gehen muß, der sie dann noch heute früh nach Ulm an der Donau mitnehmen würde.
Sie starrte ihn an und sagte, er solle sich doch eine andere Agnes aussuchen für seine blöden Witze und sie bitte sich diese Frozzelei aus und überhaupt diesen ganzen Hohn – – aber er lächelte nur, denn das Mistvieh tat ihm plötzlich leid, weil es ihm den Kommerzienrat nicht glauben konnte.
Das Mistvieh murmelte noch etwas von Roheit und dann weinte es. Er solle es doch in Ruhe und Frieden lassen, weinte das Mistvieh, es sei ja ganz kaputt und auch die Schuhe seien nun ganz kaputt.
Eugen schwieg und plötzlich sagte das Mistvieh, das könne es ja gar nicht geben, daß ihr ein Mensch eine Stelle verschafft, nachdem sie den Menschen versetzt hatte.
Dann schwieg auch das Mistvieh.
Und dann sagte es: »Ich hätt wirklich nicht gedacht, daß Sie extra wegen mir herkommen, Herr Reithofer.«
»Wissens, Fräulein Pollinger«, meinte der Herr Reithofer, »es gibt nämlich etwas auch ohne das Verliebtsein, aber man hat es noch nicht ganz heraus, was das eigentlich ist. Ich hab halt von einer Stelle gehört und bin jetzt da. Es ist nur gut, wenn man weiß, wo ein Mensch wohnt.«

58

Und jetzt ist die Geschichte aus.

Der ewige Spießer

Erbaulicher Roman in drei Teilen

Für Ernst Weiß

Der Spießer ist bekanntlich ein hypochondrischer Egoist, und so trachtet er danach, sich überall feige anzupassen und jede neue Formulierung der Idee zu verfälschen, indem er sie sich aneignet.
Wenn ich mich nicht irre, hat es sich allmählich herumgesprochen, daß wir ausgerechnet zwischen zwei Zeitaltern leben. Auch der alte Typ des Spießers ist es nicht mehr wert, lächerlich gemacht zu werden; wer ihn heute noch verhöhnt, ist bestenfalls ein Spießer der Zukunft. Ich sage »Zukunft«, denn der neue Typ des Spießers ist erst im Werden, er hat sich noch nicht herauskristallisiert.
Es soll nun versucht werden, in Form eines Romans einige Beiträge zur Biologie dieses werdenden Spießers zu liefern. Der Verfasser wagt natürlich nicht zu hoffen, daß er durch diese Seiten ein gesetzmäßiges Weltgeschehen beeinflussen könnte, jedoch immerhin.

Erster Teil

Herr Kobler wird Paneuropäer

»Denn solang du dies nicht hast,
Dieses ›Stirb und werde!‹
Bist du noch ein trüber Gast
Auf der dunklen Erde.«

I

Mitte September 1929 verdiente Herr Alfons Kobler aus der Schellingstraße sechshundert Reichsmark. Es gibt viele Leute, die sich soviel Geld gar nicht vorstellen können.
Auch Herr Kobler hatte noch niemals soviel Geld so ganz auf einmal verdient, aber diesmal war ihm das Glück hold. Es zwinkerte ihm zu, und Herr Kobler hatte plötzlich einen elastischeren Gang. An der Ecke der Schellingstraße kaufte er sich bei der guten alten Frau Stanzinger eine Schachtel Achtpfennigzigaretten, direkt aus Mazedonien. Er liebte nämlich dieselben sehr, weil sie so überaus mild und aromatisch waren.
»Jessas Mariandjosef!« schrie die brave Frau Stanzinger, die, seitdem ihr Fräulein Schwester gestorben war, einsam zwischen ihren Tabakwaren und Rauchutensilien saß und aussah, als würde sie jeden Tag um ein Stückchen kleiner werden – »Seit wann rauchens denn welche zu acht, Herr Kobler? Wo habens denn das viele Geld her? Habens denn wen umbracht oder haben Sie sich gar mit der Frau Hofopernsänger wieder versöhnt?« »Nein«, sagte der Herr Kobler. »Ich hab bloß endlich den Karren verkauft.«
Dieser Karren war ein ausgeleierter Sechszylinder, ein Kabriolett mit Notsitz. Es hatte bereits vierundachtzig-

tausend Kilometer hinter sich, drei Dutzend Pannen und zwei lebensgefährliche Verletzungen. Ein Greis.
Trotzdem fand Kobler einen Käufer. Das war ein Käsehändler aus Rosenheim, namens Portschinger, ein begeisterungsfähiger großer dicker Mensch. Der hatte bereits Mitte August dreihundert Reichsmark angezahlt und hatte ihm sein Ehrenwort gegeben, jenen Greis spätestens Mitte September abzuholen und dann auch die restlichen sechshundert Reichsmark sofort in bar mitzubringen. So sehr war er über diesen außerordentlich billigen Gelegenheitskauf Feuer und Flamme.
Und drum hielt er auch sein Ehrenwort. Pünktlich erschien er Mitte September in der Schellingstraße und meldete sich bei Kobler. In seiner Gesellschaft befand sich sein Freund Adam Mauerer, den er sich aus Rosenheim extra mitgebracht hatte, da er ihn als Sachverständigen achtete, weil dieser Adam bereits seit 1925 ein steuerfreies Leichtmotorrad besaß. Der Herr Portschinger hatte nämlich erst seit vorgestern einen Führerschein, und weil er überhaupt kein eingebildeter Mensch war, war er sich auch jetzt darüber klar, daß er noch lange nicht genügend hinter die Geheimnisse des Motors gekommen war.
Der Sachverständige besah sich das Kabriolett ganz genau und war dann auch schlechthin begeistert. »Das ist ein Notsitz!« rief er. »Ein wunderbarer Notsitz! Ein gepolsterter Notsitz! Der absolue Notsitz! Kaufs, du Rindvieh!«
Das Rindvieh kaufte es auch sogleich, als wären die restlichen sechshundert Reichsmark Lappalien, und während der Kobler die Scheine auf ihre Echtheit prüfte, verabschiedete es sich von ihm: »Alsdann Herr Kobler, wanns mal nach Rosenheim kommen, besuchens mich mal. Meine Frau wird sich freuen, Sie müssen ihr nachher auch die Geschicht von dem Prälatn erzählen, der wo mit die jungen Madln herumgstreunt is wie ein läufiges Nacht-

kastl. Meine Frau ist nämlich noch liberaler als ich. Heil!«
Hierauf nahmen die beiden Rosenheimer Herren im Kabriolett Platz und fuhren beglückt nach Rosenheim zurück, das heißt: sie hatten dies vor.
»Der Karren hat an schönen Gang«, meinte der Sachverständige. Sie fuhren über den Bahnhofsplatz. »Es is scho schöner so im eignen Kabriolett als auf der stinkerten Bahn«, meinte der Herr Portschinger. Er strengte sich nicht mehr an, hochdeutsch zu sprechen, denn er war sehr befriedigt.
Sie fuhren über den Marienplatz.
»Schließen Sie doch den Auspuff«, brüllte sie ein Schutzmann an. »Is ja scho zu!« brüllte der Herr Portschinger, und der Sachverständige fügte noch hinzu, das Kabriolett hätte halt schon eine sehr schöne Aussprache, und nur kein Neid.
Nach fünf Kilometern hatten sie die erste Panne. Sie mußten das linke Vorderrad wechseln. »Das kommt beim besten Kabriolett vor«, meinte der Sachverständige. Nach einer weiteren Stunde fing der Ventilator an zu zwitschern wie eine Lerche, und knapp vor Rosenheim überschlug sich das Kabriolett infolge Achsenbruchs, nachdem kurz vorher sämtliche Bremsen versagt hatten. Die beiden Herren flogen in hohem Bogen heraus, blieben aber wie durch ein sogenanntes Wunder unverletzt, während das Kabriolett einen dampfenden Trümmerhaufen bildete.
»Es is bloß gut, daß uns nix passiert is«, meinte der Sachverständige. Der Portschinger aber lief wütend zum nächsten Rechtsanwalt, jedoch der Rechtsanwalt zuckte nur mit den Schultern. »Der Kauf geht in Ordnung«, sagte er. »Sie hätten eben vor Abschluß genauere Informationen über die Leistungsfähigkeit des Kabrioletts einholen müssen. Beruhigen Sie sich, Herr Portschinger,

Sie sind eben betrogen worden, da kann man nichts machen!«

2

Seinerzeit als dieser Karren noch fabrikneu war, hatte ihn sich jene Hofopernsängerin gekauft, die wo die Frau Stanzinger in Verdacht hatte, daß sie den Herrn Kobler aushält. Aber das stimmte nicht in dieser Form. Zwar hatte sie den Kobler gleich auf den ersten Blick recht liebgewonnen; dies ist in der Firma »Gebrüder Bär« geschehen, also in eben jenem Laden, wo sie sich den fabrikneuen Karren gekauft hatte.
Der Kobler ging dann bei ihr ein und aus, von Anfang Oktober bis Ende August, aber dieses ganze Verhältnis war in pekuniärer Hinsicht direkt platonisch. Er aß, trank und badete bei ihr, aber niemals hätte er auch nur eine Mark von ihr angenommen. Sie hätte ihm so was auch niemals angeboten, denn sie war eine feine gebildete Dame, eine ehemalige Hofopernsängerin, die seit dem Umsturz nur mehr in Wohltätigkeitskonzerten sang. Sie konnte sich all diese Wohltäterei ungeniert leisten, denn sie nannte u. a. eine schöne Villa mit parkähnlichem Vorgarten ihr eigen, aber sie würdigte es nicht, zehn Zimmer allein bewohnen zu können, denn oft in der Nacht fürchtete sie sich vor ihrem verstorbenen Gatten, einem dänischen Honorarkonsul. Der hatte knapp vor dem Weltkrieg mit seinem vereiterten Blinddarm an die Himmelspforte geklopft und hatte ihr all sein Geld hinterlassen, und das ist sehr viel gewesen. Sie hatte ehrlich um ihn getrauert, und erst 1918, als beginnende Vierzigerin, hatte sie wieder mal Sehnsucht nach irgendeinem Mannsbild empfunden. Und 1927 blickte sie auf ein halbes Jahrhundert zurück.

Der Kobler hingegen befand sich 1929 erst im siebenundzwanzigsten Lenze und war weder auffallend gebildet noch besonders fein. Auch ist er immer schon ziemlich ungeduldig gewesen – drum hielt er es auch bei »Gebrüder Bär« nur knapp den Winter über aus, obwohl der eine Bär immer wieder sagte: »Sie sind ein tüchtiger Verkäufer, lieber Kobler!« Er verstand ja auch was vom Autogeschäft, aber er hatte so seine Schrullen, die ihm auf die Dauer der andere Bär nicht verzeihen konnte. So unternahm er u. a. häufig ausgedehnte Probefahren mit Damen, die er sich im geheimen extra dazu hinbestellt hatte. Diese Damen traten dann vor den beiden Bären ungemein selbstsicher auf, so ungefähr, als könnten sie sich aus purer Laune einen ganzen Autobus kaufen. Einmal jedoch erkannte der andere Bär in einer solchen Dame eine Prostituierte, und als dann gegen Abend der Herr Kobler zufrieden von seiner Probefahrt zurückfuhr, erwartete ihn dieser Bär bereits auf der Straße vor dem Laden, riß die Tür auf und roch in die Limousine hinein. »Sie machen da sonderbare Probefahrten, lieber Kobler«, sagte er maliziös. Und der liebe Kobler mußte sich dann wohl oder übel selbständig machen. Zwar konnte er sich natürlich keinen Laden mieten und betrieb infolgedessen den Kraftfahrzeughandel in bescheidenen Grenzen, aber er war halt sein eigener Herr. Er hatte jedoch diese höhere soziale Stufe nur erklimmen können, weil er mit jener Hofopernsängerin befreundet war. Darüber ärgerte er sich manchmal sehr.

Recht lange währte ja diese Freundschaft nicht. Sie zerbrach Ende August aus zwei Gründen. Die Hofopernsängerin fing plötzlich an, widerlich rasch zu altern. Dies war der eine Grund. Aber der ausschlaggebende Grund war eine geschäftliche Differenz.

Nämlich die Hofopernsängerin ersuchte den Kobler, ihr

kaputtes Kabriolett mit Notsitz möglichst günstig an den Mann zu bringen. Als nun Kobler von dem Herrn Portschinger die ersten dreihundert Reichsmark erhielt, lieferte er der Hofopernsängerin in einer ungezogenen Weise lediglich fünfzig Reichsmark ab, worüber die sich derart aufregte, daß sie ihn sogar anzeigen wollte. Sie unterließ dies aber aus Angst, ihr Name könnte in die Zeitungen geraten, denn dies hätte sie sich nicht leisten dürfen, da sie mit der Frau eines Ministerialrats aus dem Kultusministerium, die sich einbildete singen zu können, befreundet war. Also schrieb sie ihrem Kobler lediglich, daß sie ihn für einen glatten Schurken halte, daß er eine Enttäuschung für sie bedeute und daß sie mit einem derartigen Subjekt als Menschen nichts mehr zu tun haben wolle. Und dann schrieb sie ihm einen zweiten Brief, in dem sie ihm auseinandersetzte, daß man eine Liebe nicht so einfach zerreißen könne wie ein Seidenpapier, denn als Weib bleibe doch immer ein kleines Etwas unauslöschlich in einem drinnen stecken. Der Kobler sagte sich: »Ich bin doch ein guter Mensch«, und telefonierte mit ihr. Sie trafen sich dann zum Abendessen draußen im Ausstellungsrestaurant. »Peter«, sagte die Hofopernsängerin. Sonst sagte sie die erste Viertelstunde über nichts. Kobler hieß zwar nicht Peter, sondern Alfons, aber »Peter klingt besser« hatte die Hofopernsängerin immer schon konstatiert. Auch ihm selbst gefiel es besser, besonders wenn es die Hofopernsängerin aussprach, dann konnte man nämlich direkt meinen, man sei zumindest in Chikago. Für Amerika schwärmte er zwar nicht, aber er achtete es. »Das sind Kofmichs!« pflegte er zu sagen.

Die Musik spielte sehr zart im Ausstellungsrestaurant und die Hofopernsängerin wurde wieder ganz weich. »Ich will dir alles verzeihen, Darling, behalt nur getrost mein ganzes Kabriolett«, so ungefähr lächelte sie ihm zu. Der Darling aber dachte: »Jetzt fällts mir erst auf, wie alt daß die schon ist.« Er brachte sie dann nach Haus, ging aber nicht mit hinauf. Die Hofopernsängerin warf sich auf das Sofa und stöhnte: »Ich möcht mein Kabriolett zurück!«, und plötzlich fühlte sie, daß ihr verstorbener Gatte hinter ihr steht. »Schau mich nicht so an!« brüllte sie. »Pardon! Du hast Krampfadern«, sagte der ehemalige Honorarkonsul und zog sich zurück in die Ewigkeit.

3

An der übernächsten Ecke der Schellingstraße wohnte Kobler möbliert im zweiten Stock links bei einer gewissen Frau Perzl, einer Wienerin, die zur Generation der Hofopernsängerin gehörte. Auch sie war Witwe, aber ansonsten konnte man sie schon in gar keiner Weise mit jener vergleichen. Nie kam es unter anderem vor, daß sie sich vor ihrem verstorbenen Gatten gefürchtet hätte, nur ab und zu träumte sie von Ringkämpfern. So hat sich mal solch ein Ringkämpfer vor ihr verbeugt, der hat dem Kobler sehr ähnlich gesehen und hat gesagt: »Es ist gerade 1904. Bitte, halt mir den Daumen, Josephin! Ich will jetzt auf der Stelle Weltmeister werden, du Hur!«
Sie sympathisierte mit dem Kobler, denn sie liebte unter anderem sein angenehmes Organ so sehr, daß er ihr die Miete auch vierzehn Tage und länger schuldig bleiben konnte. Besonders seine Kragenpartie, wenn er ihr den Rücken zuwandte, erregte ihr Gefallen.
Oft klagte sie über Schmerzen. Der Arzt sagte, sie hätte einen Hexenschuß, und ein anderer Arzt sagte, sie hätte eine Wanderniere, und ein dritter Arzt sagte, sie müsse sich vor ihrer eigenen Verdauung hüten. Was ein vierter

Arzt sagte, das sagte sie niemandem. Sie ging gern zu den Ärzten, zu den groben und zu den artigen.
Auch ihr Seliger ist ja Mediziner gewesen, ein Frauenarzt in Wien. Er stammte aus einer angesehenen, leichtverblödeten, christlichsozialen Familie und hatte sich im Laufe der Vorkriegsjahre sechs Häuser zusammengeerbt. Eines stand in Prag. Sie hingegen hatte bloß den dritten Teil einer Windmühle bei Brescia in Oberitalien mit in die Ehe gebracht, aber das hatte er ihr nur ein einziges Mal vorgeworfen. Ihre Großmutter war eine gebürtige Mailänderin gewesen.
Der Doktor Perzl ist Anno Domini 1907 ein Opfer seines Berufes geworden. Er hatte sich mit der Leiche einer seiner Patientinnen infiziert. Wie er die nämlich auseinandergeschnitten hatte, um herauszubekommen, was ihr eigentlich gefehlt hätte, hatte er sich selbst einen tiefen Schnitt beigebracht, so unvorsichtig hat er mit dem Seziermesser herumhantiert, weil er halt wieder mal besoffen gewesen ist. Es hat allgemein geheißen, wenn er kein Quartalssäufer gewesen wär, so hätt er eine glänzende Zukunft gehabt.
Ferdinand Perzl, das einzige Kind, hatte die Kadettenschule absolvieren müssen, weil er als Gymnasiast nichts Vernünftiges hatte werden wollen. Er ist dann ein k. u. k. Oberleutnant geworden, und es ist ihm auch gelungen, den Weltkrieg in der Etappe zu verhuren. Aber nachdem Österreich-Ungarn alles verspielt und auch er selbst allmählich alles, was er erben sollte, die sechs Häuser und das Drittel der Windmühle verloren hatte, ist er in sich gegangen und hat nicht mehr herumgehurt, sondern hat bloß zähneknirschend und mit der Faust in der Tasche zugeschaut, wie dies die Valutastarken taten. Er ist in ein Kontor gekommen und hatte seine liederliche Haltung während des großen Völkerringens in seinen Augen aus-

radiert, ist Antisemit geworden und hat die Kontoristin Frieda Klovac geheiratet, eine Blondine mit zwei linke Füß. Solch kleine Abnormitäten konnten ihn seit seiner Etappenzeit ganz wehmütig stimmen.
Über diese Heiraterei hatte sich jedoch seine Mutter sehr aufgeregt, denn sie hatte ja immer schon gehofft, daß der Nandl mal ein anständiges Mädl aus einem schwerreichen Hause heiraten würde. Eine Angestellte war in ihren Augen keine ganz einwandfreie Persönlichkeit, besonders als Schwiegertochter nicht. Sie titulierte sie also nie anders als »das Mensch«, »die Sau«, »das Mistvieh« und dergleichen.
Und je ärmer sie wurde, um so stärker betonte sie ihre gesellschaftliche Herkunft, mit anderen Worten: je härter sie ihre materielle Niederlage empfand, um so bewußter wurde sie ihrer ideellen Überlegenheit. Diese ideelle Überlegenheit bestand vor allem aus Unwissenheit und aus der natürlichen Beschränktheit des mittleren Bürgertums. Wie alle ihresgleichen haßte sie nicht die uniformierten und zivilen Verbrecher, die sie durch Krieg, Inflation, Deflation und Stabilisierung begaunert hatten, sondern ausschließlich das Proletariat, weil sie ahnte, ohne sich darüber klar werden zu wollen, daß dieser Klasse die Zukunft gehört. Sie wurde neidisch, leugnete es aber ab. Sie fühlte sich zutiefst gekränkt und in ihren heiligsten Gefühlen verletzt, wenn sie sah, daß sich ein Arbeiter ein Glas Bier leisten konnte. Sie wurde schon rabiat, wenn sie nur einen demokratischen Leitartikel las. Es war kaum mit ihr auszuhalten am 1. Mai.
Nur einmal hatte sie acht Jahre lang einen Hausfreund, einen Zeichenlehrer von der Oberrealschule im achten Bezirk. Der ist immer schon etwas nervös gewesen und hat immer schon so seltsame Aussprüche getan, wie: »Na, wer ist denn schon der Tizian? Ein Katzlmacher!« Endlich

wurde er eines Tages korrekt verrückt, so wie sichs gehört. Das begann mit einem übertriebenen Reinlichkeitsbedürfnis. Er rasierte sich den ganzen Körper, schnitt sich peinlich die Härchen aus den Nasenlöchern und zog sich täglich zehnmal um, obwohl er nur einen Anzug besaß. Später trug er dann auch beständig ein Staubtuch mit sich herum und staubte alles ab, die Kandelaber, das Pflaster, die Trambahn, den Sockel des Maria-Theresia-Denkmals – und zum Schluß wollte er partout die Luft abstauben. Dann wars aus.

4

Doch lassen wir nun diese historisch-soziologischen Skizzen und kehren wir zurück in die Gegenwart, und zwar in die Schellingstraße.
Knapp zehn Minuten bevor der Kobler nach Hause kam, läutete ein gewisser Graf Blanquez bei der Frau Perzl. Er sagte ihr, er wolle in Koblers Zimmer auf seinen Freund Kobler warten.
Dieser Graf Blanquez war eine elegante Erscheinung und eine verpatzte Persönlichkeit. Seine Ahnen waren Hugenotten, er selbst wurde im Bayerischen Wald geboren. Erzogen wurde er teils von Piaristen, teils von einem homosexuellen Stabsarzt in einem der verzweifelten Kriegsgefangenenlager Sibiriens. Mit seiner Familie vertrug er sich nicht, weil er vierzehn Geschwister hatte. Trotzdem schien er meist guter Laune zu sein, ein großer Junge, ein treuer Gefährte, jedoch leider ohne Hemmungen. Er liebte Musik, ging aber nie in die Oper, weil ihn jede Oper an die Hugenotten erinnere, und wenn er an die Hugenotten dachte, wurde er melancholisch.
Die Perzl ließ ihn ziemlich unfreundlich hinein, denn er

war ihr nicht gerade sympathisch, da sie ihn im Verdacht hatte, daß er sich nur für junge Mädchen interessiert. »Wo hat der nur seine eleganten Krawatten her?« überlegte sie mißtrauisch und beobachtete ihn durchs Schlüsselloch. Sie sah, wie er sich aufs Sofa setzte und in der Nase bohrte, das Herausgeholte aufmerksam betrachtete und es dann gelangweilt an die Tischkante schmierte. Dann starrte er Koblers Bett an und lächelte zynisch. Hierauf kramte er in Koblers Schubladen, durchflog dessen Korrespondenz und ärgerte sich, daß er nirgends Zigaretten fand, worauf er sich aus Koblers Schrank ein Taschentuch nahm und sich vor dem Spiegel seine Mitesser ausdrückte. Er war eben, wie bereits gesagt, leider hemmungslos.
Er kämmte sich gerade mit Koblers Kamm, als dieser die Perzl am Schlüsselloch überraschte. »Der Herr Graf sind da«, flüsterte sie. »Aber ich an Ihrer Stell würd ihm das schon verbieten. Denken Sie sich nur, kommt er da gestern nicht herauf mit einem Mensch, legt sich einfach in Ihr Bett damit, gebraucht Ihr Handtuch und ist wieder weg damit! Das geht doch entschieden zu weit, ich tät das dem Herrn Grafen mal sagen!«
»Das ist gar nicht so einfach, wie Sie sich das vorstellen«, meinte Kobler. »Der Graf ist nämlich leicht gekränkt, er könnt das leicht falsch auffassen, und ich muß mich mit ihm vertragen, weil ich oft geschäftlich mit ihm zusammenarbeiten muß. An dem Handtuch ist mir zwar heut schon etwas aufgefallen, wie ich mir das Gesicht abgewischt hab, aber eine Hand wäscht halt die andere.«

Die Perzl zog sich gekränkt in ihre Küche zurück und murmelte was Ungünstiges über die heutigen Kavaliere.
Als der Graf den Kobler erblickte, gurgelte er gerade mit dessen Mundwasser und ließ sich nicht stören. »Ah, Servus!« rief er ihm zu. »Verzeih, aber ich hab grad so einen

miserablen Geschmack im Mund. Apropos: Ich weiß schon, du hast den Karren verkauft. Man gratuliert!«
»Danke«, sagte Kobler kleinlaut und wartete verärgert, daß man ihn anpumpt. »Woher weiß denn das schon jeder Gauner, daß ich den Portschinger betrogen hab?« fragte er sich verzweifelt.
Er überlegte: »Pump mich nur an, aber dann schlag ich dir auf dein unappetitliches Maul!«
Aber es kam ganz im Gegenteil. Der Graf legte mit einer chevaleresken Geste zehn Reichsmark auf den Tisch. »Mit vielem Dank zurück«, lächelte er verbindlich und gurgelte weiter, als wäre nichts Besonderes passiert. »Du hast es, scheints, vergessen«, bemerkte er dann noch so nebenbei, »daß du mir mal zehn Mark geliehen hast.« Was für ein Tag! dachte Kobler.
»Ich kann es dir heut leicht zurückzahlen«, fuhr der Graf fort, »weil ich heut nacht eine Erbschaft machen werd. Mein Großonkel, der um zehn Monate jünger ist als ich, liegt nämlich im Sterben. Er hat den Krebs. Der Ärmste leidet fürchterlich, Krebs ist bekanntlich unheilbar, wir wissen ja noch gar nicht, ob das ein Bazillus ist oder eine Wucherung. Er wird die Nacht nicht überleben, das steht fest. Wie er von seinem Leiden erlöst ist, fahr ich nach Zoppot. Nein, nicht durch Polen, oben rum.«
»Gehört Zoppot noch zu Deutschland?« erkundigte sich Kobler.
»Nein, Zoppot liegt im Freistaat Danzig, der direkt dem Völkerbund untergeordnet ist«, belehrte ihn der Graf. »Übrigens, wenn ich du wär, würd ich jetzt auch wegfahren, du kannst deine Sechshundert gar nicht besser anlegen. Wenn du mir folgst, fährst du einfach auf zehn Tag in ein Luxushotel, lernst dort eine reiche Frau kennen, und alles Weitere wird sich dann sehr leger abspielen, du hast ja ein gutes Auftreten. Du kannst für dein ganzes Leben

die märchenhaftesten Verbindungen bekommen, garantiert! Du kennst doch den langen Kammerlocher, der wo früher bei den Ulanen war, den Kadettaspiranten, der wo in der Maxim-Bar die Zech geprellt hat? Der ist mit ganzen zweihundert Schilling nach Meran gefahren, hat sich dort in ein Luxushotel einlogiert, hat noch am gleichen Abend eine Ägypterin mit a paar Pyramiden zum Boston engagiert, hat mit ihr geflirtet und hat sie dann heiraten müssen, weil er sie kompromittiert hat. Jetzt gehört ihm halb Ägypten. Und was hat er gehabt? Nix hat er gehabt. Und was ist er gewesen? Pervers ist er gewesen! Lange Seidenstrümpf hat er sich angezogen und hat seine Haxen im Spiegel betrachtet. Ein Narziß!«
»Das muß ich mir noch durch den Kopf gehen lassen, wie ich am besten mein Geld ausgib«, meinte Kobler nachdenklich. »Ich bin kein Narziß«, fügte er hinzu. Die langen Haxen des Kammerlocher, das Luxushotel und die Pyramiden hatten ihn etwas verwirrt. Mechanisch bot er dem Grafen eine Achtpfennigzigarette an. »Das sind Mazedonier«, sage der Graf. »Ich nehm mir gleich zwei.«
Sie rauchten. »Ich fahr bestimmt nach Zoppot«, wiederholte der Graf. Es schlug elf. »Es ist schon zwölf«, sagte der Graf, denn er war sehr verlogen.
Dann wurde er plötzlich nervös.
»Also ich fahr nach Zoppot«, wiederholte er sich abermals. »Ich werd dort spielen, ich hab nämlich ein Spielsystem, das basiert auf den Gesetzen der Wahrscheinlichkeitsrechnung. Du setzt immer auf die Zahl, die am wahrscheinlichsten herauskommt. Du mußt wahrscheinlich gewinnen. Das ist sehr wahrscheinlich. Apropos wahrscheinlich: Gib mir doch deine zehn Mark wieder retour, es ist mir gerade eingefallen, daß ich sie dir lieber morgen retour gib. Ich krieg sonst meine Wäsche nicht raus. Ich hab mir schon zuvor ein Taschentuch von dir borgen müssen.«

5

Kobler rasierte sich gerade, und die Perzl brachte ihm das neue Handtuch. »Ende gut, alles gut«, triumphierte sie. »Ich bin Ihnen direkt dankbar, daß Sie diesen Grafen endlich energisch hinauskomplimentiert habn! Ich freu mich wirklich sehr, daß ich den Strizzi nimmer zu sehn brauch!«
»Halts Maul, Perzl!« dachte Kobler und setzte ihr spitz auseinander, daß sie den Grafen total verkenne, man müsse es ihm nur manchmal sagen, daß er ein unmöglicher Mensch sei, sonst würd er sich ja mit sich selber nicht mehr auskennen. Im Moment sei er freilich gekränkt, aber hernach danke er einem dafür. – »So und jetzt bringens mir etwas heißes Wasser!« sagte er und schien keinen Widerspruch zu dulden.
Sie brachte es ihm, setzte sich dann auf den kleinsten Stuhl und sah ihm aufmerksam zu. Sich rasierenden Männern hatte sie schon immer vieles verzeihen müssen. Das lag so in ihrem Naturell.
Er hingegen beachtete sie kaum, da er es schon gar nicht mochte, daß sie mit ihrem Rüssel in seinem Privatleben herumwühlte.
»Also einen Großonkel hab ich nie gehabt«, ließ sie sich schüchtern wieder vernehmen, »aber wie mein Stiefbruder gestorben ist . . .« Kobler unerbrach sie ungeduldig: »Also das mit dem sterbenden Großonkel war doch nur Stimmungsmache, damit ich ihm leichter was leih! Der Graf ist nämlich sehr raffiniert. Er ist aber auch sehr vergeßlich; bedenken Sie, daß er im Krieg verschüttet war. Er ist doch nicht mehr der Jüngste. Heutzutag muß man über Leichen gehen, wenn man was erreichen will. Ich geh aber nicht über Leichen, weil ich nicht kann. So und jetzt bringens mir etwas kaltes Wasser!«

Sie brachte ihm auch das kalte Wasser und betrachtete treuherzig seinen Rücken. »Darf man ein offenes Wort sagen, Herr Kobler?« – Kobler stutzte und fixierte sich selbst im Spiegel. »Offen?« überlegte er. »Offen? Aber dann kündig ich zum ersten Oktober!« Langsam wandte er sich ihr zu. »Bitte!« sagte er offiziell.

»Sie wissens ja jetzt, wie hoch ich den Herrn Grafen einschätz, aber trotzdem hat er vorhin in einem Punkt recht gehabt, nämlich was das Reisen betrifft. Wenn ich jetzt Ihr Geld hätt, ließ ich sofort alles liegen, wies grad liegt, nur naus in die Welt!« »Also das ist der ihr offenes Wort«, dachte Kobler beruhigt und wurde auffallend überlegen: »Sagen Sie, Frau Perzl, warum horchen Sie denn immer, wenn ich Besuch empfange?« »Ich hab doch nicht gehorcht!« protestierte die Perzl und gestikulierte sehr. »Ich war doch grad am Radio, aber ich hab schon kein Ton gehört von dem klassischen Quartett, so laut haben sich die beiden Herren die Meinung gesagt! Könnens mir glauben, ich hätt mich lieber an der Musik erbaut, als Ihr urdanäres Gschimpf mitangehört!« »Schon gut, Frau Perzl, so war es ja nicht gemeint«, trat Kobler den Rückzug an, während sie sich als verfolgte Unschuld sehr gefiel. »Wenn ich an all die fremden Länder denk«, sagte sie, »so hebts mich direkt von der Erden weg, so sehr sehn ich mich nach Abbazia.«

Kobler ging auf und ab.

»Was Sie da über die weite Welt reden«, sagte er, »interessiert mich schon sehr. Nämlich ich hab mir schon oft gedacht, daß man das Ausland kennenlernen soll, um seinen Horizont zu erweitern. Besonders für mich als jungen Kaufmann wärs schon sehr arg, wenn ich hier nicht rauskommen tät, denn man muß sich mit den Verkaufsmethoden des Auslands vertraut machen. Also wie zum Beispiel ein Kabriolett mit Notsitz in Polen und wie

das gleiche in Griechenland verkauft wird. Das werden zwar oft nur Nuancen sein, aber auf solche Nuancen kommts halt oft an. Es wird ja immer schwerer mit dem Dienst am Kunden. Die Leut werden immer anspruchsvoller und« – er stockte, denn plötzlich durchzuckte es ihn schaurig: Wer garantiert mir, daß ich noch einen Portschinger find?
Niemand garantiert dir, Alfons Kobler, kein Gott und kein Schwein, so ging es in ihm zu. Er starrte bekümmert vor sich hin. »Nichts ist der Kundschaft gut und billig genug«, meinte er traurig und lächelte resigniert.
»Sie werden im Ausland sicher viel lernen, was Sie dann opulent verwerten können«, tröstete ihn die Perzl. »Was Sie nur allein an Kunstschätzen sehn werden! In Paris den Louvre, und im Dogenpalast hängt das Porträt eines alten Dogen, der schaut einen immer an, wo man auch grad steht. Aber besonders Florenz! Und das Forum Romanum in Rom! Überhaupt die Antike!« Doch Kobler wehrte ab: »Also für die Kunst hab ich schon gar nichts übrig! Haltens mich denn für weltfremd? Dafür interessieren sich doch nur die Weiber von den reichen Juden, wie die Frau Autobär, die von der Gotik ganz weg war und sich von einem Belletristen hat bearbeiten lassen!« Die Perzl nickte deprimiert. »Früher war das anders«, sagte sie.
»Bei mir muß alles einen Sinn haben«, konstatierte Kobler. »Habens das ghört, was der Graf über die Ägypterin mit den Pyramiden gewußt hat? Sehens, das hätt einen Sinn!«
Die Perzl wurde immer deprimierter. »Ihnen tät ichs von Herzen gönnen, lieber Herr!« rief sie verzweifelt. »Hätt doch nur auch mein armer Sohn einen Sinn ghabt und hätt sich so eine reiche Ägypterin rausgsucht, statt das Mistvieh von einer Tippmamsell, Gott verzeih ihr die Sünd!« Sie schluchzte.

»Kennen Sie Zoppot?« fragte Kobler.
»Ich kenn ja nur alles von vor dem Krieg! Mein Mann selig ist viel mit mir rumgefahren. Sogar auf den Vesuv hat er mich nauf. Oh, wie möcht ich mal wieder nauf!«
Sie weinte.
»Beruhigen Sie sich«, sagte Kobler. »Was nicht geht, geht nicht!«
»Damit tröst ich mich auch«, wimmerte die Perzl.
Dann nahm sie sich zusammen.
»Pardon, daß ich Sie molestiert hab«, lächelte sie geschmerzt. »Aber wenn ich Sie wär, würd ich morgen direkt nach Barcelona fahren, dort ist doch jetzt grad eine Weltausstellung. Da müssens in gar kein Luxushotel, da könnens solche Ägypterinnen leicht in den Pavillonen kennenlernen, das ist immer so in Weltausstellungen. In der Pariser Weltausstellung hab ich mal meinen Seligen verloren, und schon spricht mich ein eleganter Herr an, und wie ich ihn anschau, macht er seinen Ulster auf und hat nichts darunter an, ich erwähn das nur nebenbei.«

6

Kobler betrat ein amtliches Reisebüro, denn er wußte, daß einem dort umsonst geantwortet wird. Er wollte sich über Barcelona erkundigen und wie man es am einfachsten erreichen tät. Zoppot hatte er nämlich fallen lassen, da er von der Perzl überzeugt worden war, daß an einem Orte, wo die ganze Welt ausstellt, wahrscheinlich eine bedeutend größere Auswahl Ägypterinnen anzutreffen wäre als in dem luxuriösesten Luxushotel. Außerdem würde er dabei auch die ganzen Luxushotelkosten sparen, und wenn es nichts werden sollte mit den Ägypterinnen (was er zwar nicht befürchtete, aber er rechnete mit jeder

Eventualität), so könnte er seine Kenntnisse im Automobilpavillon vervollständigen und das Automobilverkaufswesen der ganzen Welt auf einmal überblicken. »Ich werd das Geschäftliche mit dem Nützlichen verbinden«, sagte er sich.

In dem amtlichen Reisebüro hingen viele Plakate mit Palmen und Eisbergen, und man hatte das Gefühl, als wär man schon nicht mehr in der Schellingstraße.

Fast jeder Beamte schien mehrere Sprachen zu sprechen, und Kobler horchte andächtig. Er stand an dem Schalter »Ausland«.

Vor ihm standen bereits zwei vornehme Damen und ein alter Herr mit einem gepflegten Bart. Die Damen sprachen russisch, sie waren Emigrantinnen. Auch der Beamte war ein Emigrant. Die Damen nahmen ihn sehr in Anspruch; er mußte ihnen sagen, wo gegenwärtig die Sonne scheint, am Lido, in Cannes oder in Deauville. Sie würden zwar auch nach Dalmatien fahren, meinten die Damen, auf die Preise käms ja nicht an, auch wenn es in Dalmatien billiger wäre.

Der alte Herr mit dem gepflegten Bart war ein ungarischer Abgeordneter. Er nannte sich Demokrat und las gerade in seiner ungarischen Zeitung, daß die Demokratie Schiffbruch erleide, und nickte beifällig.

Die eine Dame streifte Kobler mit dem Blick. Sie streifte ihn sehr schön, und Kobler ärgerte sich, daß er kein Emigrant sei, während sich der bärtige Demokrat über MacDonald ärgerte. »Man sollte jeden Demokraten ausrotten«, dachte er.

Endlich gingen die beiden Damen. Der Beamte schien sie sehr gut zu kennen, denn er küßte der einen die Hand. Sie kamen ja auch jede Woche und erkundigten sich nach allerhand Routen. Gefahren sind sie aber noch nirgends hin, denn sie kamen mit ihrem Geld grad nur aus. Sie

holten sich also jede Woche bloß die Prospekte, und das genügte ihnen. Mit der, deren Hand der Beamte küßte, paddelte er manchmal am Wochenend.
»Ich möchte endlich nach Hajduszoboszló mit Schlafwagen«, sagte der mit dem Bart ungeduldig und sah den Kobler kriegerisch an. »Was hat er nur?« dachte Kobler. »Ob das auch ein Demokrat ist?« dachte der Demokrat.
»Nach Hajduszoboszló kann ich Ihnen leider keine Karte geben«, sagte der Beamte. »Ich hab sie nur bis Budapest hier.« »Skandal«, entrüstete sich der Bart. »Ich werde mich bei meinem guten Freunde, dem königlich ungarischen Handelsminister, beschweren!« »Ich bin Beamter«, sagte der Beamte. »Ich tu meine Pflicht und kann nichts dafür. Welche Klasse wollen Sie?«
Der mit dem Bart sah ihn unsagbar wehmütig und gekränkt an. »Erster natürlich«, nickte er traurig. »Armes Ungarn!« fiel es ihm ohne jeden Zusammenhang ein. Da trat ihm Kobler zufällig auf das Hühnerauge. »Was machen Sie da?!« brüllte der Bart. »Verzeihung«, sagte Kobler. »Also das ist sicher ein Demokrat!« zischte der Demokrat auf ungarisch.
»Bitte, gedulden Sie sich einige Augenblicke, ich muß erst nachfragen lassen, ob es noch Budapester Schlafwagenplätze gibt«, sagte der Beamte und wandte sich dann an Kobler: »Wohin?« »Nach Barcelona«, antwortete dieser, als wär das in der Nachbarschaft. Der Bart horchte auf. »Barcelona«, überlegte er, »war vor Primo di Rivera eine Zentrale der anarchistischen Bewegung. Er ist mir auf das Hühnerauge getreten, und dritter Klasse fährt er auch!«
»Barcelona ist weit«, sagte der Beamte, und Kobler nickte; auch der Bart nickte unwillkürlich und ärgerte sich darüber. »Barcelona ist sehr weit«, sagte der Beamte. »Wie wollen sie denn fahren? Über die Schweiz oder Italien? Sie

fahren zur Weltausstellung? Dann passen Sie auf: Fahren Sie hin durch Italien und retour durch die Schweiz. Preis und Entfernung sind egal, ja. Sie fahren hin und her dreiundneunzig Stunden, D-Zug natürlich. Sie brauchen das Visum nach Frankreich und Spanien. Wird besorgt! Nach Österreich, Italien und Schweiz brauchen Sie kein Visum, wird besorgt! Wenn Sie hier abfahren, sind Sie an der deutschen Grenze um 10.32 und in Innsbruck um 13.05. Ich schreibs Ihnen auf. Ab Innsbruck 13.28. An Brennero 15.23. Ab Brennero 15.30. An Verona 20.50. Ab Verona 21.44. An Milano 0.13. Ab Milano 3.29. Ab Genova 7.04. An Ventimiglia 11.27. An Marseille 18.40. An spanische Grenze Portbou 5.16. An Barcelona 10.00. Ab Barcelona 11.00.«
Und so schrieb ihm der Beamte auch noch alle Ankunfts- und Abfahrtszeiten der Rückfahrt auf: Cerbéres, Tarascon, Lyon, Genf, Bern, Basel, und zwar hatte er diese Zahlen alle im Kopf. »Also das ist ein Gedächtniskünstler«, dachte Kobler. »Ein Zirkus!«
»Und das kostet dritter Klasse hin und her nur einhundertsiebenundzwanzig Mark vierundfünfzig Pfennig«, sagte der Zirkus.
Hin und her?! Kobler war begeistert.
»Nur? Nicht möglich!« staunte er.
»Doch«, beruhigte ihn rasch der Beamte. »Deutschland ist bekanntlich mit das teuerste europäische Land, weil es den Krieg verloren hat. Frankreich und Italien sind bedeutend billiger, weil sie eine Inflation haben. Nur Spanien und die Schweiz sind noch teurer als Deutschland.«
»Sie vergessen Rumpfungarn«, mischte sich der Bart plötzlich ins Gespräch. »Rumpfungarn ist auch billiger als Deutschland, obwohl es alles im Kriege verloren hat. Es ist zerstückelt worden, meine Herren! Serbien und Kroatien sind dagegen noch billiger als Rumpfungarn, weil

Amerika den Krieg gewonnen hat, obwohl militärisch wir den Krieg gewonnen haben!«
»Am End ist es anscheinend ganz wurscht, wer so einen Krieg gewinnt«, sagte Kobler. Der Bart blitzte ihn empört an. »Ha, das ist ein Bolschewik!« dachte er.
»Die Neutralen sind am besten dran, das sind heute die teuersten Länder«, schloß der Beamte die Debatte.
Kobler tat es aufrichtig leid, daß nicht auch Spanien und die Schweiz in den Weltkrieg verwickelt worden waren.

7

Am Abend bevor Kobler zur Weltausstellung fuhr, betrat er nochmals sein Stammlokal in der Schellingstraße, das war ein Café-Restaurant und nannte sich »Schellingsalon«. Er betrat es, um zu imponieren, und bestellte sich einen Schweinsbraten mit gemischtem Salat. »Sonst noch was?« fragte die Kellnerin. »Ich fahre nach Barcelona«, sagte er. »Geh, wer werd denn so blöd sein!« meinte sie und ließ ihn sitzen.
Da ging der Herr Kastner an seinem Tisch vorbei. »Ich fahr nach Barcelona!« rief ihm der Kobler zu, aber der Herr Kastner war schon längst vorbei.
Auch der Herr Dünzl ging an ihm vorbei. »Sie fahren nach Barcelona?« fragte der Dünzl bissig. »In diesen ernsten Zeiten, junger Mann ...« »Kusch!« unterbrach ihn Kobler verstimmt.
Auch der Graf Blanquez ging vorbei. »Ich fahr nach Barcelona«, sagte Kobler. »Seit wann denn?« erkundigten sich der Graf. »Seit heute.« »Also dann steigst mir noch heut auf den Hut!« sagten der Graf.
Und auch der Herr Schaal ging vorbei. »Ich fahr nach Barcelona«, meinte Kobler. »Glückliche Reise!« sagte der

brave Herr Schaal und setzte sich an einen andern Tisch. Kobler war erschüttert, denn er wollte ja imponieren, und es ging unter keinen Umständen. Geduckt schlich er ins Klosett.
»Zu zehn oder fünfzehn?« fragte ihn die zuvorkommende alte Rosa. »Ich fahr nach Barcelona«, murmelte er. »Was fehlt Ihnen?!« entsetzte sich die gute Alte, aber Kobler schwieg beharrlich, und die Alte machte sich so ihre Gedanken. Als er dann wieder draußen war, schielte sie sorgenvoll durch den Türspalt, ob er sich auch ein Bier bestellt hätte. Ja, er hatte sich sogar bereits das zweite Glas Bier bestellt, so hastig hatte er das erste heruntergeschüttet, weil er niemandem imponieren konnte. »Es ist schon alles wie verhext!« sagte er sich.
Da kam sie, das Fräulein Anna Pollinger.
»Ich fahr nach Barcelona«, begrüßte er sie. »Wieso?« fragte sie und sah ihn erschrocken an. Er sonnte sich in ihrem Blick. »Dort ist jetzt eine internationale Weltausstellung«, lächelte er gemein, und das tat ihm sogar wohl, obzwar er sonst immer anständig zu ihr gewesen ist.
Er half ihr überaus aufmerksam aus dem Mantel und legte ihn ordentlich über einen Stuhl, dabei hatte er jedoch einen sehr höhnischen Gesichtsausdruck. Sie nahm neben ihm Platz und beschäftigte sich mit einem wackelnden Knöpfchen auf ihrem Ärmel. Das Knöpfchen war nur zur Zierde da. Sie riß es ab.
Dann erst sah sich Anna in dem Lokal um und nickte ganz in Gedanken dem Herrn Schaal zu, der sie gar nicht kannte. »Nach Barcelona«, sagte sie, »da tät ich schon auch gern hinfahren.« »Und warum fährst du nicht?« protzte Kobler. »Frag doch nicht so dumm«, sagte sie. – Kennt ihr das Märchen von Fräulein Pollinger? Vielleicht ist noch einer unter euch, der es nicht kennt, und dann zahlt sichs ja schon aus, daß ihrs alle nochmal hört. Also:

Es war einmal ein Fräulein, das fiel bei den besseren Herren nirgends besonders auf, denn es verdiente monatlich nur hundertzehn Mark und hatte nur eine Durchschnittsfigur und ein Durchschnittsgesicht, nicht unangenehm, aber auch nicht hübsch, nur nett. Sie arbeitete im Kontor einer Kraftwagenvermietung, doch konnte sie sich höchstens ein Fahrrad auf Abzahlung leisten. Hingegen durfte sie ab und zu auf einem Motorrad hinten mitfahren, aber dafür erwartete man auch meistens was von ihr. Sie war auch trotz allem sehr gutmütig und verschloß sich den Herren nicht. Sie ließ aber immer nur einen drüber, das hatte ihr das Leben bereits beigebracht. Oft liebte sie zwar gerade diesen einen nicht, aber es ruhte sie aus, wenn sie neben einem Herrn sitzen konnte, im Schellingsalon oder anderswo. Sie wollte sich nicht sehnen, und wenn sie dies trotzdem tat, wurde ihr alles fad. Sie sprach sehr selten, sie hörte immer nur zu, was die Herren untereinander sprachen. Dann machte sie sich heimlich lustig, denn die Herren hatten ja auch nichts zu sagen. Mit ihr sprachen die Herren nur wenig, meistens nur dann, wenn sie gerade mal mußten. Oft wurde sie dann in den Anfangssätzen boshaft und tückisch, aber bald ließ sie sich wieder gehen. Es war ihr fast alles in ihrem Leben einerlei, denn das mußte es ja sein, sonst hätte sies nicht ausgehalten. Nur wenn sie unpäßlich war, dachte sie intensiver an sich.
Einmal ging sie mit einem Herrn beinahe über ein Jahr, der hieß Fritz. Ende Oktober sage sie: »Wenn ich ein Kind bekommen tät, das wäre das größte Unglück.« Dann erschrak sie über ihre Worte. »Warum weinst du?« fragte Fritz. »Ich hab es nicht gern, wenn du weinst! Heuer fällt Allerheiligen auf einen Samstag, das gibt einen Doppelfeiertag, und wir machen eine Bergtour.« Und er setzte ihr auseinander, daß bekanntlich die Erschütterungen beim

Abwärtssteigen sehr gut dafür wären, daß sie kein Kind kriegt.
Sie stieg dann mit Fritz auf die westliche Wasserkarspitze, zweitausendsiebenunddreißig Meter hoch über dem fernen Meer. Als sie auf dem Gipfel standen, war es schon ganz Nacht, aber droben hingen die Sterne. Unten im Tal lag der Nebel und stieg langsam zu ihnen empor. Es war sehr still auf der Welt, und Anna sagte: »Der Nebel schaut aus, als würden da drinnen die ungeborenen Seelen herumfliegen.« Aber Fritz ging auf diese Tonart nicht ein.
Seit dieser Bergtour hatte sie oft eine kränkliche Farbe. Sie wurde auch nie wieder ganz gesund, und ab und zu tat ihrs im Unterleib schon ganz verrückt weh. Aber sie trug das keinem Herrn nach, sie war eben eine starke Natur. Es gibt so Leut, die man nicht umbringen kann. Wenn sie nicht gestorben ist, so lebt sie heute noch. –
Mitte September saß sie also neben Kobler im Schellingsalon und bestellte sich lediglich ein kleines dunkles Bier. Ihr Abendbrot, zwei Buttersemmeln, hatte sie bereits in der Kraftwagenvermietung zu sich genommen, denn sie hatte dort an diesem Tag ausnahmsweise bis abends neun Uhr zu tun. Sie mußte dies durchschnittlich viermal wöchentlich ausnahmsweise tun. Für diese Überstunden bekam sie natürlich nichts bezahlt, denn sie hatte ja das Recht, jeden Ersten zu kündigen, wenn sie arbeitslos werden wollte.
»Gib mir was von deinem Kartoffelsalat«, sagte sie plötzlich, denn plötzlich mußte sie noch etwas verzehren.
»Bitte«, meinte Kobler, und es war ihm unvermittelt, als müßte er sich eigentlich schämen, daß er nach Barcelona fährt.
»Es wird sehr anstrengend werden«, sagte er.
»Dann wird es also heut nacht nichts«, sagte sie.
»Nein«, sagte er.

8

Der D-Zug, der den Kobler bis über die deutsche Grenze bringen sollte, fuhr pünktlich ab, denn der Herr mit der roten Dienstmütze hob pünktlich den Befehlsstab. »Das ist die deutsche Pünktlichkeit!« hörte er jemanden sagen mit hannoverschem Akzent.
Da stand auf dem Bahnsteig unter anderen eine junge Kaufmannsgattin und winkte begeistert ihrem Gatten im vorderen Wagen nach, der in die Fremde fuhr, um dort einen andern Kaufmann zu übervorteilen.
Kobler drängte sich dazwischen. Er beugte sich aus dem Fenster und nickte der jungen Frau gnädig zu. Die verzog aber das Gesicht und machte eine wegwerfende Handbewegung. »Jetzt ärgert sie sich«, freute sich Kobler und mußte an das Fräulein Pollinger denken. »Auch Anna wird sich jetzt ärgern«, dachte er weiter, »es ist nämlich grad acht, und da beginnt ihr Büro. Ich würd mich auch ärgern, wenn jetzt mein Büro beginnen tät, es geht doch nichts über die Selbständigkeit. Was wär das für ein Unglück, wenn alle Leut Angestellte wären, wie sich das der Marxismus ausmalt – als Angestellter hätte ich mich doch niemals so angestrengt, den Portschinger zu betrügen. Wenn das Kabriolett Staatseigentum gewesen wär, hätt ichs halt einfach einschmelzen lassen, wie sichs eigentlich gehört hätt. Aber durch diese drohende Sozialisierung würden halt viele Werte brachliegen, die sich noch verwerten ließen. Das wär nicht anders, weil halt die persönliche Initiative zerstört wär.« Er setzte sich schadenfroh auf seinen Fensterplatz und fuhr stolz durch die tristen Vorortbahnhöfe, an den Vorortreisenden vorbei, die ohne jede Bewegung auf die Vorortzüge warteten. Dann hörte die Stadt allmählich auf. Die Landschaft wurde immer langweiliger, und Kobler betrachtete gelangweilt sein Ge-

genüber, einen Herrn mit einem energischen Zug, der sehr in seine Zeitung vertieft war. In der Zeitung stand unter der Überschrift »Nun erst recht!«, daß ein Deutscher, der sagt, er sei stolz, daß er ein Deutscher sei, denn wenn er nicht stolz wäre, würde er ja trotzdem auch nur ein Deutscher sein, also sei er natürlich stolz, daß er ein Deutscher wäre – »ein solcher Deutscher«, stand in der Zeitung, »ist kein Deutscher, sondern ein Asphaltdeutscher.«
Auch Kobler hatte sich mit Reiselektüre versorgt, nämlich mit einem Magazin. Da schulterten im Schatten photomontierter Wolkenkratzer ein Dutzend Mädchen ihre Beine, als wärens Gewehre, und darunter stand: Der Zauber des Militarismus, und daß es eigentlich also gespenstisch wirke, daß Girls auch Köpfe hätten. Und dann sah Kobler auch noch ein ganzes Rudel weiblicher Schönheiten – die eine stand auf einer dressierten Riesenschildkröte und lächelte sinnlich. Sonst hatte er keine Lektüre bei sich.
Nur noch einige Wörterbücher, ganz winzig bedruckte mit je zwölftausend Wörtern. Deutsch–Italienisch, Français–Allemand, Deutsch-Französisch, Español–Aleman usw. Auch eine Broschüre hatte er sich zugelegt mit Redensarten für den Reisegebrauch in Spanien (mit genauer Angabe der Aussprache), herausgegeben von einem Studienrat in Erfurt, dessen Tochter immer noch hoffte, von einem reichen Deutschargentinier geheiratet zu werden, der ihr dies in der Inflation mal versprochen hatte. Nun beklagte der Studienrat in der Einleitung, es sei tief betrüblich, daß man in deutschen Landen so wenig Spanisch lerne, wo doch die spanische Welt arm an Industrie sei, während sie uns Deutschen die mannigfachsten Naturprodukte liefere. Diese Tatsachen würden von der jungen Handelswelt noch lange nicht genügend gewürdigt. Und dann zählte der Studienrat die Länder auf, in denen Spa-

nisch gesprochen wird: zum Beispiel in Spanien und in Lateinamerika, ohne Brasilien.
Kobler las: Ich bin hungrig, durstig. Tengo hambre, sed. Aussprache: tengo ambrre, ßed. Wie heißt das auf spanisch? Como se llama eso en Castellano? Aussprache: komo ße ljama ehßo en kasteljano? Wollen Sie freundlichst langsamer sprechen? Tenga ustéh la bondád de ablárr máss despászio? Wiederholen Sie bitte das Wort. Sie müssen etwas lauter sprechen. Er führt eine stolze Sprache, aber er drückt sich gut aus. Kofferträger, besorgen Sie mir mein Gepäck. Ich habe einen großen Koffer, einen Handkoffer, ein Plaid und ein Bund Stöcke und Regenschirme. Ist das dort der richtige Zug nach Figueras? Geben Sie mir trockene Bettwäsche. Bitte Zwiebeln. Jetzt ist sie richtig. Seit längerer Zeit entbehren wir Ihre Aufträge. Was bin ich schuldig? Sehr wohl, mein Herr, ich bleibe alles schuldig. Was haben Sie? Nichts. Wollen Sie zahlen? Nein. Sie wollen nicht zahlen? Nein. Es scheint, daß Sie mich verstanden haben. Auf Wiedersehen also! Grüßen Sie Ihre Frau Gemahlin (Ihren Herrn Gemahl)! Tausend Dank! Glückliche Reise! Gott schütze Sie!
»Was lesens denn da?« hörte er plötzlich seinen Nachbar fragen, der dem Herrn Portschinger ähnlich sah. Er hatte bereits seit einiger Zeit mißtrauisch in das Werk des Erfurter Studienrats geschielt. Er hieß Thimoteus Bschorr.
»Ich fahr nach Barcelona«, erwiderte Kobler lakonisch und wartete gespannt auf den Erfolg dieser Worte. Sein Gegenüber mit dem energischen Zug hob ruckartig den Kopf, starrte ihn haßerfüllt an und las dann zum zwanzigstenmal die Definition des Asphaltdeutschen.
In der Ecke saß noch ein dritter Herr, aber auf den schienen Koblers Reisepläne gar keinen Eindruck zu machen. Er lächelte nur müde, als wäre er bereits einigemal um die Erde gefahren. Der Kragen war ihm zu weit.

»Alsdann fahrens nach Italien«, konstatierte der Herr Bschorr phlegmatisch.
»Barcelona liegt bekanntlich in Spanien«, meinte Kobler überlegen.
»Des is gar net so bekanntlich!« ereiferte sich der Bschorr. »Bekanntlich hätt i gschworn, daß des Barcelona bekanntlich in Italien liegt!«
»Ich fahr durch Italien nur lediglich durch«, sagte Kobler und strengte sich an, genau nach der Schrift zu sprechen, um den Thimoteus Bschorr zu reizen. Aber der ließ sich nicht. »Da werdens lang brauchen nach Barcelona hinter«, meinte er stumpf. »Sehr lang. Da beneid ich Sie scho gar net. Überhaupts muß Spanien recht drecket sein. Und eine heiße Zone. Was machens denn in Madrid?«
»Madrid werde ich links liegen lassen«, erklärte Kobler. »Ich möcht nur mal lediglich das Ausland sehen.«
Bei diesen Worten zuckte sein Gegenüber wieder furchtbar zusammen und mischte sich ins Gespräch, klar, kurz und bündig: »Ein Deutscher sollte sein ehrlich erworbenes Geld in diesen wirtschaftlich depressiven Zeiten unter keinen Umständen ins Ausland tragen!« Dabei fixierte er Kobler strafend, denn er hatte ein Hotel in Partenkirchen, das immer leer stand, weil es wegen seiner verrückt hohen Preise allgemein gemieden wurde.
»Aber Spanien war ja im Krieg neutral«, kam der dritte Herr in der Ecke Kobler zu Hilfe. Er lächelte noch immer.
»Egal!« schnarrte der Hotelier.
»Spanien ist uns sogar sehr freundlich gesinnt«, ließ der in der Ecke nicht locker.
»Uns is überhaupts niemand freundlich gesinnt!« entgegnete ihm erregt der Thimoteus. »Es wäre ja ein Wunder, wenn uns jemand freundlich gesinnt wäre!! Oder wars ka Wunder, Leutl?!«
Der Hotelier nickte: »Ich wiederhole: ein Deutscher soll

sein ehrlich erworbenes Geld in der Heimat lassen!« Kobler wurde allmählich wütend. Was geht dich dem Portschinger sein Kabriolett an, du Hund! dachte er und wies den Hotelier in seine Schranken zurück: »Sie irren sich! Wir jungen deutschen Handelsleute müßten noch bedeutend innigere Beziehungen mit dem uns wohlgesinnten Ausland anknüpfen. Zu guter Letzt müssen wir dabei natürlich die nationale Ehre hochhalten.«
»Das mit dem Hochhalten der Ehre sind Redensarten!« unterbrach ihn der Hotelier unwirsch. »Wir Deutsche sind eben einfach nicht fähig, kommerzielle Beziehungen zum Ausland ehrenvoll anzuknüpfen!«
»Aber die Völker!« meinte der Dritte und lächelte plötzlich nicht mehr. »Die Völker sind doch aufeinander angewiesen, genau wie Preußen auf Bayern und Bayern auf Preußen.«
»Sie, wanns mir Bayern schlecht machen!« brüllte der Thimoteus. »Wer is angwiesen? Was is angwiesen? Die Schnapspreißn solln halt nach der Schweiz fahren! Zuwas brauchn denn mir an Fremdenverkehr, bei mir kauft ka Fremder was, i hab a Ziegelei und war früher Metzger!«
»Oho!« fuhr der Hotelier auf. »Oho, Herr! Ohne Fremdenverkehr dürfte die bayerische Eigenstaatlichkeit beim Teufel sein! Wir brauchen die norddeutschen Kurgäste, wir bräuchten auch die ausländischen Kurgäste, besonders die angelsächsischen Kurgäste, aber bei uns fehlt es leider noch häufig an der entgegenkommenden Behandlung des ausländischen Fremdenstromes, wir müßten uns noch viel stärker der ausländischen Psyche anpassen. Jedoch natürlich, wenn der Herr Reichsfinanzminister erklärt . . .«
Nun aber tobte der Thimoteus.
»Des san do kane Minister, des san do lauter Preißen!« tobte er. »Lauter Lumpn sans! Wer geht denn zgrund? Der

Mittelstand! Und wer kriegt des ganz Geld vom Mittelstand? Der Arbater! Der Arbater raucht schon Sechspfennigzigaretten ... Meine Herren! I sag bloß allweil: Berlin!«
»Bravo!« sagte der Hotelier und memorierte den Satz vom Asphaltdeutschen.
Der Herr in der Ecke erhob sich und verließ rasch das Abteil. Er stellte sich an das Fenster und sah traurig hinaus auf das schöne bayerische Land. Es tat ihm aufrichtig leid um dieses Land.
»Der is draußn, den hab i nausbißn«, stellte der Thimoteus befriedigt fest. »Ich verfolge mit Aufmerksamkeit die Heimstättenbewegung«, antwortete der Hotelier. »Ihr Quadratidioten!« dachte Kobler und wandte sich seinem Fenster zu.
Auf den Feldern wurde gearbeitet, auf den Weiden stand das Vieh, am Waldrand das Reh, und nur die apostolischen Doppelkreuze der Überlandleitungen erinnerten an das zwanzigste Jahrhundert. Der Himmel war blau, die Wolken weiß und bayerisch barock.
So näherte sich der D-Zug der südlichen Grenze der Deutschen Republik. Zuerst ist er an großen Seen vorbeigerollt, da sind die Berge am Horizont noch klein gewesen. Aber jetzt wurden die Berge immer größer, die Seen immer kleiner und der Horizont immer enger. Und dann hörten die Seen ganz auf, und ringsherum gabs nur mehr Berge. Das war das Werdenfelser Land.
In Partenkirchen stieg der Hotelier aus und würdigte Kobler keines Blickes. Auch der Herr Bschorr stieg aus und stolperte dabei über ein vierjähriges Kind. »Eha!« meinte er, und das Kind brüllte fürchterlich, denn der Herr Bschorr hätt es fast zertreten.
Dann fuhr der D-Zug wieder weiter.
Richtung Mittenwald.

Der Herr, der in der Ecke gesessen hatte, betrat nun wieder das Abteil, weil Kobler allein war. Er setzte sich ihm gegenüber und sagte: »Dort sehen Sie die Zugspitze!« Bekanntlich ist die Zugspitze Deutschlands höchster Berg, aber ein Drittel der Zugspitze gehört halt leider zu Österreich. Also bauten die Österreicher vor einigen Jahren eine Schwebebahn auf die Zugspitze, obwohl dies die Bayern schon seit zwanzig Jahren tun wollten. Natürlich ärgerte das die Bayern sehr, und infolgedessen brachten sie es endlich fertig, eine zweite Zugspitzbahn zu bauen, und zwar eine rein bayerische, keine luftige Schwebebahn, sondern eine solide Zahnradbahn. Beide Zugspitzbahnen sind unstreitbar grandiose Spitzenleistungen moderner Bergbahnbautechnik, und es sind dabei bis Mitte September 1929 schon rund vier Dutzend Arbeiter tödlich verunglückt. Jedoch bis zur Inbetriebnahme der bayerischen Zugspitzbahn werden natürlich leider noch zahlreiche Arbeiter daran glauben müssen, versicherte die Betriebsleitung.
»Ich hab dies mal einer Dame erzählt«, sagte der Herr zu Kobler, »aber die Dame sagte, das wären bloß Erfindungen der Herren Arbeiter, um einen höheren Tarif zu erpressen.« Dabei lächelte der Herr so sonderbar, daß sich der Kobler schon gar nicht mit ihm auskannte.
»Diese Dame«, fuhr der Herr fort, »ist die Tochter eines Düsseldorfer Aufsichtsrates und hat schon 1913 nach Kuba geheiratet, sie hat also den Weltkrieg in Kuba mitgemacht.« Und wieder lächelte der Herr so sonderbar, und Kobler verwirrte dies fast. »In Kuba wird der Krieg angenehmer gewesen sein«, sagte er, und das gefiel dem Herrn. »Sie werden jetzt ein schönes Stückchen Welt sehen«, nickte er ihm freundlich zu. Stückchen ist gut, dachte Kobler gekränkt und fragte: »Sind Sie auch Kaufmann?«

»Nein!« sagte der Herr sehr knapp, als wollte er kein Wort mehr mit ihm sprechen. Was kann der nur sein? überlegte Kobler.
»Ich war früher Lehrer«, sagte der Herr plötzlich. »Ich weiß nicht, ob Sie die Weimarer Verfassung kennen, aber wenn Sie Ihre politische Überzeugung mit dem Einsatz Ihrer ganzen Persönlichkeit, mit jeder Faser Ihres Seins vertreten, dann nützen Ihnen auch Ihre verfassungsmäßig verankerten Freiheitsrechte einen großen Dreck. Ich, zum Beispiel, hab eine Protestantin geheiratet und hab nun meine Stelle verloren, das verdanke ich dem bayerischen Konkordat. Jetzt vertrete ich eine Zahnpaste, die niemand kauft, weil sie miserabel ist. Meine Familie muß bei meinen Schwiegereltern in Mittenwald wohnen, und die Alte wirft den Kindern jeden Bissen vor – Dort sehen Sie Mittenwald! Es liegt lieblich, nicht?«

9

Mittenwald ist deutsch-österreichische Grenzstation mit Paß- und Zollkontrolle.
Das war die erste Grenze, die Kobler in seinem Leben überschritt, und dieser Grenzübertritt mit seinen behördlichen Zeremonien berührte ihn seltsam feierlich. Mit fast scheuer Bewunderung betrachtete er die Gendarmen, die sich auf dem Bahnsteig langweilten.
Bereits vor Mittenwald hielt er seinen Paß erwartungsvoll in der Hand, und nun lag auch sein Koffer weitaufgerissen auf der Bank. »Bitte nicht schießen, denn ich bin brav«, sollte das heißen.
Er zuckte direkt zusammen, als der österreichische Finanzer im Wagen erschien. »Hat wer was zu verzollen?« rief der Finanzer ahnungslos. »Hier«, rief der Kobler und wies

auf seinen braven Koffer. Aber der Finanzer sah gar nicht hin. »Hat wer was zu verzollen?!« brüllte er entsetzt und raste überstürzt aus dem Waggon, denn er hatte Angst, daß ausahmsweise jemand wirklich was zu verzollen hätte, nämlich dann hätte er ausnahmsweise wirklich was zu tun gehabt.
Allerdings bei der Paßkontrolle ging es schon schärfer zu, denn dies war das bessere Geschäft. Es saß ja in jedem Zug meist eine Person, deren Paß gerade abgelaufen war, und der konnte man dann einen Grenzschein für einige Mark respektive Schilling verkaufen. Eine solche Person sagte mal dem Paßbeamten: »Erlauben Sie, ich bin aber schon sehr für den Anschluß!« Jedoch der Paßbeamte verbat sich energisch jede Beamtenbeleidigung. –
Langsam verließ der D-Zug die Deutsche Republik. Er fuhr an zwei Schildern vorbei:

Königreich Bayern Rechts fahren!	Bundesstaat Österreich Links fahren!

»Fahren wir jetzt auch links?« fragte Kobler den österreichischen Schaffner. »Wir sind eingleisig«, gähnte der Schaffner, und Kobler mußte direkt an Großdeutschland denken.
Nun gings durch die nördlichen Kalkalpen, und zwar entlang der alten Römerstraße zwischen Wetterstein und Karwendel. Der D-Zug mußte auf 1160 Meter empor, um das rund 600 Meter tiefer gelegene Inntal erreichen zu können. Es war dies für D-Züge eine komplizierte Landschaft.
Das Karwendel ist cin mächtiger Gebirgsstock, und seine herrlichen Hochtäler zählen unstreitbar zu den ödesten Gebieten der Alpen. Von brüchigen Graten ziehen grandiose Geröllhalden meist bis auf die Talsohle hinab und

treffen sich dort mit dem Schutt von der anderen Seite. Dabei gibts fast nirgends Wasser und also kaum was Lebendiges. 1928 wurde es zum Naturschutzgebiet erklärt, damit es in seiner Ursprünglichkeit erhalten bleibt. So rollte der D-Zug an fürchterlichen Abgründen entlang, durch viele, viele Tunnels und über kühn konstruierte Viadukte. Jetzt erblickte Kobler eine schmutzige Dunstwolke über dem Inntal. Unter dieser Dunstwolke lag Innsbruck, die Hauptstadt des heiligen Landes Tirol.

Kobler wußte nichts weiter von ihr, als daß sie ein berühmtes goldenes Dachl hat, einen preiswerten Tiroler Wein und daß der Reisende, der von Westen ankommt, zur linken Hand einige große Bordelle sehen kann. Das hatte ihm mal der Graf Blanquez erläutert.

In Innsbruck mußte er umsteigen, und zwar in den Schnellzug nach Bologna. Dieser Schnellzug kam aus Kufstein und hatte Verspätung. »Die Österreicher sind halt sehr gemütliche Leut«, dachte Kobler. Endlich kam der Schnellzug.

Bis Steinach am Brenner, also fast bis zur neuen italienischen Grenze, also kaum fünfzig Minuten lang, saßen in Koblers Abteil ein altösterreichischer Hofrat und ein sogenannter Mann aus dem Volke, der dem Hofrat sehr schön tat, weil er von ihm eine Protektion haben wollte. Dieser Mann war ein charakterloser Werkmeister, der der Heimwehr, einer österreichischen Abart des italienischen Faschismus, beigetreten war, um seine Arbeitskollegen gründlicher übervorteilen zu können. Nämlich sein leitender Ingenieur war Gauleiter der Heimwehr.

Der Hofrat hatte einen altmodischen goldenen Zwicker und ein hinterlistiges Geschau. Sein Äußeres war sehr gepflegt – er schien überhaupt ein sehr eitler Mensch zu sein, denn er schwätzte in einer Tour, nur um den Beifall des Mannes hören zu können.

Der Schnellzug wandte sich ab von Innsbruck, und schon fuhr er durch den Berg-Isel-Tunnel.
»Jetzt ist es finster«, sagte der Hofrat. »Sehr finster«, sagte der Mann. »Es ist so finster geworden, weil wir durch den Tunnel fahren«, sagte der Hofrat. »Vielleicht wirds noch finsterer«, sagte der Mann. »Kruzitürken, ist das aber finster!« rief der Hofrat. »Kruzitürken!« rief der Mann.
Die Österreicher sind sehr gemütliche Leute.
»Hoffentlich erlaubts mir unser Herrgott noch, daß ichs erleb, wie alle Sozis aufghängt werden«, sagte der Hofrat.
»Verlassen Sie sich auf den dort oben«, sagte der Mann.
»Über uns ist jetzt der Berg Isel«, sagte der Hofrat. »Andreas Hofer«, sagte der Mann und fügte hinzu: »Die Juden werdn zu frech.«
Der Hofrat klapperte mit dem Gebiß.
»Den Halsmann sollns nur tüchtig einsperren bei Wasser und Brot!« krähte er. »Ob nämlich der Judenbengel seinen Judentate erschlagen hat oder nicht, das ist wurscht! Da gehts um das Prestige der österreichischen Justiz, man kann sich doch nicht alles von den Juden gefallen lassen!«
»Neulich haben wir einen Juden ghaut«, sagte der Mann.
»A geh, wirklich?« freute sich der Hofrat. »Der Jud war allein«, sagte der Mann, »und wir waren zehn, da hats aber Watschen ghagelt! Heimwehrwatschen!«
Der Hofrat kicherte.
»Ja, die Heimwehr!« sagte er. »Heil!« rief der Mann. »Und Sieg!« sagte der Hofrat. »Und Tod!« rief der Mann. –
Als der Schnellzug den Berg-Isel-Tunnel verließ, trat Kobler auf den Korridor, denn er konnte es drinnen nicht mehr aushalten, weil ihn das ewige Geschwätz im Denken störte.
Und er mußte mal nachdenken – das war so ein Bedürfnis, als hätte er dringend austreten müssen. Es war ihm

nämlich plötzlich die Ägypterin, sein eigentliches Reiseziel, eingefallen, und er ist darüber erschrocken, daß er nun einige Stunden lang nicht an die Pyramiden gedacht hatte.

Aber als er nun an dem Fenster stand, wurde er halt wieder abgelenkt, und zwar diesmal durch Gottes herrliche Bergwelt, wie der Kitsch die seinerzeit geborstene Erdkruste nennt. »Was ist der Mensch neben einem Berg?« fiel es ihm plötzlich ein, und dieser Gedanke ergriff ihn sehr. »Ein großes Nichts ist der Mensch neben einem Berg. Also ständig möcht ich nicht in den Bergen wohnen. Dann wohn ich schon lieber im Flachland. Höchstens noch im Hügelland.«

10

Seit dem Frieden von Saint-Germain zieht die österreichisch-italienische Grenze über die Paßhöhe des Brenners zwischen Nord- und Südtirol. Die Italiener haben nämlich ihre Brüder im Trento von dem habsburgischen Joche erlöst, und so was kann man als anständiger Mensch nur lebhaft begrüßen.

Die Italiener waren ja nicht in den Weltkrieg gezogen, um fremde Völker zu unterjochen, sie wollten keine Annexionen, ebensowenig wie Graf Berchtold, Exkaiser Wilhelm II. und Ludendorff. Aber aus militärisch-strategischen Gründen waren die Italiener eben leider gezwungen, das ganze deutsche Südtirol zu annektieren, genau wie etwa Ludendorff gezwungen gewesen wäre, aus rein strategischen Gründen Polen, Finnland, Kurland, Estland, Litauen, Belgien usw. zu annektieren. »Der Friede von Saint-Germain ist ein glattes Verbrechen«, hatte mal ein Innsbrucker Universitätsprofessor gesagt, und er hätte

schon sehr recht gehabt, wenn er kein Chauvinist gewesen wäre. –
Bekanntlich will nun der Mussolini das deutsche Südtirol durch und durch italianisieren. Genau so rücksichtslos, wie seinerzeit Preußen das polnische Posen germanisieren wollte.
So hat der Mussolini u. a. auch verfügt, daß möglichst alle deutschen Namen – Ortsnamen, Familiennamen usw. – ins Italienische übersetzt werden müssen, auf daß sie nur italienisch ausgesprochen werden dürften. Und zwar sollen sie ihrem Sinn nach übersetzt werden. Hat nun aber ein Name keinen übersetzbaren Sinn, so hängt der Mussolini hinten einfach ein o an. Wie zum Beispiel: Merano. So auch Brennero.
Als Kobler den Brennero erblickte, fiel es ihm sogleich auf, daß dort oben ungemein viel gebaut wird, und zwar lauter Kasernen.
Im Bahnhof Brennero wurde der Schnellzug von den faschistischen Behörden bereits erwartet. Da standen ungefähr dreißig Männer, und fast jeder war anders uniformiert.
Da hatten welche Napoleonshüte und weite lange Mäntel, oder kurze enge oder weite oder enge lange. Einige trugen prächtige Hahnenfedern, die ihnen fast bis auf die Schultern herabwallten. Andere wieder trugen Adlerfedern oder Wildentenfedern, und wieder andere trugen gar keine Federn, höchstens Flaum. Die meisten waren feldgrau oder feldbraun, aber es waren auch welche da in stahlblau und grünlich mit Aufschlägen in rot, ocker, silber, gold und lila. Viele hatten schwarze Hemden – das waren die bekannten Schwarzhemden.
Sie boten ein farbenfrohes Bild. Alle schienen sehr zu frieren, denn knapp hundert Meter über ihnen hing der herbstliche Nebel Nordtirols.

Keiner der Reisenden durfte den Schnellzug verlassen, denn hier gings viel strenger zu als zwischen Bayern und Österreich in Mittenwald. Und dies nicht nur deshalb, weil die Italiener zur romanischen Rasse gehören, sondern weil sie obendrein noch den Mussolini haben, der in permanenter Wut ist, daß es bloß vierzig Millionen Italiener gibt.
Neunundzwanzig von den dreißig Uniformierten waren mit den Grenzübertrittsangelegenheiten schon sehr beschäftigt. Der dreißigste schien der Anführer zu sein, er tat nämlich nichts. Er stand auf dem Bahnsteig etwas im Hintergrunde, unter einer kolorierten Photographie des Duce und hatte sehr elegante Schuhe. Er war vielleicht 1,40 Meter hoch, und forschend glitt sein Blick über den Schnellzug. Er forschte nach, wo eine blonde Frau saß, eine Deutsche oder eine Skandinavierin.
»Prego den Paß!« sagte der italienische Paßbeamte. Er sprach gebrochen Deutsch, höflich, aber bestimmt. »Wohin fahren Sie, Signor Kobler?« fragte er. »Nach Barcelona«, sagte der Signor. »Sie fahren also nach Italien«, meinte der Paßbeamte. »Ja«, sagte der Signor. Und nun geschah etwas Mysteriöses. Der Paßbeamte wandte sich ernst seinem Begleiter zu, einem Paßunterbeamten, und sagte auf italienisch: »Er fährt nach Italien.« Der Paßunterbeamte nickte würdevoll: »Soso, nach Italien fährt er«, meinte er gedehnt und kam sich wichtiger vor als Mussolini persönlich, während sich der Oberpaßbeamte bereits mit dem nächsten Reisenden beschäftigte. »Sie fahren nach Italien?« fragte er. »Jawohl«, sagte der nächste Signor. Er hieß Albert Hausmann. »Und warum fahren Sie nach Italien?« fragte der Oberpaßbeamte. »Ich will mich in Italien erholen«, sagte der Signor Hausmann. »Sie werden sich in Italien erholen!« sagte der Oberpaßbeamte stolz. »Hoffentlich!« meinte der Erholungsbedürftige, worauf sich der

Oberpaßbeamte wieder seinem Begleiter zuwandte: »Er will sich in Italien erholen«, sagte er. »Vielleicht auch nicht!« meinte der Paßunterbeamte lakonisch und blickte den Erholungsbedürftigen mißtrauisch an, denn er erinnerte ihn an einen gewissen Isidore Niederthaler in Brixen, dessen Weib als politisch verdächtig auf der faschistischen Schwarzen Liste stand. »Das Weib hat einen prächtigen Hintern«, dachte der Paßunterbeamte. Inzwischen hatte sich der Oberpaßbeamte bereits wieder an einen dritten Reisenden gewandt. Der hieß Franz Karl Zeisig. »Sie fahren nach Italien?« fragte der Oberpaßbeamte.
»Zu blöd!« murmelte Kobler. »Wir fahren doch alle nach Italien!« »Unterschätzen Sie nicht Benito Mussolini«, flüsterte ihm der Erholungsbedürftige zu. »Mit dieser scheinbar ungereimten Fragerei verfolgen die Paßbeamten einen ganz bestimmten Zweck. Das sind alles besonders hervorragende Detektive von der politischen Polizei in Rom. Wissen sie, was ein Kreuzverhör ist?«
Kobler blieb ihm die Antwort schuldig, denn plötzlich standen drei Faschisten vor ihm. »Haben Sie Zeitungen?« fragte der erste Faschist. »Österreichische, sozialistische, kommunistische, anarchistische, syndikalistische und nihilistische dürfen Sie nicht mit nach Italien nehmen, weil das strengstens verboten ist!« »Ich bin kein Nihilist«, sagte Kobler, »ich hab bloß ein Magazin bei mir.«
Und dann durchwühlten noch einige italienische Finanzer seinen Koffer. »Was ist das?« fragte der eine und hielt ihm eine Krawatte unter die Nase. »Das ist eine Krawatte«, sagte Kobler. Der Finanzer nickte befriedigt, lächelte ihm freundlich zu und verschwand mit seinen Kollegen.
Endlich wars vorbei mit den Grenzübertrittschwierigkeiten, und der Schnellzug setzte sich als »diretto« südwärts in Bewegung.
Hinab vom Brenner – durch das neue Italien.

11

Nun waren aber plötzlich alle Aufschriften italienisch. Kobler konnte sich kaum mehr vom Fenster trennen, so kindisch faszinierte ihn jede Aufschrift, obwohl oder weil er nicht wußte, was sie bedeuten sollte. »Albergo Luigi, Uscita. Tabacco, Olio sasso, Donne, Uomine«, las er. »Das hat halt alles einen Klang«, dachte er. »Schad, daß ich nicht Koblero heiß!«
Im ehemaligen Franzensfeste hatten sie etwas Aufenthalt. »Erlauben Sie, wo sind wir jetzt?« fragte ihn ein nervöser deutscher Italienreisender, der ihm nicht über die Schulter schauen konnte. »In Latrina«, antwortete Kobler. »Machen Sie da gefälligst keine schlechten Witze!« schrie der Nervöse.
Kobler war sehr verdutzt. Da hing ja direkt vor ihm das Schild:

Latrina

»Brüllen Sie nicht mit mir!« brüllte er den Nervösen an. »Bedaure, Herr«, kreischte der Nervöse und zappelte sehr. »Ich bin zu solchen Späßen keineswegs bereit!«
»Jetzt kommt der feierliche Moment, wo ich dir eine schmier«, dachte Kobler, aber hier mischte sich jener erholungsbedürftige Albert Hausmann überaus freundlich in die Auseinandersetzung, um den Streit im Keime zu ersticken, denn er war sehr ängstlich. »Irrtum, meine Herren!« meinte er. »Latrina bedeutet soviel wie Abort! Sie reden aneinander vorbei, meine Herren!«
Der Erholungsbedürftige sprach nämlich perfekt Italienisch und war überhaupt ein sehr intelligenter und belesener Mann, der besonders in der Weltgeschichte bewandert war. »Das alles war früher Südtirol«, sagte er.

Und dann gab er Kobler den Rat, sich nur ja vor den faschistischen Spitzeln zu hüten, die wären nämlich äußerst raffiniert und brutal. »Dort drüben am dritten Fenster zum Beispiel«, wisperte er geheimnisvoll und deutete verstohlen auf einen Mann, der wie ein Bauer aussah, »dort dieser Kerl ist sicher ein Spitzel. Der wollte mich nämlich gerade in ein verfängliches Gespräch verwickeln, er wird auch Sie verwickeln wollen, er trachtet ja nur danach, jeden zu verwickeln – und bei der ersten abfälligen Äußerung über Mussolini, Nobile oder überhaupt das System werden Sie sofort aus dem Zuge heraus verhaftet. Geben Sie acht!«
Kobler gab acht.
Knapp vor Bolzano näherte sich ihm der Spitzel.
»Bolzano hieß früher Bozen«, sagte der Spitzel.
Aha! dachte Kobler.
»In Bozen bauen jetzt die Italiener ein riesiges Elektrizitätswerk«, sagte der Spitzel.
Nur zu! dachte Kobler.
»Die Italiener«, fuhr der Spitzel fort, »haben die Wassermengen von ganz weit weg nach Bozen geleitet. Sie haben durch diese ganze Bergkette da draußen einen Schacht gebohrt, und zwar haben sie dort droben unterhalb der Kuppe angefangen zu bohren, und in Bozen haben sie auch angefangen zu bohren und haben sich so zusammenbohren wollen, aber sie haben gleich dreimal aneinander vorbeigebohrt, anstatt, daß sie sich zusammengebohrt hätten. Sie mußten sich erst reichsdeutsche Ingenieure engagieren«, grinste der Spitzel.
»Die Reichsdeutschen werden sich schon auch nicht zusammengebohrt haben«, meinte Kobler.
»Doch, und zwar haargenau!« ereiferte sich der Spitzel.
»Zufall«, meinte Kobler.
Pause.

»Kennen Sie Bozen?« fragte der Spitzel.
»Nein«, sagte Kobler.
»Dann schauen Sie sich doch Bozen an!« rief der Spitzel. »Die Bozener sind ja ganz weg über die reichsdeutschen Gäste!«
»Ich bin ein reichsdeutscher Faschist«, sagte Kobler.
Der Spitzel sah ihn erschrocken an. »Dort drüben ist jetzt der Rosengarten«, meinte er kleinlaut.
»Vielleicht!« sagte Kobler und ließ ihn stehen.
Der Spitzel sah ihm noch lange nach. Er war ja gar kein Spitzel.

12

Befriedigt darüber, daß er Mussolinis vermeintlichem Spitzel ein Schnippchen geschlagen hatte, betrat Kobler den Speisewagen. »Jetzt hab ich mir meinen Kaffee verdient«, sagte er sich und war so glücklich, als hätt er gerade einen Prozeß gewonnen, den er Rechtens hätte verlieren müssen.
Es war nur noch ein Platz frei im Speisewagen. »Prego?« fragte Kobler, und das war sein ganzes Italienisch. »Aber bitte!« sagte der Gast in deutscher Sprache. Das war ein kultivierter Herr aus Weimar, der Stadt Goethes und der Verfassung.
Überhaupt fiel es auf, daß trotz des italienischen Hoheitsgebietes im ganzen Zuge, außer von den Schaffnern und einigen Schwarzhemden, lediglich deutsch gesprochen wurde. Besonders im Speisewagen hörte man allerhand deutsche Dialekte.
Der kultivierte Herr an Koblers Tisch hatte ein schwammiges Äußeres und schien ungemein verfressen zu sein. Ein Gourmand. Als Sohn eines ehemaligen Pforzheimer

Stadtbaumeisters, der in der wilhelminischen Epoche eine schwerreiche Weimarer Patriziertochter geheiratet hatte, konnte er sich seine drei Lachsbrötchen, vier Ölsardinen, zwei Paar Frankfurter und drei Eier im Glas ungeniert leisten. Von seinem Vater, dem Stadtbaumeister, hatte er die Einbildung geerbt, daß er einen regen Sinn für architektonische Linienführung besäße, und von der Mutter hatte er trotz der Inflation einen Haufen Geld geerbt und die gesammelten Werke der Klassiker. Er war sechsundvierzig Jahre alt.

»Ich bin ein Renaissancemensch«, erklärte er Kobler und sprach sehr gewählt. »Mein Ideal ist der Süditaliener, der sich Tag und Nacht am Meeresstrande sonnt, nie etwas tut und überaus genügsam ist. Sie können es mir glauben, auch unsere deutschen Arbeiter wären glücklicher, wenn sie genügsam wären. Herr Ober, bringen Sie mir noch ein Tatarbeefsteak!«

Dieser Renaissancemensch hatte natürlich noch nie etwas gearbeitet und litt infolgedessen an einer schier pathologischen Hypochondrie. Er hatte eben nichts zu tun, als sich vor dem Sterben zu fürchten. Und obendrein war er auch noch verwegen dumm.

So hatte er des öfteren behauptet, daß ihm das Schicksal des Deutschen Reiches ganz egal wäre, wenn nur die Dividenden steigen würden. »So was sagt man doch nicht!« hatte sich sein Vetter, ein scharf rechtsstehender Realpolitiker, entrüstet und hatte ihn unter Kuratel stellen lassen wollen, aber das ist ihm vorbeigelungen. »Er ist doch normal und denkt scharf logisch«, hatte der Gerichtsarzt gemeint.

»Also Sie fahren nach Barcelona«, sagte nun der total Normale zu Kobler und fügte scharf logisch hinzu: »Primo ist ein tüchtiger Mann. Ein Kavalier. Wenn Sie nach Barcelona kommen, so grüßen Sie mir, bitte, die

Stierkämpfe, Sie werden da etwas prachtvoll Traditionelles erleben. Und dann überhaupt dieser ganze spanische konservative Geist! Es ist eben immer dasselbe. Ich hab schon immer gesagt: das konservative Element müßte sich international zusammenschließen, um sich stärker konservieren zu können – wir deutschen Konservativen sollten die französischen Konservativen einfach in das Land hereinrufen, auf daß sie diese Republik züchtigen – Frankreich hat ja die militärische Macht, um jeden deutschen Arbeiter an die Wand stellen zu können –, und après sollten wir Kulis aus China einführen, die nicht mehr brauchen als täglich eine Handvoll Reis.« Und er fügte lachend hinzu: »Das ist natürlich nur ein Witz!«

13

In Verona mußte Kobler zum zweitenmal umsteigen, und zwar in den Schnellzug nach Mailand, der um diese Zeit von Venedig zu kommen pflegte. Hierzu standen ihm leider nur zehn Minuten zur Verfügung, und so konnte er also von Verona nichts sehen, nur den Bahnhof, und der sah andern Bahnhöfen leider sehr ähnlich. Es war auch inzwischen schon Nacht geworden, und zwar eine Neumondnacht.

Verona sei eine uralte Stadt, die irgendwie mit dem Dietrich von Bern zusammenhängt, hatte ihm der Renaissancemensch erzählt, und angeblich lägen in ihr auch noch obendrein Romeo und Julia, das berühmteste Liebespaar der Welt, begraben. Die veronesischen Bordelle seien zwar nicht berühmt, jedoch immerhin.

Auf dem Bahnsteig ging ein Herr in brauner Uniform auf und ab. Er hatte eine Armbinde auf dem rechten Oberarm, und auf der stand in vier Sprachen geschrieben, daß

er ein amtlicher Dolmetscher sei und also kein Trinkgeld annehmen dürfe. Er war überaus zuvorkommend und gab Kobler fließend deutsch Auskunft. »Der diretto aus Venezia nach Milano«, sagte er, »kommt an auf dem dritten Bahnsteig und fährt ab auf dem dritten Bahnsteig, das ist dort drüben, wo jene lächerliche Frau steht.«
Diese lächerliche Frau war des Dolmetschers Frau, mit der er sich gerade wieder mal gezankt hatte. Nämlich sie hatte es noch nie haben wollen, daß er den Beruf eines amtlichen Dolmetschers ausübt und nächtelang mit allerhand Ausländerinnen auf dem Bahnhof herumlungert. Aber der Dolmetscher pflegte immer nur zu sagen: »Soviel Sprachen jemand spricht, sooft ist dieser Jemand ein Mensch!« Auch an diesem Abend hatte er ihr dies wieder mal gesagt, worauf sie aber ganz außer sich geraten ist. »Mit soviel Menschen will ich gar nichts zu tun haben!« hatte sie auf dem Korso geschrien. »Ich will ja bloß dich! Oh, wenn du nur taubstumm wärest, Giovanni! So, und jetzt fahr ich zu meinem Bruder nach Brescia!«
Dies war jenes Brescia, wo einst die Frau Perzl aus der Schellingstraße ein Drittel Windmühle geerbt hatte.
»In Italien soll man möglichst zweiter Klaß fahren«, erinnerte sich Kobler an die Ratschläge der Perzl. »Besonders wenn man schlafen will, soll man es tun, weil die Reisenden in Italien, besonders die in der dritten Klaß, meistens laut vor sich hinsingen, als möcht man gar nicht schlafen wollen.«
Und Kobler wollte schlafen, denn er war plötzlich sehr müde geworden. »Entweder ist das die Luftveränderung«, dachte er, »oder wahrscheinlich die vielen neuen Eindrück.«
Vor seinem geistigen Auge tauchten sie wieder alle auf, mit denen er während der letzten zwölf Stunden in Berührung gekommen war. Aber diesmal hatte jeder nur eine

Geste – trotzdem wollte es kaum ein Ende nehmen mit den Erscheinungen. Und als die Gestalt des Herrn Bschorr gar zum zweitenmal daherkommen wollte, stolperte Kobler über einen verlorenen Hammer.
Und dann gingen viele Berge, Viadukte und fremde Dörfer um ihn herum, und das Inntal blieb vor ihm stehen. Auch die italienische Sprache sah ihn an, aber etwas von oben herab.
»Also wenn das so weitergeht«, dachte er, »dann werd ich meine Ägypterin noch ganz vergessen, an die ausländischen Kabrioletts denk ich ja überhaupt nicht mehr, ich hab mich ja schon fast selber vergessen, hoffentlich kann ich jetzt schlafen bis Milano, das ist der italienische Name für Mailand – dort darf ich dann wieder herumhocken, bis ich den Anschluß nach Ventimiglia krieg. Das wird eine weite Reise werden. Und derweil ist unsere Welt eigentlich klein. Und wird auch noch immer kleiner. Immer wieder kleiner. Ich werds ja nicht mehr erleben, daß sie ganz klein wird –«, so versuchte er sich zu sammeln. Dabei hatte er ein unangenehmes Gefühl. Es war ihm wie jenem Manne zumute, der am Donnerstag vergaß, was er am Mittwoch getan hatte.
»Erster Klaß soll man halt reisen können!« seufzte er. »Mir tut von dem Holz schon der Hintern weh. Meiner Seel, ich glaub, ich bin wund!«
Infolgedessen stieg er nun in ein Abteil zweiter Klasse. In der Ecke saß bereits ein Herr hinter seinem Regenmantel und schien totenähnlich zu schlafen. Er hatte nur eine kleine Handtasche, hingegen märchenhaft viele Zeitungen. Die Ausgaben lagen nur so herum, sogar auf dem Boden und auch im Gepäcknetz. Er mußte beim Zeitungslesen eingeschlafen sein. –
Zwanzig Minuten hinter Verona, als Kobler gerade einschlafen wollte, wachte der Herr auf. Zuerst gähnte er

recht unartikuliert, und dann sah er hinter seinem Mantel hervor, erblickte Kobler, starrte ihn erstaunt an, rieb sich die Augen, fixierte ihn etwas genauer und fragte gemütlich deutsch: »Wie kommen Sie hier herein?« Aber Kobler ärgerte sich, daß ihn der Herr nicht einschlafen ließ, und war also kurz angebunden. »Ich komm durch die Tür herein«, sagte er.
»Das vermut ich«, sagte der Herr. »Das vermut ich sogar sehr! Durch das Fenster werden Sie wohl nicht hereingeflogen sein. Hab ich denn so fest geschlafen? Ja, ich hab so fest geschlafen.«
Seltsam! dachte Kobler. Er hat mich gleich ausgesprochen deutsch angesprochen, ob das auch ein Spitzel ist? Mißtrauisch beobachtete er den Herrn. Dieser war bereits etwas angegraut und glatt rasiert. »Woher wissen Sie denn, daß ich Deutscher bin?« fragte er ihn plötzlich und gab sehr acht, daß er dabei harmlos aussah.
»Ich kenn das am Kopf«, meinte der Herr. »Ich kenn das sofort am Kopf. Die Deutschen haben nämlich alle dicke Köpfe, natürlich nur im wahren Sinne des Wortes. Ich bin ja selbst so halb Deutscher. Was bin ich nicht halb? Alles bin ich halb! So ist das Leben! Da sitzen wir uns gegenüber und fahren durch die Po-Ebene. Ich komm aus Venedig, während Sie? –«
»Zuletzt komm ich aus Verona«, sagte Kobler.
»Verona hat eine herrliche Piazza«, meinte der Herr. »Die Piazza d'Erbe ist ein Mittelpunkt des Volkslebens. Und viel Militär liegt in Verona, es ist halt sehr befestigt. Es bildete ja mit den Befestigungen von Peschiera, Mantua und Legnago das viel genannte Festungsviereck. Gegen wen? Gegen Österreich-Ungarn. Und warum gegen Österreich-Ungarn? Weil es mit Italien verbündet war. Aber was war ein Bündnis im Zeitalter der Geheimdiplomatie? Die Rüstungsindustrie ließ sich versichern. Und was ist

ein Bündnis heute? Oder glauben Sie, daß wir keine Geheimdiplomatie haben? Wir haben nur Geheimdiplomatie!«
Ist das aber ein Schwätzer! dachte Kobler grimmig.
»Es tut mir direkt wohl, ein bisserl plauschen zu können, weil ich jetzt fast drei Tag lang kaum was Gescheites geredet hab«, sagte der Schwätzer und lächelte freundlich.
Das auch noch! durchzuckte es Kobler, und er haßte den Herrn. Also in deiner Gesellschaft, du Mistvieh, dachte er weiter, werd ich ja kaum zum Schlafen kommen, eigentlich gehört dir eine aufs Maul. Aber ich weiß schon, was ich mach! Und er sagte: »Dürfte ich etwas in Ihren Zeitungen blättern?«
»Natürlich dürfen Sie!« rief der Herr. »Sie dürfen sogar sehr, ich kann eh keine Zeitung mehr sehen. Brauchen Sie nur die deutschen, oder wollen Sie auch die italienischen, französischen, tschechischen – meiner Seel! A polnische ist auch dabei! Wie kommt hier das rumänische Zeug her? Ich werds mir wahrscheinlich gekauft haben. Schad fürs Geld, naus damit!« Er öffnete das Fenster und warf alle seine nichtdeutschen Zeitungen in die brausende Finsternis hinaus.
Kaum hatte er jedoch das Fenster wieder geschlossen, erschien ein Angehöriger der faschistischen Miliz, ein sogenanntes Schwarzhemd. Das Schwarzhemd betrat feierlich das Abteil und sprach mit dem Herrn ruhig, aber unfreundlich. Der Herr machte abwehrende Gebärden und sprach perfekt italienisch. Hierauf zog sich das Schwarzhemd wieder zurück und war verstimmt.
»Was hat denn der Faschist von Ihnen wollen?« fragte Kobler. »Das frag ich mich auch«, rief der Herr und versuchte sich zu winden. Dann fuhr er fort: »Ich werd es Ihnen übersetzen, was er von mir gewollt hat. Er wollte wissen, ob ich zuvor meine Zeitungen hinausgeworfen

hab, denn diese Zeitungen sind ihm weiter hinten durch ein offenes Fenster auf das Maul geflogen, und zwar mit Wucht. Ich hab ihm natürlich sofort gesagt, daß ich natürlich noch nie in meinem Leben Zeitungen hinausgeworfen hab. Mich kann man halt nicht überrumpeln. Glaubens mir, ich bin ein gewandter Reisender!«
»Was stinkt denn da so penetrant?« fragte Kobler.
»Das bin ich«, sagte der gewandte Reisende. »Es wird Sie wohl hoffentlich nicht stören, Herr! Wenn mich nicht alles täuscht, bin ich zwanzig Jahre älter als Sie. Sagen Sie, waren Sie eigentlich noch Soldat?«
»Ich fahr jetzt bis Milano«, antwortete Kobler ausweichend, – er war nämlich kein Soldat gewesen, weil er sich während des Weltkrieges gerade in den Flegeljahren befunden hatte, und dieses Niemals-Soldat-Gewesensein störte ihn manchmal, wenn er mit älteren Herren zusammenkam, von denen er annahm, daß sie wahrscheinlich verwundet worden waren. »Ich fahr jetzt nach Milano«, wiederholte er sich hartnäckig, »und dann fahr ich weiter nach Marseille, weil ich nach Barcelona fahr.«
Nun aber geschah etwas Unerwartetes.
Der gewandte Reisende tat, als wollte er von seinem Sitz emporschnellen: er beugte sich steif vornüber und schrie: »Nach Barcelona fährt er!« Hierauf warf er sich zurück und atmete tief.
Also eine solche Wirkung haben meine Worte noch nie gehabt, dachte Kobler und glotzte sein Gegenüber befriedigt an. Eine starke Wirkung! dachte er.
»Ist das aber ein Zufall!« ließ sich der Herr wieder vernehmen und lächelte, als wäre er tatsächlich glücklich. Dann nickte er väterlich: »Ich fahr nämlich auch nach Barcelona«, und das verblüffte den Kobler. »Das ist natürlich ein Zufall«, grinste er sauer und kränkte sich wegen der Konkurrenz.

»Und ob das ein Zufall ist!« ereiferte sich die Konkurrenz. »Nur daß ich nicht in einer Tour nach Barcelona fahr, weil ich in Marseille auf zwei Tag aussteigen will, um Marseille kennenzulernen. Das ist nämlich eine überaus farbenprächtige und vor allem völkerkundlich sehr interessante Hafenstadt und bietet instruktive Einblicke.«
»Das hab ich schon gehört«, sagte Kobler. »Dieses Marseille muß ja eine grandiose Hurenstadt sein, und ich hab mirs auch schon überlegt, ob ichs mir nicht anschauen sollt, aber vielleicht rentiert es sich doch nicht, ich bin nämlich sehr mißtrauisch.«
»Da tun Sie aber Marseille bitter Unrecht! Erlaubens, daß ich mich vorstell: Rudolf Schmitz aus Wien« –
Rudolf Schmitz war Redakteur, er vertrat in Wien u. a. ein Abendblatt in Prag, ein Morgenblatt in Klausenburg, ein Mittagblatt in Agram, ein Wochenblatt in Lemberg und in Budapest ein Revolverblatt.
Als geborener Österreich-Ungar aus Ujvidék hatte er ein kolossales Sprachtalent und beherrschte infolgedessen alle Sprachen der ehemaligen Doppelmonarchie, aber infolgedessen leider keine ganz perfekt. Trotzdem bildete er es sich in seinen Jünglingsjahren ein, daß er dichterisch was leisten könnte. Damals verfaßte er Gedichte, und zwar einen ganzen Zyklus. »Ein Vorsommer in der Hölle« hieß der Zyklus und war von der westlichen Dekadenz beeinflußt. Aber kein Verleger wollte was von dem Vorsommer wissen. »Hier habens zwa Gulden, und schleimens Ihnen aus!« sagte der eine Verleger. Und Schmitz tat dies, denn er war zu guter Letzt doch nur intelligent und ein gesunder Egoist. Hernach wurde er abgeklärter. »Auch Rimbaud hat sich ja von der Dichtkunst abgewandt, um ein gedichtetes Leben zu führen«, stellte er fest und wurde allmählich Korrespondent.
Soziologisch betrachtet, stammte er aus k. u. k. Offiziers-

und Beamtenfamilien, aber er hatte nie was übrig für das Bürgerliche. Er war der geborene Bohemien. Bereits 1905 ging er ohne Hut. Seine Schwäche war die Metaphysik. – Nun fragte er Kobler: »Was ist der Zufall, lieber Herr? Niemand weiß, was der Zufall ist, und das ist es ja gerade. Der Zufall, das ist die Hand einer höheren Macht, im Zufall offenbart sich der liebe Gott. Gäbs keinen Zufall, hätten wir keinen lieben Gott! Nämlich das Durchdenken und Durchorganisieren, das sind menschliche Eigenschaften, aber das völlig Sinnlose des Zufalls ist göttlich.«
Er tat seine Beine auf den gegenüberliegenden Polstersitz, denn in dieser Stellung tat das Philosophieren am wohlsten.
Da erschien aber sofort wieder jenes Schwarzhemd von zuvor und forderte ihn barsch auf, eine Zeitung unter seine Schuhe zu breiten. »Jetzt grad nicht!« dachte der Herr Schmitz verärgert, tat seine Beine herab und hörte auf zu philosophieren.
Das Schwarzhemd verließ das Abteil und war schon wieder etwas besserer Laune.
»Ein Pyrrhussieg«, murmelte Schmitz, und als man das Schwarzhemd nicht mehr sehen konnte, seufzte er: »Das ist denen ihre Revolution! Da fahren die Faschisten in jedem Zug so herum und geben acht, daß niemand Zeitungen nausschmeißt oder leichtsinnig die Aborte beschmutzt. So erziehen sie ihre Nation! Und wozu erziehen sie ihre Nation? Zum Krieg.«
»Gegen wen, glauben Sie?«
»Gegen jeden, lieber Herr!« stöhnte der Philosoph. »Ja, das ist halt hier ein pädagogischer Umsturz. Bekanntlich ist halt jede Revolution ein pädagogisches Problem, aber auch die Pädagogik ist ein revolutionäres Problem. Wie Sie sehen, ist das sehr kompliziert. Aber ist denn der

Faschismus überhaupt eine Revolution? Aber keine Spur! Sacro egoismo und sonst nix!«
»Also ich persönlich halt nicht viel von den Revolutionen«, meinte Kobler. »Ich hätt zwar wirklich nichts dagegen, wenn es jedem besser ging, aber ich glaub halt, daß die revolutionären Führer keine Kaufleut sind, sie haben keinen kaufmännischen Verstand.«
»Das Zeitalter der Kaufleut«, nickte Schmitz.
»Und glauben Sie nicht auch, daß wir Kaufleut noch lange nicht unsern Höhepunkt erreicht haben?« fragte Kobler hastig. Der Schlaf war ihm plötzlich vergangen.
»Wem erzählen Sie das?!« rief Schmitz und fuhr dozierend fort: »Hörens her: erst wenn alle menschlichen Werte ehrlich und offen vom kaufmännischen Weltbild aus gewertet werden, dann werden die Kaufleut ihren Höhepunkt erreicht haben; aber dann wirds auch wieder abwärtsgehen mit die Kaufleut, und dann wird das Zeitalter einer anderen Gesellschaftsschicht heraufdämmern. Das ist die ewige Ellipse. Ein Kreis ist das nämlich nicht.«
»Ich seh keine Gesellschaftsschicht, die hinter uns Kaufleuten heraufdämmern könnt«, meinte Kobler düster.
»Das Proletariat.«
»Aber das geht doch nicht!«
»Warum soll das nicht gehen?« staunte Schmitz. »Wenn Sie seinerzeit dem Alexander dem Großen gesagt hätten, daß heut die Kaufleut regieren werden, hätt er Sie lebendig begraben lassen. Ich warne Sie vor der Rolle Alexanders des Großen.«
Hier wurde das Gespräch durch den Schaffner unterbrochen, der das Abteil betrat, um die Fahrkarten kontrollieren zu können. Kobler mußte nachzahlen, und auch Schmitz mußte nachzahlen, denn auch er hatte nur dritte Klasse.
Der Schaffner sprach gebrochen Deutsch, und während er das Geld wechselte, unterhielt er sich mit den beiden

Herren. Er sagte, daß er Deutschland sehr schätze und achte, denn er kenne eine deutsche Familie, und das wären außerordentlich anständige und zuvorkommende Menschen. Zwar wären das eigentlich keine reinen Deutschen, sondern Deutsche aus Rußland, sogenannte Emigranten. Sie seien aus Rußland geflohen, weil sie wegen der bolschewistischen Verbrecher arbeiten hätten müssen, und das könnte man doch nicht, wenn man noch nie etwas gearbeitet hätte. Sie hätten also all ihr Hab und Gut zurücklassen müssen und seien nur mit dem, was sie am Leibe gehabt hätten, bei Nacht und Nebel geflohen. Sie hätten sich dann ein Hotel am Gardasee gekauft, ein wunderbares Hotel.
»Schon wieder ein Schwätzer!« brummte Kobler, während Schmitz den Schwätzer überaus wohlwollend betrachtete. »In Milano umsteigen!« fuhr der Schwätzer zufrieden fort. »Neulich war Mussolini in Milano, da hat die Sonne geschienen, aber kaum war Mussolini wieder weg von Milano, hat es sofort geregnet. Sogar der Himmel ist für Mussolini«, grinste er und wünschte den beiden Herren eine glückliche Reise. Als er draußen war, entstand eine Pause.
»Das war ein verschmitzter Bursche«, ließ sich Schmitz wieder vernehmen. »Auch ein Beitrag zur philosophisch-metaphysischen Mentalität unterdrückter Klassen.«
»Sie sind anscheinend kein Kaufmann?« meinte Kobler.
»Nein«, sagte Schmitz. »Ich bin ein Mann der Feder und fahr jetzt als Sonderkorrespondent zur Weltausstellung.«
Nun entstand abermals eine Pause.
Während dieser Pause dachte jeder über den anderen nach. Ich hab bisher eigentlich nur einen einzigen Mann der Feder gekannt, dachte Kobler, das war ein Poet, der nie bei sich war, wenn man nicht gerad über Hyazinthen gesprochen hat. Ein unpraktischer Mensch. Der hätt mir

nur schaden können, sonst nichts. Aber dieser Schmitz scheint ein belesener und hilfsbereiter Mensch zu sein – man soll halt nur mit Menschen verkehren, von denen man was hat. Das tun zwar alle, aber die meisten wissen nicht, was sie tun. Vielleicht kann mir dieser Mann der Feder was nützen, vielleicht kann ich ihn sogar ausnützen – als Mann der Feder hat er sicher viel weibliche Verehrerinnen, auch in Ägypten wird er wahrscheinlich welche haben. Oh, ich glaub schon daran, daß es eine Vorsehung gibt! Wenn er nur nicht so stinken tät!
Und Schmitz dachte: Vielleicht war es sogar blöd von mir, daß ich mich dem gleich angeboten hab als Reisebegleiter. Sicher war es blöd. Oh, wie bin ich blöd! Und warum bin ich blöd? Weil ich ein weicher Mensch bin. Ich kann aber auch energisch sein. Vielleicht ist das gar ein Schnorrer und pumpt mich an. Ich bin sehr energisch. Kaufmann ist er, hat er gesagt. Wer ist heut kein Kaufmann? Und was werden Sie schon für ein Kaufmann sein, lieber Herr? Es geht mich ja nichts an. Betrügen tut er sicher, sonst tät er nicht in seinem Alter nach Barcelona fahren, nämlich zur Großbourgeoisie gehört jener nicht, das kenn ich an den Bewegungen. Ob jener ein Hochstapler ist? Nein, denn das kenn ich auch an den Bewegungen. Auf alle Fälle ist er blöd. – Meiner Seel! Wie er mir nicht paßt, werd ich ihn schon los, wann, wo und wie ich will! Ich spring auch aus dem fahrenden Zug!

14

Als der Schnellzug Milano erreichte, war es zehn Minuten nach Mitternacht, obwohl der Schnellzug fahrplanmäßig erst um dreizehn Minuten nach Mitternacht Milano erreichen sollte. »Das nenn ich Ordnung!« rief Schmitz.

Er führte Kobler in das Bahnhofsrestaurant, wo sie sich bis zur Weiterfahrt nach Ventimiglia (3.29 Uhr) aufhalten wollten. Schmitz kannte sich gut aus. »Ich kenn mich in Milano aus wie in Paris«, sagte er. »Das beste ist, wir bleiben am Bahnhof.«

»Es hat nämlich keinen Sinn in die Stadt zu fahren«, fuhr er fort, »denn erstens ist es ja jetzt stockfinster, und so hätten wir absolut nichts von dem gotischen Mailänder Dom, und zweitens ist hier architektonisch nicht viel los, es ist halt eine moderne Großstadt. Sie werden noch genug Gotik sehen!« »Ich bin auf die Gotik gar nicht so scharf«, sagte Kobler. »Mir sagt ja das Barock auch mehr«, sagte Schmitz. »Mir sagt auch das Barock nichts«, sagte Kobler. »Ja, verglichen mit den Wunderwerken Ostasiens, können wir Europäer freilich nicht mit!« sagte Schmitz. Kobler sagte nichts mehr. Jetzt halt aber endlich dein Maul! dachte er.

»Jetzt wollen wir aber einen Chianti trinken!« rief Schmitz und leuchtete. »Das ist der Wein mit dem Stroh untenherum. Oder sind Sie gar Abstinenzler?« »Wieso kommen Sie darauf?« verwahrte sich Kobler entschieden. »Ich kann enorm viel saufen und sogar durcheinander!« »Pardon!« entschuldigte sich Schmitz und lächelte glücklich.

Schmitz war nämlich ganz verliebt in den Chianti, und auch Kobler fühlte sich sehr zu ihm hingezogen, als er ihn nun im Bahnhofsrestaurant kennenlernte. Wohlig rann er durch ihre Gedärme, und bald stand die zweite Flasche vor ihnen. Dabei unterhielten sie sich über den Weltkrieg und den Krieg an sich. Sie hatten schon im Zuge davon angefangen, denn da Schmitz auch kein Soldat gewesen war, hatte Kobler nichts dagegen gehabt, mal über die Idee des Krieges zu plaudern.

Der Chianti löste ihre Zungen, und Kobler erzählte, er

wäre ja politisch schon immer rechts gestanden, allerdings nur bis zum Hitlerputsch. Gegenwärtig stünde er so ziemlich in der Mitte, obwohl er eigentlich kein Pazifist sein könne, da sein einziger Bruder auf dem Felde der Ehre gefallen sei.
»Wie hieß denn Ihr Herr Bruder?« fragte Schmitz.
»Alois«, sagte Kobler.
»Armer Alois!« seufzte Schmitz.
»Ist Ihnen schlecht?« erkundigte sich Kobler.
»Mir ist immer schlecht, lieber Herr«, lächelte Schmitz wehmütig und leerte sein Glas. »Ich bin halt ein halber Mensch«, fuhr er fort und wurde immer sentimentaler. »Mir fehlt manchmal was, ob das die Heimat ist oder ein Frauenzimmer? Der Sanitätsrat meint zwar, daß meine Depressionen mit meiner miserablen Verdauung zusammenhängen, aber was wissen schon die Mediziner!«
»Ich persönlich bin schon sehr dafür, daß es keinen Krieg mehr geben soll«, antwortete Kobler, »aber glaubens denn, daß sich sowas durchführen läßt?«
»Armer Alois«, murmelte Schmitz, und plötzlich wurde die Luft sehr leise. Dem Kobler war dies unbehaglich, und dabei fiel ihm ein, daß dieser Heldentod seinerzeit die Mutter natürlich sehr mitgenommen hatte. Sie hatte es direkt nicht mehr vertragen wollen, daß die Sonne scheint. »Wenn ich nur von ihm träumen könnt«, hatte sie immer wieder gesagt, »damit ich ihn sehen könnt!« –
Sie tranken bereits die dritte Flasche Chianti, aber Schmitz schien noch immer an sehr deprimierende Dinge zu denken, denn er war direkt abwesend. Plötzlich jedoch gab er sich einen Ruck und unterbrach die unangenehme Stille: »Neuerdings«, sagte er, »wird in unserer Literatur das Todesmotiv vernachlässigt, es will halt alles nur leben.«
»Man soll sich mit sowas gar nicht beschäftigen«, be-

ruhigte ihn Kobler wegwerfend. Als Kind ist er zwar gern auf den Friedhof gegangen, um den Vater zu besuchen, die Großeltern oder die gute Tante Marie. Aber durch den Weltkrieg ist das alles anders geworden. »Hin ist hin!« hatte er sich gesagt und ist nach München übergesiedelt.

In München ging es damals (1922) drunter und drüber, und Kobler bot sich die Gelegenheit, die politische Konjunktur auszunutzen. Er hatte ja nichts zu beißen, und als Mittelstandsprößling stand er bereits und überzeugt politisch rechts und wußte nicht, was die Linke wollte – aber so sehr rechts stand er innerlich doch nie, wie seine neuen Bekannten, denn er besaß doch immerhin ein Gefühl für das Mögliche. »Es ist eigentlich alles möglich«, sagte er sich.

Einer seiner neuen Bekannten gehörte sogar einem politischen Geheimbund an, mit dem seinerzeit die politische Polizei sehr sympathisierte, weil dieser Geheimbund noch rechtsradikaler war als sie selbst. Er hieß Wolfgang und verliebte sich in Kobler, aber dieser ließ ihn nicht ran. Trotzdem verschaffte ihm Wolfgang eine Stelle, denn er war nicht nur leidenschaftlich, sondern auch zu einer aufopferungsvollen Liebe durchaus fähig.

So geriet Kobler in eine völkische Inflationsbank, und als der Bankier verhaftet wurde, wechselte Kobler in ein Fahrradgeschäft, hielt es aber nicht lange aus und wurde Reisender für eine württembergische Hautcreme und Scherzartikel. Dann hausierte er mit Briefmarken, und endlich landete er durch Vermittlung eines anderen Wolfgangs in der Autobranche.

Wenn er heute an diese Zeit zurückdenkt, muß er sich direkt anstrengen, um sich erinnern zu können, wovon er meistens eigentlich gelebt hatte. Meistens ist er ja nur gerade noch durchgerutscht durch die Schlingen, die uns

das Leben stellt. »Du mußt einen guten Schutzengel haben«, hatte ihm mal eine Prostituierte gesagt.
Er dachte nicht gern an seine Vergangenheit, aber noch ungerner sprach er über sie. Er hatte nämlich häufig das Gefühl, als müßte er etwas vertuschen, als ob er etwas verbrochen hätte – und er hatte doch nichts verbrochen, was nicht in den Rahmen der geltenden Gesellschaftsordnung gepaßt hätte.
Drum sprach er auch jetzt beim Chianti lieber über die Zukunft. »Der Weltkrieg der Zukunft wird noch schauerlicher werden«, erklärte er Schmitz, »aber es ist halt nicht zu verwundern, daß es bei uns in Deutschland Leute gibt, die wieder einen Krieg wollen. Sie können sich halt nicht daran gewöhnen, daß wir zum Beispiel unsere Kolonien verloren haben. Ein Bekannter von mir hat zum Beispiel in seinem Briefmarkenalbum die ehemals deutschen Kolonien schwarz umrändert. Er sieht sie sich jeden Tag an – alle andern Kolonien, englischen, italienischen, portugiesischen und so weiter hat er abgestoßen, noch dazu zu Schleuderpeisen, und die französischen Kolonien hat er, glaub ich, verbrannt.«
Schmitz hörte aufmerksam zu.
»Ich, Rudolf Schmitz«, betonte er, »bin überzeugt, daß ihr Deutschen alle eure verlorenen Gebiete ohne Schwertstreich zurückbekommen werdet, und auch wir Deutsch-Österreicher werden uns ebenso an euch anschließen – ich sage nur eines: Heilige Allianz ist gleich Völkerbund. Napoleon ist gleich Stalin!«
»Das weiß ich noch nicht«, antwortete Kobler skeptisch, weil er nicht wußte, was die Heilige Allianz bedeuten sollte. »Wer ist denn Stalin?« fragte er.
»Das läßt sich nicht so cinfach erklären«, meinte Schmitz zurückhaltend. »Kehren wir lieber zum Thema zurück: ich, Rudolf Schmitz, bin überzeugt, daß es zwischen den

europäischen bürgerlichen Großmächten zu keinem Krieg mehr kommen wird, weil man heutzutag eine Nation auf kaufmännisch-friedliche Art bedeutend billiger ausbeuten kann.« »Das sag ich ja auch immer«, nickte Kobler. »Das freut mich aber!« freute sich Schmitz und wurde wieder lebhaft: »Denkens doch nur an Amerika! Vergessens bitte nur ja nicht, daß die Vereinigten Staaten von Nordamerika Europa zu einer Kolonie degradieren wollen, und das werden sie auch, falls sich Europa nicht verständigen sollte, denn Europa ist ja schon ein Mandatsgebiet!« »Ob wir uns aber verständigen werden?« fragte Kobler und fühlte sich überlegen. »Wir müssen halt einen dicken Strich unter unsere Vergangenheit ziehen!« ereiferte sich Schmitz. »Ich persönlich hätt nichts dagegen«, beruhigte ihn Kobler. »Diese Zoll- und Paßschikanen sind doch purer Wahnsinn!« jammerte Schmitz. »Von einem höheren Standpunkt aus betrachtet«, meinte Kobler gelassen, »haben Sie schon sehr recht, aber ich glaub halt, daß wir uns nur sehr schwer verständigen werden, weil keiner dem andern traut, jeder denkt, der andere ist der größere Gauner. Ich denk jetzt speziell an Polen.«
»Waren Sie schon in Polen?«
»Ich war noch nirgends.«
»Aber ich war in Polen und hab mich sogar in eine Polin verliebt, es gibt halt überall anständige Menschen, lieber Herr! Einer muß halt mal beginnen, sich energisch für die Verständigungsidee einzusetzen!« Er leerte energisch den Rest der vierten Flasche Chianti. »Wir trinken noch eine«, entschied Kobler, und während Schmitz bereitwilligst bestellte, fixierte er die Büfettdame. »Also das ist Italien!« dachte er, und allmählich geriet er in exhibitionelle Stimmung. »Wenn ich was trink, kann ich lebhafter denken«, sagte er. Wenn schon! dachte Schmitz. »Wenn ich nichts trink, tut mir das Denken oft direkt

weh, besonders über so weltpolitische Probleme«, fuhr er fort.
Der Kellner brachte die fünfte Flasche, und Kobler wurde immer wißbegieriger. »Was bedeutet eigentlich ›Pan‹?« fragte er. »Das Universum zu guter Letzt«, dozierte Schmitz. »Und im Falle ›Paneuropa‹ bedeutet es die ›Vereinigten Staaten von Europa‹.« »Das weiß ich«, unterbrach ihn Kobler. Schmitz schlug mit der Faust auf den Tisch. »Aber ohne Großbritannien gefälligst!« brüllte er und mußte dann plötzlich gähnen. »Pardon!« riß er sich zusammen. »Ich hab jetzt gegähnt, aber ich bin noch gar nicht müd, das sind nur so Magengase, die sich bei mir besonders stark entwickeln, wenn ich etwas angeheitert bin. Apropos: kennen Sie meine Kriegsnovelle? Sie ist leider kein pekuniärer Erfolg, weil ich die grausige Realistik des Krieges mit meiner grausigen Phantastik verband, gewissermaßen ein Kriegs-Edgar-Allan-Poe. Ist Ihnen dieser Name ein Begriff?«
»Nein.«
»Ja, die Kunst hört allmählich auf«, murmelte Schmitz, ließ einen Donnernden fahren und wurde wieder sentimental. Er war eben ein Stimmungsmensch.
»Ich les ja schon lieber wahre Geschichten als wie erfundene, wenn ich was les«, sagte Kobler.
»Zwischen uns ist halt eben eine Generation Unterschied«, nickte Schmitz und lächelte väterlich. »Oft versteh ich Ihre Generation überhaupt nicht. Oft wieder scheinen mir Ihre Thesen schal, dürftig, adionysisch in einem höheren Sinn. In meiner Jugend hab ich den halben Faust auswendig hersagen können und den ganzen Rimbaud. Kennen Sie das trunkene Schiff? Pardon auf einen Moment! Ich muß jetzt mal naus.«
Und Kobler sah, daß Schmitz, wie er so hinausschritt, die Zähne zusammenbiß und die Fäuste krampfhaft ballte, so

sehr nahm er sich zusammen, um nicht umzufallen. »Bin ich denn auch schon so voll?« fragte er sich bekümmert. »Auf alle Fäll ist das ein interessanter Mensch.«
Und als der interessante Mensch wieder an den Tisch zurücktaumelte, wurde es allmählich Zeit, denn draußen auf dem Geleise standen bereits die durchgehenden Waggons nach Ventimiglia. Die beiden Herren sprachen noch etwas über die Politik an sich, über die Kunst an sich, und Schmitz beklagte sich noch besonders wegen der europäischen Zerfahrenheit an sich. Aber es wollte kein richtiges Gespräch mehr aufkommen, denn beide Herren konnten sich nicht mehr richtig konzentrieren. Kobler schrieb noch rasch eine Postkarte an die Perzl: »Bin soeben an Ihrer gewesenen Windmühle in Brescia vorbeigefahren. Gruß Kobler.« Und darunter schrieb Schmitz: »Unbekannterweise Handküsse Ihr sehr ergebener Rudolf Schmitz.« Dann zahlten die beiden Herren, und beide wurden vom Kellner betrogen, der sich hernach mit einem altrömischen Gruß empfahl.
Und Schmitz hob den Arm zum Faschistengruß, und auch Kobler tat so. Und auch die Büfettdame tat ebenso.

15

Als die beiden Herren aus dem warmen rauchigen Lokal in die frische Nachtluft traten, fielen sie fast um, denn sie hatten einen derartigen Rausch. Sie torkelten schon ganz abscheulich, und es dauerte direkt lange, bis sie endlich in einem der durchgehenden Waggons nach Ventimiglia saßen.
Beide Herren waren voneinander überaus begeistert, besonders Schmitz freute sich grandios, daß er den Kobler kennengelernt hatte. Bewegt dankte er ihm immer wieder,

daß er ihn nach Spanien begleiten darf. Dabei titulierte er ihn Baron, Majestät, General und Kommerzialrat.
Aber plötzlich hörte Kobler kaum mehr hin, so glatt wurde er nun von der Müdigkeit, die ihn schon in Verona gepackt hatte, um ihm die Augen einzudrücken, niedergeschlagen. Also antwortete er bloß lakonisch, meist nur mit einem Wort.
»Warum fahren Eminenz eigentlich nach Barcelona?« fragte Schmitz. »Ägypten«, murmelte die Eminenz. »Wieso Ägypten, Herr Veterinär?« »Standesamt«, stöhnte der Veterinär. »Politisch?« »Möglich!«
»Das gibt aber jetzt ein Interview!« brüllte Schmitz und geriet in hastige Begeisterung. »Ein Interview wie noch nie!« Er riß sich ein Notizbuch aus der Brust, um sich Koblers Antworten gewissenhaft zu notieren, denn jetzt wußte er vor lauter Rausch nicht mehr, was er tat.
»Darf man fragen«, legte er los, »was halten Herr Oberstleutnant von der Geist-Leib-Bewegung? Und was von der Leib-Geist-Bewegung?« Kobler riß die Augen auf und starrte ihn unsagbar innig an, ja er versuchte sogar zu lächeln. »Ich bin ganz der Ihre, gnädiges Fräulein«, lallte er.
»Jetzt wird mir schlecht!« brüllte Schmitz. »Jetzt wird mir plötzlich schlecht!« Er fuhr entsetzt empor und raste hinaus, um sich zu erbrechen. Kobler sah ihm überrascht nach und machte dann eine resignierte Geste. »Frauen sind halt unberechenbar«, lallte er. –
In einem solchen Zustand verließen die beiden Herren Milano, die Metropole Oberitaliens. Und dieser Zustand änderte sich auch kaum wesentlich während der restlichen Nacht. Zwar schliefen sie, aber ihr Schlaf war unruhig und quälend, voll dunkler, rätselhafter Träume.
So träumte Schmitz zum Beispiel unter anderem folgendes: Er schreitet leichten Fußes und beschwingten Sinnes über arkadische Sommerwiesen. Es ist um das Fin de

siècle herum, und er belauscht in einem heiligen Hain eine Gruppe sich tummelnder bildhübscher Helleninnen. »Paneuropa«, ruft er, und das ist die klassisch Schönste. Aber Paneuropa weist ihn schnippisch in seine Schranken zurück. »Wer weitergeht, wird erschossen!« ruft sie ihm übermütig zu und lacht silbern. Doch da wird ihm die Sache zu dumm, er verwandelt sich in einen Stier, und zwar in einen Panstier, und der gefällt der Paneuropa. Keuchend wirft sie sich um seinen Panstiernacken und bedeckt seine Panstiernüstern mit den hingebungsvollsten Küssen – aber während sie ihn also küßt, verwandelt sich die klassisch schöne Paneuropa leider Gottes in die miese Frau Helene Glanz aus Salzburg.
Und Kobler träumte bereits knapp hinter Milano von seinem armen Bruder Alois, der im Weltkrieg von einer feindlichen Granate zerrissen worden war. Nun trat dieser Alois als toter Soldat in einem weltstädtischen Kabarett auf und demonstrierte einem exklusiven Publikum, wie ihn seinerzeit die Granate zerrissen hatte. Dann legte er sich selber wieder artig zusammen, und das tat er voll Anmut. Und das Publikum sang den Refrain mit:

»Die Glieder
Finden sich wieder!«

16

Als die beiden Herren erwachten, ging es schon gegen Mittag. Sie hatten Genua glatt verschlafen, und nun näherten sie sich San Remo.
Draußen lag das Meer, unsere Urmutter. Nämlich das Meer soll es gewesen sein, in dem vor vielen hundert Millionen Jahren das Leben entstand, um später auch auf

das Land herauszukriechen, auf dem es sich in jener wunderbar komplizierten Weise höher und höher entwickelt, weil es gezwungen ist, sich anzupassen, um nicht aufzuhören.
Schmitz fiel es ein, daß Kobler jetzt zum erstenmal das Meer sieht. »Was sagen Sie eigentlich zum Meer?« fragte er. »Ich hab mir das Meer nicht anders gedacht«, antwortete Kobler apathisch. Er lag noch immer und sah noch sehr mitgenommen aus. »Beruhigen Sie sich, lieber Herr«, tröstete ihn Schmitz. »Mir tut der Schädel genau so weh wie Ihnen, aber ich beherrsch mich halt. Wir hätten uns in Milano nicht so besaufen sollen.« »Wir hätten uns halt in Milano beherrschen sollen«, lamentierte Kobler. »Jahrgang 1902«, murmelte Schmitz.
Sie fuhren nun am Meer entlang und hatten eigentlich nichts davon, trotzdem daß es zuerst die italienische Riviera di Ponente war und hernach sogar die französische Côte d'Azur. Zwischen den beiden mußten sie wiedermal so eine amtliche Zoll- und Paßkontrolle über sich ergehen lassen, nämlich im Grenzort Ventimiglia. Hier war es Kobler am übelsten, aber selbst Schmitz vertrödelte hier fast eine volle Stunde auf der Toilette. Sie mußten halt für ihren Mailänder Chianti bitter büßen, und das Bittere dieser Buße stand, wie häufig im Leben, im krassesten Mißverhältnis zur Süße des genossenen Vergnügens. Besonders Kobler konnte diese weltberühmte Landschaft überhaupt nicht genießen, er konnte auch nichts essen, übergab sich bei jeder schärferen Kurve und sah düster in die Zukunft. »Jetzt bin ich noch gar nicht am Ziel meiner Reise, und schon bin ich tot«, dachte er deprimiert. »Warum fahr ich eigentlich?«
Schmitz versuchte ihn immer wieder auf andere Gedanken zu bringen. »Sehens nur«, sagte er in Monte Carlo, »hier wachsen die Palmen sogar am Perron! Ich werd halt

das Gefühl nicht los, daß Westeuropa noch bedeutend bürgerlicher ist, weil es den Weltkrieg gewonnen hat. Ich möcht aber nicht wissen, was sein wird, wenn die Westeuropäer mal dahinterkommen, daß sie den Weltkrieg zu guter Letzt auch nur verloren haben! Wissens, was dann sein wird? Dann werden auch hier die Sozialdemokraten Minister.«

Und in Nizza konstatierte Schmitz, daß man hier Rechtens die Uhr nicht um eine Stund, sondern gleich um vierzig Jahre zurückdrehen müßte – und hierbei lächelte er sarkastisch, aber wenn er allein war, fühlte er sich manchmal sauwohl in der Atmosphäre von 1890, obwohl er sich dann immer selbst widersprechen mußte.

Und in Cap d'Antibes mußte Schmitz unter anderem an Bernard Shaw denken, und er dachte, das sei ein geistreicher Irländer, und von dem alten Nobel wär es schon eine sehr noble Geste gewesen, daß er den Nobelpreis gestiftet hätt, als er mitansehen mußte, wie sich die Leut mit seinem Dynamit gegenseitig in die Luft sprengen. –

Nun verließ der Zug das Meer und erreichte es wieder in Toulon. »Wir sind jetzt bald in Marseille«, sagte Schmitz. Es war bereits spät am Nachmittag, und die Luft war dunkelblau.

Draußen lag Toulon, ein Kriegshafen der französischen Republik. Und beim Anblick der grauen Torpedoboote und Panzerkreuzer stiegen in Schmitz allerhand Jugenderinnerungen empor. So erinnerte er sich auch, wie er einst als Kind mit der feschen Tante Natalie einen Panzerkreuzer der k. u. k. österreich-ungarischen Flotte in Pola hatte besichtigen dürfen. Die Tante hatte sich aber bald mit einem Deckoffizier unter Deck zurückgezogen, und er hatte droben fast eine halbe Stunde lang allein auf die Tante warten müssen. Und da hatte er sich sehr gefürchtet, weil die Kanonenrohre angefangen haben, sich von selber zu bewegen. »Ich versteh die französische Demokratie nicht«, dachte er nun in Toulon melancholisch. »Bei den Faschisten ist dieser Rüstungswahn nur natürlich, wenn man ihren verbrecherischen Egoismus in Betracht zieht, aber bei der französischen Demokratie mit ihrer europäischen Sendung? Sie werden sagen, daß La France halt gegen Mussolini rüsten muß, denn dieser Mussolini strebt ja nach Nizza und Korsika, und sogar den großen Napoleon will er für sich annektieren, und leider ist das halt logisch, was Sie da sagen, liebe Mariann!«

Endlich erreichten sie Marseille.

Es ist bekannt, daß sich jede größere Hafenstadt durch ein farbiges Leben auszeichnet. Aber ganz besonders Marseille.

In Marseille ist der Mittelpunkt des farbigen Lebens der alte Hafen, und der Mittelpunkt dieses alten Hafens ist das Bordellviertel. Wir werden darauf noch zurückkommen.

Als nun die beiden Herren die breite Treppe vom Gare Saint-Charles hinabstiegen, ging es Schmitz schon deutlich besser, während Kobler sich noch immer recht matt fühlte. Auch war es ihm, als könnte er noch immer nicht wieder korrekt denken. »Hier in Marseille entstand die Marseillaise«, belehrte ihn Schmitz. »Nur nichts mehr wissen!« wehrte sich Kobler mit schwacher Stimme.

Bald hinter Toulon war es bereits Nacht geworden, und nun hatten die beiden Herren keinen sehnlicheren Wunsch, als möglichst bald in einem breiten, weichen französischen Bett einschlafen zu können. Sie stiegen in einem kleinen Hotel am Boulevard Dugommier ab, das Schmitz als äußerst gediegen und preiswert empfohlen worden war. Aber der ihm das empfohlen hatte, mußte ein äußerst boshafter Mensch gewesen sein, denn das

Hotel war nicht gediegen, sondern ein Stundenhotel und infolgedessen auch nicht preiswert. Jedoch den beiden Herren fiel das bei ihrer Ankunft nicht auf, denn sie schliefen ja schon halb, als sie das Hotelbüro betraten. Sie gingen ganz stumm auf ihr Zimmer und zogen sich automatisch aus. »Hoffentlich sind Sie nicht mondsüchtig«, jammerte Schmitz. »Das wär ja noch das geringste«, belustigte ihn Kobler und fiel in sein Bett.

17

Die Nacht tat den beiden Herren sehr wohl. Befreit von der Monotonie der Schienen und Eisenbahnräder träumten sie diesmal nichts. »Heut bin ich neugeboren!« trällerte Schmitz am nächsten Morgen und band sich fröhlich die Krawatte. Und auch Kobler war aufgeräumt. »Ich freu mich schon direkt auf Marseille«, meinte er.
Als die beiden Herren angezogen waren, bummelten sie über die Canebière, jene weltberühmte Hauptverkehrsader. Dann fuhren sie mit einem Autobus über den Prado hinaus nach der Corniche, einer zufriedenen Straße, die immer am freien Meer entlang laufen darf. Hierauf fuhren sie mit dem Motorboot an alten, unbrauchbaren Festungen vorbei nach dem Inselchen des romantischen Grafen von Monte Christo. Hierauf fuhren sie mit einem kühnen Aufzug auf jenen unheimlich steilen Felsen, auf dem Notre Dame de la Garde steht. Von hier aus bot sich ihnen ein umfassendes Panorama. »Da unten liegt Marseille«, erklärte Schmitz die Situation. Hierauf fuhren sie mit der eisernen Spinne des Pont Transbordeurs, und zwar einmal hin und einmal zurück. Hierauf gingen sie in eines der populären Restaurants am alten Hafen, und zwar in das Restaurant »Zum Kometen«.

Da gab es allerhand zu essen, und alles war billiger als in Deutschland und Österreich. Infolgedessen überfraßen sich die beiden Herren fast. Besonders die Vorspeisen, von denen man um dasselbe Geld nehmen konnte, soviel man wollte, taten es ihnen an. Und auch das weiche weiße Brot. Mit dem Wein gingen sie diesmal mißtrauischer um, trotzdem wurde Schmitz wieder recht gesprächig. Er erinnerte Kobler an das treffende Sprichwort vom lieben Gott in Frankreich und fragte ihn hernach, ob es ihm schon aufgefallen sei, daß hier zahlreiche Lokale, oft wahre Prachtcafés, keine Klosette hätten, und das wäre halt so eine südfranzösische Spezialität. Hierauf zählte er ihm die Spezialitäten der Marseiller Küche auf und bestellte sich eine Art Fischsuppe. »Das ist aber eine eigenartige Speis«, meinte Kobler vorsichtig und schnupperte. »Ich glaub, daß da viel exotische Zutaten drin sind.«

»Erinnern Sie sich an das Kolonialdenkmal auf der Corniche?« erkundigte sich Schmitz mit vollem Munde. »Das war jenes Monumentaldenkmal für die im Kampfe gegen die französischen Kolonialvölker gefallenen Franzosen – natürlich stammt hier vieles aus den Kolonien, aber das stammt es überall! Auch unser berühmter Wiener schwarzer Kaffee wächst bei den Schwarzen. Hätten wir keine Kolonialprodukte, lieber Herr, könnten wir ja unsere primitivsten Bedürfnisse nicht befriedigen. Und glaubens mir, wenn man die armen Neger nicht so schamlos ausbeuten tät, wär das der Fall, denn dann wären ja alle Kolonialprodukte unerschwinglich teuer, weil dann halt die Plantagenbesitzer auch gleich das Tausendfache verdienen wollten – glaubens mir, mein sehr Verehrter, wir Weißen sind die größten Bestien!«

Jetzt mußte er plötzlich stark husten, weil er sich einen zu großen Bissen in den Rachen geschoben hatte. Als er sich ausgehustet hatte, fuhr er fort:

»Wenn wir weißen Bestien ehrliche Leut wären, müßten wir unsere Zivilisation auf den Bedürfnislosen aufbauen, deren Bedürfnisse auch ohne Negerprodukte befriedigt werden könnten, also gewissermaßen Waldmenschen – das wären also dann Staaten, die kaum ein Bedürfnis befriedigen könnten, aber wo blieb dann unsere abendländische Kultur?«

»Das weiß ich nicht«, antwortete Kobler und sah gelangweilt auf seine Uhr. »Wann gehen wir denn ins Bordellviertel?« fragte er besorgt.

»Jetzt rentiert sichs noch nicht, es ist noch zu hell«, meinte Schmitz. »Wir können ja bis dahin vielleicht noch einige alte Kirchen anschaun. Garçon, bringen Sie mir encore eine Banane!«

18

Gleich hinter dem schönen Rathaus von Marseille beginnt das berühmte Bordellviertel, düster und dreckig, ein wahres Labyrinth – als hörte es nirgends auf.

Je weiter man sich vom Rathaus entfernt, um so inoffizieller wird die Prostitution und um so vertierter gebärdet sie sich. Die Straßen werden immer enger, die hohen Häuser immer morscher, und auch die Luft scheint zu verfaulen.

»Der Gott und die Bajadere«, fiel es Schmitz plötzlich ein, denn er war halt ein Literat. »Sehens dort jene Bajader?« fragte er Kobler. »Jene fette Gelbe, die sich dort grad ihre schwarzen Füß wascht, ist das aber unappetitlich! Meiner Seel, jetzt fangt sie sich auch noch zu pediküren an! Das nennt sich Gottes Ebenbild!«

»Zum Abgewöhnen«, meinte Kobler.

»Passens auf«, schrie Schmitz, denn er sah, daß sich ein anderes Ebenbild Kobler näherte. Dieses Ebenbild hatte einen verkrusteten Ausschlag um den Mund herum und

wollte Kobler partout einen Kuß geben. Aber Kobler wehrte sich ganz ängstlich, während ein drittes Ebenbild Schmitz den Hut vom Kopf herunterriß und sehr neckisch tat, worüber eine Gruppe singalesischer Matrosen sehr lachen mußte.
»Ein interessantes Völkergemisch ist das auf alle Fäll«, konstatierte Schmitz, als er nach langwierigen Verhandlungen seinen Hut für fünf Zigaretten wieder zurückbekommen hatte. »Habens auch die japanische Hur gsehen?« »Ich hab auch die chinesische gesehen!« antwortete Kobler. »Man kann ja hier allerhand sehen. Ich versteh nur die Männer nicht, die sich mit sowas einlassen.«
»Das ist halt der Trieb«, meinte Schmitz, »und die Matrosen sollen oft einen ganz ausgefallenen Trieb haben.«
»Ich versteh die Matrosen nicht«, unterbrach ihn Kobler mürrisch. Und dann fluchte er sogar und beschwerte sich ungeduldig darüber, daß es in Marseille anscheinend keine netten Huren gibt, sondern bloß grausamabscheuliche. Er hätte sich diese Hafenstadt aber schon ganz anders vorgestellt. »Beruhigen Sie sich nur!« beschwichtigte ihn Schmitz. »Ich werd Sie jetzt in ein vornehmes, hochoffizielles Puff führen, ich hab die Adresse aus Wien vom Ober vom ›Bristol‹. Dort werden die Weiber sicher sehr gepflegt sein, und man soll dort allerhand erleben, auch wenn man sich nicht einläßt. In Hafenstädten soll man sowas ja überhaupt nicht machen, schon wegen der gesteigerten Ansteckungsgefahr. Hier ist doch alles krank.«
»Ich hab noch nie was erwischt«, meinte Kobler, und das war gelogen.
»Ich hab auch noch nie was erwischt«, nickte Schmitz, und das war auch gelogen. Dann wurde er wieder melancholischer. »Zu guter Letzt ist halt diese ganze Prostitution etwas sehr trauriges, aber man kann sie halt nicht

abschaffen«, lächelte er wehmütig.
»Das ist auch meine Meinung«, pflichtete ihm Kobler bei.
»Ich kenn einen Prokuristen, dem sein höchsts Ideal ist, mit der Frau, die er liebt, obszöne Bilder zu betrachten. Aber seine eigene Frau wehrt sich dagegen und behauptet, daß sie durch solche Photographien direkt lebensüberdrüssig werden tät. Also was bleibt jetzt dem Prokuristen übrig? Der Strich. Und wo eine Nachfrage ist, da ist halt auch ein Angebot da. Das sind halt so Urtriebe!«
»Was gibts doch für Viecher auf der Welt!« dachte Schmitz und wurde wieder philosophisch. »Ich betracht auch die Prostitution von einem höhern Standpunkt aus«, erklärte er. »Ich hab mir jetzt grad überlegt, daß wir Menschen, seitdem wir da sind, eigentlich nur drei Triebe, nämlich Inzest, Kannibalismus und Mordgier unterdrückt haben, und nicht einmal diese drei haben wir total unterdrückt, wie das uns in letzter Zeit wieder mal der Weltkrieg bewiesen hat. Das sind Probleme, lieber Herr! Sehen Sie sich zum Beispiel mich an! Ich hab in meiner Jugend mit dem kommunistischen Manifest sympathisiert. Man muß durch Marx unbedingt hindurchgegangen sein. Marx behauptet zum Beispiel, daß mit der Aufhebung der bürgerlichen Produktionsverhältnisse auch die Prostitution verschwindet. Das glaub ich nicht. Ich glaub, daß man da nur reformieren kann. Und das gehört sich auch so.«
»Wie?«
»Das hat man eben noch nicht heraußen, wie sich das gehört, man weiß nur, daß es sich marxistisch nicht gehört, denn wir erlebens ja gerade, daß der Kommunismus weit darüber hinausgeht und unsere ganze europäische Zivilisation vernichten will!«
Er hielt plötzlich ruckartig.
»So, und jetzt haben wirs erreicht«, sagte er. »Das dort drüben ist jenes Puff!« –

Der Ober im »Bristol« hatte wirklich nicht übertrieben, als er Schmitz seinerzeit sein Ehrenwort gegeben hatte, daß das Haus »Chez Madelaine« in jeder Hinsicht vorbildlich geführt wird, solid und reell. »Er hat ausnahmsweise nicht gelogen«, dachte Schmitz. »Ich werd ihm noch heut eine Ansichtskarte schreiben.«
Die Pförtnerin, eine freundliche Alte, führte die beiden Herren in den Empfangsraum, bot ihnen Platz an und bat, sich nur wenige Augenblicke zu gedulden. Der Empfangssalon war im Louis-XVI.-Stil gehalten, doch keineswegs protzig, eher schlicht. An den Wänden hingen Stiche nach Watteau und Fragonard, für die sich Schmitz rein mechanisch sofort interessierte. »Ob das nicht sehr teuer sein wird?« fragte Kobler mißtrauisch, aber Schmitz konnte ihn nicht beruhigen, denn in diesem Augenblick betrat die Madame den Salon.
Die Madame war eine ältere Dame mit wunderbar weißem Haar und sprechenden Augen, eine vornehme Erscheinung. Sie hatte etwas Königliches an sich und einen natürlichen Scharm. Aber auch etwas Strenges hatte sie um den Mund herum, und das mußte so sein, wenn sie den guten Ruf ihres Bordells hochhalten wollte. »Also das wird sehr viel kosten«, dachte Kobler besorgt, während sich die Madame taktvoll an Schmitz wandte, weil dieser der Ältere war. Sie begrüßte ihn sofort auf englisch, aber Schmitz unterbrach sie sofort, er sei kein Amerikaner, und sein Freund sei auch kein Amerikaner, sondern im Gegenteil. Der Madame schien das sehr zu gefallen, sie entschuldigte sich vielmals, lächelte überaus zuvorkommend und war nun nicht mehr reserviert, eher übermütig.
»Habens den Tonwechsel bemerkt?« flüsterte Schmitz dem Kobler zu, als sie der Madame in die Bar folgten. »Habens es bemerkt, wie verhaßt die Amerikaner in Frankreich sind? Hier möcht man halt auch keine ameri-

kanische Kolonie werden!«
»Das ist mir jetzt ganz wurscht!« unterbrach ihn Kobler unruhig. »Ich beschäftig mich jetzt nur damit, daß es hier recht viel kosten wird!«
»Was kann das schon kosten? Wir gehen jetzt einfach in die Bar und bestellen uns einfach zwei Whisky mit Soda, und sonst tun wir halt einfach nichts!«
Nun betraten sie die Bar.
In der Bar sah man fast lauter uniformierte Menschen, Soldaten und Matrosen, die sich mit den halbnackten Mädchen mehr oder minder ordinär unterhielten. Auch saßen in einer Ecke zwei Gäste aus Indien und in einer anderen Ecke saßen drei Sportstudenten aus Nordamerika, letztere mit hochroten Köpfen, aber mit puritanischem Getue. Und dann saßen noch zwei Herren da, um die sich die Mädchen aber nicht kümmerten: der eine war ein eingefleischter Junggeselle, und der andere war bloß gekommen, um der Madame Turftips zu geben.
Es war ein lebhafter Betrieb. Der Pianist spielte sehr talentiert, teils sentimental und teils unsentimental, er sah aus wie ein Regierungsrat. Und der Kellner sah aus wie Adolf Menjou und war sehr distinguiert. Alles war scharf parfümiert, und das mußte wohl so sein.
Als die Madame den Salon betrat, riß es die Dirnen etwas zusammen, denn sie hatten eine eiserne Disziplin im Leibe, trotz ihres ausgelassenen Gebarens. Sie bildeten sofort einen regelmäßigen Halbkreis um Schmitz und Kobler, streckten ihre Zungen heraus und bewegten selbe je nach Veranlagung rascher oder langsamer hin und her, und das sollte recht sinnlich und lasterhaft wirken. »Alors!« sagte die Madame, aber Schmitz erklärte ihr, sie wollten vorerst und vielleicht überhaupt nur eine einfache Kleinigkeit trinken. – »Très bien!« sagte die Madame, worauf sich der Halbkreis wieder auflöste. Trotzdem ließ

die Madame nicht so leicht locker und erkundigte sich, ob die beiden Herren nicht vielleicht eine Dame bloß zum Diskurieren haben wollten, sie hätte auch sehr intelligente Damen hier, mit denen man auch über Problematisches reden könnte. Insgesamt sprächen ihre Damen vierzehn Sprachen, und eine Deutsche sei auch unter ihnen, und sie wolle mal die Deutsche an den Tisch der beiden Herren dirigieren, und das würde natürlich absolut nichts kosten – solange es nämlich beim Diskurieren bleiben würde.

Die Madame ging, um die Deutsche herbeizuholen, die gerade verschwunden war –, da schritt eine Negerin durch die Bar. Sie hatte einen grellroten Turban und einen ganz anderen Gang als ihre weißen Kolleginnen, und dies gab dem Schmitz wiedermal Gelegenheit, sich über die gemeinsame Note der Europäerinnen zu äußern und darüber hinaus zu bedauern, daß man das typisch Europäische bisher nur oberflächlich formuliert hat. »Oder könnten Sie auf diese Menschen hier schießen, nur weil sie keine Deutschen sind?« Kobler verneinte diese Frage. Und Schmitz fuhr fort, daß es unter diesen Menschen da nicht nur Französinnen, sondern auch Rumäninnen, Däninnen, Engländerinnen und Ungarinnen gäbe, und er fragte triumphierend: »Na, was sagens jetzt zu dieser Organisation?« »Da sind wir in Deutschland freilich noch weit zurück«, meinte Kobler.

Nun trat die Deutsche an ihren Tisch. »Die Herren sind Deutsche?« fragte sie deutsch und beugte sich über Schmitz. »Ich bin auch eine Deutsche, na, wer will als erster?« »Das muß ein Irrtum sein«, wehrte sich Schmitz. »Wir dachten, du willst mit uns hier auf unser Wohl anstoßen und sonst nichts!« »Wie mich die Herren haben wollen«, meinte die Deutsche und setzte sich artig, denn sie konnte auch wohlerzogen sein.

Es stellte sich nun bald heraus, daß sie Irmgard heißt und aus Schlesien stammt. Sie kannte auch die Reichshauptstadt, dort wollte sie nämlich Verkäuferin werden, aber sie wurde Fabrikarbeiterin, und das war Schicksal. Denn die Maschinen gingen ihr sehr auf die Nerven, weil sie halt ein Landkind war. Ostern 1926 lernte sie einen gewissen Karl Zeschcke kennen, und der und die Maschinen wurden ihr wieder ein Schicksal. Sie bekam es bald im Kopf, und über Nacht fing sie an zu zeichnen und zu malen, und zwar lauter Hermaphroditen.
Die Madame hatte recht, man konnte mit Irmgard tatsächlich amüsant diskurieren – und als sie nach einem Weilchen von einem der uniformierten Herren verlangt wurde und sich also verabschieden mußte, lächelte Schmitz direkt gerührt: »Du bist schon richtig, Irmgard! Nämlich ich bin Schriftsteller, und wenn du Schreibmaschine schreiben könntest, dann wärst du das richtige Weiberl für mich!«

19

Noch in derselben Nacht verließen die beiden Herren Marseille, um nun über Tarascon, Cette und die spanische Grenze Port Bou ohne jede Fahrtunterbrechung direkt nach Barcelona zu fahren.
Sie fuhren durch Arles. »Hier malte van Gogh«, erzählte Schmitz. »Wer war das?« fragte Kobler. »Ein großer Maler war das«, antwortete Schmitz und sperrte sich traurig ins Klosett. »Hoffentlich werd ich jetzt endlich was machen können«, murmelte er vor sich hin, aber bald mußte er einsehen, daß er vergebens gehofft hatte. »Also das ist schon ein fürchterlicher Idiot!« konstatierte er wütend. »Jetzt kennt der nicht mal meinen geliebten van Gogh!

Jetzt probier ichs aber nochmal!« Gesagt, getan, aber er konnte und konnte nichts machen. »Auch van Gogh ist verkannt worden«, resignierte er, »es versteht bald keiner den andern mehr, es ist halt jeder für sich sehr einsam.« So blieb er noch lange sitzen und starrte grübelnd auf das Klosettpapier. Dann öffnete er plötzlich das Fenster, um auf andere Gedanken zu kommen. Die kühle Nachtluft tat ihm wohl. Neben dem Bahndamm stand das Schilf mannshoch, und das rauschte ganz romantisch-gespenstisch, wie der Expreß so vorüberbrauste. »Wie schön habens hier die Leut!« dachte Schmitz verzweifelt. »Was haben die hier für eine prachtvolle Nacht! Man sollt ein Poem über diese südfranzösischen Herbstnächte verfassen, aber ich bin halt kein Lyriker. Wenn ich zwanzig Jahr jünger wär, ja, aber jetzt bin ich schon zu bewußt dazu.«
In Tarascon, der Vaterstadt Tartarins, des französischen Oberbayern, mußten sie auf den Pariser Expreß warten, weil aus diesem viele Reisende in ihren Expreß umsteigen wollten, teils nach Spanien und teils nur nach Nîmes. Bald erschien auch der Pariser Expreß, und bald darauf erschien in ihrer Abteiltür eine Dame und wollte gerade fragen, ob noch was für sie frei wäre, aber Schmitz ließ sie gar nicht zu Wort kommen, sondern rief sofort, alle Plätze wären frei! Und er riß ihr direkt den Koffer aus der Hand, verstaute ihn fachmännisch im Gepäcknetz und überließ der Dame höchst beflissen seinen Eckplatz.
Es dürfte also überflüssig sein, zu bemerken, daß diese Dame sehr gut aussah, das heißt: sie war jung, schlank und dabei doch schön rund, hatte Beine, die an nichts anderes zu denken schienen als an das, und einen seltsam verschleierten Blick, als tät sie gerade das, und zwar überaus gern und immer noch nicht genug. Dabei duftete sie mit einer gewissen Zurückhaltung, aber um so raffinierter, vorn und hinten, rauf und runter – und bald duftete

das ganze Abteil nur mehr nach ihr, trotz der beiden Herren. Sie hatte also das bestimmte Etwas an sich, was man landläufig Sex-appeal nennt.
Die Dame nickte Schmitz einen freundlichen Dank, jedoch trotzdem einen reservierten, und ließ sich auf seinem ehemaligen Eckplatz nieder, und zwar in einer derart wollüstigen Art, als hätte sie was mit dem Eckplatz. Das regte den Schmitz natürlich sehr auf. Und auch Kobler war fasziniert. »Ägypten!« durchzuckte es ihn plötzlich, als er dahinterkam, daß alles an dieser Frau sehr teuer gewesen sein muß. »Ich hab ja schon immer an die Vorsehung geglaubt!« durchzuckte es ihn abermals. »Und wenn dieser Schmitz noch so glotzt, gegen mich kommt der –« Er stockte mitten in seinen Kombinationen und wurde blaß, denn nun durchzuckte es ihn zum drittenmal, und das war direkt zerknirschend. »Ich kann ja kein Französisch, also kann ich sie ja gar nicht ansprechen, und ohne Reden geht doch sowas nicht« – so lallte es in ihm.
Mit einer intensiven Wut betrachtete er den glücklichen Schmitz, wie dieser seine Ägypterin siegesgewiß nicht aus den Augen ließ. – »Jetzt wird er gleich parlieren mit ihr, und ich werd dabei sitzen wie ein taubstummer Aff! Solangs halt soviel Sprachen auf der Welt gibt, solang wirds halt auch dein Paneuropa nicht geben, du Hund!« so fixierte er grimmig seinen paneuropäischen Nebenbuhler.
Aber die Ägypterin schien sich mit Schmitz nicht einlassen zu wollen, denn sie reagierte in keiner Weise. Plötzlich schien ihr sein stereotypes Lächeln sogar peinlich zu werden – sie stand rasch auf und ging aufs Klosett.
»Eine Vollblutpariserin!« flüsterte Schmitz hastig und tat sehr begeistert. »Ich kenn das an den Bewegungen!« Geh, leck mich doch am Arsch! dachte Kobler verstimmt. »Wie sie vom Klosett kommt, sprech ich sie an!« fuhr Schmitz fort und kämmte sich rasch. »Sie werden ja leider nicht

mit ihr reden können«, fügte er schadenfroh hinzu. Kobler dachte abermals dasselbe.
Kaum saß die Vollblutpariserin wieder ihm gegenüber, nahm Schmitz seinen ganzen Scharm zusammen und sprach sie an, und zwar perfekt Französisch; sie hörte lächelnd zu und erklärte dann leise, sie könne nur äußerst gebrochen Französisch. »You speak English?« fragte Schmitz. »Nein, Allemagne«, sagte die Vollblutpariserin, und da gab es Kobler einen Riesenruck, während Schmitz ganz seltsam unsicher wurde. – »Also gibts doch eine Vorsehung!« dachte Kobler triumphierend, und Schmitz wurde ganz klein und häßlich.
»Ich bin zwar in Köln geboren«, sagte Allemagne, »aber ich leb viel im Ausland. Im Sommer war ich in Biarritz und im Winter war ich in St. Moritz.« »Die absolute Ägypterin!« dachte Kobler, und Schmitz riß sich wieder zusammen: »Köln ist eine herrliche Stadt!« rief er. »Eine uralte Stadt!« »Oh, wir haben aber auch schöne neue Viertel!« verteidigte die Ägypterin ihre Vaterstadt, und dies berührte Schmitz sehr sympathisch, denn er war auch der Ansicht, daß dumme Frauen eine akrobatische Sinnlichkeit besäßen. Und er liebte ja an den Frauen in erster Linie die leibhaftige Sinnlichkeit, besonders seit er mal ein seelisches Verhältnis hatte. Nämlich das war eine recht unglückliche Liebe, die sehr metaphysisch begann, aber mit Urkundenfälschung seitens der Frau endete. Er schonte die Frau bis zum letzten Augenblick, als sie aber eine Apanage von ihm haben wollte, schonte er sie nicht mehr, und als ihr dann die Bewährungsfrist versagt wurde, sagte er: »Ich bin halt ein Kind der Nacht!«
Es ist also nur verständlich, daß er jeder derartigen Erschütterung peinlich aus dem Wege ging, beileibe nicht aus Bequemlichkeit, sondern infolge gesteigerter Sensibilität und einer sexuellen Neurasthenie. Er wollte nichts

anderes als das Bett und ertappte sich oft dabei, wie er es gerade bedauert, daß Frauen auch Menschen sind und sogar sogenannte Seelen haben –, trotzdem konnte er das Bett nur durch seinen Geist erreichen, entweder unmittelbar oder indem er den Geist zuerst in Geld umgesetzt hatte, denn er hatte eben kein Sex-appeal. Mit andern Worten: er gelangte ins Bett nur durch seinen Geist, und sowas ist natürlich direkt tragisch.
Auch jetzt versuchte er dieser Rheinländerin mit seinem Intellekt zu imponieren: er zählte ihr seine zwanzig speziellen Duzfreunde auf, und das waren lauter prominente Namen, einer prominenter als der andere, und sie fing schon an, ein ganz kleinlautes Gesicht zu schneiden. – »Jetzt wird's aber höchste Zeit«, dachte Kobler und unterbrach Schmitz brutal: »Kennen Sie Marseille?« fuhr er seine Ägypterin an, die ihn deshalb ganz erschreckt betrachtete, und als sie ihn eingehender überblickt hatte, schien er ihr gar nicht zu mißfallen. – »Nein«, lächelte sie, und das ermunterte den Kobler sehr. »Marseille sollten Sie sich aber unbedingt anschauen, Gnädigste!« ereiferte er sich. »Es muß ja dort toll zugehen«, meinte die Gnädigste. »Das ist noch gar nichts, aber ich hab dort in einem verrufenen Hause Filme gesehen, die eigentlich verboten gehörten, Gnädigste!« »Erzählen Sie, bitte!« sagte die Gnädigste hastig und sah ihn dann still an, während sie Schmitz samt seinen prominenten Bekannten links liegen ließ.
Und Kobler erzählte: Zuerst wurden er und Schmitz in den dritten Stock geführt, in ein geräumiges Zimmer, in dem eine weiße Leinwand aufgespannt war. Es standen da zirka zehn Stühle, sonst nichts, und man ließ ihn und Schmitz mutterseelenallein und tröstete sie damit, daß der Operateur jeden Augenblick erscheinen müsse, und dann ginge es sofort los. Aber es verging eine geraume Zeit, und

es kam noch immer keine Seele, so daß es ihnen schon unheimlich wurde, weil man ja nicht wissen konnte, ob man nicht etwa umgebracht werden sollte, gelustmordet oder so –
Hier wurde aber Kobler von Schmitz energisch unterbrochen, denn es mißfiel ihm im höchsten Grade, daß diese Rheinländerin dem Kobler seine schweinischen Filme seinen prominenten Freunderln vorzog – er hatte schon eine Weile gehässig Koblers hochmoderne Socken betrachtet, und nun schlug sein soziales Gewissen elementar durch. Er betonte jedes Wort, als er ihr nun auseinandersetzte, daß in keinem offiziellen Bordell der Welt jemals etwas Unrechtes vorkommen könnte, weil sich die offiziellen Bordellunternehmer einer Gesetzesübertretung nimmermehr aussetzen würden, da sie es eben nicht nötig hätten, weil sie ja die Prostituierten in einer derart verbrecherisch-schamlosen Weise ausbeuteten, daß sie auch im Rahmen der Gesetze einen glatten Riesengewinn aufweisen könnten. Und dann wandte er sich an Kobler und fragte ihn gereizt, ob er sich denn nicht erinnern könne, daß im ersten Stock zufällig eine Tür offenstand, durch die man den zuchthausmäßig einfachen gemeinsamen Speisesaal der Prostituierten sehen konnte, und ob er es denn schon vergessen hätte, wie furchtbar es im zweiten Stock nach Medikamenten gestunken hätte, trotz des aufdringlichen Parfüms, denn dort sei das Zimmer des untersuchenden Arztes gewesen.
Aber nun ließ ihn die Gnädigste nicht weiterreden, denn das sei nämlich furchtbar desillusionierend, protestierte sie. Worauf Kobler sofort sagte: »Also endlich erschien der Operateur, und dann gings endlich los.« – Aber Schmitz gab sich noch nicht geschlagen, und er bemerkte bissig, das hätte so lange gedauert, weil nämlich dieser Operateur gelähmt gewesen sei, zwar nur die Beine und

nicht der Oberkörper, aber er hätte halt von zwei Männern die Treppen heraufgetragen werden müssen – – »Pfui!« rief die Gnädigste. »Pardon!« entschuldigte sich Schmitz korrekt und verließ wütend das Abteil.
»Woher haben nur diese Deutschen das Geld, als verarmte Nation so zum Vergnügen herumzufahren?« fragte er sich verzweifelt vor Wut. Er ging im Gang auf und ab. »Hab ich das notwendig, daß ich jetzt so zerknirscht bin?« grübelte er zerknirscht. »Ja, ich hab das notwendig. Denn was ist der Grund zur größten Wut? Wenn man ein lebendes Wesen an der Ausübung des Geschlechtsverkehrs hindert, das ist halt eine Urwut!«
So ging er noch oft auf und ab – plötzlich überraschte er sich dabei, daß er stehengeblieben war und verstohlen in das Abteil glotzte, in welchem sich seine Vollblutpariserin den Inhalt einiger pornographischer Filme erzählen ließ, die natürlich immer auf dasselbe Motiv hinausgingen, ob sie nun auch in einem historischen, kriminellen oder zeitlosen Rahmen spielten. »Die gehört schon jenem«, dachte er, »die hängt ja direkt an seinen Lippen. Er ist ja auch zwanzig Jahr jünger als ich, was soll ich also machen? Die ganze Nacht kann ich wohl nicht da heraußenstehen, ich werd mich also wieder hineinsetzen müssen, die beiden da drinnen sind ja zusammen noch nicht so alt wie ich allein, die haben noch viel vor sich, was ich hinter mir hab, Jugend kennt halt keine Tugend« – und wie er so diese beiden Menschen, die sich gefielen, durch die Glastür beobachtete, kamen sie ihm allmählich immer entfernter vor, als lebten sie hundert Jahre später, und mit dieser Distanzierung wandelte sich auch allmählich seine Urwut in ahnungsvolle Erkenntnis ewiger Gesetze, natürlich nicht zuletzt auch infolge seines theoretischen Verständnisses der ganzen geschichtlichen Bewegung. »Die beiden jungen Leut da drin bestehen halt auch nur aus einzelnen

Zellen«, dachte er, »aus Zellen, die sich halt schon zu einem grandios organisierten Zellenstaat durchgerungen haben, in dem das Zellenindividuum schon aufgehört hat – und das steht halt jetzt auch unsern menschlichen Staaten bevor, siehe Entwicklung der ebenfalls staatenbildenden Termiten, die akkurat um hundert Millionen Jahre älter sind als wir, wir sind halt grad erst geboren, als wir« – dachte er, und plötzlich mußte er stark gähnen. »Jetzt wirds aber höchste Zeit, daß ich mich wieder setz!« fuhr er fort.
Er betrat also wieder das Abteil in einer väterlich-verständnisvollen Stimmung, und kaum hatte er sich gesetzt, hörte er den weiblichen Zellenstaat folgendes sagen: »Ja, ich fahr auch nach Barcelona! Nein, das ist aber interessant! Ja, ich bin noch gar nicht orientiert, wo man dort wohnen kann! Nein, Paris ist das Schönste, und was mir besonders dort gefällt, ist das, daß man sich dort elegant kleiden kann, was man bei uns in Duisburg ja kaum mehr kann, weil die Arbeiter so verhetzt sind, und wenn man elegant über die Straße geht, schauen sie einem fanatisch nach.«
»Da haben Sie schon sehr recht«, sagte Kobler.
»Wer? Die Arbeiter?« fragte Schmitz.
»Nein, die Gnädigste«, sagte Kobler.
Hör ich recht? dachte Schmitz.
»Ja, die Juden machen die Arbeiter ganz gehässig«, ließ sich der weibliche Zellenstaat wieder vernehmen. »Nein, ich kann die Juden nicht leiden, sie sind mir zu widerlich sinnlich, überhaupt stecken die Juden überall drinnen! Ja, es ist sehr schad, daß wir kein Militär mehr haben, besonders für diese halbwüchsigen Arbeiter und das Pack! Nein, also diese Linksparteien verwerf ich radikal, weil sie immer wieder das Vaterland verraten. Ja, ich war noch ein Kind, als sie den Erzberger erschossen haben! Nein, und

das hat mich schon damals sehr gefreut! Ja!«
»Ich bin auch sehr gegen jede Verständigungspolitik«, antwortete Kobler. Aber nun konnte sich Schmitz nicht mehr zurückhalten. »Was?« unterbrach er ihn und sah ihn stechend an. »Ja«, lächelte Kobler. »Nein!« brüllte Schmitz und verließ entrüstet das Abteil.
Aber diesmal lief ihm Kobler nach. »Sie müssen mich doch verstehen«, sagte er. »Ich versteh Sie nicht!« brüllte Schmitz und zitterte direkt dabei. »Sie sind mir einer! Ah, das ist empörend! Na, das is a Affenschand! Wie können denn so daherreden, wo wir jetzt drei Tag lang eigentlich nur über Paneuropa geredet haben!?«
»Im Prinzip haben Sie natürlich recht«, beschwichtigte ihn Kobler. »Aber ich muß doch so reden, weil das doch meine reiche Ägypterin ist, ihr Vater ist mehrfacher Aufsichtsrat und Großindustrieller, das hab ich schon herausbekommen, sie heißt Rigmor Erichsen und wohnt in Duisburg. Ägypten ist natürlich nur ein Symbol! Und was geht denn übrigens Ihr Paneuropa die Weiber an!?«
»Sehr viel, Herr Kobler! Denken Sie nur mal an den Krieg und die Rolle der Mütter im Krieg! Haben Sie denn schon mal über die Frauenfrage nachgedacht?«
»Die Frauenfrage interessiert mich nicht, mich interessiert nur die Frau!« sagte Kobler ungeduldig und wurde dann sehr ernst. »Übrigens, Herr Schmitz«, fuhr er fort, »möcht ich Sie nur bitten, mich jetzt ruhig emporarbeiten zu lassen; ich hab mir schon einen Plan zurechtgelegt: ich werd die Dame da drinnen in Barcelona kompromittieren, begleit sie dann nach Duisburg, kompromittier sie dort noch einmal, und dann heirat ich ein in Papas Firma. Und ob diese Dame da drin für Paneuropa ist oder nicht, das kann doch Paneuropa ganz wurscht sein!«
»Auf das reden sich alle naus!« sagte Schmitz und ließ ihn stehen.

20

Sie fuhren bereits durch Montpellier, und Schmitz stand noch immer draußen auf dem Gang, während sich Kobler und Rigmor noch immer über die Marseiller Filme unterhielten und sich dabei menschlich näherkamen.
»Und wegen so was ist der arme Alois gefallen!« dachte Schmitz deprimiert. »Was tät es schon schaden, wenn man diesen Kobler samt seiner Rigmor erschießen tät? Nichts tät das schaden, es tät wahrscheinlich nur was nützen!«
»Armer Alois!« seufzte er. »Ist es dir, armer toter Alois, schon aufgefallen, daß der Pazifismus infolge der großen russischen Revolution wieder ein Problem geworden ist? Ich meine, daß der Bolschewismus uns, die wir uns die geistige Schicht nennen, zwingt, unsere Stellungnahme zum Pazifismus einer gründlichen Revision zu unterziehen – denn hätts keinen Lenin gegeben, wär doch der Pazifismus für uns geistige Menschen kein Problem mehr. Er ist es nun plötzlich aber wieder geworden, infolge der Idee des revolutionären Krieges. – Meiner Seel, ich schwank umher, es gibt halt schon sehr schwierige Probleme auf dieser Malefizwelt! Ich sympathisier, ich muß halt immer wieder auf mich persönlich zurückkommen, mit Paneuropa, obwohl ich ja weiß, daß die Sowjets insofern recht haben, daß die paneuropäische Idee jeden Tag aufs neue verfälscht wird von unserer Bourgeoisie, wie halt jede Idee – und ich weiß auch, daß wir hier bloß eine Scheinkultur haben, aber ich freu mich halt über den Botticelli! Wenn die Sowjets nur nicht so puritanisch wären – ! Meiner Seel, ich bin aus purem Pessimismus manchmal direkt reaktionär! Skeptisch sein ist halt eine Selbstqual – aber was hab ich denn auf der Welt noch zu suchen, wenn mal die Skepsis verboten ist?«

21

Aber noch vor Spanien versöhnte sich Schmitz abermals mit den beiden jungen Menschen, teils weil er draußen im Gang immer schläfriger wurde, teils weil er halt schon überaus gern entsagungsvoll tat. Also konnte er sich nun wieder schön weich setzen und schlummern, jedoch leider nur bis zur spanischen Grenze.
Diese hieß Port Bou, und hier mußte man abermals umsteigen, und zwar mitten in der Nacht. Heute hat Kobler nur eine verschlafene Erinnerung an auffallend gekleidete Gendarmen und an einige höfliche Agenten der Exposición de Barcelona 1929, die ihm Prospekte und Kataloge ganz umsonst in die Hand drückten und dabei auf gut deutsch bemerkten, daß die angegebenen Preise natürlich keine Gültigkeit hätten. Schmitz jedoch erinnert sich noch genau, daß der spanische Anschlußzug nur erster und dritter Klasse hatte, da er im Gegensatz zu Kobler, der nachzahlen mußte, weil Rigmor natürlich erster fuhr, als Protest gegen diesen staatlichen Nepp allein in der dritten blieb und hier unhöfliche Gedanken über die spanischen Habsburger hatte.
In Barcelona stiegen sie zusammen in einem Hotel ab, und das war fast ein Wolkenkratzer, ein Spekulationsobjekt in der Nähe der Weltausstellung, das sehr zerbrechlich war – wahrscheinlich brauchte es nur über die Dauer der Weltausstellung zu halten. Es lag in einer breiten, argentinisch anmutenden Straße namens Calle Cortes.
Im Hotelbüro begrüßte sie der Dolmetscher, ein ehemaliger Ölreisender aus Prag. Auch zwei Portiers verbeugten sich vor ihnen. »Die Señorita hat zwei Rohrplattenkoffer, drei größere und vier kleinere Handkoffer«, sagte der Dolmetscher zu den beiden Portiers auf spanisch. »Der ältere Caballero ist sicher ein Redakteur, und der jüngere

Caballero ist entweder der Sohn reicher Eltern oder ein Nebbich. Entweder zahlt er alles oder nichts.« Hierauf stritten sich noch die beiden Portiers miteinander, ob sie dem Caballero Schmitz acht oder zehn Peseten abknöpfen sollten – sie einigten sich auf zehn, denn eigentlich war das ja kein Zimmer, sondern eine Kammer ohne Fenster, ohne Schrank, ohne Stuhl, nur mit einem eisernen Bett und einem eisernen Waschtisch.

Daneben war Koblers Zimmer das absolute Appartement. Es hatte sogar zwei Fenster, durch die man die Weltausstellung von hinten sehen konnte. Aber Kobler sah kaum hin, sondern konzentrierte sich ganz auf sich, er zog sich ganz um, wusch und rasierte sich. »Sie gehört schon mir!« dachte er, während er sich die Zähne putzte. »Das ist jetzt nur mehr eine Frage der Gelegenheit, wo und wann ich sie kompromittier.« Er war seiner Sache schon sehr sicher. Bereits in Montpellier hatte er sich einen Plan zurechtgelegt, hart und kalt, jede Möglichkeit erwägend und vor keinem sentimentalen Hindernis zurückschreckend, einen fast anatomisch genauen Plan zur Niederwerfung Ägyptens. »Was hat doch dieser Schmitz in Milano gesagt?« fiel es ihm ein, als er sich kämmte: »›Ihr junge Generation habt keine Seele‹, hat er gesagt. Quatsch! Was ist das schon, Seele?« Er knöpfte sich die Hosen zu. »Man muß immer nur ehrlich sein!« fuhr er fort. »Ehrlich gegen sich selbst, ich weiß ja, daß ich nicht gerade fein bin, denn ich bin halt ehrlich. Ich verschleier mich nicht vor mir, ich kanns schon ertragen, die Dinge so zu sehen, wie sie halt sind!«

22

Als endlich auch Rigmor säuberlich geputzt war, gingen sie gleich mal in die Weltausstellung. Also das war sehr imposant.
Rigmor las laut vor aus ihrem Katalog:

»Unter dem Schutze S. M. des Königs von Spanien und unter Mitwirkung der Königlichen Spanischen Regierung organisiert die Stadt Barcelona eine große Weltausstellung mit einem Kostenaufwand von hundert Millionen Goldmark.«

»Hundert Millionen!« dachte Schmitz. »Also – das ist das nicht wert!« Rigmor las weiter: »Barcelona ist die bedeutendste und größte Handels- und Fabrikstadt Spaniens; die Zahl ihrer Einwohner beträgt eine Million, und somit ist dieselbe die größte Stadt des Mittelmeeres.«
»Das Ganze ist halt eine politische Demonstration«, unterbrach sie Schmitz, »damit wirs sehen, daß Spanien aus seiner Lethargie erwacht.« Rigmor las weiter: »Barcelona will durch dieses großartige Unternehmen der Welt den Aufschwung der Stadt und des Landes zeigen. Zweifelsohne dürfte nach dem Weltkriege von keinem Lande eine in so großzügiger Weise angelegte Ausstellung organisiert worden sein, wozu sich die Stadt Barcelona veranlaßt gefühlt hat, von dem Wunsche beseelt, sich die vielseitigen und dauernden Fortschritte der Neuzeit anzueignen.«
»Voilà!« sagte Schmitz.
Zuerst betraten sie den Autopalast, in dem es nur Autos gab. Vor einem Kabriolett mit Notsitz mußte Kobler plötzlich an den Herrn Portschinger aus Rosenheim denken – »und so ist es auch mit dieser ganzen Politik«, dachte er, »der eine verkauft dem andern ein Kabriolett,

Deutschland, Frankreich, Spanien, England, und was weiß ich, – alle kaufen sich gegenseitig ihre Kabrioletts ab. Ja, wenn das alles streng reell vor sich ging, dann wär das ein ideales Paneuropa, aber zur Zeit werden wir Deutschen von den übrigen Nationen bloß betrogen, genau so, wie ich den Portschinger betrogen hab. In dieser Weise läßt sich Paneuropa nicht realisieren. Das ist kein richtiger Geist von Locarno!«
Und im Palast des Königlich Spanischen Kriegsministeriums dachte Kobler weiter: »Wenn halt Deutschland auch noch so eine Armee hätt mit solchen Kanonen, Tanks und U-Bootgeschwadern, dann könnten wir freilich leicht unsere alte Vormachtstellung zurückerobern, und dann könnten wir Deutschen leichter der ganzen Welt unsere alten Kabrioletts verkaufen, à la Portschinger! Das wär ja entschieden das günstigste, aber so ohne Waffen gehört das halt leider in das Reich der Utopie. Am End hat halt dieser Schmitz doch wahrscheinlich recht mit seiner paneuropäischen Idee!«
Und dann betraten sie den Flugzeugpalast, in dem es nur Flugzeuge gab. Dann den Seidenpalast, in dem es nur Seide gab, was Rigmor sehr angriff. Und dann auch den Italienischen Palast, in dem es eigentlich nur den Mussolini gab. Hierauf den Rumänischen, den Schwedischen und hinter dem Stadion den Meridionalpalast, in dem es allerhand gab. Und dann betraten sie den riesigen Spanischen Nationalpalast, in dem es eigentlich nichts gab – nur einen leeren Saal für zwanzigtausend Personen – »in wilhelminischem Stil«, konstatierte Schmitz. »Und langweilige Ölbilder«, meinte Kobler. »Ich möchte jetzt aber endlich in den Missionspalast!« begehrte Rigmor auf.
Der Missionspalast war sehr interessant, nämlich das war eine original vatikanische Ausstellung. Man mußte extra Eintritt zahlen, aber außerdem wurde man auch noch in

sinniger Weise auf Schritt und Tritt angebettelt, wie dies halt bei allen Vertretern des Jenseits üblich ist. Aber man konnte auch was sehen für sein Geld, nämlich was die Missionäre von den armen Primitiven zusammengestohlen und herausgeschwindelt hatten ad maiorem bürgerlicher Produktionsweise gloriam.

Nach dieser heiligen Schau fuhren sie mit einem Autobus nach dem Restaurant Miramare auf dem Mont Juich mit prachtvoller Aussicht auf Stadt und Meer. Das war ein sehr vornehmes Etablissement, und Rigmor schien sich wie zu Haus zu fühlen. Schmitz dagegen schien es peinlich, daß ihm gleich vier Kellner den Stuhl unter den Hintern schieben wollten, und Kobler wurde direkt blaß, als er die Preise auf der Speisekarte erblickte. »Im Katalog steht«, sagte Rigmor, »daß nach der Legende hier jener Ort gewesen sein soll, wohin Satan den Herrn geführt hatte, als er ihn mit den Herrlichkeiten der Erde verführen wollte.« Jedoch Kobler gab ihr keine Antwort, sondern dachte etwas sehr Unhöfliches, und Schmitz erriet, was er dachte, und sagte bloß: »Bestellen Sie, was Sie wollen!«

In diesem himmlischen Etablissement ließen sich außer ihnen noch etwa zwölf vornehme Gäste neppen, denn es war ja auch zu schön. Am Horizont grüßten die Berge der Gralsburg herüber, und links unten grüßte aus dem Trubel der Großstadt die Säule des Kolumbus empor – und wenn man gerade Lust hatte, konnte man auch zusehen, wie emsig im Hafen gearbeitet wurde. Und alle diese arbeitenden Menschen, tausend und aber tausend, wurden von hier oben gesehen, unwahrscheinlich winzig, als wäre man schon der liebe Gott persönlich.

Als es dämmerte, wollte Rigmor mal unter allen Umständen mit der Achterbahn fahren. Also wandten sich die drei Herrschaften dem Vergnügungspark zu, sie schritten durch einen lachenden Park, den die Kunst der Gärtner, begünstigt durch das milde Klima, hatte entstehen lassen. Rasch wurde es Nacht. Und durch die fast exotischen Büsche sahen die drei Herrschaften in der Ferne vor dem Nationalpalast die herrlichen Wasserspiele, und das waren nun tatsächlich Fortschritte der Neuzeit. Vor den Toren der Weltausstellung stand das Volk, das den Eintritt nicht zahlen konnte, und sah also von draußen diesen Fortschritten zu, aber es wurde immer wieder von der Polizei vertrieben, weil es den Autos im Wege stand.

23

Was ist in Spanien das Spanischste? Natürlich der Stierkampf, auf spanisch: Corrida de Toros – besonders Rigmor konnte ihn kaum mehr erwarten.
Die Stierkampfarena hatte riesige Dimensionen, und sie war noch größer, wenn man bedenkt, daß allein Barcelona drei solch gigantische Arenen besitzt. Trotzdem war alles ausverkauft, es dürften ungefähr zwanzigtausend Menschen dabei gewesen sein, und Schmitz erhielt nur mehr im Schleichhandel drei Karten im Schatten.
Die Spanier sind eine edle Nation und schreiten gern gemessen einher mit ihren nationalen Bauchbinden und angenehmen weißen Schuhen. Sogar auf den Toiletten steht »Ritter« statt »Herren«, so stolz sind die Spanier. Fast jeder scheint sein eigener Don Quichotte oder Sancho Pansa zu sein.
Gleich neben dem Hauptportal erblickte Schmitz die Stierkampfmetzgerei, hier wurden die Stierleichen von gestern als Schnitzel verkauft. Ein großes Polizeiaufgebot sorgte für Ruhe und Ordnung.
Drinnen in der Arena musizierte eine starke Kapelle, und der feierliche Einzug der Herren Stierkämpfer begann

pünktlich. »Sie werden da etwas prachtvoll Historisches erleben«, erinnerte sich Kobler an die Worte des Renaissancemenschen von Verona. Und das war nun auch ein farbenprächtiges Bild. Die Herren Stierkämpfer traten vor das Präsidium in der Ehrenloge und begrüßten es streng zeremoniell.
Und dann kam der Stier, ein kleiner schwarzer andalusischer Stier. Er war schon jetzt wütend, denn in seinem Rücken stak bereits ein Messer, und das war programmgemäß. In der Arena standen jetzt nur drei Herren mit roten Mänteln und ohne Waffen. Geblendet durch die plötzliche Sonne, hielt der Stier einen Augenblick, dann entdeckte er die roten Mäntel und stürzte drauf los, aber graziös wichen die Herren dem plumpen Tier aus. Großer Beifall. Auch Rigmor und Kobler applaudierten – da lauschte der Stier. Es schien, als fasse er es erst jetzt, daß ihm was Böses bevorsteht. Langsam wandte er sich seinem dunklen Zwinger zu, wurde aber wieder zurückgetrieben. Nun ritt ein Herr in die Arena, sein Pferd mußte von zwei Herren geführt werden, denn es war blind, ein alter, dürrer Klepper, ergraut in der Slaverei. Der Herr auf dem Klepper hatte eine lange Lanze, und der Stier wurde mit allerhand Kniffen auf den Klepper gehetzt, der sehr zitterte. Endlich war er so nahe, daß ihm der Herr mit aller Gewalt die Lanze in den Rücken treiben konnte, und zwar in eine besonders empfindliche Partie. Natürlich überrannte nun der Stier den Klepper, und natürlich liefen die Herren davon. Auch der verzweifelte blinde Klepper suchte zu fliehen, aber der Stier zerriß ihm den Bauch, womit der Stier in der Gunst des Publikums beträchtlich zu steigen schien, denn sie taten sehr begeistert. Endlich ließ er von dem Klepper ab, worauf einige Herren dem Sterbenden Sand in die Bauchhöhle schaufelten, damit sein Blut die Arena nicht beschmutze. Nun betraten drei

andere Herren die Arena, und jeder hatte in jeder Hand eine kurze Lanze, die oben mit bunten Bändern und unten mit Widerhaken verziert war. Die Herren stachen sie dem Stier in den Nacken, je zwei auf einmal, und das mußte dem Stier grauenhaft weh tun, denn er ging jedesmal trotz seiner Schwerfälligkeit mit allen vieren in die Luft, wand und krümmte sich, aber er konnte die Lanzen nicht abschütteln wegen ihrer überlegt konstruierten Widerhaken. Seine grotesken Bewegungen riefen wahre Lachsalven hervor. Großer Applaus – und plötzlich stand ein Herr allein in der Arena. Das war der oberste Stierkämpfer, der Matador. Er hatte ein grellrotes Tuch und darunter versteckt ein Schwert, mit dem er seinem Stier den Todesstoß versetzen mußte, er war also endlich der Tod persönlich. Dieser Tod hatte sehr selbstbewußte Bewegungen, denn er war ein Liebling des Publikums. Sicher näherte er sich seinem Opfer, aber das Tier griff ihn nicht an, es war halt schon sehr geschwächt durch den starken Blutverlust und all die Qual. Jetzt sah es den Tod sich nähern, jetzt wurde ihm bange. Der Matador hielt knapp vor ihm, aber das Tier ließ ihn stehen und wankte langsam wieder seinem Zwinger zu, doch das Publikum pfiff und verhöhnte es, weil es mit dem Tod nicht kämpfen wollte, – mit einer eleganten Bewegung entblößte der Matador sein Schwert, und die Zwanzigtausend verstummten erwartungsvoll. Und in dieser gespannten Stille hörte man plötzlich jemand weinen – das war der Stier, traurig und arm. Aber unerbittlich näherte sich ihm der Tod und schlug ihm mit seinem Tuch scharf über die verweinten Augen – da riß sich das Tier noch mal zusammen und rannte in das Schwert. Aus seinem Maule sprang sein Blut, es wankte und brach groß zusammen mit einem furchtbar vorwurfsvollen Blick.
Nun geriet aber das Publikum ganz in Ekstase, hundert

Strohhüte flogen dem Tod zu. Schmitz war empört. »Das ist ja der reine Lustmord!« entrüstete er sich. »Diese Spanier begeilen sich ja an dem Todeskampf eines edlen, nützlichen Tieres! Höchste Zeit, daß ich meinen Artikel gegen die Vivisektion schreib! Recht geschiehts uns, daß wir den Weltkrieg gehabt haben, was sind wir doch für Bestien! Na, das ist ja widerlich, da sollt aber der Völkerbund einschreiten!« Aber auf Kobler wirkte der Stierkampf wieder ganz anders. »So ein Torero ist ein sehr angesehener Mann und ein rentabler Beruf«, dachte er. »Es ist ja natürlich eine Schweinerei, aber er wird ja sogar vom König empfangen, und alle Weiber laufen ihm nach!« Und auf Rigmor wirkte der Stierkampf wieder anders: sie hatte eine nervöse Angst, daß einem der Herren Stierkämpfer was zustoßen könnte – sie konnte kaum hinsehen, als wäre sie auch ein armes, verfolgtes Tier, immer öfter sah sie infolgedessen Kobler an, um nicht hinabsehen zu müssen, und kam dabei auf ganz andere Gedanken. »Möchten Sie, daß ich Torero wär?« fragte er. »Nein!« rief sie ängstlich, aber dann lächelte sie plötzlich graziös und schmiegte sich noch mehr an ihn, denn es fiel ihr was Ungehöriges ein.

24

Am nächsten Morgen saß Schmitz bereits um sieben Uhr beim Morgenkaffee, und während er frühstückte, schrieb er einen Artikel gegen die Vivisektion und einen andern Artikel für Paneuropa – es sah aber aus, als täte er an was ganz anderes denken, während er schrieb, so groß war seine Routine.

Als Kobler ihm guten Morgen wünschte, hatte er den zweiten Artikel noch nicht ganz beendet. »Ich arbeit grad

an der Völkerverständigung«, begrüßte ihn Schmitz, »ich bin gleich fertig damit!«
»Lassen Sie sich nur ja nicht aufhalten«, sagte Kobler und setzte sich. Plötzlich meinte er so nebenbei: »Wenns nur nach der Vernunft ging, dann könnt man sich ja leicht verständigen, aber es spielen da noch einige Gefühlsmomente eine Rolle, und zwar eine entscheidende Rolle!«
Schmitz sah ihn überrascht an.
Wo hat der das her? dachte er. Ich hab ihn anscheinend unterschätzt. Und laut fügte er hinzu: »Natürlich! Wir Verstandesmenschen sind bereits alle für die Verständigung, jetzt wird die Agitation in die große Masse der Gefühlsmenschen hineingetragen – das sind jene, die den historischen Prozeß weder analysieren noch kapieren können, weil sie halt nicht denken können. Auf diese kommts an, da habens natürlich recht, lieber Herr!«
»Trotzdem!« antwortete Kobler.
»Wieso?« fragte Schmitz höchst interessiert.
»Wenn ich jetzt an Polen denk, speziell an den polnischen Korridor«, meinte Kobler düster, »so kann ich halt kein Friedensgefühl aufbringen, da streikt das Herz, obwohl ich mit dem Verstand absolut nichts gegen Paneuropa hätt. So, aber jetzt reden wir von was Interessanterem!« – und er teilte Schmitz mit, daß er die soeben verflossene Nacht mit Rigmor verbracht hätte. »Sie können mir unberufen gratulieren!« sagte er und sah recht boshaft aus. »Ich hab halt die richtige Taktik gehabt, und sie ist sehr temperamentvoll!«
»Also das hab ich bis zu mir herübergehört«, winkte Schmitz ab. »Aber über mir waren welche, die waren anscheinend noch temperamentvoller, weil mir der ganze Mörtel vom Plafond ins Gsicht gfallen ist. Der Dolmetscher sagt mir grad, das sei ein Herr von Stingl und eine italienische Komteß. Aber auf das Körperliche allein

kommts ja bekanntlich nicht an; hat sie sich denn überhaupt in Sie ernstlich verliebt? Ich mein – mit der Seele?«
»Ich bin meiner Sache sicher!« triumphierte Kobler.
»Herr Alfons Kobler«, sagte Schmitz und betonte feierlich jede Silbe, »glaubens mir, das Weib ist halt doch noch eine Sphinx, trotz der Psychoanalyse!« Und dann fügte er rasch hinzu: »Jetzt müssens mich aber entschuldigen, ich hab nur noch rasch was fürs Feuilleton zu tun.« Er schrieb: »Die kleine Rigmor läuft mir nach. Eine humoristische Schnurre von unserem Sonderkorrespondenten R. Schmitz (Barcelona). Motto: Und grüß mich nicht Unter den Linden!«

25

Der Sonderkorrespondent schrieb gerade: »– nur Interesses halber folgte ich meiner rassigen Partnerin, denn ich bin mit Leib und Seele Literat« – da betrat der Dolmetscher rasch das Lokal und bat Kobler, er möge sofort ins Konversationszimmer kommen, denn dort würde die Señorita auf ihn warten. »Warum denn dort, warum nicht hier?« fragte Kobler und war sehr überrascht. »Woher soll ich das wissen?« meinte der Dolmetscher. »Ich kann Ihnen nur sagen, daß die Señorita sehr nervös ist.« »Jetzt kommt die Sphinx«, dachte Schmitz, und Kobler tat ihm plötzlich leid, trotz der geweissagten Sphinx.
Im Konversationszimmer ging Rigmor auf und ab, sie war tatsächlich sehr nervös, und ihr Rock hatte eine interessante unregelmäßige Linie. Als sie Kobler erblickte, ging sie rasch auf ihn zu und drückte ihm einen Kuß auf die Stirne. »Was soll das?« dachte Kobler und wurde direkt unsicher. »Wie gehts?« fragte er sie mechanisch. »Sag, ob du mir verzeihen kannst?« fragte sie und sah dabei sehr

geschmerzt aus. Es wird ihr doch nichts fehlen? dachte er mißtrauisch, und dann fragte er sie: »Was soll ich dir denn verzeihen, Kind?« Aber da fing sie an zu weinen, und das tat sie vor lauter Nervosität. »Ich kann dir doch alles verzeihen«, tröstete er sie, »das bist du mir schon wert!« Sie trocknete sich die Tränen und putzte sich die Nase mit einem derart winzigen Taschentuch, daß sich Kobler unwillkürlich darüber Gedanken machte. Dann zog sie ihn zu sich hinab und wurde ganz monoton. Es sei gerade vor einer halben Stunde was Unerwartetes passiert, beichtete sie, und dies Unerwartete sei ein Telegramm gewesen, und zwar aus Avignon. Der Absender des Telegramms sei ein Herr, und zwar ein gewisser Alfred Kaufmann aus Milwaukee, ein Kunstmaler und amerikanischer Millionär. Der Millionär hätte aber wegen seiner Hemmungen nicht künstlerisch genug malen können, und deshalb wäre er nach Zürich gefahren, um seine Libido kurieren zu lassen, und er hätt sie mindestens vier Wochen lang kurieren lassen wollen, aber anscheinend sei er nun unerwartet rasch mit seiner Libido in Ordnung gekommen. So würde er nun statt in vierzehn Tagen bereits heute früh unerwartet in Barcelona ankommen, und zwar könnte er jeden Moment hier im Hotel eintreffen, und das wäre ihr ganz entsetzlich grauenhaft peinlich, denn dieser Amerikaner sei ja ihr offizieller Bräutigam, ein sympathischer Mensch, aber trotzdem hätte sie lieber was mit einem Deutschen. Und dann weinte sie wieder ein bißchen, sie hätte sich jetzt schon so sehr gefreut auf diese vierzehn liebverlebte Tage mit ihm (Kobler), aber sie müsse halt den Mister Kaufmann heiraten, schon wegen ihres Papas, der dringend amerikanisches Kapital benötige, trotz der Größe seiner Firma, aber Deutschland sei eben ein armes Land, und besonders unter der Sozialversicherung litte ihr Papa unsagbar.

Kobler war ganz weg. Da sah er sich nun seine Schlacht verlieren, und zwar eine Entscheidungsschlacht. Die U.S.A. kamen über das Meer und schlugen ihn, schlugen ihn vernichtend mit ihrer rohen Übermacht, trotz seiner überlegenen Taktik und kongenialen Strategie. »Das ist gar kein Kunststück!« dachte er wütend, da erschienen U.S.A. persönlich im Konversationszimmer.
Das war ein Herr mit noch breiteren Schultern, und Kobler lächelte bloß sauer, obwohl er Rigmor gerade grob antworten wollte. »Hallo, Rigmor!« rief der Herr und umarmte sie in seiner albernen amerikanischen Art. »Der Professor sagt, ich bin gesund und kann sofort künstlerisch malen, wir fahren noch heut nach Sevilla und dann nach Athen! Wer ist dieser Mister?«
Rigmor stellte vor. »Ein Jugendfreund aus Deutschland«, log sie. Der Amerikaner fixierte Kobler kameradschaftlich. »Sie sind auch Maler?« fragte er. »Ich hab nichts mit der Kunst zu tun!« verwahrte sich Kobler, und es lag eine tiefe Verachtung in seiner Stimme. »Was macht Deutschland?« fragte er Amerikaner. »Es geht uns sehr schlecht«, antwortete Kobler mürrisch, aber der Amerikaner ließ nicht locker. »Wie denken Sie über Deutschland?« fragte er. »Wie denken Sie über Kunst? Wie denken Sie über Liebe? Wie denken Sie über Gott?«
Kobler sagte, heut könne er überhaupt nichts denken, nämlich er hätte fürchterliche Kopfschmerzen. Und als er die Tür hinter sich zumachte, hörte er noch Rigmor sagen: »Er ist ein sympathischer Mensch!«

26

Noch am selben Tag fuhr Kobler wieder nach Haus, und zwar ohne Unterbrechung. Er wollte eben nichts mehr sehen. »Jetzt hab ich fast meine ganzen Sechshundert ausgegeben, und für was? Für einen großen Dreck!« so lamentierte er. »Jetzt komm ich dann wieder zurück, und was erwartet mich dort? Lauter Sorgen!« Er war schon sehr deprimiert. Schmitz, der ihn väterlich an die Bahn begleitet hatte, versuchte ihn zu trösten: »Mit Amerika kann man halt nicht konkurrieren!« konstatierte er düster.

Und dann setzte er ihm noch rasch auseinander, daß er sich an seiner (Koblers) Stelle eigentlich nicht beklagen würde, denn er (Kobler) hätte ja nun sein ehrlich erworbenes Geld nicht nur für einen großen Dreck ausgegeben, sondern er wäre ja jetzt auch um eine bedeutsame Erfahrung reicher geworden, und er würde es wahrscheinlich erst später merken, was das für ein tiefes Erlebnis gewesen sei, ein Erlebnis, das ganz dazu angetan wäre, jemanden total umzumodeln. Nämlich er hätte doch soeben den schlagenden Beweis für Amerikas brutale Vorherrschaft erhalten, am eigenen Leibe hätte er nun diese unheilvolle Hegemonie verspürt.

»Und nun«, fuhr er fort und zwinkerte, »nun wird sich vielleicht auch Ihr Gefühl umstellen, nachdem Sie ja mit dem Verstand nichts gegen Paneuropa haben, wie Sie es mir heute früh erklärt haben. Große Wirkungen haben halt kleine Ursachen, und auch die größten Ideen –« – so warb Schmitz um Koblers Seele. Und dann vertraute er ihm, daß er persönlich sich niemals für eine Amerikanerin interessieren könnte. Er wollte ihm auch noch einiges über den Völkerbund sagen, doch da fuhr der Zug ab. »Sie fahren doch über Genf?« rief er ihm nach. »Also grüßen Sie mir in Genf den Mont Blanc!«

Kobler fuhr über Genf, aber den Mont Blanc konnte er nicht grüßen, denn es war gerade Nacht.

Auch hatte er jetzt das Pech, bis zur deutschen Grenze

keinen Mitreisenden zu treffen, der Deutsch sprach, also konnte er sich nicht ablenken und mußte allein sein. Und dieses Alleinseinmüssen plus endloser Fahrt bewirkten es, daß sich die Gestalt Rigmors seltsam auswuchs. Sie nahm direkt politische Formen an, diese Braut, in deren Papas Firma er nicht einheiraten durfte, weil Papa unbedingt nordamerikanisches Kapital zum Dahinvegetieren benötigt – diese verarmte Europäerin, die sich nach Übersee verkaufen muß, wurde allmählich zu einem deprimierenden Symbol. Über Europa fiel der Schatten des Mister A. Kaufmann mit der unordentlichen Libido. Kobler war sehr erbittert. Und als er endlich wieder deutsche Erde betrat, hegte er bereits einen innigen Groll gegen alle europäischen Grenzen. Noch in der deutschen Grenzstation kaufte er sich alle vorhandenen französischen, englischen und italienischen Zeitungen, obwohl er sie nicht lesen konnte – aber es war halt demonstrativ.
Er konnte es kaum mehr erwarten, jemand zu treffen, der Deutsch verstand. Aber der Zug war ziemlich leer, und obendrein ergab sich keinerlei Gelegenheit, mit einem der Reisenden in ein politisches Gespräch zu kommen.
Erst knapp vor München konnte er endlich einem älteren Herrn seine Gefühle und Gründe für einen unbedingt und möglichst bald zu erfolgenden Zusammenschluß Europas darlegen, besonders auf wirtschaftlichem Gebiet, nicht zuletzt auch infolge der bolschewistischen Gefahr – aber der Herr unterbrach ihn spöttisch: »Auch ich war mal Europäer, junger Mann! Aber jetzt –«, und nun brach nationalistischer Schlamm aus seinem Maul hervor par excellence.
Nämlich um die Jahrhundertwende hatte dieser Herr eine pikante Französin aus Metz geheiratet, die aber schon knapp vor dem Weltkrieg so bedenklich in die Breite zu gehen begann, daß er anfing, sich vor der romanischen

Rasse zu ekeln. Es war keine glückliche Ehe. Er war ein richtiger Haustyrann, und sie freute sich heimlich über den Versailler Vertrag.
»Soweit ich die Franzosen kenne«, schrie er nun Kobler an, »werden sie niemals das Rheinland räumen! Freiwillig nie, es sei denn, wir zwingen sie mit Gewalt! Oder glauben Sie denn, daß das so weitergeht?! Sehen Sie denn nicht, daß wir einem neuen europäischen Weltbrand entgegentaumeln?! Wissen Sie denn nicht, was das heißt: Amanullah und Habibullah?! Denken sie nur mal an Abd el Krim! Und was macht denn dort hinten der christliche General Feng?!« Er war ganz fanatisiert: »Oh, ich kenne die Franzosen!« brüllte er. »Jeder Franzose und jede Französin gehören vergast! Ich mach auch vor den Weibern nicht halt, ich nicht! Oder glauben Sie gar an Paneuropa?!«
»Ich hab jetzt keine Zeit für Ihre Blödheiten!« antwortete Kobler und verließ verstimmt das Abteil. Er war sogar direkt gekränkt.
Draußen im Gang entdeckte er einen freundlichen Herrn, der stand dort am Fenster. Kobler näherte sich ihm, und der Herr schien einem Diskurs nicht abgeneigt zu sein, denn er fing gleich von selber an, und zwar über das schöne Wetter. Aber Kobler ließ ihn nicht ausreden, sondern erklärte ihm sofort kategorisch, er sei ein absoluter Paneuropäer, und dies klang fast kriegerisch.
Der Herr hörte ihm andächtig zu, und dann meinte er, Barcelona sei sehr schön, er kenne es zwar leider nicht, nämlich er kenne nur jene europäischen Länder, die mit uns Krieg geführt hätten, außer Großbritannien und Portugal, also fast ganz Europa. Es sei allerdings höchste Zeit, sagte der Herr, daß sich dieses ganze Europa endlich verständige, trotz aller historischen Blödheiten und feindseliger Gefühlsduseleien, die immer wieder die Atmosphäre zwischen den Völkern vergiften würden, wie zum

Beispiel zwischen Bayern und Preußen. Zwar wäre das Paneuropa, das heute angestrebt würde, noch keineswegs das richtige, aber es würde doch eine Plattform sein, auf der sich das richtige Paneuropa entwickeln könnte.
Bei dem Worte »richtig« lächelte der Herr ganz besonders sonderbar, und dann meinte er, mit diesem Worte stünde es akkurat so wie mit dem Ausdruck »sozialer Aufstieg«. Nämlich auch diesen Ausdruck wäre man häufig gezwungen zu gebrauchen statt »Befreiung des Proletariats«. – Und wieder lächelte der Herr so sonderbar, daß es dem Kobler ganz spanisch zumut wurde.
Jetzt kam München.
Der Herr hatte sich bereits höflich empfohlen, und also konnte es Kobler nicht mehr herauskriegen, wer und was dieser Herr eigentlich war.

Zweiter Teil

Fräulein Pollinger wird praktisch

»Nur wer sich wandelt, bleibt
mit mir verwandt.«

I

Während der Herr Kobler verreist war, ereignete sich in der Schellingstraße nur das Übliche. Das Leben ging seine mehr oder weniger sauberen Wege, und allen seinen Bekannten stieß nichts Aufregendes zu, allerdings mit einer Ausnahme, aber Ausnahmen bestätigen bekanntlich die Regel.

Diese Ausnahme bildete das Fräulein Anna Pollinger, nämlich sie wurde aus heiterstem Himmel heraus plötzlich arbeitslos, und zwar total ohne ihre Schuld. Sie verlor ihre Stelle in der Kraftwagenvermietung infolge der katastrophalen Konjunktur. Diese Firma brach im wahren Sinn des Wortes über Nacht zusammen, von einem Dienstag zu einem Mittwoch. Am Mittwoch mittag standen daher zwounddreißig Arbeitnehmer auf der Straße, und auch der Arbeitgeber persönlich war nun bettelarm, denn teils hatten die räuberischen Zinsen und Wechsel seine Substanz vertilgt und teils hatte er die größere Hälfte dieser Substanz noch rechtzeitig auf den Namen seiner Frau umgeschrieben.

Auch Anna erhielt nun ein weißes Kuvert; sie öffnete es und las:

Zeugnis

Fräulein Anna Pollinger war vom 1. III. 29 bis 27. IX. 29 in der Kraftwagenvermietung »National« als Büromädchen tätig und bewährte sich selbe als ehrlich, fleißig und pflichtbewußt. Fräulein Pollinger scheidet aus infolge Liquidation der Firma. Auch unsere Firma wurde ein Opfer der deutschen Not. Andernfalls würden wir Fräulein Pollinger nicht gerne ziehen lassen und wünschen ihr alles Gute für ihr ferneres Leben.

Kraftwagenvermietung »National«
gez. Lindt.

2

Anna wohnte bei ihrer Tante, denn sie hatte keine Eltern mehr. Aber das fiel ihr nur manchmal auf, denn ihren Vater hatte sie eigentlich nie gesehen, weil er ihre Mutter schon sehr bald verlassen hatte. Und mit ihrer Mutter konnte sie sich nie so recht vertragen, weil halt die Mutter sehr verbittert war über die schlechte Welt. Noch als Anna ganz klein war, verbot es ihr die Mutter immer boshafter, daß sie ihrer Puppe was vorsingt. Die Mutter hatte keine Lieder und war also ein böser Mensch. Sie gönnte keiner Seele was und auch ihrer eigenen Tochter nichts. Knapp nach dem Weltkrieg starb sie an der Kopfgrippe, aber Anna konnte beim besten Willen nicht so richtig traurig sein, obwohl es ein sehr trauriger Herbsttag war.
Von da ab wohnte sie bei ihrer Tante in der Schellingstraße, nicht dort, wo sie bei der Ludwigskirche so vornehm beginnt, sondern dort, wo sie aufhört. Dort vermietete die Tante im vierten Stock zwei Zimmer und führte parterre das Geschäft ihres seligen Mannes weiter, und das war kaum größer als eine Kammer. Darüber stand »Antiquariat«, und in der Auslage gab es zerrissene Zeitschriften und verstaubte Aktpostkarten.
Das eine Zimmer hatte die Tante an einen gewissen Herrn Kastner vermietet, das andere stand augenblicklich unvermietet, denn es war verwanzt. In diesem Zimmer

konnte nun Anna vorübergehend schlafen statt bei der Tante in der Küche. Die Wanzen hatte der Herr Kastner gebracht, aber man konnte ihm nichts nachweisen, denn er war sehr raffiniert. –
Als nun Anna mit ihrem Zeugnis nach Hause kam, schimpfte die Tante ganz fürchterlich über diese ganze Nachkriegszeit und wollte Anna hinausschmeißen. Aber das war natürlich nicht ernstzunehmen, denn die Tante hatte ein gutes Herz, und ihr ewiges Geschimpfe war nur eine Schwäche von ihr. Anna war ja schon oft arbeitslos, und das letzte Mal gleich acht Wochen lang. Das war im vorigen Winter, und damals sagte der Herr Kastner zur Tante: »Ich höre, daß Ihre liebe Nichte arbeitslos ist. Ich habe beste Beziehungen zum Film, und es hängt also lediglich von Ihrer lieben arbeitslosen Nichte ab.«
Das mit dem Film war natürlich gelogen, denn der Herr Kastner hatte ganz andere Dinge im Kopf. Zum Beispiel ist er im August mit ihr ins Kino gegangen. Man hat den Film »Zehn Tage, die die Welt erschütterten« gegeben, und der Kastner hat sie dabei immer abgreifen wollen, aber sie hat sich sehr gewehrt, weil es ihr vor seinen Stiftzähnen gegraust hat. Der Kastner ist nachher sehr empört gewesen und hat sie gefragt, wie sie wohl darüber denke, daß man ein Fräulein in einen Großfilm einladet und dann »nicht mal das?!« – Aber acht Tage später hat er sie schon wieder freundlich gegrüßt, denn er hatte inzwischen eine Kassiererin aus Augsburg gefunden, die ihm zu Willen gewesen ist.

3

An diesem Abend ging Anna sehr bald zu Bett, und schon während sie sich auszog, hörte sie, daß nebenan der Kastner ausnahmsweise zu Hause geblieben ist. Er sprach mit

sich selbst, als täte er etwas auswendig lernen, aber sie konnte kein Wort verstehen. Plötzlich verließ der Kastner sein Zimmer und hielt vor ihrer Tür. Dann trat er ein, ohne anzuklopfen.
Er stellte sich vor sie hin wie vor eine Auslage. Er hatte seine moderne Hose an, war in Hemdsärmeln und roch nach süßlicher Rasierseife.
Sie hatte sich im Bette emporgesetzt und konnte sich diesen Besuch nicht erklären, denn der Kastner schnitt ein seltsam offizielles Gesicht, als wollte er gar nichts von ihr.
»Gnädiges Fräulein!« verbeugte er sich ironisch. »Honny soit qui mal y pense!«
Der Kastner sprach sehr gewählt, denn eigentlich wollte er Journalist werden, jedoch damals war seine Mutter anderer Meinung. Sie hatte nämlich viel mit den Zähnen zu tun und konstatierte: »Die Zahntechniker sind die Wohltäter der Menschheit. Ich will, daß mein Sohn ein Wohltäter wird!« Er hing sehr an seiner Mutter und wurde also ein Zahntechniker, aber leider kein Wohltäter, denn er hatte bloß Phantasie statt Präzision. Es war sein Glück, daß kurz nach Eröffnung seiner Praxis der Krieg ausbrach. Er stellte sich freiwillig und wurde Militärzahntechniker. Nach dem Waffenstillstand fragte er sich: »Bin ich ein Wohltäter? Nein, ich bin kein Wohltäter. Ich bin die typische Bohemenatur, und so eine Natur gehört auf den leichtlebigen Montmartre und nicht in die Morgue.«
Er wollte wieder Journalist werden, aber er landete beim Film, denn er hatte ein gutes konservatives Profil und kannte einen Hilfsregisseur. Er statierte und spielte sogar eine kleine Rolle in dem Film: »Der bethlehemitische Kindermord, oder Ehre sei Gott in der Höhe.« Der Film lief nirgends, hingegen flog er aus dem Glashaus, weil er eine minderjährige Statistin, die ein bethlehemitisches Kind verkörperte, nackt photographierte. –

Nun schritt er vor Annas Bette auf und ab und bildete sich etwas ein auf seine Dialektik. Er hörte sich gerne selbst, fühlte sich in Form und legte daher los wie ein schlechtes Feuilleton.
Zuerst setzte er ihr auseinander, daß es unnahbare Frauen nur in den Märchen und Sagen oder in Irrenhäusern gebe, nämlich er hätte sich mit all diesen Problemen beschäftigt, »er spreche hier aus eigener, aus sexualer und sexualethischer Neugier gesammelter Erfahrung«. So hätte er auch sofort erkannt, daß sie (Anna) keine kalte Schönheit sei, sondern ein tiefes stilles Wasser –
»Was geht denn das Sie an?« unterbrach ihn Anna auffallend sachlich, denn sie gönnte es ihm, daß er sich wiedermal über sie zu ärgern schien. Sie gähnte sogar.
»Mich persönlich geht das natürlich nichts an«, antwortete der Kastner und tat plötzlich sehr schlicht. »Ich dachte ja nur an Ihre Zukunft, Fräulein Pollinger!«
Zukunft! Da stand es nun wieder vor ihr, setzte sich auf den Bettrand und strickte Strümpfe. Das war ein altes, verhutzeltes Weiblein und sah der Tante ähnlich, nur daß es noch älter war, noch schmutziger und verschlagener – »Ich stricke, ich stricke«, nickte die Zukunft, »ich stricke Strümpfe für Anna!« Und Anna schrie: »So lassens mich doch! Was wollens denn von mir?!« »Ich persönlich will nichts von Ihnen!« verwahrte sich der Kastner feierlich, und die Zukunft sah sie lauernd an. –
Anna hatte keine Worte mehr, und der Kastner lächelte zufrieden, denn plötzlich ist es ihm aufgefallen, daß er auch Talent zum Tierbändiger hätte. Und er fixierte Anna, als wäre sie zumindest eine Seehündin. Er hätte sie zu gerne gezwungen, eine Kugel auf der Nase zu balancieren. Er hörte bereits den Applaus und überraschte sich dabei, daß er sich verbeugen wollte. »Was war denn das?!« fuhr er sich entsetzt an, floh aus dem Zirkus, der plötzlich

brannte, und knarrte los: »Zur Sache, Fräulein Pollinger! Was Sie nämlich in erotischer Hinsicht treiben, das läßt sich nicht mehr mitansehen! Nun sind Sie wiedermal arbeitslos, trotzdem hängen Sie sich ständig an Elemente wie an diesen famosen Herrn Kobler –« »Ich hänge mich an gar niemand!« protestierte sie heftig. »So war das ja nicht gemeint!« beruhigte er sie. »Mir müssen Sie nicht erzählen, daß Sie nicht lieben können, Fräulein! Sie können sich zwar mit jedem Kobler einlassen, aber wie Sie mal fühlen, daß Sie sich so richtig avec Seele verlieben könnten, kneifen Sie sofort, und dies soll natürlich kein Vorwurf sein, denn infolge Ihrer wirtschaftlichen Lage trachten Sie natürlich danach, jeder überflüssigen Komplikation aus dem Wege zu gehen – aber was ich Ihnen vorwerfe, ist einfach dies: daß Sie sich vergeuden! Heutzutag muß man auch seine Sinnlichkeit produktiv gestalten! Ich verlange zwar keineswegs, daß Sie sich prostituieren, aber ich bitte Sie um Ihretwillen, praktischer zu werden!«

»Praktisch?« meinte Anna, und es war ihr, als hätte sie dieses Wort noch niemals gehört. Sie sollte wirklich mehr an sich denken, dachte sie vorsichtig weiter und hatte das Gefühl, als wäre sie blind und müßte sich vorwärts tasten. Sie denke zwar eigentlich häufig an sich, fuhr sie fort, aber wahrscheinlich zu langsam. Wenn der Kastner noch nie recht gehabt hätte, so hätte er eben diesmal recht. Sie müsse sich das alles genau überlegen – was »alles«?

Seit es Götter und Menschen – kurz: Herrscher und Beherrschte gibt, seit der Zeit gilt der Satz: »Im Anfang war die Prostitution!«

»Diskretion Ehrensache!« hörte sie den Kastner sagen, und als sie ihn wiedererkannte, schnitt er ein überaus ehrliches Gesicht.

Das ist nämlich so: als die Herrschenden erkannt hatten,

daß es sich maskiert mit dem Idealismus eines gewissen Gekreuzigten bedeutend belustigender morden und plündern ließ – seit also dieser Gekreuzigte u. a. gepredigt hatte, daß auch das Weib eine dem Manne ebenbürtige Seele habe, seit dieser Zeit ist jenes »Diskretion Ehrensache!« ein Sinnspruch im Wappen der Prostitution.
Wer wagt es also, die heute Herrschenden anzuklagen, daß sie nicht nur die Arbeit, sondern auch das Verhältnis zwischen Mann und Weib der bemäntelnden Lügen und des erhebenden Selbstbetruges entblößen, indem sie schlicht die Frage stellen: »Na, was kostet schon die Liebe?« Kann man ihnen einen Vorwurf machen, weil sie dies im Bewußtsein ihrer wirtschaftlichen Macht der billigeren Buchführung wegen tun? Nein, das kann man nicht. Sie sind nämlich überaus ehrlich.
»Wieso?« fragte Anna und sah den Kastner ratlos an. Doch dieser machte eine Kunstpause. Dann sagte er: »Ich biete Ihnen eine Gelegenheit, um in bessere Kreise zu gelangen. Kennen Sie den Radierer Achner? Ich bin mit ihm sehr intim, er ist künstlerisch hochtalentiert und sucht zur Zeit ein passendes Modell – Sie könnten sich spielend zehn Mark verdienen und hätten prächtige Entfaltungsmöglichkeiten! In seinem Atelier gibt sich nämlich die Spitze der Gesellschaft Rendezvous, lauter Leute mit eigenem Auto. Das sind Menschen! Liebes Fräulein Pollinger, es tut mir nämlich tatsächlich weh, daß Sie Ihre Naturgeschenke derart unpraktisch verschleudern!«
»Es tut mir weh«, hörte das liebe Fräulein Pollinger und lächelte. »So täuscht man sich halt«, meinte sie leise, und der Kastner tat ihr plötzlich leid, und auch seine Stiftzähne taten ihr leid, die großen und die kleinen.
»Ich denke halt radikal selbstlos«, nickte ihr der Kastner zu und benahm sich direkt ergriffen.
Aber natürlich war das radikal anders. Als er nämlich

erfahren hatte, daß Anna arbeitslos geworden war, ist er sofort zu jenem Radierer geeilt und hat ihm ein preiswertes Modell angeboten – mittelgroß, schlank, braunblond, und es würde schon auch einen Spaß verstehen. Der Radierer hatte zufällig gerade ein solches Modell gesucht und ist infolgedessen sofort einverstanden gewesen. »Also«, hatte der Kastner gesagt, »wenn du dich dann ausradiert hast, werde ich erscheinen, Prunelle bring ich mit, Grammophon hast du –«
Anna schwieg.
»Es sei halt nun mal Weltkrieg gewesen«, fiel es ihr plötzlich ein, »und den könnte man sich nicht wegdenken, man dürfe es auch nicht.«

4

Als der Kastner sie verließ, kam sie sich noch immer nicht klarer vor. Sie hatte ihm zwar das Ehrenwort gegeben, daß sie sich morgen zum Achner begeben wird, denn zehn Mark sind allerhand Schnee. Und das Modellstehen wäre doch etwas absolut Ordentliches, das wäre ja nur ein normaler Beruf. Aber das »Praktischwerden« – das war ein folgenschwerer Rat, das wollte noch genau überlegt sein. Denn rasch kommt ein armes Mädchen auf die schiefe Bahn, und von dort kommt keine mehr zurück.
Des Kastners verführerische Prophezeiungen ließen ihr keine Ruh, aber dann tauchten auch andere Töne auf, und das waren finstere Akkorde – sie mußte sich direkt anklammern, um mit dem logischen Denken beginnen zu können. Erst allmählich nahmen ihre Gedanken festere Konturen an und wurden auch immer stiller und verhielten sich abwartend.
Jetzt stand jemand hinter ihr, aber sie sah sich nicht um,

denn sie fühlte es deutlich, daß das ein unheimlicher Herr sein muß. Und plötzlich war das Zimmer voll von lauter Herren, die hatten alle ähnliche Bewegungen und kamen ihr sehr bekannt vor.
»Wie war das doch?« hörte sie den unheimlichen Herrn fragen, und seine Stimme klang grausam weich. »Das war so«, meldete sich einer der Herren. »Das war auf dem Oktoberfest, und zwar vor der Bude des Löwenmädchens Lionella. Anna dachte gerade, ob diese Abnormität auch noch Jungfrau wäre, da lernte sie ihren Akademiker kennen.« »Wo steckt denn dieser Akademiker?« erkundigte sich der Unheimliche. »Der Herr Doktor ist bereits tot«, antwortete ein anderer Herr und nickte Anna freundlich zu. »Der Herr Doktor sitzt in der Hölle«, fuhr er fort, »denn er hatte einen schlechten Charakter, nämlich er hatte der Anna ihre Unschuld geraubt, und das war keine besondere Heldentat, denn sie hatte einen Bierrausch.« Aber da schnellte ein dritter Herr von seinem Stuhl empor. »Lügen Sie doch nicht so infam, Fräulein Pollinger!« schrie er sie an. »Sie tun ja jetzt direkt, als hätten Sie nicht ständig danach getrachtet, endlich das zu verlieren. So antworten Sie doch!« »Das ist schon wahr«, antwortete Anna schüchtern, »aber ich habs mir halt anders vorgestellt.« »Egal!« schnarrte der Dritte und wandte sich an den Unheimlichen: »Man muß es dem lieben Gott sagen, daß der Herr Doktor unschuldig in der Hölle sitzt!« Jetzt unterbrach ihn jedoch ein vierter Herr, und das war ein melancholischer Kaffeehausmusiker. »Das Fräulein Pollinger ist ein braver Mensch«, sagte er, »bitte fragen Sie doch nur den Herrn Brunner!« »Hier!« rief der Brunner. Er saß auf dem Sofa und beugte sich über das Tischchen. »Liebe Anna«, sagte er ernst, »ich weiß, daß ich deine einzige große Liebe war, aber ich hab dich ja nur aus Mitleid genommen, denn du bist ja gar nicht mein Typ.«

Dann erhob er sich langsam, er war ein riesiges Mannsbild. »Anna«, fuhr er fort, und das klang fast zärtlich, »wenn man an nichts anderes zu denken hat, dann ist so eine große Liebe recht abwechslungsreich. Aber ich bin Elektrotechniker, und die Welt ist voll Neid.« »Es dreht sich halt alles um das Geld«, lächelte Anna, und es tat ihr alles weh. »Richtig!« murmelten die Herren im Chor, und einige sahen sie vorwurfsvoll an. »Ich hab noch nie Geld dafür genommen«, wehrte sie sich. »Wo ist denn der Kobler?« fragte der Dritte ironisch. »Ach, der Kobler!« schrie Anna und geriet plötzlich außer sich. »Der sitzt ja jetzt in Barcelona, während ich mit euch reden muß, er hätt mir leicht was geben können!« »Na, endlich!« rief ein Herr aus der Ecke und trat rasch vor. Er hatte einen Frack an. »Du hast jetzt endlich praktisch zu werden, Fräulein!« sagte er. »Unten steht meine Limousine! Komm mit! Komm mit!«

5

Der Radierer Achner hatte sein Atelier schräg vis-à-vis. Er war ein komplizierter Charakter und das, was man im bürgerlichen Sinne als ein Original bezeichnet.
Als er Anna die Tür öffnete, hatte er einen Pullover an und Segelschuhe. Die Sonne brannte durch die hohe Glasscheibe, und es roch nach englischen Zigaretten. Auf dem Herdchen lagen zwei verbogene Löffel, ein schmutziger Rasierapparat und die Briefe Vincent van Goghs in Halbleinen. Im Bette lag ein Grammophon, und auf einer Kiste, die mysteriös bemalt war, thronte Buddha.
Das sei sein Hausaltar, meinte der Radierer. Sein Gott sei nämlich nicht gekreuzigt worden, sondern hätte nur ständig seinen Nabel betrachtet, er persönlich sei nämlich

Buddhist. Auch er persönlich würde regelmäßig meditieren, zur vorgeschriebenen Zeit die vorschriftsmäßigen Gebete und Gebärden verrichten, und wenn er seiner Eingebung folgen dürfte, würde er die Madonna mit sechs Armen, hundertzwanzig Zehen, achtzehn Brüsten und sechs Augen malen. Er persönlich verachte nämlich die Spießbürger, weil sie nichts für die wahre Kunst übrig hätten.

Aber manchmal träumte er von seiner Mutter, einer rundlichen Frau mit guten, großen Augen und fettigem Haar. Es war alles so schön zu Haus gewesen, es ist gut gekocht und gern gegessen worden, und heute schien es ihm, als hätten auch seine Eltern an das Christkind geglaubt und an den Weihnachtsmann. Und manchmal mußte er denken, ob er nicht auch lieber ein Spießbürger geworden wäre mit einem Kind und einer rundlichen Frau.

Dieser Gedanke drohte ihn zu erschlagen, besonders, wenn er allein im Atelier saß. Dann sprach er laut mit sich selber, nur um nichts denken zu müssen. Oder er ließ das Grammophon singen, rezitierte Rainer Maria Rilke, und manchmal schrieb er sich sogar selbst Nachrichten auf den Zettel mit der Überschrift:

Raum für Mitteilungen,
falls nicht zu Hause.

Er haßte die Stille.

Etwas in seinem Wesen erinnerte an seinen verstorbenen Onkel Eugen Meinzinger. Der sammelte Spitzen, hatte lange schmale Ohren und saß oft stundenlang auf Kinderspielplätzen. Er starb bereits 1908 nach einem fürcherlichen Todeskampfe. Zehn Stunden lang röchelte er, redete wirres Zeug und brüllte immer wieder los: »Lüge! Lüge! Ich kenn kein kleines Mizzilein, ich hab nie Bonbons bei mir, ich hab kein kleines Mizzilein in den Kanal gestoßen, Mizzilein ist von selbst ertrunken, allein! Allein! Ich hab ja nur an den Wädelchen getätschelt, den Kniekehlchen! Meine Herren, ich hab nie Bonbons bei mir!« Und dann schlug er wild um sich und heulte: »Auf dem Diwan sitzt der Satan! Auf dem Diwan sitzt noch ein Satan!« Dann wimmerte er, eine Straßenbahn überfahre ihn mit Rädern wie Rasiermesser. Und seine letzten Worte lauteten: »Es ist strengstens verboten, mit dem Wagenführer zu sprechen!« –

6

Und Anna betrachtete Buddhas Nabel und dachte, das wäre doch bloß ein Schmerbauch. Dann trat sie hinter die spanische Wand. »Ziehen Sie sich nur ruhig aus, in Schweden badet alles ohne Trikot«, ermutigte sie der Buddhist, jedoch sie fand es höchst überflüssig, daß er sich verpflichtet fühlte, ihr durch derartige Bemerkungen das Entkleiden zu erleichtern, denn sie hatte schon seit vorigem Frühjahr nichts dagegen, daß man sie ansah. Der Kastner hatte ihr mal eine Broschüre über den Geist der Antike aufgenötigt, und da stand drinnen, daß das Schamgefühl nur eine schamlose Erfindung des Christentums wäre.
Der Buddhist ging auf und ab. »Wir alle opfern auf dem Altar der Kunst«, meinte er so nebenbei, und das hatte zur Folge, daß sich Anna wiedermal über diese ganze Kunst ärgerte. Denn zum Beispiel: wie gut haben es doch die Bilder in den Museen! Sie wohnen vornehm, frieren nicht, müssen weder essen noch arbeiten, hängen nur an der Wand und werden bestaunt, als hätten sie Gott weiß was geleistet!
»Ich freu mich nur, daß Sie kein Berufsmodell sind!«

vernahm sie wieder des Buddhisten Stimme. »Ich hasse nämlich das Schema, ich bin krassester Individualist, hinter mir steht keine Masse, auch ich gehöre zu jener ›unsichtbaren Loge‹ wahrer Geister, die sich über ihre Zeit erhoben haben und über die gestern in den ›Neuesten‹ ein fabelhaftes Feuilleton stand!« So verdammte er den Kollektivismus, während Anna sich auszog.

Aber am meisten ärgerte sie sich über die Glyptothek, in der die Leute alte Steintrümmer anglotzen, so andächtig, als stünden sie vor der Auslage eines Delikatessengeschäftes.

Einmal war sie in der Glyptothek, denn es hat sehr geregnet, und sie ging gerade über den Königsplatz. Drinnen führte einer mit einer Dienstmütze eine Gruppe von Saal zu Saal, und vor einer Figur sagte er, das sei die Göttin der Liebe. Die Göttin der Liebe hatte weder Arme noch Beine. Auch der Kopf fehlte, und sie mußte direkt lächeln, und einer aus der Gruppe lächelte auch und löste sich von der Gruppe und näherte sich ihr. Er sagte, die Kunst der alten Griechen sei unnachahmbar, und er fragte sie, ob sie mit ihm am Nachmittag ins Kino gehen wolle, und sie trafen sich dann auf dem Sendlingertorplatz. Er kaufte zwei Logenplätze, aber da es ein nasser und kalter Sonntag war, war keine Loge ganz leer, und das verstimmte ihn, und er sagte, hätte er das geahnt, hätte er zweites Parkett gekauft, nämlich er sei sehr kurzsichtig. Und er wurde ganz melancholisch und meinte, wer weiß, wann sie sich wiedersehen würden, er sei nämlich aus Augsburg und müsse gleich nach der Vorstellung wieder nach Augsburg fahren, und eigentlich liebe er das Kino gar nicht, und die Logenplätze wären verrückt teuer. Hernach begleitete ihn Anna an die Bahn, er besorgte ihr noch eine Bahnsteigkarte und weinte fast, als sie sich trennten, und sagte: »Fräulein, ich bin verflucht. Ich hab mit zwanzig Jahren geheiratet, jetzt bin ich vierzig, meine drei Söhne zwanzig, neunzehn und achtzehn und meine Frau sechsundfünfzig. Ich war immer Idealist. Fräulein, Sie werden noch an mich denken. Ich bin Kaufmann. Ich hab Talent zum Bildhauer.«

7

Aber das Schicksal wollte es nicht haben, daß sie heute Modell steht, es hatte etwas anderes mit ihr vor. Nämlich unerwartet bekam der Buddhist Besuch, und der gehörte zu jenen besseren Kreisen, auf die sie der Kastner mit den Worten aufmerksam gemacht hatte: »Ich verlange zwar keineswegs, daß du dich prostituierst!«
Sie war erst halb ausgezogen hinter der spanischen Wand, als ein junger Herr elastisch das Atelier betrat. Er hieß Harry Priegler und war ein durchtrainierter Sportsmann.
Als einziger Sohn eines reichen Schweinemetzgers und dank der Affenliebe seiner Mutter, einer klassenbewußten Beamtentochter, die es sich selbst bei der silbernen Hochzeit noch nicht völlig verziehen hatte, einen Schweinemetzger geheiratet zu haben, konnte er seine gesunden Muskeln, Nerven und Eingeweide derart rücksichtslos pflegen, daß er bereits mit sechzehn Jahren als eine Hoffnung des deutschen Eishockeysportes galt. Und er enttäuschte die Hoffenden nicht. Allgemein beliebt, wurde er gar bald der berühmteste linke Stürmer und seine wuchtigen Schüsse auf das Tor, besonders die elegant und unhaltbar placierten Fernschüsse aus dem Hinterhalt, errangen internationale Bedeutung. Und was er auch immer vertrat, immer kämpfte er überaus fair. Nie kam es vor, daß er sich ein »Foul« zuschulden kommen ließ, denn

infolge seiner raffinierten Technik und seiner überragenden Geschwindigkeit hatte er dies nicht nötig.
Für Kunst hatte er kaum was übrig. Zwar ließ er sich sein Lexikon prunkvoll einbinden, denn das sei schöner als die schönste Tapete oder Waffen an der Wand. Auch las er gern Titel und Kapitelüberschriften, aber am liebsten vertiefte er sich in Zitate auf Abreißkalendern. Trotzdem fand ihn der Buddhist nicht unsympathisch, denn unter anderem ließ er ihn oft in seinem Auto fahren, und das war ein rassiger Sportwagen. –
Jetzt unterhielten sich die beiden Herren sehr leise. Nämlich dem Buddhisten wäre es peinlich gewesen, wenn Anna erfahren hätte, daß er dem Harry vierzig Reichsmark schuldet, da er etwas auf sich hielt. »Sicher fährt sie mit!« meinte er und betonte dies »sicher« so überzeugt, daß es Anna hören mußte, obwohl sie nicht horchte.
Nun wurde sie aber neugierig, denn sie liebte das Wort »vielleicht«. Scheinbar interessiert blätterte sie in den Briefen van Goghs und hörte, wie Harry von zwei Herren sprach, die ihm anläßlich seines grandiosen Spieles in der Schweiz persönlich gratulieren wollten. Als sie ihm aber ihre Aufwartung machten, da stahlen sie ihm aus seiner Briefmarkensammlung den »schwarzen Einser« und den »sächsischen Dreier«. Einer dieser Herren habe sich hernach an eine lebensfreudige Baronin attachiert, doch der Baron sei unerwartet nach Hause gekommen und habe nur gesagt: »Pardon!« Und dann haber er sich in der gleichen Nacht auf dem Grabe seiner Mutter erschossen. Und Harry meinte, er verstünde es nicht, wie man sich aus Liebe erschießen könnte. Und auch Anna schien dies schleierhaft. Sie dachte, was wäre das doch für eine Überspanntheit, wenn sie sich jetzt auf dem Grabe ihrer Mutter erschießen würde. Zwar hätte sie mal mit diesem Gedanken gespielt, zur Zeit ihrer einzigen großen Liebe, seiner-

zeit, da sie mit dem Brunner ging – aber heute kommt ihr das direkt komisch vor. Aus Liebe tun sich ja heut nur noch die Kinder was an!
Erst heute begreift sie ihren Brunner, der da sagte, daß wenn zwei sich gefallen, so kommen die zwei halt zusammen, aber das Geschwätz von der Seele in der Liebe, das sei bloß eine Erfindung jener Herrschaften, die wo nichts zu tun hätten, als ihren nackten Nabel zu betrachten. Und in diesem Sinne wäre es auch leidiglich bloß eine Gefühlsroheit, wenn irgendeine Anna außer seiner Liebe auch noch seine Seele verlangen täte, denn so eine tiefere Liebe endete bekanntlich immer mit Schmerzen, und warum sollte er sich sein Leben noch mehr verschmerzen. Er wolle ja keine Familie gründen, dann allerdings müßte er schon ein besonderes Gefühl aufbringen, denn immer mit demselben Menschen zusammenzuleben, da gehörte schon was Besonderes dazu. Aber er wolle ja gar keine Kinder, es liefen schon eh zuviel herum, wo wir doch unsere Kolonien verloren hätten. –
Als Anna Harry vorgestellt wurde, sagte er: »Angenehm!« Und zum Buddhisten: »Verzeih, wenn ich wiedermal störe!« »Oh, bitte!« unterbrach ihn dieser höflich. »Für heut sind wir so weit! Ziehen Sie sich nur wieder an, Fräulein!«
Anna fürchtete bereits, von Harry nicht aufgefordert zu werden, und so sagte sie fast zu früh »ja« und überraschte sich dabei, daß ihr seine Krawatte gefiel. Harry hatte sie nämlich gefragt: »Fräulein, Sie wollen doch mit mir kommen – nur an den Starnberger See –«
Unten stand sein Sportwagen, und der war wirklich wunderbar. Und dann gings dahin . . .

8

Nach einer knappen Stunde kam der Herr Kastner ins Atelier, wie er es gestern ausgemacht hatte – aber da der Buddhist dem Harry Priegler unter anderm vierzig Reichsmark schuldete, hätte er also unverzeihbar töricht gehandelt, wenn er seinem Gläubiger betreffs irgendeiner Anna nicht entgegengekommen wäre, nur um irgendeinem Kastner sein Versprechen halten zu können.
Der Kastner war ein korrekter Kaufmann und übersah auch sofort die Situation. Alles sah er ein und meinte nur: »Du hast wiedermal dein Ehrenwort gebrochen.« Aber dies sollte nur eine Feststellung sein, beileibe kein Vorwurf, denn der Kastner konnte großzügig werden, besonders an manchen Tagen.
An solchen Tagen wachte er meistens mit einem eigentümlichen Gefühl hinter der Stirne auf. Es tat nicht weh, ja es war gar nicht so häßlich, es war eigentlich nichts.
Das einzig Unangenehme dabei war ein gewisser Luftzug, als stünde ein Ventilator über ihm. Das waren die Flügel der Verblödung. –
»Ich hab extra einen Prunelle mitgebracht«, sagte er und lächelte resigniert. »Es wär sehr leicht gegangen mit deinem Grammophon, sie war ja ganz gerührt, daß ich ihr das hier beschafft hab, und sie hat eine feine Haut« – so saß er da und stierte auf einen Fettfleck an der spanischen Wand.
Dieser Fettfleck erinnerte ihn an einen anderen Fettfleck. Dieser andere Fettfleck ging eines Tages in der Schellingstraße spazieren und begegnete einem dritten Fettfleck, den er lange, lange Zeit nicht gesehen hatte, so daß diese einst so innig befreundeten Fettflecke fremd aneinander vorbeigegangen wären, wenn nicht plötzlich ein vierter Fettfleck erschienen wäre, der ein außerordentliches Per-

sonengedächtnis besaß. »Hallo!« rief der vierte Fettfleck. »Ihr kennt euch doch, wir wollen jetzt einen Prunelle trinken, aber nicht hier, hier zieht es nämlich, als stünde ein Ventilator über uns!«
Heut sprach der Kastner nicht gewählt, und auch auf seine Dialektik war er nicht stolz. »Heut hab ich direkt wieder gehinkt«, murmelte er vor sich hin, und die Sonne sank immer tiefer.
Es war sehr still im Atelier, und plötzlich meinte der Buddhist:

»Die Einsamkeit ist wie Regen,
sie steigt vom Meer den Abenden entgegen,
von Ebenen, die fern sind und entlegen,
geht sie zum Himmel, der sie immer hat,
und erst vom Himmel fällt sie auf die Stadt.
Regnet hernieder in den Zwitterstunden,
wenn sich nach Morgen wenden alle Gassen
und wenn die Leiber, welche nichts gefunden,
enttäuscht und traurig voneinander lassen
und wenn die Menschen, die einander hassen,
in einem Bett zusammen schlafen müssen:
Dann geht die Einsamkeit mit den Flüssen – «

»Das sind bulgarische Zigaretten«, antwortete der Kastner und sah seinen Fettfleck vertraulich an. »Bulgarien ist ein fruchtbares Land, ein Königreich. Das hier ist nicht der echte Tabak, denn die Steuern sind zu hoch, wir haben eben den Feldzug verloren. Es war umsonst. Wir haben umsonst verloren« – So trank er seinen Prunelle, und es dauerte nicht lange, da war er einverstanden. Eine fast fromme Ergebenheit erfüllte seine Seele, und es fiel ihm gar nicht auf, daß er zufrieden war. Er kam sich vor wie

ein gutes Gespenst, das sich über seine eigene Harmlosigkeit noch niemals geärgert hatte.
Selbst da der Prunelle alle wurde, war er sich nicht bös.

9

Als der Kastner den Fettfleck begrüßte, erblickte Anna den Starnberger See.
Die Stadt mit ihren grauen Häusern war verschwunden, als hätte sie nie in ihr gewohnt, und Villen tauchten auf, rechts und links und überall, mit Rosen und großen Hunden.
Der Nachmittag war wunderbar, und Anna fuhr durch eine aufregend fremde Welt, denn es ist ein großer Unterschied zwischen einem Soziussitz und einem wunderbaren Sportwagen. Sie hatte die Füße hübsch artig nebeneinander und den Kopf etwas nach hinten gezogen, denn auch der Wind war wunderbar, und sie schien kleiner geworden vor soviel Wunderbarem.
Harry war ein blendender Herrenfahrer.
Er überholte einfach alles und nahm die Kurven, wie sie kamen. Ausnahmsweise sprach er nicht über das Eishockey, sondern beleuchtete Verkehrsprobleme. So erklärte er ihr, daß für jedes Kraftfahrzeugunglück sicher irgendein Fußgänger die Schuld trägt, und darum dürfe man es einem Herrenfahrer nicht verübeln, wenn er, falls er solch einen Fußgänger überfahren hätte, einfach abblenden täte. In diesem Sinne habe er einen Freund in Berlin, und dieser Freund hätte mal mit seinem fabelhaften Wagen eine Fußgängerin überfahren, weil sie beim verbotenen Licht über die Straße gelaufen wäre. Aber trotz dieses verbotenen Lichtes sei eine Untersuchung eingeleitet worden, ja sogar zum Prozeß sei es gekommen, wahrscheinlich weil jene Fußgängerin Landgerichtsrats-

witwe gewesen sei, jedoch dem Staatsanwalt wäre es vorbeigelungen, seinen Freund zur Zahlung einer Entschädigung zu verurteilen. »Es käme mir ja auf ein paar tausend Märker nicht an«, hätte der Freund gesagt, »aber ich will die Dinge prinzipiell geklärt wissen.« Sie hätten ihn freisprechen müssen, obwohl der Vorsitzende ihn noch gefragt hätte, ob ihm denn diese Fußgängerin nicht leid täte, trotz des verbotenen Lichtes. »Nein«, hätte er gesagt, »prinzipiell nicht!« Er sei eben auf seinem Recht bestanden.

Jedesmal, wenn Harry einen Benzinmotor mit dem Staatsmotor zusammenstoßen sah, durchglühte ihn revolutionäre Erbitterung. Dann haßte er diesen Staat, der die Fußgänger vor jedem Kotflügel mütterlich beschützt und die Kraftfahrer zu Staatsbürgern zweiter Klasse degradiert. Überhaupt der deutsche Staat, meinte er, sollte sich lieber kümmern, daß mehr gearbeitet würde, damit wir endlich wieder mal hochkommen könnten! Fußgänger würden so und so überfahren, und nun erst recht! Da hätten unsere ehemaligen Feinde schon sehr recht, wenn sie in diesen Punkten Deutschland verleumdeten! Er könne ihre Verleumdungen nur unterschreiben, denn die wären schon sehr wahr, obwohl er durchaus vaterländisch gesinnt sei. Er kenne genau die Ansichten des Auslandes, da er mit seinem Auto jedes Frühjahr, jeden Sommer und jeden Herbst zwecks Erholung von der anstrengenden Eishockeysaison ein Stückchen Welt durchfahre.

Jetzt fuhren sie durch Possenhofen.

Hier wurde eine Kaiserin von Österreich geboren, und drüben am anderen Ufer ertrank ein König von Bayern im See. Die beiden Majestäten waren miteinander verwandt, und als junge Menschen trafen sie sich romantisch und unglücklich auf der Roseninsel zwischen Possenhofen und Schloß Berg.

Es war eine vornehme Gegend.
»Essen tun wir in Feldafing«, entschied Harry. »In Feldafing ist ein annehmbares Publikum, seit der Golfplatz draußen ist. In der Stadt kann man ja kaum mehr essen, überall sitzt so ein Bowel.« Und dann erwähnte er auch noch, früher sei er öfters nach Tutzing gefahren, das liege nur sechs Kilometer südlicher; aber jetzt könne kein anständiger Mensch mehr hin, nämlich dort stünde jetzt eine Fabrik, und überall treffe man Arbeiter.

10

In Feldafing sitzt man wunderbar am See.
Besonders an solch einem milden Herbstabend. Dann ist der See still, und du siehst die Alpen von Kufstein bis zur Zugspitze und kannst es oft kaum unterscheiden, ob das noch Felsen sind oder schon Wolken. Nur die Benediktenwand beherrscht deutlich den Horizont und wirkt beruhigend.
Im Seerestaurant zu Feldafing saßen lauter vornehme Menschen. Die Herren sahen Harry ähnlich, obwohl sich jeder die größte Mühe gab anders auszusehen, und die Damen waren durchaus gepflegt, wirkten daher sehr neu, bewegten sich fein und sprachen dummes Zeug. Wenn eine aufs Klosett mußte, schien sie verstimmt zu sein, während ihr jeweiliger Herr aufatmend rasch mal heimlich in der Nase bohrte oder sonst irgendwas Unartiges tat.
Die Speisekarte war lang und breit, aber Anna konnte sie nicht entziffern, obwohl die Speisen keine französischen Namen hatten, jedoch eben ungewöhnlich vornehme. »Königinsuppe?« hörte sie des Kellners Stimme, und ihr Magen knurrte. Der Kellner hörte ihn knurren und be-

trachtete voll Verachtung ihren billigen Hut, nämlich das Knurren kränkte ihn, da er einen schlechten Charakter hatte. Denn die wirklich vornehmen Leute essen bekanntlich, als hätten sie es nicht nötig zu essen. Als wären sie schon derart vergeistigt, und sind doch nur satt.
Harry bestellte zwei Wiener Schnitzel mit Gurkensalat, ließ aber hernach das seine stehen, weil es ihm zu dick war, verlangte russische Eier und sagte: »Wissen Sie Fräulein, daß ich etwas nicht ganz versteh: wieso kommt es nur, daß ich bei Frauen soviel Glück hab? Ich hab nämlich sehr viel Glück. Können Sie sichs vorstellen, wieviel Frauen ich haben kann? Ich kann jede Frau haben, aber das ist halt nicht das richtige.«
Er blickte verträumt nach der Benediktenwand und dachte: das beste ist, ich wart, bis es finster ist, dann fahr ich zurück und bieg in einen Seitenweg – und wenn sie nicht will, dann fliegt sie halt raus.
»Es ist halt nicht das richtige«, fuhr er laut fort. »Die Frauen sagen zwar, ich könnt hypnotisieren. Aber ob ich die Liebe find? Ob es überhaupt eine Liebe gibt? Verstehen Sie mich, was ich unter ›Liebe‹ versteh?« Es war noch immer nicht finster geworden, es dämmerte nur, und also mußte er noch ein Viertelstündchen Konversation treiben. »Zum Beispiel jene Dame dort am dritten Tisch links«, erzählte er, »die hab ich auch schon mal gehabt. Sie heißt Frau Schneider und wohnt in der Mauerkircherstraße acht. Der, mit dem sie dort sitzt, ist ihr ständiger Freund, ihr Mann ist nämlich viel in Berlin, weil er dort eine Freundin hat, der er eine Siebenzimmerwohnung eingerichtet hat. Aber als er die Wohnung auf ihren Namen überschrieben hat, entdeckte er erst, daß sie verheiratet ist und daß ihr Mann sein Geschäftsfreund ist. Diese Freundin hab ich auch schon mal gehabt, weil ich im Berliner Sportpalast Eishockey gespielt hab. Sie heißt

Lotte Böhmer und wohnt in der Meineckestraße vierzehn. Und dort rechts die Dame mit dem Barsoi, das ist die Schwester einer Frau, deren Mutter sich in mich verliebt hat. Eine fürchterliche Kuh ist die Alte, sie heißt Weber und wohnt in der Franz-Josef-Straße, die Nummer hab ich vergessen. Die hat immer zu mir gesagt: ›Harry, Sie sind kein Frauenkenner, Sie sind halt noch zu jung, sonst würden Sie sich ganz anders benehmen, Sie stoßen mich ja direkt von sich, ich hab schon mit meinem Mann soviel durchzumachen gehabt, Sie sind eben kein Psychologe.‹ Aber ich bin ein Psychologe, weil ich sie ja gerade von mir stoßen wollte. Und hinter Ihnen – schauen Sie sich nicht um! – sitzt eine große Blondine, eine auffallende Erscheinung, die hab ich auch mal von mir gestoßen, weil sie mich im Training gehindert hat. Sie heißt Else Hartmann und wohnt in der Fürstenstraße zwölf. Ihr Mann ist ein ehemaliger Artilleriehauptmann. Mit einem anderen ehemaligen Artilleriehauptmann bin ich sehr befreundet, und der ist mal zu mir gekommen und hat gesagt: ›Hand aufs Herz, lieber Harry! Ist es wahr, daß du mich mit meiner Frau betrügst?‹ Ich hab gesagt: ›Hand aufs Herz! Es ist wahr!‹ Ich hab schon gedacht, er will sich mit mir duellieren, aber er hat nur gesagt: ›Ich danke dir, lieber Harry!‹ Und dann hat er mir auseinandergesetzt, daß ich ja nichts dafür könnt, denn er wüßt es genau, daß der Mann nur der scheinbar aktive, aber eigentlich passive, während die Frau der scheinbar passive, aber eigentlich aktive Teil wäre. Das war schon immer so, hat er gesagt, zu allen Zeiten und bei allen Völkern. Er ist ein großer Psychologe und schreibt jetzt einen Roman, denn er kann auch schriftstellerisch was. Er heißt Albert von Reisinger und wohnt in der Amalienstraße bei der Gabelsbergerstraße.«

»Zahlen!« rief Harry, denn nun wurde es Nacht.

11

Im Forstenrieder Park bog Harry in einen Seitenweg, hielt scharf und starrte regungslos vor sich hin, als suchte er einen großen Gedanken, den er verloren hatte.
Anna wußte, was nun kommen würde, trotzdem fragte sie, ob etwas los wäre. Aber er schwieg sich noch eine Weile aus. Dann sah er sie langsam an und sagte, sie hätte schöne Beine. Er war jedoch gar nicht erregt, und jetzt mußte er sich schneuzen. Das benutzte sie, um ihm zu sagen, daß sie spätestens um neun in der Schellingstraße sein müsse, worauf er sie fragte, ob sie denn nicht fühle, daß er sie haben wolle. »Nein«, sagte sie, »fühlen tu ich das nicht.« »Ist das aber traurig!« meinte er und lächelte charmant.
Die Septembernacht war stimmungsvoll, und Harry fühlte sich direkt verpflichtet, Anna zu besitzen, denn sonst hätte er sich übervorteilt gefühlt, da sie nun mal in seinem Sportwagen saß und weil er ihr Wiener Schnitzel mit Gurkensalat bestellt hatte, obwohl er es ja bereits in Feldafing bemerkt hatte, daß sie ihn niemals besonders aufregen könnte. So kam alles, wie es kommen sollte, und Anna sah sich ängstlich um. Ob sie denn etwas gehört hätte, fragte er. »Ja«, sagte sie, »es war nichts.« Also näherte er sich ihr, und zwar in einer handgreiflichen Weise. Aber so rasch sollte er nicht an sein Ziel gelangen, denn nun hörte Anna wieder jenen Herrn im Frack – »Bitte, sei doch endlich praktisch!« bat sie der Herr und streichelte sie wie ein großer Bruder. »So geht das nicht!« sagte sie plötzlich, und ihre Stimme erschien ihr seltsam verändert, als gehörte sie einer neuen Anna.
»Sondern?« fragte Harry.
»Zehn«, sagte die neue Anna, und jetzt wurd es grausam still – –

»Fünf«, meinte Harry plötzlich und erhob sich energisch: »Dort drüben ist eine Bank!« Sie gingen zur Bank. Auf der Banklehne stand: Nur für Erwachsene.
Das war auf einer Lichtung, da sie zum erstenmal Geld dafür nahm. Droben standen die Sterne, und ringsum lag tief und schwarz der Wald. Sie nahm das Geld, als hätte sie nie darüber nachgedacht, daß man das nicht darf. Sie hatte wohl darüber nachgedacht, aber durch das Nachdenken wird die Ungerechtigkeit nicht anders, das Nachdenken tut nur weh. Es war ein Fünfmarkstück, und nun hatte sie keine Gefühle dabei, als wär sie schon tot.

Dritter Teil

Herr Reithofer wird selbstlos

»Und die Liebe höret nimmer auf.«

1

Wochen waren vergangen seit dieser Nacht, und nun wars Anfang November. Die Landeswetterwarte konstatierte, daß das Hoch über Irland einem Tief über dem Golf von Biskaya weiche. Drüben in Amerika soll bereits Schnee gefallen sein und auch der Golfstrom sei nicht mehr so ganz in Ordnung, hörte man in München.

Aber hier war der Herbst noch mild und fein, und so sollte er offiziell auch noch einige Tage bleiben. Seit vorgestern wohnte Anna nicht mehr bei ihrer Tante in der Schellingstraße, sondern in der Nähe des Goetheplatzes, und das kam so:

Am Montag erschien ein Kriminaler bei der Tante, der einst mit ihr in die Schule gegangen war, und teilte ihr vertraulich mit, daß ihre Nichte schon öfter beobachtet worden sei, wie sie sich außer jedem Zweifel dafür bezahlen ließe. Der Kriminaler erwähnte das nur so nebenbei aus Freundschaft, denn eigentlich war er ja zur Tante gekommen, um den Herrn Kastner zu verhaften wegen gewerbsmäßiger Verbreitung unzüchtiger Schriften und eines fahrlässigen Falscheids – aber der Kastner saß gerade im Café, und so hatte der Kriminaler Gelegenheit, seine alte Schulfreundin darauf aufmerksam zu machen, daß in der Polizeidirektion bereits ein Akt vorhanden wäre, in dem eine gewisse Anna Pollinger als verdächtiges streunendes Frauenzimmer geführt werde. Die Tante geriet ganz außer sich, und der Kriminaler bekam direkt Angst, es könnte sie der Schlag treffen, und drum suchte

er sie zu beschwichtigen. Man könne auch die Freudenmädchen nicht so ohne weiteres verdammen, sagte er, so habe er eine Bekannte gehabt, bei der hätten nur so leichtfertige Dinger gewohnt, doch die wären peinlich pünktlich mit der Miete gewesen und hätten die Möbel schon sehr geschont, sauber und akkurat. Sie hätten sich ihre Zimmer direkt mit Liebe eingerichtet und nie ein unfeines Wort gebraucht. Aber diese Argumente prallten an der Tante ihrer katholischen Weltanschauung ab. Sie war fürchterlich verzweifelt, warf Anna aus ihrem Heim und brach jede verwandtschaftliche Beziehung zu ihr ab. –
Auch den Herrn Kobler hatte Anna nie wieder gesprochen. Nur einmal sah sie ihn drüben an der Ecke stehen, und zwar mit dem Grafen Blanquez. Sie wollte hinüber, aber der Kobler wandte ihr derart ostentativ den Rücken, daß sie aufhörte, nach ihm zu fragen. »Ich kann sie nicht mehr sehen«, sagte er zu seinem Grafen, »ich bin halt diesen Verhältnissen hier schon etwas entwachsen und will nicht mehr runter von meinem Niveau.« »Da hast du schon sehr recht«, nickte der Graf, »denn sie ist leider total verkommen.« »Seit wann denn?« erkundigte sich Kobler. »Schon lang«, meinte der Graf. »Neulich erzählte mir unser Freund Harry, daß sie fünf Mark dafür verlangt hat.« »Nicht möglich!« rief Kobler. »Das sind halt diese fürchterlichen Zeiten, Europa muß sich halt einigen, oder wir gehen noch alle zugrund!« –
An diesem Abend wäre Anna fast auf der Wache gelandet, denn sie hatte einen lauten Auftritt in der Augustenstraße. Ein Waffenstudent spuckte ihr ins Gesicht, weil sie ihn ansprach, trotzdem er Couleur trug. Noch lange hernach wimmerte sie vor Wut und Haß und legte einen heiligen Eid ab, sich nie wieder mit einem Herrn einzulassen, aber sie konnte diesen Schwur nicht halten, denn die Natur verlangte ihr Recht. Sie hatte nämlich nichts zu essen. –

Die Natur ist eine grausame Herrin und gab ihr keinen Pardon. Und so fing sie bereits an, nur an das Böse in der Welt zu glauben, aber nun sollte sie ein Beispiel für das Vorhandensein des Gegenteils erleben, zwar nur ein kleines Beispiel, aber doch ein Zeichen für die Möglichkeit menschlicher Kultur und Zivilisation.

2

Als Anna ihren Herrn Reithofer kennenlernte, dämmerte es bereits. Das war in der Nähe der Thalkirchener Straße vor dem Städtischen Arbeitsamt. Auch der Herr Reithofer war nämlich arbeitslos, und er knüpfte daran an, als er sie ansprach – man konnte es ihr ja noch nicht ansehen, durch was sie ihren Unterhalt bestritt, denn da sie es erst seit kurzem tat, war sie äußerlich noch die alte Anna. Aber drinnen saß die neue Anna und fraß sich langsam an das Licht.

Der Herr Reithofer sagte, er sei nun schon ewig lange ohne Arbeit und eigentlich kein Bayer, sondern ein geborener Österreicher, und sie sagte, sie sei nun auch schon zwei Monate arbeitslos und eigentlich keine Münchnerin, sondern eine geborene Oberpfälzerin. Er sagte, er kenne die Oberpfalz nicht, und sie sagte, sie kenne Österreich nicht, worauf er meinte, Wien sei eine sehr angenehme Stadt, und sie sehe eigentlich wie eine Wienerin aus. Sie lachte gewollt, und er lächelte, er freue sich nun sehr, daß er sie kennengelernt habe, sonst hätte er noch das Reden verlernt. Aber sie fiel ihm ins Wort, man könne doch nicht das Reden verlernen. Nun zog eine Reichswehrkompanie an ihnen vorbei, und zwar mit Musik.

Als der Herr Reithofer die Reichswehr sah, meinte er, oft nütze im Leben der beste Wille nichts. Überhaupt gäbe es

viele Gewalten, die leider stärker wären als der Mensch, aber so dürfte man nicht denken, denn dann müßte man sich halt aufhängen. Er solle doch nicht so traurig daherreden, unterbrach sie ihn wieder, er solle lieber in den Himmel schauen, denn dort droben flöge gerade ein feiner Doppeldecker. Jedoch er sah kaum hin, nämlich das wisse er schon, und die Welt werde immer enger, denn bald würde man von dort droben in zwei Stunden nach Australien fliegen können, freilich nur die Finanzmagnaten mit ihren Sekretären und Geheimsekretärinnen. So sei das sehr komisch, das von dem Herrn von Löwenstein, der zwischen England und Frankreich in der Luft auf das Klosett hätte gehen wollen, aber derweil in den Himmel gekommen sei. Überhaupt entwickle sich die Technik kolossal, erst neulich habe ein Amerikaner den künstlichen Menschen erfunden, das sei wirklich großartig, daß der menschliche Geist solche Höhen erklimme, und sie werde es ja auch noch erleben, daß, wenn das so weitergehe, alle echten Menschen zugrund gehen würden. Daran wären zwar nicht die Maschinen schuld, sondern die anarchischen Produktionsverhältnisse, und er habe gestern gelesen, daß sich das Sphinxgesicht der Wirtschaft langsam dem Sozialismus zuwende, weil die Kapitalisten anfingen, sich zu organisieren – und er schloß: auch in München gäbe es künstliche Menschen, aber nun wolle er nichts mehr sagen.
Und während der Herr Reithofer so sprach, wurde es Anna sonnenklar, daß er sie verwechselt, und sie wunderte sich, daß sie noch nicht darauf zu sprechen gekommen sei, aber nun hatte sie plötzlich keinen Mut, davon anzufangen, und das war direkt seltsam. Sie sah ihn verstohlen an. Er hatte ein wohltuendes Geschau und auffallend gepflegte Hände. Was er denn für einen Beruf hätte, fragte sie. »Kellner«, sagte er, und hätte es keinen Welt-

krieg gegeben, wäre er heute sicher in einem ausländischen Grand-Hôtel, wahrscheinlich in Afrika, in der Oase Biskra. Er könnt jetzt unter Palmen wandeln. Auch die Pyramiden hätt er gesehen, wäre nicht die Schweinerei in Sarajevo passiert, wo die Serben den tschechischen Erzherzog, der wo der österreich-ungarische Thronfolger gewesen sei, erschossen hätten. Und Anna antwortete, sie wisse es nicht, was dieses Sarajevo für eine Stadt sei, ihr Vater sei zwar gefallen, und soviel sie erfahren hätte, liege er vor Paris, aber sie könne sich an diesen ganzen Weltkrieg nur schwach erinnern, denn als der seinerzeit ausgebrochen sei, wäre sie erst vier Jahr alt gewesen. Sie erinnere sich nur an die Inflation, wo auch sie Billionärin gewesen sei, aber sie denke lieber nicht daran, denn damals hätte man ihre liebe Mutter begraben. Zwar hätte sie ihre Mutter nie richtig geliebt, sie sei sehr mager gewesen und so streng weiß um den Mund herum, und sie hätte oft das Gefühl gehabt, daß die Mutter denken täte: »Warum lebt das Mädel?«
Hier meinte der Herr Reithofer, daß jeder Mensch Verwandte hätte, der eine mehr und der andere weniger und jeder Verwandte vererbe einem etwas, entweder Geld oder einen großen Dreck. Aber auch Eigenschaften wären erblich, so würde der eine ein Genie, der zweite ein Beamter und der dritte ein kompletter Trottel, aber die meisten Menschen würden bloß Nummern, die sich alles gefallen ließen. Nur wenige ließen sich nicht alles gefallen, und das wäre sehr traurig.
Jetzt gingen sie über den Sendlinger-Tor-Platz.
»Und was hat das Fräulein für einen Beruf?« fragte er. Sie sah ihn forschend an, ob er es bereits erraten hätte, und überraschte sich dabei, daß es ihr peinlich gewesen wär –
»Eigentlich hab ich das Nähen gelernt«, sagte sie und ärgerte sich nun über ihr ängstliches Gefühl. Denn die

Männer sind feine Halunken, und daran ändert auch ihre Arbeitslosigkeit nichts. Ob wohl dieser feine Arbeitslose drei Mark habe, überlegte sie, und stellte ihn auf die Probe: »Ich möcht jetzt gern ins Kino da drüben«, sagte sie.
Dem Herrn Reithofer kam dieser Vorschlag ziemlich unerwartet, denn er besaß nur mehr einen Zehnmarkschein, und es war ihm auch bekannt, daß er als österreichischer Staatsbürger auf eine reichsdeutsche Arbeitslosenunterstützung keinen rechtlichen Anteil habe, und er erinnerte sich, daß er 1915 in Wolhynien einen Kalmücken sterben sah, der genau so starb wie irgendein österreichischer Staatsbürger oder ein Reichsdeutscher. »Ich möcht gern ins Kino«, wiederholte sich Anna und sah ihn mit Fleiß recht verträumt an. Und um den toten Kalmücken zu verscheuchen, dachte er: auf die zwei Mark kommts schon auch nicht mehr an, und so freute er sich, daß er ihr die Freude bereiten kann, denn er war ein guter Mensch. »Nur schad, daß der Tom Mix nicht spielt!« meinte er. Nämlich er liebte diesen Wildwestmann, weil dem immer alles gelingt, aber ganz besonders verliebt war er in dessen treues Pferd. Überhaupt schwärmte er für alle Vieher – so wäre er 1916 fast vor ein Kriegsgericht gekommen, weil er einem russischen Pferdchen, dem ein Granatsplitter zwei Hufe weggerissen, den Gnadenschuß verabreicht und durch diesen Knall seine Kompanie in ein fürchterliches Kreuzfeuer gebracht hatte. Damals ist sogar ein Generalstabsoffizier gefallen.
Leider sah er also nun im Kino keine Vieher, sondern ein Gesellschaftsdrama, und zwar die Tragödie einer schönen jungen Frau. Das war eine Millionärin, die Tochter eines Millionärs und die Gattin eines Millionärs. Beide Millionäre erfüllten ihr jeden Wunsch, jedoch trotzdem war die Millionärin sehr unglücklich. Man sah, wie sie sich un-

glücklich stundenlang anzog, maniküren und pediküren ließ, wie sie unglücklich erster Klasse nach Indien fuhr, an der Riviera promenierte, in Baden-Baden lunchte, in Kalifornien einschlief und in Paris erwachte, wie sie unglücklich in der Opernloge saß, im Karneval tanzte und überaus unglücklich den Sekt verschmähte. Und sie wurde immer noch unglücklicher, weil sie sich einem eleganten, jungen Millionärssohn, der sie dezent-sinnlich verehrte, nicht geben wollte. Es blieb ihr also nichts anderes übrig, als ins Wasser zu gehen, was sie dann auch im Ligurischen Meere tat. Man barg ihren unglücklichen Leichnam in Genua, und all ihre Zofen, Lakaien und Chauffeure waren sehr unglücklich.
Es war ein sehr tragischer Film und hatte nur eine lustige Episode: die Millionärin hatte nämlich eine Hilfszofe, und diese Hilfszofe zog sich mal heimlich ein »großes« Abendkleid ihrer Herrin an und ging mit einem der Chauffeure »groß« aus. Aber der Chauffeur wußte nicht genau, wie die »große« Welt Messer und Gabel hält und die beiden wurden als Bedienstete entlarvt und aus dem vornehmen Lokal gewiesen. Der Chauffeur bekam von einem der Gäste noch eine tüchtige Ohrfeige, und die Hilfszofe wurde von der unglücklichen Millionärin fristlos entlassen. Die Hilfszofe hat sehr geweint, und der Chauffeur hat auch nicht gerade ein intelligentes Gesicht geschnitten. Es war sehr lustig. –
Im Kino war es natürlich dunkel, aber der Herr Reithofer näherte sich Anna in keiner Weise, denn so etwas tat er im Kino prinzipiell nie – und als jetzt die Vorstellung beendet war, da war es nun draußen auch schon dunkel. Drinnen hatte sich Anna direkt geborgen gefühlt, denn sie hatte sich vergessen können, aber als sie sich nun eingekeilt zwischen den vielen Fremden hinaus in die rauhe Wirklichkeit zwängte, war sie sich bereits darüber klar, in

welcher Weise sie nun dem Herrn Reithofer begegnen sollte. Sie würde ihn einfach vor die Alternative stellen, obwohl er eigentlich ein netter Mann sei, aber das Nette an den Männern ist halt nur eine Kriegslist.
Als sie sich von ihren Plätzen erhoben hatten, ist es dem Herrn Reithofer aufgefallen, daß sie kleiner sei, als er sie in der Erinnerung hatte. Und so dachte er nun, wie wäre es doch edel, wenn er ihr nur väterlich über das Haar streichen, ihr Zuckerln schenken und sagen würde: »Geh ruhig nach Haus, mein liebes Kind!« Aber wie ist das halt alles unverständlich mit dem Liebesleben in der Natur! Da ist ein starkes Muß, doch steht es dir frei, mit dem Willen dagegen anzukämpfen, sofern du einen Willen hast. Und so sagte er nun: »Kommens, Fräulein, gehen wir noch ein bisserl spazieren, es ist ja eine unwahrscheinlich laue Novembernacht« – Aber da trat sie von ihm weg und sagte ihren harten Spruch: »So einfach geht das nicht!«
»Wieso?« erkundigte er sich harmlos, denn er konnte sich momentan nichts Genaues darunter vorstellen. »Weil das was kostet«, sagte sie und sah recht höhnisch drein, denn es tat ihr gut, wenn sich die Herren ärgerten, und nun wartete sie auf einen Ausbruch.
Aber darauf sollte sie vergebens warten. Zwar hätte sie der Herr Reithofer niemals für eine Solche gehalten, und drum schwieg er nun eine ganze Zeit. »Also eine Solche bist du«, sagte er dann leise und sah sie derart resigniert an, daß es sie gruselte. »Ich bin noch nicht lang dabei«, entfuhr es ihr gegen ihre Absicht. »Das vermut ich«, lächelte er, »aber ich hab halt kein Geld.« »Dann müssen wir uns halt verabschieden!« – Jetzt sah er sie wieder so an. »Also ich hab ja keine Verachtung für dich«, meinte er, »aber daß du dich von einem Menschen in meiner wirtschaftlichen Lage ins Kino einladen laßt, das ist eine große Gemeinheit von dir!« Dann ließ er sie stehen.

3

Langsam ging er die Sendlinger Straße hinab und sah sich kein einziges Mal um, als sähe er eine schönere Zukunft vor sich. »Also, das war ein Mistvieh«, konstatierte er und haßte Anna momentan. Unwillkürlich fiel ihm seine erste Liebe ein, die ihm nur eine einzige Ansichtskarte geschrieben hatte. Aber bald dachte er wieder versöhnlicher, denn er war ein erfahrener Frauenkenner. Er sagte sich, daß halt alle Weiber unzuverlässig seien, sie täten auch glatt lügen, nur um einem etwas Angenehmes sagen zu können. Die Frau sei halt nun mal eine Sklavennatur, aber dafür könne sie eigentlich nichts, denn daran wären nur die Männer schuld, weil sie jahrtausendelang alles für die Weiber bezahlt hätten. »Aber das war halt doch ein Mistvieh!« schloß er seine Gedankengänge.

In der Rosenstraße hielt er apathisch vor der Auslage eines Photographen. Drinnen hing ein vergrößertes Familienbild. Das waren acht rechtschaffene Personen, sie staken in ihren Sonntagskleidern, blickten ihn hinterlistig und borniert an, und alle acht waren außerordentlich häßlich. Trotzdem dachte nun der Herr Reithofer, es wäre doch manchmal schön, wenn man solch eine Familie sein eigen nennen könnte. Er würde auch so in der Mitte sitzen und hätte einen Bart und Kinder. So ohne Kinder sterbe man eben aus, und das Aussterben sei doch etwas Trauriges, selbst wenn man als österreichischer Staatsbürger keinen rechtlichen Anspruch auf die reichsdeutsche Arbeitslosenunterstützung hätte.

Und plötzlich wurde er einen absonderlichen Einfall nicht los, und er konnte es sich gar nicht vorstellen, wieso ihm der eingefallen sei.

Es war ihm nämlich eingefallen, daß ein Blinder sagt: »Sie müssen mich ansehen, wenn ich mit Ihnen spreche. Es

stört mich, wenn Sie anderswohin sehen, mein Herr!«
Nacht wars, und es wurde immer noch später, aber der Herr Reithofer wollte nicht nach Hause, denn er hätte nicht einschlafen können, obwohl er sehr müde war. Er war ja den ganzen Tag wieder herumgelaufen und hatte keine Arbeit gefunden. Sogar im »Continental« hatte er sein Glück probiert, und als er dort seine hochmütigen Kollegen vor einem richtigen Lord katzbuckeln gesehen hatte, ist es nicht das erstemal gewesen, daß er seinen Beruf haßte. Und nun noch dazu dieses Abenteuer mit dem Mistvieh, das hatte ihn vollends um den Schlaf gebracht.

Jetzt stand er in der Müllerstraße und war voll Staub, draußen und drinnen. Drüben entdeckte er ein Bierlokal, und das lag dort verführerisch. Lang sah er es an. »Also, wenn die Welt zusammenstürzt«, durchzuckte es ihn plötzlich, »jetzt riskier ich noch dreißig Pfennig und kauf mir ein Glas Bier!«

Aber die Welt stürzte nicht zusammen, sondern vollendete ihre vorgeschriebene Reise mit Donnergang, und ihr Anblick gab den Engeln Stärke, als der Herr Reithofer das Bierlokal betrat. Die unbegreiflich hohen Werke blieben herrlich wie am ersten Tag.

4

Der Herr Reithofer war der einzige Gast. Er trank sein Bier und las in den »Neuesten«, daß es den Arbeitslosen entschieden zu gut gehe, da sie sich sogar ein Glas Bier leisten könnten. »Der Redner sprach formvollendet«, stand in der Staatszeitung, »und man war ordentlich froh, wieder mal den Materialismus überwunden zu haben –«, da fühlte er, daß ihn jemand anstarrte.

Vor ihm stand eine fremde Dame.
Er hatte sie gar nicht kommen hören, nämlich sonst hätt er aufgehorcht.
»Guten Abend, Herr Reithofer!« sagte die fremde Dame und meinte dann überstürzt, das sei ein großer Zufall, daß sie sich hier getroffen hätten, und über so einen Zufall könnte man leicht einen ganzen Roman schreiben, einen Roman mit lauter Fortsetzungen. Sie las nämlich leidenschaftlich gern. »Sie erlauben doch, daß ich mich zu Ihnen setz?« fragte sie und freute sich sehr. »Seit wann sinds denn in München, Herr Reithofer? Ich bin schon seit vorigem Mai da, aber ich bleib nimmer lang, ich hab nämlich erfahren, in Köln soll es besser für mich sein, dort war doch erst unlängst die große Journalistenausstellung« – so begrüßte sie ihn recht vertraut, aber er lächelte nur verlegen, denn er konnte sich noch immer nicht erinnern, woher sie ihn kennen konnte. Sie schien ihn nämlich genau zu kennen, aber er wollte sie nicht fragen, woher sie ihn kennen täte, denn sie freute sich aufrichtig, ihn wiederzusehen, und erinnerte sich gern an ihn.
»Nicht jede Ausstellung ist gut für mich«, fuhr sie fort. »So hab ich bei der Gesoleiausstellung in Düsseldorf gleich vier Tag lang nichts für mich gehabt. Ich war schon ganz daneben und hab vor lauter Ärger einen Ausstellungsaufseher angesprochen, einen sehr höflichen Mann aus Krefeld, und hab ihm gesagt, es geht mir schon recht schlecht bei eurer Gesoleiausstellung, und der Krefelder hat gesagt, das glaubt er gern, daß ich keine Geschäfte mach, wenn ich vor seinem Pavillon die Kavaliere ansprech. Da hab ichs erst gemerkt, daß ich vier Tag lang in der Gesundheitsabteilung gestanden bin, direkt vor dem Geschlechtskrankheitenpavillon, und da hab ichs freilich verstanden, daß ich nichts verdient hab, denn wie ich aus dem Pavillon herausgekommen bin, hats mir vor mir

selber gegraust. Ich hätt am liebsten geheult, solche Ausstellungen haben doch gar keinen Sinn! Für mich sind Gemäldeausstellungen gut, überhaupt künstlerische Veranstaltungen, Automobilausstellungen sind auch nicht schlecht, aber am besten sind für mich die landwirtschaftlichen Ausstellungen.«

Und dann sprach sie noch über die gelungene Grundsteinlegung zum Bibliotheksbau des Deutschen Museums in Anwesenheit des Reichspräsidenten von Hindenburg, über eine große vaterländische Heimatkundgebung in Nürnberg und über den Katholikentag in Breslau, und der Herr Reithofer dachte: »Ist das aber eine geschwätzige Person! Vielleicht verwechselt sie mich, es heißen ja auch fremde Leut Reithofer« – da bemerkte er plötzlich, daß sie schielt. Zwar nur etwas, aber es fiel ihm trotzdem ein Kollege ein, mit dem er vor dem Kriege in Preßburg gearbeitet hatte, und zwar im Restaurant Klein. Das ist ein kollegialer Charakter gewesen, ein großes Kind. Knapp vor dem Weltkrieg hatte dieses Kind geheiratet und zu ihm gesagt: »Glaubs mir, lieber Reithofer, meine Frau schielt, aber nur ein bisserl, und sie hat ein gutes Herz.« Dann ist er in Montenegro gefallen. Er hieß Karl Swoboda.

»Als mein Mann in Montenegro fiel«, sagte jetzt die geschwätzige Person, »da hab ich viel an Sie gedacht, Herr Reithofer. Ich hab mir gedacht, ist der jetzt vielleicht auch gefallen, der arme Reithofer? Ich freu mich nur, daß Sie nicht gefallen sind, erinnern Sie sich noch an meine Krapfen?«

Jetzt erinnerte er sich auch an ihre Krapfen. Nämlich er hatte mal den Karl Swoboda zum Pferderennen abgeholt, und da hatte ihn dieser seiner jungen Frau vorgestellt, und er hatte ihre selbstgebackenen Krapfen gelobt. Er sah es noch jetzt, daß die beiden Betten nicht zueinander paßten, aber er hatte dies nicht ausgenützt, und nach dem Pferderennen ist der Swoboda sehr melancholisch gewesen, weil er fünf Gulden verspielt hatte, und hatte traurig gesagt: »Glaubs mir, lieber Reithofer, wenn ich sie nicht geheiratet hätt, wär sie noch ganz verkommen, auf Ehr und Seligkeit!«

»Sie haben meine Krapfen sehr gelobt, Herr Reithofer«, sagte Karl Sowobodas Witwe und hatte dabei einen wehmütigen Ausdruck, denn sie war halt kein Sonntagskind. Zwar stand in ihrem Horoskop, daß sie eine glückliche Hand habe. Nur vor dem April müsse sie sich hüten, das wäre ihr Unglücksmonat, und dann gelänge ihr alles vorbei. »Dann dürft ich halt überhaupt nicht leben!« hatte sie gewollt lustig gerufen, als sie dies erfahren hatte, denn sie hatte im April Geburtstag.

Dies Horoskop hatte ihr die Toilettenfrau gestellt und dabei behauptet, daß sie das Weltall genau kennen täte, allerdings nur bis zu den Fixsternen. Sie hieß Regina Warzmeier und war bei den Gästen sehr beliebt, denn sie wußte immer Rat und Hilfe, und so taufte man sie die »Großmama«.

Als der Herr Reithofer an die Preßburger Betten dachte, näherte sich ihm die Großmama. Wenn sie nämlich nichts zu tun hatte, stand sie vor ihren beiden Türen und beobachtete die Gäste, um noch mehr zu erfahren. So hatte sie nun auch bemerkt, daß das Gretchen den Herrn Reithofer wie einen großen Bruder behandelte, und für solch große Geschwister empfand sie direkt mütterlich – und also setzte sie sich an des Herrn Reithofers Tisch.

Das Gretchen erzählte gerade, daß im Weltkrieg leider viele kräftige Männer gefallen sind und daß hernach sie selbst jeden Halt verloren hat, worauf die Großmama meinte, für Offiziere sei es halt schon sehr arg, wenn so ein Weltkrieg verloren ginge. So hätten sich viele Offiziere

nach dem Kriege total versoffen, besonders in Augsburg. Dort hätte sie mal in einer großen Herrentoilette gedient und da hätte ein Kolonialoffizier verkehrt, der alle seine exotischen Geweihe für ein Faß Bier hergeschenkt hätte. Und ein Fliegeroffizier hätte gleich einen ganzen Propeller für ein halbes Dutzend Eierkognaks eingetauscht, und dieser Flieger sei derart versoffen gewesen, daß er statt mit »Guten Tag!« mit »Prost!« gegrüßt hätte.
Und der Herr Reithofer meinte, der Weltkrieg hätte freilich keine guten Früchte getragen, und für so Offiziere wäre es freilich besser, wenn ein Krieg gewonnen würde, aber obwohl er kein Offizier sei, wäre es für ihn auch schon sehr arg, wenn ein Krieg verloren würde, obwohl er natürlich überzeugt sei, daß er persönlich auch als Sieger unter derselben wirtschaftlichen Depression zu leiden hätte. So sei er nun schon ewig lang arbeitslos, und es bestünde nicht die geringste Aussicht, daß es besser werden wollte.
Hier mischte sich ein älterer Herr ins Gespräch, der sich auch an den Tisch gesetzt hatte, weil er sehr neugierig war. Er meinte, es wäre jammerschade, daß der Herr Reithofer kein Fräulein sei, denn dann hätte er für ihn sofort Arbeit.
»Wie meinen Sie das?« erkundigte sich der Herr Reithofer mißtrauisch, aber der ältere Herr ließ sich nicht verwirren. »Ich mein das gut«, lächelte er freundlich und setzte ihm auseinander, daß, wenn er kein Kellner, sondern eine Schneiderin wäre, so wüßte er für diese Schneiderin auf der Stelle eine Stelle.
Er kenne nämlich einen großen Schneidergeschäftsinhaber in Ulm an der Donau, und das wäre ein Vorkriegskommerzienrat, aber der Herr Reithofer dürfte halt auch kein Österreicher sein, denn der Kommerzienrat sei selbst Österreicher, und deshalb engagiere er nur sehr ungern

Österreicher. Aber ihm zuliebe würde er vielleicht auch eine Österreicherin engagieren, denn er habe nämlich eine gewisse Macht über den Kommerzienrat, da seine Tochter auch Schneiderin gewesen wäre, jedoch hätte sie vor fünf Jahren ein Kind von jenem Kommerzienrat bekommen, und von diesem Kind dürfte die Frau Kommerzienrat natürlich nichts wissen. Die Tochter wohne sehr nett in Neu-Ulm, um sich ganz der Erziehung ihres Kindes widmen zu können, da der Kommerzienrat ein selten anständiger Österreicher sei.

Dieser freundliche Herr war Stammgast und wiederholte sich oft. Auch debattierte er gern mit der Großmama und kannte keine Grenzen. So erzählte er ihr, daß seinerzeit jener Höhlenmensch, der den ersten Ochsen an die Höhlenwand gezeichnet hätte, von allen anderen Höhlenmenschen als geheimnisvoller Zauberer angebetet worden sei, und so müßte auch heute noch jeder Künstler angebetet werden (er war nämlich ein talentierter Pianist) – und dann stritt er sich mit der Großmama, ob die Fünfpfennigmarke Schiller oder Goethe heiße (er sammelte ja auch Briefmarken) –, worauf die Großmama meistens erwiderte, auf alle Fälle sei die Vierzigpfennigmarke jener große Philosoph, der die Vernunft schlecht kritisiert hätte, und die Fünfzigpfennigmarke sei ein Genie, das die Menschheit erhabenen Zielen zuführen wollte, und sie könnte es sich schon gar nicht vorstellen, wie so etwas angefangen werden müßte, worauf er meinte, aller Anfang sei halt schwer, und er fügte noch hinzu, daß die Dreißigpfennigmarke das Zeitalter des Individualbewußtseins eingeführt hätte. Dann schwieg die Großmama und dachte, der rechthaberische Mensch sollte doch lieber einen schönen alten Walzer spielen.

5

Als der Herr Reithofer von der Stelle für das Fräulein hörte, dachte er unwillkürlich an das Mistvieh von zuvor, das ihn in jenes blöde Kino verführt hatte. Er sagte sich, das wäre ja ausgerechnet eine rettende Stelle für es, es hätte ihm ja erzählt, daß es erst seit kurzem eine Solchene und eigentlich Näherin sei. Vielleicht würde es ihn jetzt nur ein Wörtchen kosten, und sie würde morgen keine Solchene mehr sein, als wäre er der Kaiser von China. »Aber ich bin halt kein Kaiser von China«, sagte er sich, »und sie ist halt ein Mistvieh!«
Der ältere Herr hatte sich gerade erhoben, um sich die neue Illustrierte zu holen. »Er ist ein Sonderling«, meinte die Großmama ironisch, und der Herr Reithofer dachte: »Wahrscheinlich ist auch dieser Sonderling ein Mistvieh!« »Aber es ist doch schön von ihm, daß er dem Herrn Reithofer helfen möcht«, meinte die Swoboda leise und blätterte abwesend in einer Zeitschrift. »Freilich ist das schön«, grinste der Herr Reithofer, und plötzlich fiel es ihm auf: »Er weiß ja gar nicht, ob ich am End nicht auch ein Mistvieh bin! Ich bin doch auch eins, meiner Seel!« Und er dachte weiter, und das tat ihm traurig wohl: »Wenn sich alle Mistvieher helfen täten, ging es jedem Mistvieh besser, überhaupt sollten sich die Mistvieher mehr helfen, es ist doch direkt unanständig, wenn man einem nicht helfen tät, obwohl man könnt.« – »Er lügt!« sagte die Großmama. »Nein, das tut er nicht!« verteidigte ihn die Swoboda und wurde heftig.
»Das werden wir gleich haben!« meinte der Herr Reithofer und wandte sich an den Sonderling, der nun mit seiner Illustrierten wieder an den Tisch trat: »Sagen Sie, Herr, ich kann ja jetzt leider nicht weiblich werden, aber ich wüßt eine für Ihren Kommerzienrat, eine erstklassige

Schneiderin, und Sie täten mir persönlich einen großen Gefallen«, betonte er, und das war gelogen.
Also das wäre doch gar nicht der Rede wert, unterbrach ihn der Sonderling, denn das kostete ihn nur einen Anruf, da sich jener Kommerzienrat zufällig seit gestern in München befände – und schon eilte er ans Telefon. »Also das ist ein rührendes Mistvieh«, dachte der Herr Reithofer, und die Swoboda sagte andächtig: »Das ist ein seltener Mensch und ein noch seltenerer Künstler.« Aber die Großmama sagte: »Er lügt.«
Jedoch die Großmama sollte sich täuschen, denn nach wenigen Minuten erschien der seltene Mensch, als hätte er den Weltkrieg gewonnen. Der Kommerzienrat war pure Wahrheit, und so konnte er sich vor lauter Siegesrausch nicht sogleich wieder setzen. Er ging um den Tisch herum und erklärte dem Herrn Reithofer, sein Fräulein könne die Stelle auf der Stelle antreten, doch müßte sie sich morgen früh Punkt sieben Uhr dreißig im Hotel »Deutscher Kaiser« melden. Sie solle nur nach dem Herrn Kommerzienrat aus Ulm fragen, und der würde sie dann gleich mitnehmen, er würde nämlich um acht Uhr wieder nach seinem Ulm zurückfahren.
Und der Herr Reithofer fragte ihn, wie er ihm danken solle, aber der seltene Mensch lächelte nur: eine Hand wasche halt die andere, und vielleicht würde mal der Herr Reithofer in die Lage kommen, ihm eine Stelle verschaffen zu können, wenn er kein Vertreter wäre, sondern eine Masseuse. Und er ließ sich auch das Telefon nicht bezahlen. – »Man telefoniert doch gern mal für einen Menschen«, sagte er.
»Ich kann nicht nähen«, murmelte die Swoboda, »ich hab halt schon alles verlernt.« Selbst die Großmama war gerührt, aber am tiefsten war es der seltene Mensch persönlich.

6

Es war schon nach der Polizeistunde, und in stummer Ruh lag nun die Holzstraße neben der belebteren Müllerstraße. Hier irgendwo würde das Mistvieh wahrscheinlich herumlaufen, überlegte der Herr Reithofer, und er überlegte logisch.
Er hatte es schon eine ganze Weile krampfhaft gesucht, und nun gings bereits auf halb zwei. Endlich stand es drüben an der Ecke. Es unterhielt sich gerade mit einem Chauffeur, der sehr stark auf Frauen wirkte. Man sah ihm dies an, und deshalb wartete der Herr Reithofer, bis sie sich ausgesprochen hatten.
Dann näherte er sich ihr langsam von hinten und kam sich dabei so edel und gut vor, daß er sich leid tat. »Guten Abend, Fräulein!« begrüßte er sie überraschend. – Anna sah sich um, erkannte ihn und erschrak derart, daß sie keinen Laut hervorbrachte. Aber er gab ihr keinen Anlaß dazu, sondern teilte ihr lediglich mit, daß er ihr eine solide Arbeitsmöglichkeit verschaffen könnte, aber sie müßte bereits um acht Uhr früh mit einem richtigen Kommerzienrat nach Ulm an der Donau fahren, und das wäre doch ein direkter Rettungsring für sie.
Sie starrte ihn an und konnte ihn nicht verstehen, so daß er sich wiederholen mußte. Aber dann unterbrach sie ihn gereizt, er solle sich doch eine andere aussuchen für seine gemeinen Witze, und sie bitte sich diese geschmacklose Frozzelei aus, und überhaupt diesen ganzen Hohn. – Jedoch er ließ sie nicht aus den Augen, denn das Mistvieh tat ihm nun auch richtig leid, weil es den Kommerzienrat nicht glauben konnte.
Es murmelte noch etwas von Roheit, und plötzlich fing es an zu weinen. Man solle es doch in Ruh und Frieden lassen, weinte es, es sei ja eh schon ganz kaputt. Und das

gäbs ja gar nicht auf der Welt, daß ihr ein Mensch mit einem Rettungsring nachlaufe, nachdem sie diesen Menschen ausgenützt hätte. Aber der Herr Reithofer schwieg noch immer, und jetzt ließ auch das Mistvieh kein Wort mehr fallen.
Es hatte ja bereits angefangen, nur an das Böse in der Welt zu glauben, aber nun erlebte es ein Beispiel für das Vorhandensein des Gegenteils, zwar nur ein kleines Beispiel, aber doch ein Zeichen für die Möglichkeit menschlicher Kultur und Zivilisation. Es schnitt ein anderes Gesicht und weinte nicht mehr. »Das hätt ich wirklich nicht gedacht«, lächelte sie, und das tat ihr weh.
»Wissens Fräulein«, meinte der Herr Reithofer, »es gibt nämlich etwas auch ohne das Verliebtsein, und das ist halt die menschliche Solidarität.«
Dann ließ er sie stehen.
Und er hatte dabei ein angenehmes Gefühl, denn nun konnte er es sich gewissermaßen selbst bestätigen, daß er einem Mistvieh geholfen hatte. Ungefähr so:

Zeugnis
Ich bestätige gern, daß das Mistvieh Josef Reithofer ein selbstloses Mistvieh ist. Es ist ein liebes, gutes, braves Mistvieh.

gez. Josef Reithofer
Mistvieh.

Vorarbeiten

Und der alte Sünder schlug der Großmutter vor, seinen Haushalt in Straubing zu führen, ohne Entgelt, weil sie ihm leid tat. Natürlich willigte sie ein und dachte: »Also, es stimmt halt doch: Wo die Not am größten, ist Gottes Hilf am Nächsten.«

Der Schnee fiel in breiten Flocken und es war bitterkalt, da Magdalena in viele Windeln vermummt auf den Armen der ausgemergelten Großmutter in Straubing eintraf. Ihr Vater, der gräfliche Attaché, wurde gerade vom Papste in Privataudienz empfangen. Damals hatte sie natürlich keine Ahnung, wer der Papst sei, noch was das Wort »Privataudienz« bedeute. Und sie hat es nie erfahren, daß ihr Vater ein Aristokrat ist, sie dachte, das wäre ein Straubinger Hausbesitzer, denn der Biedermann hatte sie adoptiert. Das kam so:

Als sie vier Jahre alt wurde, da wuchs im Magen des Biedermann ein Geschwür. Er durfte keine Leberknödel mehr essen, wurde mürrisch, boshaft und bigott, bedauerte, kein Mönch geworden zu sein, las Bücher über die Folterwerkzeuge der Hölle und nahm sich vor, eine rechtschaffene Tat zu vollbringen, denn er hatte solche Angst vor dem Tode, daß er sich beschiß, wenn er eine Sense sah. Er schlug der Großmutter vor, mit ihm eine Josephsehe einzugehen, das heißt, eine Ehe ohne Fleischeslust und Sinnentaumel. Die Großmutter hätte natürlich auch einen vom Galgen herunter geheiratet, auch ohne Keuschheitsgelübde und der Biedermann adoptierte die kleine Magdalena und verfaßte sein Testament. Er vermachte alles der Kirche. Die Hölle, das Magengeschwür und die entschwundenen Leberknödel beunruhigten seine Phantasie. Wenns dämmerte, schlich er an Magdalenchens Bettchen und wenn sie mal eingeschlafen war, ohne gebetet zu haben, kniff er sie blau und grün. Er malte ihr die Qualen der Hölle aus und zitterte vor dem jüngsten Gericht wie ein verprügelter Rattler. Die kleine Magdalena hörte ihm mit großen runden Augen zu, fing plötzlich an zu weinen und betete. Sie wußte zwar nicht, was sie daherplapperte und hätte es auch gar nicht begriffen, daß sie ein sündiger Mensch sei. Ihre Sünden bestanden vorerst darin, daß sie mit ungewaschenen Händchen in die Butter griff, was ihr wohl tat, daß sie verzweifelte, wenn der Kaminkehrer kam, in der Nase bohrte und daran lutschte, sich des öfteren bemachte, in den Milchreis rotzte und den Pinscher Pepperl auf den Hintern küßte.

Dieser Pinscher Pepperl wurde sechzehn Jahre alt. Er war bereits taub, blind und lahm, konnte weder bellen noch beißen und ist eines unheimlich stürmischen Abends friedlich verreckt. Magdalena hat tagelang geheult, bedeutend inniger als beim Begräbnis ihres vermeintlichen Vaters.

Der Biedermann war nämlich kurz vorher nach einem fürchterlichen Todeskampfe verschieden. Er hatte zehn Stunden lang geröchelt und wirres Zeug dahergeredet und immer wieder losgebrüllt: »Lüge! Lüge! Ich kenn kein kleines Mariechen, ich hab nie Bonbons bei mir, ich hab kein Mariechen in den Kanal gestoßen, Mariechen ist von selbst ersoffen, ich hab nur an den Wädelchen getätschelt! Meine Herren, ich hab nie Bonbons bei mir!« Und dann hatte er wild um sich geschlagen und geheult: »Auf dem Sofa sitzt der Satan! Auf dem Sofa sitzt noch ein Satan!« und dann hatte er gewimmert, eine Straßenbahn würde ihn überfahren, mit Rädern, wie Rasiermesser, und seine letzten Worte hatten gelautet: »Es ist strengstens verboten mit dem Wagenführer zu sprechen!« Dann hatte ihn seine Seele verlassen.

Die Grabrede war sehr erhebend gewesen. Irgendein ver-

soffener Pater hatte etwas dahergeschwätzt von »asketischem Lebenswandel«, »göttlichen Gesetzen« und »Majestät des Todes«, und dann hatte er ehrfurchtheischend auseinandergesetzt, wie »der Dulder erlöst ward, versehen mit den heiligen Sterbesakramenten« und hatte ergriffen geschlossen: »Ruhe in Frieden, August Biedermann!« – – Es war wirklich sehr rührend gewesen, aber die Großmutter hatte nicht weinen können.
Und die Gebeine des August Biedermann versanken in der Grube und mit dem Gelde des erlösten Dulders wurde die Kapelle irgend einer geräderten heiligen Märtyrerin renoviert und ihr gekröntes Skelett neu vergoldet.

Sie stand noch erschrocken über jene Stimme hinter all der Schlagsahne und Schokolade, den eßbaren Mäusen, Käfern, gefüllten Hasen, bunten Torten und Pralinees, da vernahm sie zum ersten Mal die Stimme ihres Zukünftigen und das war ein angenehmes Organ:
»Fräulein, bitte geben Sie mir ein Stück Prinzregententorte und etwas Schlagsahne.«
Sie sah ihn an.
Vor ihr stand ein Leutnant und wurde rot.
Er hieß Alfons Pollinger und jedes dritte Wort, das er sprach, schrieb oder dachte, war das Wort »eigentlich«. So hatte er »eigentlich« keine Lust zum Leutnant, aber er hatte sich seinerzeit »eigentlich« widerspruchslos dem elterlichen Zwange gebeugt und war in des Königs Rock geschlüpft, weil er »eigentlich« nicht wußte, was er »eigentlich« wollte. »Eigentlich« konnte er sauber zeichnen, aber er wäre kein guter Künstler geworden, denn er war sachlich voller Ausreden und persönlich voller Gewissensbisse, statt umgekehrt. Er hatte linkische Bewegungen, stotterte etwas und stolperte manchmal über seinen eigenen Säbel. Las Gedichte von Lenau, Romane von Tovote, kannte jede Operette und hatte Zwangsvorstellungen. In seinem Tagebuche stand: »Ich will nicht mehr! Ich kann nicht mehr! Oh, warum hat mich Gott eigentlich mit Händen erschaffen!«
Und es war noch kein Jahr vergangen, da heiratete dieser Leutnant das Fräulein aus der Konditorei und hing seinen Säbel »eigentlich« als Erinnerung über das Sofa, denn als Offizier durfte er natürlich keine arbeitende Frau ehelichen, um den Offiziersstand nicht zu beschmutzen. Er brachte Magdalena das Opfer, nahm seinen Abschied, wurde ein Sklave des Kontors und war derart ehrlich, niemals sein Opfer zu erwähnen. Denn, wie gesagt, war ja dies Opfer nur ein scheinbares, da ihm weitaus bedeutsa-

mer für seine Zukunft, als selbst der Feldmarschallrang, eine Frau dünkte, die ihn durch ihre Hilflosigkeit zwang, alles zu »opfern«, um sie beschützen zu können, zu behüten, bekleiden, beschuhn, ernähren – – kurz: für die er verantwortlich sein mußte, um sich selbst beweisen zu können, daß er doch »eigentlich« ein regelrechter Mann sei.
Er klammerte sich krampfhaft an jenes erste Zusammentreffen, da er die vorzügliche Prinzregententorte bestellt hatte und Magdalena so blaß, klein und zerbrechlich, entsetzt und hilfesuchend hinter all der Schlagsahne und Schokolade und so weiter gestanden war, weil sie gerade jenen Brief mit der Chiffre 8472 gelesen hatte, von dessen Existenz er nie etwas erfuhr.
So sah er sie neun Jahre lang und wurde ihr hörig.
Freilich war sie niemals so zerbrechlich gewesen, wie er es benötigte. In ihrer zarten Gestalt lebte die Herrschsucht der Färbermeistersgattin, wohnte die Verbitterung der Großmutter und ab und zu sprang aus einer Ecke der kriminelle Egoismus des österreichisch-ungarischen Attachés.
Sie war noch unberührt und wurde von ihrem Alfons erst in der Hochzeitsnacht entjungfert, allerdings erst nach einem Nervenzusammenbruch seinerseits mit Weinen und Selbstmordgedanken. Denn die Frau, die ihn »eigentlich« körperlich reizen konnte, mußte wie das Bild sein, das Magdalena später zufällig in seiner Schublade fand: eine hohe dürre Frau mit männlichen Hüften und einem geschulterten Gewehr. Darunter stand: »Die fesche Jägerin. Wien 1899. Guido Kratochwill pinx.«
Und obwohl Magdalena klein und rundlich war, blieb sie ihm doch ihr ganzes Leben über treu und unterdrückte jede Regung für einen fremden Mann, weil er ihr eben hündisch hörig war. So wurde sie die Gefangene ihres

falschen Pflichtgefühls und bald verabscheute sie ihn auch, verachtete ihn mit dem Urhaß der Kreatur, weil die Treue, die ihr seine Hörigkeit aufzwang, sie hinderte, sich sexuell auszuleben.
Sie fing an, alle Männer zu hassen, als hätte sie keiner befriedigen können und die Gespenster der Todesangst quälten sie, wie weiland ihren vermeintlichen Vater August Biedermann.
Und es wurde nicht besser, selbst da sie ihm zwei Kinder gebar. Das erste, ein Sohn, starb nach zehn Minuten, das zweite, ein Mädchen, erhielt den Namen Agnes.
Immer mehr glich sie einer Ratte. – –
Ihr Schwiegervater war der allseits geachtete Honorarkonsul von Honduras in München, Franz Xaver Pollinger. Der fand sich selbst sehr ehrfurchtheischend mit seinem wilhelminischen Schnurrbart und sprach: »Mein Sohn hat eine Kellnerin geheiratet. Mein Sohn hat eine Angestellte geheiratet. Mein Sohn hat eine Dirne geheiratet. Ich habe keinen Sohn mehr.«
Und ihre Schwiegermutter, die Tochter eines Hamburger Importeurs, sagte: »Ich hoffe, Gott wird es mir verzeihen, einen solchen Sohn gehabt zu haben« – – und verschenkte seine Spielzeuge an arme Kinder, deren Mütter ihre behandschuhte Hand küssen mußten. Sie war nämlich eine gefeierte Gesellschaftserscheinung und saß im Präsidium jeder Wohltätigkeitsveranstaltung, denn sie war sehr eitel und freute sich himmlisch, wenn die anderen Wohltätigkeitsdamen über ihre Kleider, Pelze, Federn, Ringe und Diademe vor Wut und Neid erbleichten. Sie war vom Schlage jener Gattin des Herrenhausmitgliedes von Vopelius, die auf das Unterstützungsgesuch einer armen Wöchnerin, der Frau eines Hühnerfelder Bergarbeiters und Mutter von vierzehn Kindern, mit folgendem Schreiben antwortete:

Sulzbach a. Saar, 30. 4. 1910

... Es hat überhaupt niemand das Recht, Ansprüche zu machen. Der Vaterländische Frauenverein kann doch nichts dafür, daß Ihr so viele Kinder habt. Mit kaltem Wasser kann man die Triebe auch zurückhalten, eine kleine Waschbütte mit kaltem Wasser ist dagegen sehr gut für die Männer und vorher sich tüchtig müde schaffen.

Ich wünsche Ihnen ein gutes Wochenbett!

Frau Richard von Vopelius.

1913, im November, starb der Konsul Pollinger an einer Gallenentzündung und wurde, da er Leutnant der Reserve war, mit militärischen Ehren begraben, ohne je einen Krieg erlebt zu haben. Er landete in einer geschmacklosen Familiengruft und einer seiner letzten Befehle lautete: sollte sein ehemaliger Sohn sich etwa erdreisten, auf dem Friedhofe zu erscheinen oder gar einen Kranz zu spenden, so sei das Subjekt vom Platze zu verweisen und das Objekt zurückzusenden, denn sonst würde sich sein Leichnam im Grabe herumdrehen.

Es war sein einziger Sohn.

Mit diesem erlosch das Geschlecht der Pollinger.

Der Großvater des alten Pollinger war ein schlauer, stämmiger Bauernbursche, der seinerzeit aus der Gegend von Holzkirchen nach der Stadt München gewandert kam, da seine Eltern ein Dutzend Kinder in die Welt gesetzt, hingegen nur einen armen Hof mit fünf kleinen Kühen hatten. Er arbeitete in einer Brauerei, sah malerisch aus, konnte gar artig tanzen, jodeln und musizieren und wurde, da er seine Glutaugen richtig rollen ließ, von der mannstollen Brauereibesitzerswitwe Schädlbauer geheiratet, die zwar um dreißig Jahre älter war als der Bräutigam, dafür aber bald an Unterleibskrebs dahinsiechen sollte. Nach ihrem Tode, den er eigentlich gar nicht so rasch erwartet hatte, wurde er alleiniger Brauereibesitzer, prellte die übrigen Erben, richtete mit frischer Unternehmungslust rücksichtslos befreundete Brauereibesitzer zu Grunde und heiratete ein junges dralles Weib mit acht Häusern, namens Therese Kreitmeyer und wurde reich, mächtig und fett.

Sein Sohn war ein Idiot. Nämlich der Vater seiner Frau war ein Säufer.

Sein Enkel wurde Honorarkonsul.

Die Pollingers wurden Patrizier und der Honorarkonsul hinterließ seiner Witwe sechzehn Häuser, eine Villa in Tirol, fünf Grundstücke und Geld auf der Bank of England. Sie ließ sich Trauerkostüme machen, sechs Trauerabendkleider, sieben Trauermorgenröcke, zwei Trauerpelze, drei Trauermäntel, einen Trauerregenmantel, sechzehn Trauerhüte mit einundfünfzig Trauerstraußfedern und elf Trauerreihern, siebenundzwanzig Trauerschleier, vierzehn Paar Trauerschuhe, dreiundzwanzig Paar Trauerhandschuhe, sechs Trauerpompadours und kaufte sich statt der zwei Schimmel ihres Fiakers vier Rappen. Vor lauter Gram wurde sie grau, färbte sich vor lauter Trauer die Haare schwarz und unternahm im nächsten Sommer zwecks Erstarkung ihrer erschütterten Nerven eine Nordlandreise.

Sie sah das Nordlicht und überlegte gerade, ob sie sich nicht wieder verheiraten sollte, da sprach der liebe Gott: »Es werde Weltkrieg!«

Und es geschah also. Und Gott sah, daß er gutgetan.

Die Horizonte waren rot von den Flammen der brennenden Dörfer, es regnete Granaten, Schrapnells, Bomben und Kugeln, in den Wassern explodierten Torpedos und Minen und über das Leben kroch das Gas. Rund zwölf Millionen Menschen wurden erschossen, erstochen, er-

schlagen, ersäuft, erwürgt, verbrannt, vergiftet, verschüttet, zertrampelt, zerquetscht, zerstückelt, zerrissen und über die Erde kollerten herrenlose Arme, Beine, Schenkel, Finger, Zehen, Hände, Gedärme, Gehirne, Zungen, Ohren, Nasen, Augen, Köpfe, es war Hausse in Prothesen und Baisse in Brot. Fabriken, Bergwerke, Städte, Brücken, Straßen, Wasserleitungen, Krankenhäuser, Denkmäler, Kirchen, Wälder, Wiesen, Äcker, Fluren, Gärten wurden plangerecht zerstört und an ihrer Stelle mit übermenschlichen Qualen stilvolle Wüsten angelegt. Die Erde wurde dem Monde immer ähnlicher und nach vier irrsinnigen Jahren hat jedes Volk den Krieg verloren. So schauerlich verloren, daß die Herrschenden es mit der Angst zu tun bekamen, sich zusammenfanden und sprachen: »So dürfen die Dinge nicht weitergehen. Nachdem uns diese großen Zeiten fast zu groß geworden sind, dürfen wir fürderhin nicht jeder auf eigene Faust betrügen, wir müssen vielmehr den Betrug organisieren, rationalisieren, stabilisieren und das nennen wir dann Hochkapitalismus.«
Und die Optimisten sagten, das bedeute den Übergang zum Sozialismus. Und die Pessimisten verhungerten. – –
Auch Frau Honorarkonsul Pollinger hatte durch Krieg und Inflation ihr Vermögen verloren. Ihr Geld hatten die Engländer beschlagnahmt und für die Summe, um die sie 1915-1920 ihre gesamten Immobilien aus naiver Spekulationssucht verkauft hatte, konnte sie sich 1923 nur ein Stück Prinzregententorte kaufen.
Als ihr das bewußt wurde, saß sie gerade am Fenster und über ihr hing ein Gemälde König Ludwigs des Zweiten, in den sie einst als Backfisch verliebt gewesen war und den sie als begeisterte Wagnerianerin Zeit des Lebens untertänigst verehrte.
Sie saß am Fenster und erinnerte sich ihrer Nordlandreise

und es fiel ihr ein, daß sie vielleicht nochmals geheiratet hätte –– ––

Sie lebte noch sechs Stunden lang bei vollem Bewußtsein. Doch war sie gelähmt, konnte weder sprechen, noch den kleinsten Muskel bewegen. Nur die Augen schienen entsetzt etwas fragen oder um etwas bitten zu wollen, aber niemand im Hause, weder Arzt noch die Zugeherin, konnte es erraten, denn ihr Antlitz blieb stumm und starr, wie das Antlitz eines Fisches.

Sie starb. Vielleicht wollte sie ihren Sohn sehen, die Wohltätigkeitstante. Sie wußte ja gar nicht, daß er bereits Anfang August 1914 auf dem Felde der Ehre »eigentlich« gefallen war.

Sie hat es auch nie erfahren, daß dessen Frau der Grippe erlag, daß sie schon seit dreizehn Jahren Großmutter war und, daß ihr Enkelkind, ein Mädchen namens Agnes, sogar an derselben Stelle, wie sie, denselben Leberfleck hatte, nur mit dem kleinen Unterschiede, daß die Alte stolz auf ihr »Schönheitspflästerchen« war, während Agnes es ekelhaft fand.

Und ungefähr fünf Jahre später, Ende August 1928 ging diese Agnes mit einem stellungslosen Kellner, der sie vor knapp anderthalb Stunden in der Thalkirchnerstraße angeredet hatte, über das Oberwiesenfeld in München.

Der Tag gähnte bereits, er war schon müde geworden und wollte bald schlafen gehen. Er zog sich schon die Stiefel aus, als Agnes jenem Kellner erzählte, daß sie außer der Tante, bei der sie hier wohne, keinen einzigen Verwandten kennt. Sie habe überhaupt keine Verwandte mehr, auch die Tante sei ja keine Tante, sondern nur mal die beste Freundin ihrer Mutter gewesen.

Auch Agnes hat es nie erfahren, daß ihre Großmutter Pollinger an derselben Stelle, wie sie, denselben Leber-

fleck hatte, nämlich etwas unterhalb der linken Schulter.
Sie wußte von den Großeltern Pollinger nur so viel, daß diese ungeheuer reich und zwei schlechte, hochmütige, hartherzige Menschen gewesen seien, die oft fünfzig Personen eingeladen und sich dazu zwanzig Diener ausgeborgt hätten und bei denen sogar mal ein leibhaftiger Prinz gegessen, getrunken und der Großmutter die Hand geküßt haben sollte. Die Großmutter hätte dann den Handschuh einrahmen und im Salon aufhängen lassen. Auch viele Opernsänger hätten dort gegessen, getrunken und gesungen, denn die Großmutter soll einen feinen Koch extra aus Paris gehabt und viel von Kunst verstanden haben, besonders von dem berühmten Richard Wagner.
Und Agnes erzählte Karl, einmal habe die Tante gesagt, sie sehe ihrem Vater schon gar nicht ähnlich, der seinem Vater sehr ähnlich gesehen haben soll. Sie erinnere sich ja nicht mehr an ihren Vater, aber sie soll sein Haar haben. Ihre Mutter habe gesagt: »Gelobt sei Jesus Christus, wenn du sonst nichts von ihm hast!« Und dazu habe die Mutter so bissig gegrinst, daß sie sehr böse auf die Mutter geworden sei, weil ja der Vater schon tot geschossen gewesen wäre, und sie habe die Mutter gefragt, was sie denn von ihr hätte. Da sei aber die Mutter sehr traurig geworden und habe nur gesagt: »Sei froh, wenn du nichts von mir hast.« Sie glaube auch, daß sie schon rein gar nichts von der Mutter habe.
Sie habe jedoch ein Jugendbildnis der Großmutter Biedermann aus Straubing gesehen und da sei sie direkt erschrocken, wie ähnlich sie der sähe. Sie könnte ihre Tochter sein oder ihre Schwester. Oder sie selbst.
Karl meinte, daß jeder Mensch Verwandte hat, der eine mehr und der andere weniger, entweder reiche oder arme, boshafte oder liebe und jeder Verwandte vererbt einem

etwas, der eine mehr oder der andere weniger, entweder Geld, ein Haus, zwei Häuser oder einen großen Dreck. Auch Eigenschaften werden vererbt, so wird der eine ein Genie, der zweite Beamte, der dritte ein kompletter Trottel, aber die meisten Menschen werden bloß Nummern, die sich alles gefallen lassen. Nur wenige lassen sich nicht alles gefallen und das ist sehr traurig.
Und Karl erzählte, er habe vor dem Weltkrieg im Bauhofscafé in Temesvar einen internationalen Taschendieb bedient, das sei ein ungarischer Rumäne gewesen, und der habe immer gesagt: »Ich versteh die Polizei nicht, warum verhaftet die nur mich? Warum verhaftet die nicht auch meinen verstorbenen Vater, Großvater, Urgroßvater, Ururgroßvater, meine verstorbene Mutter, Urgroßmutter, Ururgroßmutter? Nämlich das waren doch alle Taschendiebe. Kann ich denn dafür, daß ich immer erwischt werd? Wer kann dafür, daß ich nicht so geschickt bin, wie mein verstorbener Vater oder gar die Ururgroßmutter? Dafür kann nur meine Großmutter selig, die meinem Großvater selig davongelaufen ist, wie sie gemerkt hat, daß er kein Einsteigdieb, sondern ein Taschendieb ist. Die war nämlich aus einer Einsteigdiebsfamilie und aus keiner Taschendiebsfamilie, also habe ich meine Ungeschicklichkeit von ihr geerbt. Ein Einsteigdieb kann nämlich ruhig mit den Fingern zittern, aber die Finger müssen muskulös sein. Ich hab überhaupt keine Muskeln, aber dafür zittere ich mit den Fingern. Ich kann also kein Einsteigdieb sein, noch bin ich ein Taschendieb, mein Leben ist ruiniert, Herr Ober, Sie werden noch an mich denken, meine Großmutter selig ist an allem schuld!« – – Und dann habe dieser Rumäne angefangen über die Vererbung nachzugrübeln, habe sich Tabellen zusammengestellt, addiert, subtrahiert, multipliziert, dividiert und im Lexikon studiert von A bis Z und sei endlich dahintergekommen, daß

jeder mit jedem irgendwie verwandt ist, mit jedem Räuber, Mörder, General, Minister, sogar mit jedem römisch-katholischen Pfaffen und dem Wunderrabbi von Kolomea. Darüber sei er dann verrückt geworden und habe aus der Irrenanstalt Briefe an seine Verwandten geschickt. So habe er bereits 1912 sechsunddreißig Monarchen, fünfunddreißig Thronfolgern und einer Thronfolgerin folgenden Kartengruß gesandt:

Herzliche Grüße aus dem K. K. priv. Narrenhaus!
Das Wetter ist schön
Auf Wiedersehn!
Euer Opapa.

Und 1915 habe er dem Feldmarschall Erzherzog Friedrich diese Feldpostkarte gesandt:

Oh, Du mein lieber Armeeinhaber!
Wann kommst Du endlich? Wann darf ich Dich endlich umarmen? Wann werd ich Dich endlich sehen? Wann werd ich Dich küssen, herzen, streicheln können? Gib nur sehr auf Dich acht, daß Du Dich nicht erkältest im Krieg! Und, daß Du mir ja nicht auf dem Felde der Ehre fällst, Du herziger Buzi!
Das Wetter ist schön
Auf Wiedersehen!
Dein K. K. priv. Großonkel.
Nota bene:
schreibe bald per Brieftaube!

An der nächsten Ecke der Schellingstraße traf Kobler den Herrn Kakuschke. »Ich weiß schon«, begrüßte ihn der Herr Kakuschke, »Sie haben den Karren verkauft.« »Sie irren sich«, antwortete Kobler zurückhaltend, damit ihn der Kakuschke nicht um zehn Mark anhaut. »Ich irre mich nur äußerst selten«, lächelte Kakuschke wehmütig. Kobler bot ihm eine Achtpfennigzigarette an. »Das sind mazedonische Zigaretten!« rief Kakuschke und fügte resigniert hinzu: »Rauchen Sie die auch so gern?«

Albert Kakuschke war Architekt, aber er mußte seinen Lebensunterhalt durch allerlei Vermittlungen verdienen, weil er kein Stilgefühl besaß. »Ich hab halt kein Glück!« war sein Refrain. Besonders seit er sich das Horoskop hat stellen lassen, konnte man es oft kaum mit ihm aushalten vor lauter Pessimismus. Er sah alles schwarz umrändert. Er wußte es nun, daß sein Planet der Saturn ist und, daß er sich sehr hüten muß vor den Hämorrhoiden. »Das auch noch!« seufzte er und betrank sich.

Um die Jahrhundertwende hatte er eine pikante Französin aus Metz geheiratet, die aber nach dem Weltkrieg so bedenklich in die Breite zu gehen begann, daß er anfing sich vor der romanischen Rasse zu ekeln. »Soweit ich die Franzosen kenne«, sagte er, »werden sie niemals das Rheinland räumen. Freiwillig nie, es sei denn wir zwingen sie mit Gewalt.«

Kobler kannte ihn seit der Stabilisierung. Sie hatten sich zufällig kennengelernt und nun wußte keiner mehr wie und wo. Kakuschke faßte sogleich Vertrauen zu Kobler. Es war dies eine tiefe Sympathie, eine väterliche Rührung. »Sehen Sie«, sagte er 1924, »Sie sind doch nicht älter als dreiundzwanzig. Wenn ich wieder so alt wär und so aus-

sehen tät, dann würd ich mich in den feinsten Kreisen bewegen. Sie kennen doch den Grafen Blanquez?«
Natürlich kannte Kobler den Grafen Blanquez, eine elegante Erscheinung und verpatzte Persönlichkeit. Seine Ahnen waren Hugenotten, er selbst wurde im bayerischen Walde geboren. Erzogen wurde er teils von Piaristen, teils von einem homosexuellen Stabsarzt in einem der verzweifelten Kriegsgefangenenlager Sibiriens. Mit seiner Familie vertrug er sich nicht, weil er vierzehn Geschwister hatte. Trotzdem schien er meist guter Laune zu sein, ein großer Junge, ein treuer Gefährte, jedoch leider ohne Hemmungen. Er liebte Musik, ging aber nie in die Oper, weil ihn jede Oper an die Hugenotten erinnerte und wenn er an die Hugenotten dachte, wurde er melancholisch.
Diesen Grafen Blanquez brauchte seinerzeit der Kakuschke zu einer Scheinheirat. Nämlich ein gewisses Fräulein Nelly Leskinowitsch wurde auf einem Faschingsball »Eine Nacht im Wunderlande Indien« von einem gewissen Brunner umschwirrt, mit dem sie sich hinterdrein vergangen hat. Diese indische Wundernacht wurde von einer Pressevereinigung zugunsten ihrer Pensionskasse veranstaltet und jener Brunner sagte seiner Nelly, er sei verantwortlicher Redakteur. Natürlich war das nicht wahr und der Brunner hieß auch gar nicht Brunner, sondern Radlmacher. Und dieser Radlmacher war ein ganz unmögliches Subjekt, ein Chauffeur, der sich selbständig gemacht hatte und nun ein eigenes Mietauto besaß. Das Geld zu dem Autokauf hatte er sich von einigen Kellnerinnen zusammengeliehen. Er wirkte sehr stark auf Frauen.
Durch Vermittlung Koblers und Kakuschkes wurden also aus einem Fräulein Leskinowitsch eine Gräfin Nelly Blanquez und aus dem kleinen Radlmacher ein Graf Horst Blanquez. Für diese beiden Namen bekam der Graf insgesamt zweitausenddreihundertzehn holländische Gulden.

Hievon gab er Kobler hundert und dem Kakuschke versprach er dreihundert, gab ihm dann aber nur fünfzig, worüber sich der Kakuschke ungemein aufregte. »Das ist das Hugenottenblut!« zischte er. Dann stürmte er wütend nachhaus und beschimpfte seine dicke französische Frau. Die Dicke lag bereits im Bett. Sie reagierte nur apathisch und freute sich heimlich über den Versailler Vertrag. – –
Mit diesem Kakuschke ging nun Kobler die Schellingstraße hinab. Letzterer hatte noch immer Angst, daß ihn Ersterer anpumpt.
»Wenn ich Sie wär«, sagte Ersterer, »würde ich die sechshundert Em arbeiten lassen. Sie haben Glück, ich weiß nämlich wen, der dringend gerade sechshundert braucht. Es dreht sich um eine Erfindung. Um einen Erfinder dreht es sich. Dabei dreht es sich auch noch um eine vaterländische Tat.«
Kobler dachte: »Hier dreht es sich um einen großen Haufen Dreck, du blödes Luder!« Das blöde Luder fuhr fort: »Der Erfinder hat nämlich ein neues Gas erfunden, ein Giftgas. Man muß nur gewissermaßen auf einen Knopf drücken und schon ist alles ringsherum vergast, daß auf dreihundert Jahr nichts mehr wächst. Das ist doch eine fabelhafte Erfindung, besonders für uns Deutsche!«
»Besonders für dich!« dachte Kobler. »Das tät dir so passen, wenn ich jetzt plötzlich verrückt werden tät und dir meine sechshundert nachwerfen tät und mich dann selber vergasen tät mit deinem Gas, Saukopf miserabler!«
Der Miserable fuhr fort: »Der Erfinder ist ein mir persönlich bekannter junger Mann, ein genialer Schachspieler. Und dabei erst fünfzehn Jahre alt, also eigentlich ein Wunderkind. Und sehr altklug. So denkt er den ganzen Tag nur an Gas. Er hat nichts im Kopf als wie Gas und Gas und wieder Gas. Er ist mit der Seele bei seinem Gas – – es dreht sich nur noch um eine Kleinigkeit an dem Knopfsy-

stem, damit die Vergasung total zufriedenstellend funktioniert.« Kobler dachte: »Das ist zuviel! So dumm bin ich ja gar nicht, du arrogantes Schwein!« – – Kakuschke hielt plötzlich mit einem Ruck.
»Oder glauben Sie denn, daß das so weitergeht?« rief er aus. (»Geh halt weiter!« dachte Kobler.) »Ja glauben Sie denn nicht, daß wir einem neuen Weltbrand entgegentaumeln?!« (»Brüll nicht!« dachte Kobler verstimmt, denn er hatte nichts übrig für Pathos und Ekstase.) Kakuschke schien ganz fanatisiert. »Schauen Sie doch gefälligst nur mal nach Afghanistan!« brüllte er. »Wissen Sie was das heißt: Amanullah und Habibullah?! Denken Sie mal an Sinowjew! Herr, schauen Sie nach Angora! Vergessen Sie nicht Palästina und die Buren! Und was macht denn dort hinten gefälligst der christliche General Feng?!« (»Was er gegessen hat!« dachte Kobler wütend.) Er fixierte ihn haßerfüllt, denn das fanatische Getue war ihm schon sehr zuwider. Kakuschke geriet immer mehr außer sich. »Oh, ich kenne die Franzosen!« schrie er und dachte an seine dicke Frau. »Jeder Franzose und jede Französin gehören vergast! Ich mach auch vor den Weibern nicht halt, ich nicht! Oder glauben Sie gar an Paneuropa?!«
»Ich hab jetzt keine Zeit für Ihre Blödheiten«, sagte der Kobler höflich und ließ den Kakuschke stehen. – –
Er ging nun wieder allein die Schellingstraße hinab und beschäftigte sich bis zur übernächsten Ecke mit weltpolitischen Problemen.
»Mein lieber Kobler«, sagte er sich, »dieser aufgestellte Mausdreck Kakuschke, dieses heruntergekommene Subjekt, ist ein nationaler Idealist, ein Idiot, ein Hitler, ein Gefühlspolitiker, ein Fanatiker, und das hat alles keinen Sinn. Man muß die Politik nach den Regeln des gesunden Menschenverstandes, nüchtern und nach Geschäftsprinzipien betreiben – – mit dieser ganzen Politik ist es so, wie

mit dem Kabriolett. Der eine kauft dem anderen sein Kabriolett ab, Deutschland, Frankreich, England, Österreich und was weiß ich – – alle kaufen sich gegenseitig ihre Kabrioletts ab. Ja, wenn das alles streng reell vor sich ging, dann wär das ein ideales Paneuropa, aber zur Zeit werden wir Deutschen von den übrigen Nationen bloß betrogen, genau so, wie ich zuvor den Portschinger betrogen hab. In dieser Weise läßt sich Paneuropa nicht realisieren. Das ist kein richtiger Geist von Locarno. Unter diesen Umständen müßt man sich schon sehr freuen, wenn man alles vergasen könnt. Aber nur nicht mit meinen Sechshundert! Zwar wenn man ein richtiges Gas hätt und das richtige Knopfsystem dazu, das wär ein Geschäft, dann könnt man schon wieder einen Krieg erklären, auf daß wir Deutsche unsere alte Vormachtstellung zurückeroberten. Dann könnten wir Deutsche leicht der ganzen Welt unsere alten Kabrioletts verkaufen, à la Portschinger! Das wär ja entschieden das Günstigste! Aber so ohne Waffen gehört das halt leider in das Reich der Utopie.«

Der Himmel war blau, die Wolken weiß und bayerisch barock.
In Huglfing hielt der D-Zug unfahrplanmäßig, um auf einen Gegenzug zu warten. Es war eine stille kleine Station und der Stationsvorsteher war sehr stolz und nervös, weil er es mit einem D-Zug zu tun hatte.
Der Gegenzug war ein Güterzug. Seine Ladung bestand aus Bier und zwar nur aus Bier. Dunkel und hell, Bock und Export und hinten etwas weiß. Und wie dieser Bierzug so schier endlos und gemütlich an dem haltenden D-Zug vorüber fuhr, das stimmte den Herr Bschorr ganz weich und versöhnlich. »Die ganz Politik kann mich am Arsch leckn«, murmelte er gerührt vor sich hin. »Gott mit Dir, Du Land der Bayern!«

So näherte sich der D-Zug der südlichen Grenze der Deutschen Republik. Zuerst ist er an großen Seen vorbeigerollt, da sind die Berge am Horizont noch klein gewesen. Aber jetzt wurden die Berge immer größer, die Seen immer kleiner und der Horizont immer enger. Und dann hörten die Seen ganz auf und ringsherum gabs nur mehr Berge. Das war das Werdenfelser Land.
In Partenkirchen stieg der Hotelier aus und würdigte Kobler keines Blickes. Auch der Herr Bschorr stieg aus und stolperte dabei über ein vierjähriges Kind. »Eha!« meinte er und das Kind brüllte fürchterlich, denn der Herr Bschorr hätt es fast zertreten.
Der Hotelier wurde von seiner Frau erwartet, die sah recht abgearbeitet aus und paßte nicht zu seinem gutangezogenen Äußeren. Es war auch keine glückliche Ehe, sondern eine Kriegsehe. Er hatte sie als ihn sein Kaiser zu den Waffen gerufen hatte, im Lager Lechfeld kennen gelernt, dort ist sie Köchin in einer Kantine gewesen und er Rechnungsfeldwebel. Dort hatten beide, jeder in seinem

Revier mächtig gestohlen und hatten sich kriegstrauen lassen. Und obwohl er vor dieser großen Zeit nur ein kleiner Buchhalter gewesen war, hatte er sich in der Inflation ein Partenkirchner Hotel kaufen können und markierte hernach den ehemaligen Kampfflieger. Aber, wie gesagt, es war keine glückliche Ehe, denn er wollte nur immer repräsentieren und sie war sehr eifersüchtig, weil er mit einer Kassiererin aus Augsburg eine ständige Liebschaft hatte.

Auch jetzt kam er wieder von seiner Kassiererin nach Hause und Kobler sah, daß er von seiner Frau unangenehm berührt war.

Dann fuhr der D-Zug wieder weiter.

Richtung Mittenwald.

Mittenwald ist deutsch-österreichische Grenzstation mit Paß- und Zollkontrolle.
Einige thüringische Kleinstädter auf Ferienreisen regte die Grenze mächtig auf. Der Grenzübertritt mit seiner behördlichen Zeremonie erschien ihnen als etwas seltsam Feierliches. Es schauderte sie. Mit scheuer Bewunderung betrachteten sie die Gendarmen, die sich auf dem Bahnsteig langweilten.
Bereits eine halbe Stunde vor Mittenwald hielten sie ihre Pässe erwartungsvoll in Händen, mancher hatte auch seinen Taufschein dabei oder gar ein Leumundszeugnis. All ihre Koffer, Rucksäcke und Kartons lagen weitaufgerissen auf den Bänken »Bitte nicht schießen, denn wir sind brav!« sollte das heißen.
Sie zuckten zusammen als der Finanzer im Wagen erschien. »Hat wer was zu verzollen?« rief der Finanzer ahnungslos. »Hier!« schrien die Kleinstädter und hielten ihm überstürzt ihr Gepäck unter die Nase. Aber der Finanzer nahm keine Notiz von ihrer Loyalität, er sah gar nicht hin. »Hat wer was zu verzollen?!« überbrüllte er sie entsetzt und raste aus dem Waggon, denn er hatte Angst, daß ausnahmsweise jemand wirklich was zu verzollen hätte, nämlich dann hätte er ausnahmsweise wirklich was zu tun.
Bei der Paßkontrolle ging es schon schärfer zu, denn das war das bessere Geschäft. Es saß ja in jedem Zug meist eine Person, deren Paß gerade abgelaufen war und der konnte man dann einen Grenzschein für einige Mark respektive Schilling verkaufen. Eine solche Person sagte mal dem Paßbeamten: »Erlauben Sie, ich bin aber schon sehr für den Anschluß!« Aber der Paßbeamte verbat sich energisch jede Beamtenbeleidigung.

In Mittenwald betrat ein neuer Mann Koblers Abteil, das heißt: er betrat es nicht, sondern torkelte herein, denn er

war sinnlos betrunken. Wie es sich später herausstellte war er der Mitinhaber einer Speditionsfirma, ein Chauffeur aus Innsbruck. »Ich hab grad eine Karambolage hinter mir!« begrüßte er Kobler und rülpste wie ein Hausprälat.
Die Karambolage bestand darin, daß er mit seinem Lastkraftwagen nahe der Grenze einen Motorradfahrer überrannte, weil dieser auf der falschen Seite vorfahren wollte, da er die Grenze vergessen hatte. Der Motorradfahrer war sofort tot, während er mit dem Schrecken davongekommen ist, obwohl sein Lastkraftwagen abgeschleppt werden mußte. Da aber dieser Lastkraftwagen sehr schön versichert war, kaufte er sich vor lauter Glück im Unglück einen Schnapsrausch. Nun fuhr er nach Innsbruck zurück. Er haßte die Motorradfahrer und äußerte Kobler gegenüber sein lebhaftes Bedauern, daß nicht noch einer am Soziussitz gesessen sei, dann wären nämlich bei seinem gesunden Tempo gleich zwei auf einmal krepiert und ihm hätte ja auch so nichts passieren können, denn die Schuld trügen lediglich immer und überhaupt nur die Motorradfahrer, nämlich er selbst sei sich darüber genau klar, daß man in Bayern rechts fahren müsse, in Tirol links und in Vorarlberg wieder rechts, er kenne die Verkehrsvorschriften aus dem ff, denn er selbst sei ja früher bei der Verkehrspolizei gewesen, aber leider hätte er sich durch die Verführungskünste eines temperamentvollen Schandweibes zu einer Amtsunterschlagung verleiten lassen. »Ich hab das absolute Gefühl, daß ich Ihnen das erzählen kann«, sagte er treuherzig und Kobler lächelte verlegen.
Der Chauffeur ließ einen Donnernden fahren und wurde dann sentimental. Er war eben ein Stimmungsmensch.
»Es ist halt a Kreuz auf der Welt«, seufzte er.
»Wird unser Zug jetzt auch links fahren?« erkundigte sich Kobler um das Gespräch auf etwas anderes zu bringen, denn er befürchtete, der Stimmungsmensch könnte ihm

plötzlich eine runterhauen. Dieser war ehrlich geknickt. »Wir sind eingleisig, lieber Herr«, lallte er.
Er wurde immer sentimentaler und setzte Kobler auseinander, auch ein Motorradfahrer sei halt nur ein Mensch und daran könne leider nicht gerüttelt werden und was das Auto beträfe wären solche Landesgrenzen schon ein immenser Nonsens, aber man müsse halt Landesgrenzen haben, sonst könnte man ja nichts schmuggeln, obwohl es sich in diesem Falle um Brudervölker drehe. »Es is alles verdraht!« stöhnte er und erwähnte dann nur noch, daß er heute Mitinhaber einer alteingesessenen Innsbrucker Firma sei. Dann weinte er.
Langsam verließ der D-Zug die Deutsche Republik.
Er fuhr an zwei Schildern vorbei:

Königreich Bayern	Bundesstaat Österreich
Rechts fahren!	Links fahren!

Und nun gings durch die nördlichen Kalkalpen und zwar entlang der alten Römerstraße zwischen Wetterstein und Karwendel. Der D-Zug mußte auf 1160 Meter empor, um das rund 600 Meter tiefer gelegene Inntal erreichen zu können. Es war dies für D-Züge eine komplizierte Landschaft.
Das Karwendel ist ein mächtiger Gebirgsstock und seine herrlichen Hochtäler zählen unstreitbar zu den ödesten Gebieten der Alpen. Von brüchigen Graten ziehen grandiose Geröllhalden meist bis auf die Talsohle hinab und treffen sich dort mit dem Schutt von der anderen Seite. Dabei gibts fast nirgends Wasser und also kaum was lebendiges. 1928 wurde es zum Naturschutzgebiet erklärt, damit es in seiner Ursprünglichkeit erhalten bleibt.
Rechts über Seefeld wuchs aus einem lyrischen Lärchenwald die Kuppe der hohen Munde empor und nun sah

man auch die Zugspitze von hinten. Und wer ihn bereits kannte, der konnte auch den Öfelekopf sehen, einen untergeordneten Gipfel im Kranze alpiner Majestäten, wie der Kitsch die seinerzeit geborstene Erdkruste nennt.
Hinter Seefeld wankte der Chauffeur auf die Toilette, um sich zu erbrechen. Er kam nicht wieder, denn er schlief draußen ein.
Kobler war ganz weg von Gottes herrlicher Bergwelt, denn er hatte noch niemals soviel hochalpine Gipfel auf einmal erschaut. »Was ist ein Mensch neben einem Berg?« fiel es ihm plötzlich ein und dieser Gedanke ergriff ihn sehr. »Ein großes Nichts ist ein Mensch neben einem Berg. Also ständig möcht ich nicht in den Bergen wohnen. Da wohn ich schon lieber im Flachland. Oder auch im Hügelland.«
Und nun kam eine große Kurve – – und Kobler sah 600 Meter unter sich das Inntal, von Ötz bis Zirl, all die großen und größeren Kirchen und Klöster, dazwischen kleine Dörfer und einsame Weiler und wieder Kirchen und Klöster und auch eine malerische Ruine und abermals Kirchen und Klöster – – da lag es unten: das heilige Land Tirol. Und darüber standen noch viel mächtigere Berge als zuvor, nämlich die Zentralalpen, Ötztal und Stubai. Das waren finstere schwarzgrüne Herrschaften und hatten wilde Gletscher.
So rollte der D-Zug an fürchterlichen Abgründen entlang über kühnkonstruierte Viadukte und durch viele viele Tunelle. Der längste durchbohrte die Martinswand. In dieser Wand hatte sich mal ein mittelalterlicher Kaiser bei der Jagd verstiegen und diese seine Tat verkündet eine Gedenktafel. Aber kein Stein kündet die Namen jener Menschen, die auf dem Felde der Arbeit fielen. – –
Jetzt erblickte Kobler eine schmutzige Dunstwolke über dem Inntal. Unter dieser Dunstwolke lag Innsbruck, die Hauptstadt Tirols.

Kobler wußte nichts weiter von ihr, als daß sie ein berühmtes goldenes Dachl hat, einen preiswerten Tirolerwein und daß der Reisende, der von Westen ankommt, zur linken Hand einige große Bordelle sehen kann. Das hat ihm mal der Graf Blanquez erzählt.
In Innsbruck mußte er umsteigen und zwar in den Schnellzug nach Bologna. Dieser Schnellzug kam aus Kufstein und hatte Verspätung. »Das ist die berühmte österreichische Unpünktlichkeit!« hörte er eine Dame sagen mit norddeutschem Akzent. Aber die Österreicher, die sich das auf dem Bahnsteig mitanhören mußten, lächelten nur verschämt. »Du armer preißischer Regimentstrottel«, dachten sie. Nämlich man konnte es schon an der Dame ihrem Tonfall merken, daß ihr Mann bei der Reichswehr ist.
Ihr Mann war ein Reichswehrmajor und hatte zwei Ideale. Das politische war die konstitutionelle Monarchie nach englischem Vorbild. Hingegen war sein erotisches Ideal ein bedeutend fortschrittlicheres, nämlich: Kameradschaftsehe. Und drum hatte auch die Stimme seiner Gattin jenen feldwebelhaften Klang.
Die Österreicher sind sehr gemütliche Leute.
Endlich kam der Schnellzug.
Bis Steinach am Brenner, also fast bis zur neuen italienischen Grenze, also kaum fünfzig Minuten lang saßen in Koblers Abteil ein altösterreichischer Hofrat und ein sogenannter Mann aus dem Volke, der dem Hofrat sehr schön tat, weil er von ihm eine Protektion haben wollte. Dieser Mann war ein charakterloser Werkmeister, der der Heimwehr beigetreten ist, um seine Arbeitskollegen gründlicher übervorteilen zu können. Nämlich sein leitender Ingenieur war Gauleiter der Heimwehr.
Der Hofrat hatte einen altmodischen goldenen Zwicker und ein hinterlistiges Geschau. Sein Äußeres war sehr

gepflegt besonders sein weißer Scheitel – – er schien überhaupt ein sehr eitler Mensch zu sein, denn er schwätzte in einer Tour, nur um den Beifall des Mannes hören zu können.
Der Schnellzug wandte sich ab von Innsbruck und schon fuhr er durch den Berg-Isel-Tunnel.
»Jetzt ist es finster«, sagte der Hofrat. »Sehr finster«, sagte der Mann. »Es ist so finster geworden, weil wir durch den Tunnel fahren«, sagte der Hofrat. »Vielleicht wirds noch finsterer«, sagte der Mann. »Kruzitürken ist das aber finster!« sagte der Hofrat. »Kruzitürken!« sagte der Mann.
Die Österreicher sind sehr gemütliche Leute.
»Hoffentlich erlaubts mir unser Herrgott noch, daß ichs erleb, wie alle Sozis aufgehängt werdn«, sagte der Hofrat.
»Verlassen Sie sich auf den dort droben«, sagte der Mann.
»Über uns ist jetzt der Berg Isel«, sagte der Hofrat. »Andreas Hofer«, sagte der Mann und fügte hinzu: »Die Juden werdn zu frech.«
Der Hofrat klapperte mit dem Gebiß.
»Den Halsmann sollns nur tüchtig einsperren, bei Wasser und Brot!« krähte er. »Ob der Judenbengel nämlich seinen Judentate erschlagen hat oder nicht, das ist wurscht. Da gehts um das Prestige der österreichischen Justiz, man kann sich doch nicht alles von den Juden gefallen lassen!«
»Neulich habn wir einen Juden ghaut«, sagte der Mann.
»A geh wirklich!« freute sich der Hofrat. »Der Jud war allein«, sagte der Mann, »und wir waren zehn, da hats aber Watschen ghagelt! Heimwehrwatschen!«
Der Hofrat kicherte.
»Ja, die Heimwehr!« sagte er. »Heil!« rief der Mann. »Und Sieg!« sagte der Hofrat. »Und Tod!« rief der Mann. – –
Die österreichische Heimwehr ist eine sogenannte Selbstschutzorganisation des österreichischen Bürgertums. Die-

ses Bürgertum fühlt sich nämlich sehr bedroht, weil sich die österreichischen Arbeiter dagegen sträuben, daß mit dem primitivsten Bedürfnis des Menschen Spekulation getrieben wird. Mit anderen Worten: die Wohnungsmieten sind relativ recht niedrig, so daß sich der Besitz einer Zinskaserne bei weitem nicht so gut rentiert, wie in der guten alten Zeit. Und obendrein hat auch noch die rote Gemeinde Wien viele neue Häuser mit Wohnungen voll Licht und Luft, denn sie steht auf dem Standpunkt, daß das Recht auf ein Dach über dem Kopfe für jeden arbeitenden Menschen eine Selbstverständlichkeit bedeutet.

Das Bürgertum hingegen vertritt den Standpunkt, daß es die Gemeinde Wien einen großen Schmarrn angeht, ob und wie ihre Bürger wohnen. »Wer sichs halt nicht leisten kann, der soll halt unter Gottes Sternenhimmel wohnen oder im Asyl. Was braucht der Mensch a Wohnung, wenn ers nicht bezahlen kann!« so argumentiert das Bürgertum.

Wer von den beiden Klassen recht hat, das wird und kann nur die Zeit entscheiden.

Vorerst rüstet das Bürgertum gegen das rote Wien und hat dabei den Wunschtraum, jeden Austromarxisten zu vierteilen. Die Armee dieser sympathischen Hausbesitzer ist eben jene Heimwehr, die sich verlogen und feig Selbstschutz taufte. Die Soldaten rekrutieren sich aus ewigen Subalternen, ungebildeten Kleinbürgern, ehemaligen Unteroffizieren, Hausbesitzersöhnen, schurkischen oder terrorisierten oder saudummen Arbeitern, arrogantem Studentengesindel und drgl. Aber vor allem aus armen mißbrauchten Bauern, die mit Hilfe gewissenloser verleumdungssüchtiger Pfaffen mobilisiert worden sind. Aus den finstersten Tälern hatte man sie herausgeholt – – und mit ihnen all die tiroler, vorarlberger, salzburger und die

weltberühmten steiermärkischen Kretins. Rechtens müßten diese Kretins die verläßlichste und tapferste Kerntruppe der Heimwehr bilden, gewissermaßen die Garde. Manche sind dabei, die haben nur neun Zehen aber dafür elf Finger und wissen nicht, wie sie heißen.
»In hoc signo vinces!« rief neulich ein Erzabt, als er eine Heimwehrfahne segnete. Das sind die Scharen, die das arbeitsame ehrliche Proletariat Österreichs voll und ganz entrechten wollen ad maiorem bürgerliche Produktionsweise gloriam.

Als der Schnellzug den Berg-Isel-Tunnel verließ, trat Kobler auf den Korridor, denn er konnte es in seinem Abteil nicht mehr aushalten, weil ihn das ewige Geschwätz im Denken störte.
Denn er mußte mal nachdenken – – das war so ein Bedürfnis, als hätte er dringend austreten müssen. Es war ihm nämlich plötzlich die Ägypterin, sein eigentliches Reiseziel, eingefallen und er ist sehr darüber erschrocken, daß er nun einige Stunden lang nicht an Ägypten gedacht hatte.
Er versuchte sich zu sammeln. »Da draußen stehen lauter Gletscher und da drinnen sitzen lauter Vieher, es stürzen da zuviel Eindrücke auf einen«, sagte er sich. »Unverhofft«, fügte er noch hinzu und dies Wort kam ihm sehr vornehm vor.
»Jetzt hab ich diese ganzen Pyramiden fast vergessen«, fuhr er fort und hatte dabei ein unangenehmes Gefühl. Es war ihm wie jenem Manne zumute, der am Donnerstag vergaß, was er am Mittwoch getan hatte.
Er ging im Korridor auf und ab.
In dem einen Abteil saßen sechs Damen. Es war ein Damenabteil.
»Wenn das jetzt sechs Ägypterinnen wären!« phantasierte

Kobler. »Und wenn die nicht so alt wären und wenn die nicht so mies wären und wenn die Geld hätten – –«
»Wenn!« wiederholte er. »Wenn ich nicht der Kobler wär, sondern der Generaldirektor der I.G.Farben, dann könnt ich zwanzig Ägypterinnen haben, aber dann hätt ich ja wieder nichts davon.«
Er wurde ganz melancholisch.
»Erster Klasse sollt man halt reisen können«, dachte er. »Mir tut von dem Holz schon der Hintern weh. Meiner Seel, ich glaub, ich bin wund!«

»Das ist ein feines Lied. Kennen Sie es?«
»Nein«, sagte Kobler.
»Schade, schade«, sagte Inge. »Ich lieb nämlich solche seelische Lieder, lieber als etwas anderes. Man kommt halt nicht über sein Blut hinaus. Drum mag ich auch die Juden nicht, die sind mir zu sinnlich.«
Hier kam nun die Madame wieder langsam heran und sagte, es wäre ein Herr drüben, der Inge haben wollte und fragte Schmitz, ob er überhaupt eine Dame wolle, und wenn nicht, ob er was anderes wolle. Sie hätte ein Kino.
»Das ist total ungefährlich, sogar am Meer«, sagte Schmitz und die Madame bat die beiden Herren, sich in den dritten Stock hinauf zu begeben.

Die beiden wurden in ein Zimmer geführt, in dem es einige Sofas gab und eine kleine weiße Leinwand. Sie mußten eine ganze Weile warten. »Ob die hier nicht was mit uns vorhaben?« fragte Kobler. »Seien Sie nur beruhigt, in offiziellen Bordellen kommt nie etwas vor, weil die Leute ihr glänzendes Auskommen haben, die Unternehmer, nicht die Dirnen. Es ist doch die gemeinste Ausbeutung, dürfen Sie nicht vergessen, die Mädeln müssen doch alles bezahlen! Ich kannte einen, der hat einige Villen, ein ehemaliger Fliesenleger, aber die Fliesen hat er sich alle selber gelegt.«
»Wie lang wird das noch dauern hier bis es losgeht?« fragte Kobler.
»Wir müssen auf den Operateur warten«, sagte Schmitz.
Es verging wieder eine Zeit.
»So ein Bordell die Atmosphäre regt mich immer an«, sagt Schmitz. »Es wirkt auf mich irgendwie künstlerisch. Haben Sie die kleine Blonde unten gesehen mit dem vermatschten Gesicht und den blassen Vergißmeinnichtaugen, eine Dänin war das. Wissen Sie, was das für ein

Gesicht war. Ein Lustmordgesicht. Haben Sie das nicht bemerkt, daß die Opfer von Lustmördern alle eine geheime Ähnlichkeit haben? Mir erzählte mal eine ein Zusammentreffen, das fällt mir jetzt ein und darüber werd ich morgen ein Feuilleton schreiben: Der Mond hat einen Hof, die Bäume sind kahl, November. Die Fabrikarbeiterin Elisabeth Bissinger geht nach Hause, durch eine leere Straße, plötzlich löst sich von der Mauer eine Frau los, eine große Frau mit schwarzem Kleid und großen Schuhen, ein verkleideter Mann. Die Frau spricht sie an, ob sie sie begleiten dürfe? Elisabeth sagt nein und die Frau ist ihr sehr unheimlich. Die Frau verfolgt sie und sagt: ›Es geht ein kalter Wind, ein Nordwind.‹ Elisabeth läuft, die Schwarze hintendrein: ›Sie haben schöne Beine‹, sagt sie, ›aber auch ich kann rasch gehen, ich kann Sie auch einholen – –‹ So ähnlich werd ich das Feuilleton machen.«
Jetzt hörten sie ein sonderbares Geräusch, ein schnarrendes, gleitendes. Kobler ging vorsichtig aus dem Zimmer und sah, daß die Treppen herauf ein Mann getragen wird, der vollkommen gelähmt war, das heißt nur die Beine, der Oberkörper war intakt. Es war der Kinooperateur, er trug eine schwarze Brille. »Verzeihen Sie«, sagte er zu Schmitz, »daß ich mich verspätet hab, aber ich hab so lang auf mein Abendessen warten müssen.« Und er bat Schmitz den beiden Männern, die ihn herauf getragen hatten, ein Trinkgeld zu geben. Dann ging der Film los.
Es waren zuerst Abenteuer galante zwischen Damen und Herren und zwar historische, kriminelle und moderne. Da sah man wie ein Einbrecher maskiert eine Dame überrascht, aber es löst sich in Wohlgefallen auf und wie ein anderer Faust zum Gretchen kommt, und wie ein Polizist verführt wird und dann kam die Geisha und das alles löste sich in Wohlgefallen auf.

Als die Geisha dran war, summte der Operateur: »Wie eiskalt ist dies Händchen – –«

Drinnen in der Arena musizierte eine starke Kapelle Walzer, Märsche und Potpourris – – und um Punkt sechzehn Uhr tat sich das Portal auf und nun begann der feierliche Einzug der Herren Stierkämpfer. »Sie werden da etwas prachtvoll Historisches erleben«, erinnerte sich Kobler an die Worte des Renaissancemenschen vor Verona. Und das war nun auch ein farbenprächtiges Bild.
An der Spitze des Zuges ritten zwei Herolde und ließen ihre feurigen Rappen tänzeln, was den Zuschauern sehr gefiel, denn sie taten begeistert. Die Herren Stierkämpfer traten vor das Präsidium, das droben auf der zweiten Galerie thronte und begrüßten es streng zeremoniell. Hierauf verließen sie wieder die Arena, während die beiden Herolde abermals vor das Präsidium trabten und es um eine große Gnade zu bitten schienen. Einen Augenblick war alles still, dann erhob sich der Präsident und warf den Herolden ein winziges Ding zu, der eine fing es auf, hielt es hoch, und nun galoppierten die beiden nach der gegenüber liegenden Seite, während die spanischen Zuschauer wieder außer sich gerieten. Dort übergaben sie es einem robusten Herren und nun stellte es sich heraus, daß es der Schlüssel zum Stierzwinger war. Der Herr Präsident hatte die Erlaubnis erteilt, sechs Stiere und einige Pferde tot zu quälen.
Über dem Zwinger saßen drei Herren, zwei Trompeter und ein Trommler. Mit ihren Instrumenten gaben sie das letzte Zeichen zum Beginn und leiteten auch späterhin die offiziellen Phasen der Kämpfe und zwar immer mit dem selben Akkord.
Erster Akkord – – und der erste Stier rannte aus seinem finsteren Zwinger, ein kleiner schwarzer andalusischer Stier, getrieben durch den wütenden Schmerz – – denn in seinem Rücken stak bereits ein Messer und das war programmgemäß. In der Arena standen nun bloß zwei Her-

ren mit roten Mänteln und ohne Waffen. Geblendet durch die plötzliche Sonne hielt der Stier einen Augenblick, dann entdeckte er die roten Mäntel und stürzte drauf los, von dem ersten zum zweiten und dritten, aber graziös wichen die Herren dem plumpen Stier aus. Großer Beifall. Auch Rigmor und Kobler applaudierten -- da lauschte der Stier. Es war, als fasse er es erst jetzt, wo er sich befindet, als würde es ihm erst allmählich klar, daß ihm nun etwas Furchtbares bevorsteht. Er ließ die drei Herren stehen und wandte sich langsam seinem dunklen Zwinger zu, wurde aber wieder zurück getrieben. Zweiter Akkord. Nun ritt ein Herr in die Arena, sein Pferd wurde von zwei Herren geführt, da es geblendet war, ein alter dürrer Klepper, ergraut in der Sklaverei. Der Herr auf dem Klepper hatte eine lange Lanze und der Stier wurde mit allerhand Kniffen auf den Klepper gehetzt, der sehr zitterte. Als der Stier in die Nähe des Kleppers kam, trieb ihm der Herr mit aller Wucht die Lanze in den Rücken, worauf der Stier den Klepper überrannte, während die Herren davon liefen. Auch der verzweifelte blinde Klepper versuchte zu fliehen, aber der Stier zerriß ihm den Bauch, womit der Stier in der Gunst der Zuschauer beträchtlich zu steigen schien, denn sie taten sehr begeistert. Endlich ließ er von dem Klepper ab, worauf einige Herren dem Sterbenden Sand in die Bauchhöhlen schaufelten, damit sein Blut die Arena nicht noch mehr beschmutze. Dritter Akkord. Drei Herren betraten die Arena und jeder hatte eine kurze Lanze in jeder Hand, die oben mit bunten Bändern und unten mit Widerhaken verziert waren. Die Herren stachen sie dem Stier in den Nacken, je zwei auf einmal und das mußte dem Stier grauenhaft weh tun, denn er ging jedes Mal trotz seiner Schwerfälligkeit mit allen Vieren in die Luft, wandt und krümmte sich, aber er konnte die Lanzen nicht abschütteln, wegen ihrer überlegt konstruierten Widerhaken.

Seine grotesken Bewegungen riefen wahre Lachsalven hervor. Großer Applaus. Vierter Akkord. Jetzt stand plötzlich ein Herr in der Arena und zwar ganz allein. Das war der oberste Stierkämpfer, der Matador. Er hatte ein grellrotes Tuch und darunter versteckt ein Schwert, mit dem er dem Stier den Todesstoß versetzen mußte, er war also endlich der Tod persönlich. Dieser Tod hatte sehr selbstbewußte Bewegungen, denn er war ein Liebling des Publikums. Sicher näherte er sich seinem Stier, aber das Tier griff ihn nicht an, es atmete schwer, denn es war halt schon sehr geschwächt durch den starken Blutverlust und all die Qual. Jetzt sah es den Tod sich nähern, jetzt wurde ihm bange. Der Matador hielt knapp vor ihm und schlug ihm mit seinem Tuch scharf über die Augen -- aber das Tier ließ den Matador stehen und langsam wankte es wieder seinem Zwinger zu. Doch das Publikum pfiff und verhöhnte es, weil es mit dem Tod nicht kämpfen wollte -- mit einer eleganten Bewegung entblößte der Matador sein Schwert. Da verstummte es erwartungsvoll, so gespannt war das Publikum. Und in dieser Stille hörte man jemanden weinen, traurig und arm. Das war der Stier. Aber der Tod näherte sich ihm unerbittlich -- da riß sich das Tier nochmal zusammen und rannte in das Schwert. Aus seinem Maule brach das Blut hervor, es wankte und brach zusammen mit einem furchtbar vorwurfsvollen Blick, es lag eine seltene Größe in seinem Sterben.
Nun geriet aber das Publikum ganz in Ekstase, hunderte Strohhüte flogen dem triumphierenden Tod zu.

Anhang

Entstehung[1], *Überlieferung, Textgestaltung*

Am 15. 1. 1929 schrieb Ödön von Horváth aus Berlin an seine in München lebende Bekannte Lotte Fahr[2]: *Der Roman wird im Propyläen-Verlag erscheinen. Die haben mehr gezahlt, als Fischer*[3], *der wollte ihn auch haben. Kapitalist bleibt Kapitalist, warum soll ich ihnen was schenken?*[4] Horváth hielt sich in Berlin auf, weil am 4. 1. 1929 sein Stück Die Bergbahn an der ›Volksbühne‹ uraufgeführt worden war, er einen Tag später eine Lesung[5] »aus eigenen Werken« hatte und am 11. 1. 1929 ein Vertrag[6] mit dem Ullstein-Verlag zum Abschluß gekommen war, der ihm für das Jahr 1929 während der ersten beiden Monate je 500 Mark und für alle weiteren Monate je 300 Mark zusicherte. Horváth verpflichtete sich, »seine gesamte schriftstellerische Produktion an dramatischen, erzählenden und lyrischen Werken während der Zeit bis 15. Januar 1930 dem Verlag Ullstein zuerst einzureichen« und räumte »auf seine gesamte weitere schriftstellerische Produktion bis zum 15. Januar 1931 dem Verlag Ullstein das Vorrecht derart ein, daß der Verlag das erste Angebot machen und in jedes von anderer Seite schriftlich gemachte Angebot eintreten kann«.

Horváths erster Roman *Sechsunddreißig Stunden* spielt *Ende August 1928*, an einem Dienstag, und endet am übernächsten Morgen *um sechs Uhr.*[7] Das letzte im Roman erwähnte Ereignis, die *gelungene Grundsteinlegung zum Deutschen Museum*, fand am 4. 9. 1928 statt.[8] So kann davon ausgegangen werden, daß Horváth im Herbst 1928 mit der Niederschrift seines Romans begann. Abgeschlossen war die Reinschrift im April 1929, da er ein *nicht ganz durchkorrigiertes Exemplar*[9] an P. A. Otte[10], Feuilletonredakteur des ›Berliner Tageblatts‹ übergab. Am 23. 4. 1929 teilte Horváth auf einer Postkarte P. A. Otte mit, daß *Herr Reithofer wird selbstlos* nun *der endgültige Titel* seines Romans sein werde.[11]

Drei Tage später bestätigte der Ullstein-Verlag Horváth die Annahme seines Romans noch unter dem Titel *36 Stunden.*[12] Als am 30. 10. 1929 die von Hermann Kesten edierte Anthologie 24 *neue deutsche Erzähler* bei Gustav Kiepenheuer in Berlin erschien, in der auch Horváth mit dem Beitrag *Ein Fräulein wird bekehrt*[13] vertreten

war, stand in der »Bibliographischen Notiz«[14] vermerkt: »›Herr Reithofer wird selbstlos‹/Roman. Propyläen-Verlag, Berlin.«
Am 9. 9. 1929 hatte sich Horváth vom Ullstein-Verlag einen Vorschuß von 600 Mark überweisen lassen[15], wohl um zur Weltausstellung nach Barcelona zu reisen. Von dieser Reise existiert ein Brief Horváths aus Marseille.[16] Mitte Oktober war Horváth wieder in Berlin und fuhr am 14. 10. nach Murnau. *Ich arbeite zur Zeit an einem Roman*, schrieb er an Julius Bab.[17] Offenbar meinte Horváth *Herr Kobler wird Paneuropäer*, den späteren Ersten Teil des *Ewigen Spießers*; das Konzept in seinem Notizbuch[18] hatte noch keinen Titel, läßt aber bereits alle Elemente der Endfassung erkennen.

Roman.[19]

I. *Das Geschäft. Der Entschluß zu einer Reise.*
Der Rat der Freunde.
⟨*a.) Des Koofmichs (»Leg Dein Geld an«)*⟩
b.) Des Erotikers. [3 *(des Graf.)*]
c.) Des Politikers.
d.) ⟨*Des Weltmanns.*⟩ *(»Fahren Sie«)*
Der Weltfrau.
(der neue Typ des Weltmannes)
[*Deklassiertes Großbürgertum.*
»Man weiß nicht woher sie das Geld hat. Sie ist immer gepflegt und liebt die Blumen.«]
II. *Das Reisebüro. Das Wörterbuch.*
III. *Die Abfahrt. Die erste Grenze. (Österreich)*
»Man konnte die Grenze an nichts bemerken – wenn nicht plötzlich der Schaffner gewechselt hätte.«
IV. *Brennero.*
V. *Verona – Mailand – Genua.*
VI. *Riviera.*
VII. *Marseille. »Deutschnationale Angstträume«*
VIII. *Tarascon – Carcassonne – Portbou – Barcelona.*
IX. *Die Ausstellung.*
X. *Der Stierkampf.*
XI. *Barcelona – Cerbère – Avignon – Lyon – Genf*
XII. *Genf.*

Auf der nächsten Seite[20] folgt ein Überblick über die bisherigen Arbeiten:

Sladek, der schwarze Reichswehrmann
Historie aus dem Zeitalter der Inflation.

÷

Die Bergbahn.
Volksstück.

÷

Rund um den Kongress.
Posse.

÷

Herr Reithofer wird selbstlos
Roman.

Der europäische Spießbürger
Roman.

In der Aufstellung fehlt *Zur schönen Aussicht*, Horváths Komödie, die zu diesem Zeitpunkt bereits fertiggestellt war.[21]

Der europäische Spießbürger sollte folgende Struktur haben[22]:

1.) Herr Kakuschke verkauft (in der Schellingstraße) ein Auto. Er betrügt dadurch einen Anderen.
(Diana –
[(P. Theissen)
Marianne
Kunstmann]
Reichard – Dünzl)
[der alte Kaufmann.
(der ehemalige Lebemann; verarmt; jetzt Agent) (Emigrant?)]
[Lebemann: Kennen Sie das Ausland?
Kakuschke: Nein. Nur Österreich. Aber das ist kein Ausland wegen der Anschlußgedanken]

2.) Das Auskunftbüro.

3.) Die Abfahrt.
(Der Abschied)
Stolz über die Fahrt:

1.) beim Friseur, 2.) bei der Klosettfrau, 3.) in Cafè, 4.) bei dem Mädchen, 5.) im Geschäft, 6.) beim Geschäftsfreund, usw.... ⟨?⟩ überall sagt er stolz: »Ich fahr nach Barcelona.«

Ein weiterer Entwurf[23] ist *Herr Alfons Kobler* überschrieben:

1.) Verkauf.
Opernsängerin / Portschinger
2.) Architekt.
3.) Die Zimmerwirtin./Eltern/Graf.
4.) Der Graf.
5.) Die deklassierte Dame [ihr Freund, der Journalist] (im Reisebüro > Plakatbüro)
6.) Abschied von Marion (Cafè)
[Bevor er abfuhr, nahm er aber einen abend über noch Abschied von seinem Stammcafè.]
7.) Visum / Reisebüro.

÷

8.) Die Fahrt.

Alle anderen Skizzen mit dem Titel *Herr Kobler wird Paneuropäer* variieren, wie dieses Beispiel[24] zeigt, nur geringfügig den späteren Handlungsablauf im Ersten Teil des *Ewigen Spießers.*

I. *In der Schellingstraße.*
II. *Oberbayern, Tirol und das neue Italien.*
III. *Herr Schmitz und das ligurische Meer.*
IV. *Marseille und die Pyrenäen.*
V. *Corrida de Toros.*
VI. *Die Weltausstellung 1929 und U.S.A.*
VII. *Nach Genf.*

An dieser Stelle folgen erstmals nach dem Titel *Herr Kobler wird Paneuropäer* der Titel *Herr Reithofer wird selbstlos* und an dritter Stelle, jedoch wieder getilgt, *Fräulein Pollinger wird praktisch.* Auch scheint hier[25] zum ersten Mal die Notiz zu einem *Vorspruch* auf: *In diesem Buche wird versucht den ⟨?⟩ europäischen Kleinbürger zu schildern –*

Als *ein neues Spießerbuch* unter dem Titel *Herr Reithofer wird selbstlos* konzipierte[26] Horváth folgende Kapitel:

1.) Fräulein Pollinger wird praktisch.
2.) Herr Reithofer wird selbstlos.

3.) *Marianne oder die Verwesung.*
4.) *Frau Schmidt wird sinnlich.*
5.) *Der Maxheimer wird gottlos.*
6.) *Herr Studienrat Niemeyer wird korrekt verrückt.*
7.) *Herr Alfred Kastner stirbt.*
8.) *Hochwürden werden sinnlich.*

Noch am 19. 3. 1930 las Horváth in München »zwei Kapitel aus seinem demnächst erscheinenden Roman *Herr Reithofer wird selbstlos*«.[27] Am 14. 4. 1930 bestätigte dann der Ullstein-Verlag, unter Berufung »auf den mit unserer Roman-Abteilung geführten Schriftwechsel«, die Annahme eines Romans »mit dem vorläufig vorgesehenen Titel ›Der ewige Spießer‹«. Die Vereinbarung vom 26. 4. 1929 »bezüglich des in vorstehendem Roman mit enthaltenen Schlußteils, für sich seinerzeit mit ›36 Stunden‹ betitelt, wird hiermit gegenstandslos«.[28]

Horváths Roman war demnach in drei Phasen entstanden:
1. *Sechsunddreißig Stunden:* Herbst 1928 bis April 1929
2. *Herr Kobler wird Paneuropäer:* seit Oktober 1929
3. *Der ewige Spießer:* bis April 1930.

Außerdem entstanden innerhalb dieses Zeitraums noch das Volksstück *Ein Wochenendspiel* bzw. *Italienische Nacht* (Band 3) und das Hörspiel *Stunde der Liebe* (Band 15).[29]

Horváths Typoskript des Romans wurde laut Anmerkung auf der letzten Seite[30] am 11. 7. 1930 satzfertig in die Setzerei des Ullsteinhauses gegeben. Am 6. 10. 1930 erschien *Der ewige Spießer* in zwei textidentischen Ausgaben, broschiert zu 3 Mark, in Leinen gebunden zu 4.50 Mark, mit einem Schutzumschlag von Olaf Gulbransson.[31] Ungeduldig wartete Horváth Anfang November auf Belegexemplare seines Buches und auf erste Rezensionen.[32]

»Ödön von Horvath, der dieses lustige und sehr freche Buch geschrieben hat, sei bedankt dafür«, hieß es am 21. 12. 1930 im Berliner ›Morgen‹. Fritz Walter im ›Berliner Börsen-Courier‹ schrieb: »Nach dem ›ewigen Spießer‹ scheint die Begabung Horváths gerade nach der humoristischen Richtung frei geworden und noch sehr entwicklungsfähig«, und die ›B.Z.‹ am 24. 12.: »Hoffentlich das erste von vielen epischen Werken, die man von diesem originellen Dichter erwarten kann.«[33] Ende Dezember rezensierte Anton Kuh den Roman im ›Querschnitt‹: »So könnte die Rohschrift eines großen satirischen Erzählers aussehen; aber auch die Reinschrift eines genialen Abenteurers, der sich für einen Schriftsteller ausgibt [...] das ist geschriebener Daumier.«[34] Nach der Lektüre schickte Hermann Kesten eine Karte an Horváth: »Nichts von Thomas – überhaupt keine Vergleiche für Ihr reizendes Buch (nicht einmal mit Aristophanes, Mark Twain, Don Quichote, Voltaire und Swift)«[35] und übermittelte Horváth eine Kopie[36] seiner Rezension, die dann am 26. 6. 1931 in der ›Literarischen Welt‹ erschien: »Horváth ist ein sehr witziger Erzähler, ein satirischer Beobachter der mittleren Gemeinheiten der mittleren Existenzen unserer mittleren Großstädte. Er erzählt innerhalb ganz einfacher Fabeln eine Fülle reizender, manchmal grotesker, scharf und treffend beobachteter, immer lustiger Anekdoten. Er lockert die Schriftsprache durch weitgehende Benutzung des Dialekts auf, was ihm manche sprachliche Lässigkeit erlaubt.«[37] Nicht zuletzt auch wegen des *Ewigen Spießers* kam es Ende 1932 zu Differenzen zwischen Horváth und dem Ullstein-Verlag und am 7. 11. »auf Grund gegenseitigen freundschaftlichen Übereinkommens« zur Lösung des Vertrages.[38] Drei Tage später teilte der Verlag Horváth mit, daß der Ladenpreis für seinen Roman aufgehoben wurde, da »der Absatz Ihres Buches ›Der ewige Spießer‹ seit langer Zeit außerordentlich zurückgegangen ist«.[39] Horváth, mit dem Lektor des Kiepenheuer Verlages Hermann Kesten[40] mittlerweile befreundet und am 10. 6. 1930 zusammen mit Autoren des Kiepenheuer Verlages Gast[41] Gustav Kiepenheuers, schloß auf Betreiben Kestens einen neuen Vertrag.[42]

Als Druckvorlage für *Sechsunddreißig Stunden* diente ein von Seite *-1-* bis *-111-* durchpaginiertes Typoskript Horváths, ohne Titelblatt: die Reinschrift seines Romans. Die in diesem Exemplar fehlenden Seiten 8 bis 26, 34 und 35 sowie 41 bis 57 wurden aus anderen Typoskripten Horváths ergänzt, und zwar nach den der Reinschrift (R) am nächsten kommenden Vorfassungen unter Berücksichtigung der handschriftlichen Korrekturen Horváths.[43] Seite 11 bis Seite 18 (6. Zeile von unten) enspricht R *-1-* bis *-7-*. S. 18 (5. Z.v.u.) bis S. 38 (8. Z. v.o.) folgt der mit S. *-8-* bis *-25-* durchpaginierten, von

Horváth handschriftlich (hs) korrigierten (k) Vorlage für R. Die ursprüngliche maschinenschriftliche Kapitelzählung *III.* bis *IX.* wurde hs geändert in *3* bis *10*, wobei das ursprüngliche Kapitel *VIII.* nochmals unterteilt wurde (vgl. S. 32 dieser Ausgabe). S. 38 (9. Z.v.o.) bis S. 39 (6. Z.v.o.) folgt dem mit -*32*- bezeichneten Typoskript der hsk V. S. 39 (7. Z.v.o.) bis S. 46 (Kapitelende) entspricht R -27- bis -*33*-. S. 46 (15. Kapitel) bis S. 47 (6. Z.v.o.) folgt hsk V. Die Seite trägt die Paginierung -*40*-. S. 47 (7. Z.v.o.) bis S. 48 (8. Z.v.o.) ist mit *35* paginiert und entspricht der V für R. S. 48 (9. Z.v.o.) bis S. 52 (letzte Zeile) entspricht R -*36*- bis -*40*-. S. 52 (letzte Zeile) bis S. 69 (Kapitelende) ist mit *37* bis *53* paginiert und entspricht V für R. Die Kapitel sind ab *41* der Paginierung (= S. 57 dieser Ausgabe) mit *XII* (= Kapitel 18 dieser Ausgabe), *XIII* (= Kapitel 19 dieser Ausgabe) und *XIV* (= Kapitel 20 dieser Ausgabe) bezeichnet. Das Kapitel *XIV* ist auf S. *51* der Paginierung (S. 67 dieser Ausgabe) hs mit *XV* nochmals unterteilt (= Kapitel 21 dieser Ausgabe). S. 69 (Kapitel 22) bis S. 125 (Ende) folgt R -*58*- bis -*111*-. Bei der Kapitelzählung auf S. -*105*- von R folgt auf Kapitel *52.* das Kapitel *54.* (S. 119 dieser Ausgabe); Horváths irrtümliche Zählung wurde beibehalten. Der Abdruck von *Der ewige Spießer* folgt der Ausgabe des Propyläen-Verlages, Berlin, mit S. 3 als Titelblatt, dem Copyright-Vermerk 1930 auf S. 4, der Widmung *Für Ernst Weiß* auf S. 5 und dem »Vorwort« auf S. 6. Auf S. 7 befindet sich ein Inhaltsverzeichnis: *Erster Teil: Herr Kobler wird Paneuropäer ... 9/Zweiter Teil: Fräulein Pollinger wird praktisch ... 143/ Dritter Teil: Herr Reithofer wird selbstlos ... 181*. Den Zwischentiteln (S. 8, 143, 181) folgt das jeweilige Motto auf der Rückseite (S. 9, 144, 182). Der Text des »Ersten Teils« beginnt S. 11 und endet S. 141; der »Zweite Teil« reicht von S. 145 bis S. 179, der »Dritte Teil« von S. 183 bis S. 208. Von S. 209 an folgen Verlagshinweise auf Arnold Ulitz, *Woibs*, eine »Spießer-Satire von erschütternder Komik« und Ernst Penzoldt, *Die Powenzbande*.

Zu den Vorarbeiten von *Sechsunddreißig Stunden*: Bei S. 281-293 handelt es sich um ein zweiseitiges Typoskript, paginiert mit -*9*- und -*10*-, einzuordnen in Kapitel 1 (S. 14 dieser Ausgabe). S. 284-293 entspricht einem 9seitigen Typoskript, paginiert von -*15*- bis -*23*-, ebenfalls dem Kapitel 1 (S. 13) zuzuordnen; einzelne Passagen aus diesem Fragment wurden an anderen Stellen später eingearbeitet. Zu den Vorarbeiten von *Der ewige Spießer* (S. 294-298), von Horváth paginiert mit -*8*- bis -*14*-, gehört ein später eliminiertes Kapitel des Romans *Herr Kobler wird Paneuropäer* (innerhalb des Abschnittes *Aus der Schellingstraße*), im *Ewigen Spießer* einzuordnen zwischen Kapitel 2 und 3 (S. 137). S. 299 f. ist die Wiedergabe von 2 Typoskriptseiten aus dem Abschnitt *Oberbayern, Tirol und durch das neue Italien*, paginiert mit -44- und -45-, einzuordnen auf S. 161. Demselben Kapitel des Romans *Herr Kobler wird Paneuropäer* sind die von -*48*- bis -*59*- paginierten Seiten entnommen, abgedruckt auf S. 301-309 und nach Kapitel 8 (S. 162-166) einzuordnen. Um eine Vorarbeit zum 18. Kapitel (S. 199-205) handelt es sich bei den auf S. 310 f. wiedergegebenen Typoskriptseiten, paginiert mit -*10*- und -*11*-; die Schilderung der Filmvorführung im Bordell wurde dann auf S. 209 ff. der Endfassung eingearbeitet. Bei S. 312-314, entsprechend zwei Typoskriptseiten Horváths, paginiert mit -*60*- und -*61*-, handelt es sich um eine Vorarbeit zu S. 220 ff. der Endfassung.

Sechsunddreißig Stunden wurde erstmals 1976 in Ödön von Horváth, *Ein Lesebuch*, hg. von Traugott Krischke, Frankfurt/Main (S. 41-145), veröffentlicht; Teilabdrucke waren bereits 1971 in dem Auswahlband *Von Spießern, Kleinbürgern und Angestellten* (Bibliothek Suhrkamp 285; S. 27-29 u. S. 49-154) und als »Varianten« zum *Ewigen Spießer* in Bd. 4 (S. 467-577) der *Gesammelten Werke*, Frankfurt/Main 1971, enthalten. Als Buchausgabe erschien *Sechsunddreißig Stunden. Die Geschichte vom Fräulein Pollinger*, Frankfurt/Main 1979 (Bibliothek Suhrkamp 630). Horváths Typoskript von *Der ewige Spießer*, das der Buchausgabe von 1930 zugrunde lag, befindet sich im Ödön-von-Horváth-Archiv, Berlin.[44] Die erste Buchausgabe nach dem Krieg erschien als Bd. 119/120 der Reihe »Neue Literatur aus Österreich«, hg. von Rudolf Felmayer, im Bergland Verlag, Wien 1965. Unter dem Titel *L'eterno filestro* erschien die italienische Übersetzung von Giorgio Backaaus (zusammen mit *Jugend ohne Gott* und *Ein Kind unserer Zeit*) 1974 bei Bompiani in Mailand.

Erläuterungen[45]

Sechsunddreißig Stunden

9 *Sechsunddreißig Stunden* – Horváth hielt sich bei der Niederschrift seines ersten Romans sehr genau an die Zeitereignisse. Die Handlung beginnt am Dienstag, dem 28. 8. 1928, um 6 Uhr abends und endet am Donnerstag, dem 30. 8., um 6 Uhr morgens.

Stachus – Ursprüngl. der im Jahr 1797 nach Kurfürst Carl Theodor (1724-1799) benannte Karlsplatz, der bei den Münchnern aber immer nach der Bierwirtschaft des Gastwirts Eustachius Föderl »Beim Eustachius«, die um 1730 an dieser Stelle stand, als ›Stachus‹ bezeichnet wurde.

Oberwiesenfeld/ehemaligen Kasernen – Im Norden Münchens gelegenes Gelände, das im südlichen Teil (seit 1860 und 1917) durch militärische Bauten (Kaserne des Eisenbahn-Bataillons, Artillerie-Werkstätten, Luftschiffer-Abteilung, Zeughaus, Infanterie-Kaserne, Prinz-Leopold-Kaserne) begrenzt wurde. Der Plan von 1919, das Oberwiesenfeld zu einem Erholungsgelände zu machen, scheiterte. Das Oberwiesenfeld blieb Exerzierplatz der Reichswehr.

Flughafen – Der Exerzierplatz Oberwiesenfeld war auch Übungsplatz für bayerische Militärflieger und wurde 1920 der zivilen Luftfahrt übergeben. Die Deutsche-Lufthansa-A.-G. betrieb im Frühjahr 1928 vom Flugplatz Oberwiesenfeld aus folgende Fluglinien: München–Salzburg–Bad Reichenhall (1.15 Stunden Flugzeit, 25 RM), München–Innsbruck (1.15 Std., 30 RM), München–Zürich–Genf (3.45 Std., 100 RM; bis Zürich: 2 Std., 60 RM), Berlin–Halle/Leipzig–Fürth/Nürnberg–München (4.30 Std., 85 RM), Breslau–Prag–München (4.30 Std., 105 RM), Dresden–Chemnitz–Plauen–Fürth/Nürnberg–München (6.15 Std., 91 RM), Köln–Frankfurt–Fürth/Nürnberg–München (4.30 Std., 72 RM), Baden-Baden–Stuttgart–München

(3 Std., 39 RM), Karlsruhe–Stuttgart–München (2.30 Std., 37 RM) und Wien–München (3.15 Std., 76 RM). Die Flugzeuge verkehrten wochentags einmal in jeder Richtung; als Handgepäck waren auf Inlandflügen 10 kg und auf Auslandsflügen 15 kg gestattet.

13 *Oase Bisra* – Gemeint ist wohl die Oase Biskra; siehe S. 431.

Vanderbilt – George Washington Vanderbilt (1914-1961), amerik. Industrieller und Multimillionär.

vor Paris – Am 3. 8. 1914 hatte Deutschland Frankreich den Krieg erklärt, deutsche Truppen besetzten am 20. 8. Lüttich und drangen bis an die Marne vor. Anfang September standen die deutschen Armeen vor Paris. Am 5. 8. setzte die französische Gegenoffensive ein und drängte die deutschen Truppen zurück.

14 *Prozession* – In der katholischen Kirche feierliche Umzüge in und um den Kirchenbau oder in Straßen und auf Plätzen; man unterscheidet die theophotische (nach dem griech. theos für: Gott) Prozession, wenn das Allerheiligste (eine Monstranz mit Hostie) der Prozession vorangetragen wird, die Reliquienprozession, bei der Reliquien mitgetragen werden, und die Bittprozession, bei der nur ein Kreuz vorangetragen wird.

Temesvar – Ung. Temesvár; kultureller und wirtschaftlicher Mittelpunkt des Banats, kam 1921 (Vertrag von Trianon) zu Rumänien; 19 866 Einw. (1930), davon 35% Deutsche, 31% Magyaren und 19% Rumänen.

ungarischer Rumäne – Siebenbürgen (ung. Erdély; rum. Ardeal oder Transilvanien) gehörte 1868 zu Ungarn, wurde 1918 dem Königreich Rumänien angeschlossen, in dem die Minderheiten, unter ihnen etwa 30% Ungarn, stark benachteiligt wurden.

Vererbung – Horváths Beschreibung *addiert, subtrahiert, multipliziert, dividiert* weist darauf hin, daß er auf die Vererbungslehre von Gregor Mendel (1822-1884) und die Forschungen von Erich Tschermak, Edler von Seysenegg (1871-1962), anspielt.

17 *Kolomea* – Poln. Kolomyja; am Nordhang der Karpathen in Ostgalizien gelegen; 41 000 Einw. (1921), davon 20% jüdischen Glaubens.

Franz Joseph – Gemeint ist der österr. Kaiser Franz Joseph I. (1830-1916).

K. K. – Bis 1918 in Österreich Abkürzung für: kaiserlich königlich, d. h. für Behörden und Einrichtungen in der österr. Reichshälfte, während »k.u.k.« für die Österreich und Ungarn gemeinsamen staatlichen Behörden oder Einrichtungen galt.

Leutl, wenn ihr mal . . . – Textparallele zu *Glaube Liebe Hoffnung* 5,61 und *Mein Onkel Pepi* (Band 11).

19 *Magistrat* – In Österreich: Behörde, Amt, Stadtverwaltung.

Kapuziner – Dunkler Kaffee mit Milch, so daß das Getränk die Farbe einer Mönchskutte erhält.

21 *Versicherungsagent* – Vertreter für eine Versicherung.

VIII. Bezirk – Der achte Wiener Gemeindebezirk Josefstadt; siehe Bd. 4,214 f.

Piccolo – In Österr. gebräuchlich für: Kellnerlehrling; nach dem Ital. für: Kleiner.

22 *Lustmord eine Krankheit* – Horváthsche Vereinfachung der Ansicht Richard von Krafft-Ebings (1840-1902) in *Psychopathia sexualis* (Wien [14]1912, S. 68 ff.), es sei »zwischen Krankheit (Perversion) und Laster (Perversität)« zu unterscheiden und der Lustmord als Perversion, also Krankheit des Geschlechtstriebs, zu sehen.

Garmisch-Partenkirchen – 25 km von Murnau entfernt, war Horváth sehr vertraut und Ausgangspunkt vieler Wanderungen und Bergtouren. – Siehe hierzu: Susanna Foral-Krischke, *Wettersteingebirge. Ödön von Horváths Bergtouren*, in: Horváth Blätter 2 (1984), S. 103-114.

Nägeln in der Wand – Gemeint sind die mit dem »Kletterhammer« eingeschlagenen »Felshaken« (aus Schmiedeeisen oder Hartstahl), die beim Besteigen einer Felswand zur Sicherung des Kletterseils dienten und in der Felswand zurückgelassen wurden.

viele Sachsen abstürzten – Der Alpinismus hatte nach Gründung des Österreichischen Alpenvereins 1862 und des Deutschen Alpenvereins 1869 einen großen Aufschwung genommen; 1874 schlossen sich beide Vereine zum Deutschen und Österreichischen Alpenverein (DÖAV) zusammen. 1927 erreichte der Verein eine Mitgliederzahl von 197 497. Zu seinen Aufgaben zählten Wege- und Hüttenbau, Ausbildung, Beaufsichtigung und Betreuung der Bergführer. Die jährliche Besucherzahl der Hütten betrug Mitte der zwanziger Jahre eine halbe Million. Geklagt wurde über die mangelnde Ausrüstung zahlreicher Touristen. So wurden 1923 in Hütten und Gaststätten des Wettersteingebietes Warnungen mit folgendem Text plakatiert: »Ohne Ausrüstung, ohne Pickel oder Stock, ohne genagelte Schuhe, in leichtester Kleidung, bei jedem Wetter, ob es regnet, schneit oder stürmt, ohne eine Ahnung von den Gefahren der Alpen gehen viele die Zugspitze an. [...] Es sei daher dringend davor gewarnt, ohne Bergerfahrung und ohne Ausrüstung oder bei schlechtem Wetter führerlos die Besteigung der Zugspitze zu unternehmen und damit nicht nur das eigene Leben, sondern auch das opferbereiter Helfer leichtsinnig aufs Spiel zu setzen« (zit. nach: Toni Hiebeler, *Zugspitze. Von der Erstbesteigung bis heute*, München 1979).

23 *Walhalla* – Der »Tempel deutscher Ehren« in der Nähe von Regensburg; von Ludwig I. (1796-1868), König von Bayern,

nach Entwürfen von Leo von Klenze (1784-1864) im Jahr 1830 begonnener Bau, der am 18. 10. 1842 eingeweiht wurde. Durch Marmorbüsten und Namenstafeln sollte die Erinnerung an berühmte Männer und Frauen Deutschlands wachgehalten werden.

Scheherazade in Tausend und einer Nacht – Eigentl. Schehrezade in Tausendundeiner Nacht; Tochter des königlichen Wesirs, der es gelang, durch ihre Erzählungen 1001 Nächte lang den König Schehriyar von Samarkand so zu fesseln, daß er ihr das Leben schenkte. – Die erste vollständige Ausgabe der Sammlung *Tausendundeine Nacht* (nach dem arabischen Urtext übersetzt von Enno Littmann; 1875-1958) erschien erstmals in 6 Bänden 1921-1928.

Blech – Nach der Berliner Redensart: »Rede kein Blech« für: »Rede keinen Unsinn«.

Restaurateur – Gastwirt; abgel. vom franz. restaurant für: Gaststätte.

Jenö – Ung. für: Eugen.

24 *Zuckerln* – Bayer.-österr. für: Süßigkeiten, Bonbons.

herumplakatiert – Vgl. Eduard Fuchs, *Die Juden in der Karikatur. Ein Beitrag zur Kulturgeschichte*, München 1921, S. 274: »Das satirisch illustrierte antisemitische Plakat ist nicht erst eine Errungenschaft der Nachkriegszeit. Man begegnet ihm hin und wieder schon bei früheren Gelegenheiten, vor allem bei früheren Wahlkämpfen. Die österreichische christlich-soziale Partei hat bei verschiedenen Kommunal- und Reichsratswahlen mit satirischen Wahlplakaten gearbeitet; genau so, wie sie sich bei ihren Wahlkampagnen satirischer Wahlflugblätter bediente. [...] Wenn man jedoch unsere Gegenwart mit der Vergangenheit vergleicht, so ergeben sich verschiedene bezeichnende Unterschiede. Der erste ist: Was früher immer nur ein Einzelfall gewesen ist, das steht heute förmlich auf der Tagesordnung, und dabei in einem Umfang, wie ihn frühere Zeiten niemals auch nur annähernd gekannt haben.«

27 *Exerzierplatz* – Siehe S. 325.

Generalpensionsberechtigung – Ein in den Ruhestand versetzter Beamter oder Angehöriger des Militärs hatte nach einer Dienstzeit von wenigstens 10 Jahren Anspruch auf lebenslange Zahlung eines Ruhegehaltes (Pension) in Höhe von bis zu zwei Dritteln seines letzten Einkommens. Die Kriegsjahre zählten bei der Berechnung der Dienstzeit doppelt. Die Generale gehörten zur höchsten Rangklasse der Offiziere (Generalfeldmarschall, Generale der Infanterie, Kavallerie, Artillerie, Generalleutnants bzw. Divisionskommandeure, Generalmajore und Kommandierende Generale).

begänne – In Horváths Typoskript: *begönne*.

28 *Madame wünscht keine Kinder* – Film der Deutschen Vereins-Film A.G. aus dem Jahr 1926. Regie: Alexander Korda (1893-1956); Buch: Béla Balázs (eigentl. Herbert Bauer; 1884-1949) nach dem gleichnamigen Roman von Clément Vautel; mit Maria Corda (geb. 1898), Harry Liedtke (1880-1945) und Marlene Dietrich (eigentl. Maria Magdalena von Losch; geb. 1901), die »in einem Zwei-Sekunden-Gag sich selbst – ein Black Bottom tanzendes Kind der wilden Zwanziger« spielte (zit. nach: Charles Higham, *Marlene. Ein Leben – ein Mythos*, Reinbek 1978, S. 39).

keppeln – Wiener Mundartausdruck für: nörgeln.

Ammersee – In Oberbayern, 16 km lang, 6 km breit, bis zu 83 m tief »bildet der Ammersee einen unberührten Landschaftsrahmen für den wirkungsvoll von der Zugspitze beherrschten Alpenanblick« (zit. nach: Karl Baedeker, *München und Südbayern. Handbuch für Reisende*, Leipzig 1928, S. 109).

das Maß ist voll – Nach Friedrich Schiller (1759-1805), *Die Jungfrau von Orleans* (1801): »Sein Maß ist voll, er ist zur Ernte reif« (3. Szene des Prologs).

29 *Aktpostkarten* – 1906 veröffentlichte der in München lebende Gymnasialprofessor Dr. Ludwig Kemmer (1869-?) »nach amtlichem Material und nach eigenen Beobachtungen« im Selbstverlag ein Buch über *Die graphische Reklame der Prostitution*: »Hier steht die Photographie im Dienste der Pornographie. Millionen von Aktdarstellungen werden durch die bei den Akten der Polizeidirektion befindlichen Proben beschlagnahmter Postkarten und Vorlagen in Postkartenform repräsentiert. [. . .] Wiederholt gingen im Verlaufe der Untersuchung ungefähr zwanzig Aktbilder auf Postkarten durch meine Hände. Es waren Lichtdrucke, die in süddeutschen Vervielfältigungsanstalten, in einer bayerischen und in einer württembergischen, angefertigt waren. Die eine der beiden Kunstanstalten nimmt nur dann Bestellungen von Postkarten an, wenn von einer Karte 5000 Stück und mehr bestellt werden. [. . .] Es sind trotz der französischen Etikette deutsche Fabrikate und verlorne Töchter des deutschen Volkes sind darauf abgebildet, die mit bewußter Schamlosigkeit, frech oder schüchtern, ihre meist anmutarmen Glieder und Häupter zeigen. [. . .] Es sind kleine schmutzige Geister, die diese Bilder geschaffen haben.« (S. 9 f.)

30 *das Wirtshausmensch* – Friedrich Kluge (*Etymologisches Wörterbuch der deutschen Sprache*, bearbeitet von Walther Mitzka, Berlin 1967) weist darauf hin, daß das »Neutrum als Genius für Mensch« im 18. Jh. »fortan die negativ-sittliche Wertung« bedeutete.

Niederösterreich – Österr. Bundesland, bis 1918 Kronland Erzherzogtum Österreich unter der Enns; die in Niederösterreich gelegene Stadt Wien bildet ein eigenes Bundesland.

Husar – Ung. huszár; ursprüngl. ungarisches Aufgebot zu Pferde unter Matthias Corvinus (1443-1490); gegen Ende des

17. Jhs. wurden auch in Österreich Husarenregimenter aufgestellt.

Kroatien [...] *Slavonien* – Gebiet im heutigen Jugoslawien; bis 1918 selbständiges Glied des Königreichs Ungarn. Die Bevölkerung setzte sich 1921 aus Kroaten (62%), Serben (25%), Deutschen (6%) und Magyaren (3%) zusammen.

31 *Alpenglühen* – Kurz nach Sonnenuntergang auftretendes purpurfarbiges Licht an den nach Westen gerichteten Fels- oder Gletscherwänden der Alpen.

33 *Bei Gott ist kein Ding unmöglich!* – Zit. nach der »Verheißung der Geburt Jesu« bei Lukas 1,37.

unbefleckt empfangen – Der Glaubenssatz der katholischen Kirche (8. 12. 1854) besagt, daß die Mutter Jesu ohne Erbsünde war; er bezieht sich nicht auf die Empfängnis oder Geburt Jesu.

auserwählt unter den Weibern – Zit. nach der »Verheißung der Geburt Jesu« bei Lukas 1,28.

34 *im Englischen Garten* – 1789 unter Kurfürst Karl Theodor (1724-1799) nach Plänen des Grafen Rumford (1753-1814) begonnen und 1803 von Friedrich Ludwig von Sckell (1750-1823) gestalteter 237 ha großer Park an der Isar im Stadtgebiet Münchens.

Südseeinsulaner – Vermutl. nach Max Friedenthal, *Das Weib im Leben der Völker* (Berlin 1910).

Mißgeburten – Siehe *Kasimir und Karoline* 5,148.

Achterbahn – Siehe *Kasimir und Karoline* 5,144.

35 *Hippodrom* – Siehe *Kasimir und Karoline* 5,151.

Abtreibungsprozeß – Die Strafandrohung bei Abbruch einer ungewollten Schwangerschaft war durch Gesetz vom 18. 10. 1926 in den §§ 218 ff. StGB gemildert worden: statt mit Zuchthaus bis zu 5 Jahren wurde eine Abtreibung mit 1 Tag bis 5 Jahren Gefängnis bestraft. Unter Strafe wurde auch die Person gestellt, die mit Einwilligung der Schwangeren die Unterbrechung durchgeführt hatte.

36 *kniete auf dem Ölberg* – Nach dem Abendmahl ging Jesus mit den Jüngern auf den Ölberg, »der östlich gegenüber Jerusalem liegt« (Zacharias 14,4). Beim Gut Gethsemani fiel Jesus »auf die Erde nieder und betete, es möchte, wenn es möglich sei, die Stunde vorübergehen an ihm« (Markus 14,35).

Mutterheim – Der 1905 gegründete Bund für Mutterschutz in Berlin setzte sich für Hilfsmaßnahmen zugunsten lediger Mütter auf dem Gebiet der praktischen Fürsorge ein. Zu seinen Initiativen gehörten auch die Mütterheime, wo obdachlose, meist ledige Mütter nach der Entbindung mit ihrem Kind für einige Wochen Aufnahme fanden.

Findelsäuglinge – Säuglinge, die von unbekannten Eltern ausgesetzt, von anderen aufgefunden und auf fremde Kosten erzogen werden müssen. Findelkinder waren der Polizei binnen 24 Stunden zu melden, damit die Ermittlungen aufgenommen werden konnten. Die Kinder galten weder als ehelich noch als unehelich und wurden gesetzlich wie Waisenkinder behandelt.

strafbarer Eingriff – Umschreibung für: Abtreibung.

37 *Frauenkirche* – Wahrzeichen Münchens; die Kirche in der Innenstadt wurde 1468 bis 1488 von Jörg von Halspach (genannt Ganghofer; gest. 1488) erbaut.

Welterlöser – Nach Paulus' *Brief an die Galater*: Jesus Christus, »der sich hingab für unsere Sünden, damit er uns errette aus der gegenwärtigen bösen Welt nach dem Willen unseres Gottes und Vaters« (1,4).

Henny Porten – (1890-1960), erster deutscher Stummfilmstar.

Lya de Putti – Um 1900 als Tochter einer Gräfin Hoyos in Budapest geboren, wurde sie zu einem vielbeschäftigten Stummfilmstar. 1926 ging sie nach Hollywood und kam dort im November 1931 ums Leben.

Dolores del Rio – Eigentl. Lolita Dolores de Martinez (geb. 1905), mexikanische Filmschauspielerin.

Carmen Cartellieri – (1891-1953); Hauptdarstellerin in österr. und ung. Stummfilmen.

La Vie Parisienne – Seit Ende des 19. Jhs. in Paris erscheinende erotische Zeitschrift.

39 *pornographischen Klub* – Vgl. hierzu Dr. Paul Englisch (1887-?): »So schuf z. B. C. W. Stern in Wien seine ›Gesellschaft deutscher und österreichischer Bibliophilen‹, um nach außen hin den Anschein zu erwecken, als ob seine Verlagswerke nur den Mitgliedern dieser Gesellschaft zugänglich gemacht würden. Tatsächlich jedoch wurde jeder beliefert, der Verlangen nach ihnen trug, und eine groß angelegte Propaganda sorgte dafür, daß durch regen Absatz in ganz Europa und Übersee das Unternehmen sich rentierte. Merkwürdig genug, konnte dieser rührige Verlag lange Jahre hindurch seine gepfefferten Erotika ungehindert öffentlich in Zeitschriften wie der ›Jugend‹ und dem ›Simplizissimis‹ anbieten« (*Geheime Literatur und Kunst*, in: Leo Schidrowitz [Hg.], *Sittengeschichte des Geheimen und Verbotenen*, Wien 1930, S. 119-170; hier: S. 132).

»Pikante Akte« – Dr. Ludwig Kemmer, *Die graphische Reklame der Prostitution* (S. 24): »Sehr viele Aktphotographien stellen junge Mädchen, näher der Jungfrau als dem Kinde, dar. Die

herbe Schönheit des jugendlichen Körpers kann der Bildhauer und der Maler nur nach dem lebenden Modell bilden, ein ganzes Album von Aktphotographien kann dem Künstler eine gelungene plastische oder graphische Skizze nicht ersetzen. Und gerade diese Bilder von jungen Mädchen werden in Massen auf den Markt gebracht. Was da auf ›Referenzkarten‹ als ›filettes‹, in Preislisten als fruits verts unter den Serientiteln ›Verführte Unschuld‹, ›Pensionsfreundinnen‹, ›Turnende Schulmädchen‹, ›Frühreife Backfische‹, ›Verdorbene Jugend‹, ›Unsre kleinen Mädchen‹ von französischen und spanischen Schmutzgroßhändlern angeboten wird, ist nichts als die photographische Wiedergabe schüchterner oder koketter, auf alle Fälle der Schande verfallner junger Mädchen, durch deren feingliedrige Schönheit nicht die Phantasie und der Formensinn schaffensfreudiger Künstler genährt, sondern die müden Triebe blasierter, impotenter Lüstlinge belebt werden sollen.«

41 *Messalina* – Messalina Valeria (geb. um 25 n. Chr.) wurde im Jahr 39 die dritte Frau des röm. Kaisers Claudius (10 v. Chr.-54 n. Chr.); sie steht bis heute im Ruf größter Laszivität, Grausamkeit und Machtbesessenheit. Sie heiratete ihren Günstling Gaius Silius und wurde wegen ihrer Verschwörung gegen Claudius im Jahr 48 hingerichtet.

Lulu – Hauptfigur in Frank Wedekinds (1864-1918) Bühnenstücken *Der Erdgeist* und *Die Büchse der Pandora.* Im Prolog zum *Erdgeist* wird Lulu charakterisiert: »Sie ward geschaffen, Unheil anzustiften,/Zu locken, zu verführen, zu vergiften –/Zu morden, ohne daß es einer spürt.« – Wedekind schrieb *Die Büchse der Pandora* als »Tragödie in drei Aufzügen« 1892, erweiterte das Stück 1895 um einen Aufzug und veröffentlichte es unter dem Titel *Der Erdgeist* als ersten Teil seiner *Lulu*-Tragödie; der zweite Teil erschien 1902 unter dem ursprünglichen Titel *Die Büchse der Pandora.* 1913 wurden in einer Ausgabe unter dem Titel *Lulu* beide Teile zusammengefaßt. – 1928/29 wurde Wedekinds Stück nach einem Drehbuch von Ladislaus Vajda (geb. 1906) unter der Regie von G[eorg] W[ilhelm] Pabst (1885-1976) mit Louise Brooks (1900 od. 1906-1985) und Fritz Kortner (1892-1970) in den Hauptrollen verfilmt.

Büchse der Pandora – Nach der griech. Mythologie wurde Pandora auf Befehl des Zeus von Hephaistos als »erstes Weib« erschaffen. Die Götter verliehen ihr alle natürlichen Reize. Als Pandora von Hermes auf die Erde gebracht wurde, um die Menschheit für den Feuerdiebstahl des Prometheus zu bestrafen, gab ihr Zeus ein Tongefäß mit, in dem alle Übel und Krankheiten eingeschlossen waren. Pandora öffnete das Gefäß, und alle Übel und Leiden kamen über die Menschen, nur die Hoffnung blieb im Gefäß. Seit Hesiod (8./7. Jh. v. Chr.) ist die Büchse der Pandora Inbegriff für etwas Unheilbringendes.

keine kalten Frauen – Vgl. Dr. Iwan Bloch, *Das Sexualleben unserer Zeit in seinen Beziehungen zur modernen Kultur* (Berlin 1907, S. 92): »In den meisten Fällen ist tatsächlich die sexuelle Kälte des Weibes nur eine scheinbare, entweder wo hinter dem durch die konventionelle Moral vorgeschriebenen Schleier der äußeren Zurückhaltung sich eine glühende Sexualität verbirgt oder wo es dem Manne nicht gelingt, die so komplizierten und schwer auslösbaren erotischen Empfindungen richtig zu wecken.«

42 *Stöckelschuhe* – Vgl. Eduard Fuchs, *Die Frau in der Karikatur* (Leipzig 1928, S. 265 f.): »Durch den Absatz am Schuh wird die gesamte Körperhaltung verändert, der Bauch geht hinein, die Brust geht heraus. Um das Gleichgewicht zu erhalten, muß der Rücken eingezogen werden, dadurch markiert sich aber ganz von selbst das Becken, seine bevorzugte Stellung wird auffälliger; weil die Kniee durchgedrückt werden müssen, wird die gesamte Haltung gleichzeitig jugendlicher und unternehmender, der vorgedrängte Busen erscheint strotzender; ebenso wird die Linie der Schenkel straffer und dadurch ihre Formen plastischer und klarer.«

aus dem raffinierten Rokoko – Vgl. Eduard Fuchs, *Illustrierte Sittengeschichte vom Mittelalter bis zur Gegenwart* (München 1910, 2. Bd., S. 164 f.): »Die Grazie der Rokokomode ist die Grazie des höchstgesteigerten Raffinements, das den Menschen als Ganzes auflöst und nur die Vorzüge des sinnlichen Werkzeugs in ihm sieht, vortäuscht und zeigt. [. . .] Die Rokokomode ist die raffinierteste Lösung, die jemals von der europäischen Kultur für die erotischen Pointen des Körperlichen in der Mode gefunden wurde; alles andre ist zu deren Gunsten restlos ausgeschaltet.«

der Pompadour und des Sonnenkönigs – Jean Antoinette Poisson, Marquise de Pompadour (1722-1764) war die Mätresse von König Ludwig XV. (1710-1774). Als Sonnenkönig wurde aber Ludwig XIV. (1638-1715) bezeichnet, zu dessen einflußreichsten Mätressen Louise Françoise de la Baume La Blanc, Herzogin de La Vallière (1644-1710), Françoise Athenais Marquise de Montespan (1641-1707) und Franziska D'Aubigné Marquise de Maintenon (1635-1719) zählten. Es ist anzunehmen, daß Horváth die Pompadour mit dem Sonnenkönig bewußt in Zusammenhang brachte, um damit den Bildungsgrad Kastners zu charakterisieren.

hessischer Freistaat – Hessen, bis 1918 Großherzogtum, wurde im November 1918 zur Republik erklärt und hieß amtlich »Volksstaat Hessen«, umgangssprachl. Freistaat als Bezeichnung für Republik. – Als »Freistaat« wurden Preußen, Bayern, Sachsen, Mecklenburg, Oldenburg, Braunschweig, Anhalt, Lippe und Schaumburg-Lippe bezeichnet, Baden als »Republik« und Württemberg als »Freier Volksstaat«.

Hetäre – Nach dem griech. hetaira für: Gefährtin. Die Hetären verfügten über eine hohe Bildung und spielten in der griech. Gesellschaft eine wichtige Rolle als Gesellschafterin eines oder mehrerer wohlhabender und angesehener Männer.

46 *Kleinrentnerin* – Zu den Kleinrentnern zählten jene alten oder

erwerbsunfähigen Personen, die ohne Geldentwertung von dem Ertrag ihres Kapitals (ca. 15 000 bis 60 000 Mark) hätten leben können, ohne auf die öffentliche Fürsorge angewiesen zu sein.

Bubikopf – Kurzer Haarschnitt für Damen, der von 1920 bis etwa 1925 in Mode war.

Ortskrankenkasse – Die am meisten verbreitete Form der durch das Krankenversicherungsgesetz vom 15. 6. 1884 tätigen Krankenkassen für Arbeitnehmer des betreffenden Bezirks ohne Berufsunterschied. 1929 gab es im Deutschen Reich insgesamt 2133 Ortskrankenkassen mit 14 052 000 Mitgliedern.

47 *Trenzen* – Wenn (einem Hund) Speichel aus dem Mund fließt.

neueingeführte Vierundzwanzigstundenzeit – Am 1. 1. 1925 wurde gesetzlich die »Weltzeit« eingeführt; sie wurde bestimmt durch den Längengrad von Greenwich und auf 24 Stunden pro Tag festgesetzt. Man unterschied zwischen der Westeuropäischen oder Greenwicher Zeit (WEZ), der Mitteleuropäischen Zeit (MEZ) und der Osteuropäischen Zeit (OEZ).

Nationaltheater – Gemeint ist das Nationaltheater in München an der Ostseite des Max-Joseph-Platzes; 1811 bis 1818 von Karl von Fischer (1782-1820) als »königliches Hoftheater« erbaut, wurde es am 12. 10. 1818 eröffnet. Ein Brand am 14. 1. 1823 zerstörte das Theater, das dann bis 1825 von Leo von Klenze (1784-1864) originalgetreu wieder aufgebaut wurde; der Zuschauerraum hatte 1933 Sitzplätze.

Julia – Weibliche Titelrolle in *Romeo und Julia* von William Shakespeare (1564-1616).

Desdemona – Gattin von Othello, dem Mohr von Venedig in Shakespeares gleichnamiger Tragödie.

Othello – Titelfigur in Shakespeares *The Tragedy of Othello, the Moore of Venice.*

Krischperl – Auch: Grischperl; bayer. mundartl. für: magerer, schwächlicher Mensch.

gegenseitig auf originelle Zitate aufmerksam – Vgl. den Bericht von Dietmar Grieser: »In Murnau lasen die Freunde gemeinsam Strindberg und Tucholsky, analysierten die Königsdramen und suchten Rilke auf komische Stellen ab« (*Schauplätze österreichischer Dichtung. Ein literarischer Reiseführer*, München–Wien ²1974, S. 126).

Antonius von Padua – (1195-1231), zuerst Augustinerchorherr, dann als Franziskaner Bußprediger in Italien und Frankreich; gilt als Schutzheiliger für die Ehe und das Wiederfinden verlorener Dinge. – Siehe auch *Geschichten aus dem Wiener Wald* 4,230.

48 *Baden-Badener Polospiele* – Die Pferderennbahn von Baden-Baden (1925: 25 700 Einw.), auf der auch die Polospiele ausgetragen wurden, lag in der Gemeinde Iffezheim; 2250 Einw. (1925).

Säkularmensch – Wichtiger Mann des Jahrhunderts; nach dem lat. saeculum für: Jahrhundert, Zeitalter.

Sie wählte 1919 unabhängig sozialdemokratisch – Am 12. 1. 1919 fanden die Wahlen zum Bayerischen Landtag statt, die eine Wahlbeteiligung von 86,3% brachten. Auf die (am 6. 4. 1917 gegründete) USPD (Unabhängige Sozialdemokratische Partei) entfielen 2,5% aller Stimmen, d. h. sie erhielt 3 von 180 Sitzen im Landtag; stärkste Partei war die Bayerische Volkspartei mit 35% (66 Sitze). – Bei den Wahlen zur Deutschen Nationalversammlung am 19. 1. 1919 erhielt die USPD 7,6%, d. h. 22 von 422 Sitzen; stärkste Partei war die SPD mit 37,9% der Stimmen (163 Sitze).

1920 deutsch-national – Am 6. 6. 1920 fanden die Wahlen zum 1. Reichstag und Landtagswahlen statt; die Landtagswahlen in Bayern brachten der DDP (Deutsche Demokratische Partei) und der SPD erhebliche Verluste, den Rechtsparteien DVP (Deutsche Volkspartei) und DNVP (Deutschnationale Volkspartei) Gewinne; sie erhielten 19 Mandate. Stärkste Partei war die BVP (Bayerische Volkspartei) mit 65 Mandaten. – Bei den Reichstagswahlen erhielt die DNVP 15,1% der Stimmen (66 Sitze); stärkste Partei war die SPD mit 112 Sitzen, gefolgt von der USPD mit 81 Sitzen.

1924 völkisch – Am 4. 5. 1924 fanden die Wahlen zum 2. Reichstag statt. Die »Deutschvölkische Freiheitspartei« errang 32 (gegenüber bisher 3) Sitze. Stärkste Partei blieb die SPD mit 100, gefolgt von der DNVP mit 96 Mandaten.

1925 bayerisch-volksparteilich – Gemeint sind die Neuwahlen vom 7. 12. 1924, da sich der Reichstag am 20. 10. wegen Beschlußunfähigkeit auflösen mußte. Bei den Wahlen im Dezember 1924 errang die Bayerische Volkspartei mit 3,7% der Stimmen 19 Mandate; stärkste Partei wurde die SPD mit 131 Sitzen, gefolgt von der DNVP mit 103 Sitzen. – Zur selben Zeit fanden in Bayern auch Landtagswahlen statt, bei denen die SPD ihre Mehrheit im Münchner Stadtrat verlor.

1928 sozialdemokratisch – Die Wahlen zum 4. Reichstag fanden am 20. 5. 1928 statt; Gewinner der Wahl war die SPD, die mit 28,7% der Stimmen 153 Mandate erreichte. – Aus den Landtagswahlen in Bayern ging die BVP mit 46 Sitzen als stärkste Partei hervor, gefolgt von der SPD mit 34 Sitzen.

Kleinbürger – Horváth folgt hier der marxistischen Auffassung des zur städtischen Mittelschicht gehörenden Kleinbürgers, der nach Lenin »unvermeidlich und unweigerlich zwischen Revolution und Konterrevolution« schwankt (Lenin, *Werke*, hg. v. Institut für Marxismus-Leninismus beim ZK der SED, Bd. 10, Berlin 1959, S. 264).

»graue Theorie« – Nach dem Satz des Mephistopheles in der »Schülerszene« von Goethes *Faust*: »Grau, teurer Freund, ist alle Theorie/Und grün des Lebens goldner Baum.«

Freiherr von Aretin – Erwein Freiherr von Aretin (1887-1952), Ressortleiter für Innenpolitik bei den ›Münchner Neuesten Nachrichten‹.

49 *von der unabhängigen Sozialdemokratie* – Die Unabhängige Sozialdemokratische Partei Deutschlands (USPD) war am 6. 4. 1917 in Gotha unter Hugo Haase (1863-1919) und Wilhelm Dittmann (1874-1954) gegründet worden. Zu ihren Hauptzielen zählten statt eines parlamentarischen Regierungssystems das Rätesystem und die Vergesellschaftung von Großgrundbesitz und Kapital.

Gustav Adolf – Anspielung auf den schwedischen König Gustav II. Adolf (1594-1632), dessen Armee sich durch mustergültige Organisation und vor allem durch Strenge auszeichnete.

»Es werde Weltkrieg« – Nach Genesis 1,3: »Und da sprach Gott: ›Es werde Licht!‹ Und es ward Licht.«

zwölf Millionen Menschen – Nach Bruno Gebhardt, *Handbuch der deutschen Geschichte* (Stuttgart [8]1960; Bd. 4) betrug die »geschätzte Gesamtzahl« der Menschenverluste des 1. Weltkriegs 10 Millionen »ohne die Verhungerten«.

50 *Ehrenprotektorate* – Zu den Aufgaben katholischer Militärgeistlicher gehörten auch die Fahnen- und Waffenweihen, bei denen die verschiedensten Heiligen um Schutz (Protektorat) angerufen wurden.

1915 in Flandern – Seit Mitte Oktober 1914 war Flandern Schauplatz zahlreicher Kämpfe, die bis zur »Schlacht in Flandern«, im Spätsommer 1917, mit wechselnder Heftigkeit andauerten.

Altar des Vaterlandes – Seit 1813 gebräuchlicher Ausdruck; nach der Sammlung von Karl Müchler (1763-1857) *Gedichte, niedergelegt auf dem Altare des Vaterlandes.*

spanischen Reiter – Etwa 2 m langes, 1 m hohes und 1 m breites, mit Stacheldraht überspanntes Holzgestell als Straßensperre.

Bismarcks Worte – Das nicht von Otto von Bismarck (1815-1898), sondern von Oskar Peschel (1826-1875), Professor für Erdkunde in Leipzig, stammende Zitat lautete: »Wir wollen jetzt zeigen, daß, wenn die Preußen die Österreicher schlugen, es ein Sieg der preußischen Schulmeister über die österreichischen Schulmeister gewesen sei« (*Die Lehren der jüngsten Kriegsgeschichte*, in: Das Ausland, Stuttgart, 17. 7. 1866, S. 695). – Da dieses Zitat in Georg Büchmanns *Geflügelte Worte*, 1927 in 25. Auflage erschienen, zwischen mehreren Zitaten Bismarcks (»So schnell schießen die Preußen nicht« und »Setzen wir Deutschland, sozusagen, in den Sattel! Reiten wird es schon können«) wiedergegeben ist, scheint es sich hier um eine Verwechslung Horváths zu handeln.

Mittelmächte – Während des 1. Weltkriegs Bezeichnung für das Deutsche Reich, Österreich-Ungarn und deren Verbündete.

Versailler Diktat – Friedensvertrag von Versailles vom 28. 6. 1919, dessen Bedingungen der deutschen Delegation »diktiert« wurden.

Liebknecht und Luxemburg ermordet – Rosa Luxemburg (geb. 1870) und Karl Liebknecht (geb. 1871) hatten am 1. 1. 1919 die Kommunistische Partei gegründet mit dem Ziel, die Massen zu organisieren und die Errichtung einer sozialistischen Republik durchzusetzen. Mit einer revolutionären Aktion sollten die Wahlen zur Nationalversammlung am 19. 1. 1919 verhindert werden, doch scheiterte der Aufstand (»Spartakusaufstand«) am 13. 1. 1919. Rosa Luxemburg, Karl Liebknecht und Georg Ledebour (1850-1947), Sprecher der USPD, mußten untertauchen. Rosa Luxemburg und Karl Liebknecht wurden zwei Tage später verhaftet und nach einem kurzen Verhör ermordet.

51 *zwei Millionen junger Deutscher* – Die Zahl der im 1. Weltkrieg gefallenen deutschen Soldaten belief sich (nach Gebhardt, *Handbuch der deutschen Geschichte*) auf 1 936 879.

Kurt Eisner – Eigentl. Kurt Krosamnowski (geb. 1867), Mitglied der USPD und bayerischer Ministerpräsident, wurde am 21. 2. 1919 auf dem Weg zum Landtag ermordet.

Mörder – Anton Graf von Arco auf Valley (1897-1945) gab die Schüsse auf Eisner ab, wurde verhaftet und am 16. 1. 1920 zum Tode verurteilt, dann aber zu lebenslänglichem Zuchthaus begnadigt und nach fünfjähriger Haft freigelassen.

Gustav Landauer – Geb. 1870, Schriftsteller und führendes Mitglied der Räteregierung, wurde nach Niederschlagung der Räterepublik in München durch Reichstruppen am 2. 5. 1919 verhaftet und im Gefängnis von Stadelheim von Soldaten der Wachmannschaft ermordet.

Gareis – Karl Gareis (geb. 1889), Politiker der USPD, wurde am 9. 6. 1921 in München von Angehörigen der »Einwohnerwehr« ermordet.

Isartal – Beliebtes Ausflugsgebiet in der Nähe Münchens.

Erzberger – Matthias Erzberger (geb. 1875), ehem. Vizekanzler und Finanzminister, wurde am 26. 8. 1921 bei einem Spaziergang auf dem Kniebis im Schwarzwald von Heinrich Schulz und Hinrich Tillessen, ehem. Offizieren und Angehörigen der rechtsradikalen »Organisation Consul«, ermordet.

Rathenau – Walther Rathenau (geb. 1897), Reichsaußenminister, wurde am 24. 6. 1922 von Angehörigen der »Organisation Consul« in Berlin erschossen. – Siehe auch Bd. 2, 160 f.

Die Ordnung steht rechts! – Umkehrung der Worte, die Reichskanzler Joseph Wirth (1879-1956) am 25. 6. 1922, einen Tag nach der Ermordung Rathenaus, vor dem Reichstag an die Deutschnationalen richtete: »Da steht der Feind, der sein Gift in die Wunden seines Volkes träufelt. Da steht der Feind! und darüber ist kein Zweifel: dieser Feind steht rechts.«

Haase – Hugo Haase (geb. 1863), Mitbegründer und Vorsitzender der USPD, starb am 7. 11. 1919 in Berlin an den Folgen eines Attentats.

Das Volk steht auf – Nach dem Gedicht *Männer und Buben* (1813) von Theodor Körner (1791-1813): »Das Volk steht auf, der Sturm bricht los; / Wer legt noch die Hände feig in den Schoß? / Pfui über dich Buben hinter dem Ofen, / Unter den Schranzen und unter den Zofen!«

Odeonsplatz – Gilt als einer der schönsten Plätze Münchens mit dem 1826-1828 von Leo von Klenze (1784-1864) erbauten Odeon, ihm gegenüber befindet sich das 1816-1821 von Klenze für Eugène de Beauharnais, Herzog von Leuchtenberg (1781-1824), errichtete Palais und in der Mitte des Platzes das Reiterstandbild König Ludwig I. (1786-1868) von Max von Widnmann (1812-1895).

Spiritist – Siehe Bd. 13, 172 f.

weder Frankreich, noch die Tschechoslowakei – Anspielung auf den am 25. 1. 1924 zwischen der Tschechoslowakei und Frankreich geschlossenen Bündnisvertrag, durch den Frankreich die in erster Linie gegen Österreich und Ungarn gerichtete »Kleine Entente«, das Bündnis zwischen Jugoslawien, Rumänien und der Tschechoslowakei vom 14. 8. 1920, wesentlich stärkte, um einer Vereinigung zwischen Deutschland und Österreich entgegenzuwirken.

Freimaurer – Für Horváths Gustav Adolf Niemeyer sind die

Freimaurer vor allem wegen ihrer Humanitätsidee (»das Streben nach höchster Vollendung menschlichen Wesens«), ihrem Gleichheitsprinzip (»haben die Unterschiede der Rasse, Völker, Religionen, sozialen Stellungen und politischen Überzeugungen für ihn nur den Wert von Erscheinungsformen menschlichen Gemeinschaftslebens, die er als solche achtet«) und ihrer Glaubens- und Gewissensfreiheit (»indem er sie gegen sich und jedermann [. . .] zur Betätigung wahrer, echter Duldung ausdrücklich verpflichtet«) als »Gesinnungsgemeinschaft freier Männer von gutem Rufe« in höchstem Maße suspekt (zit. nach: Eugen Lennhoff u. Oskar Posner, *Internationales Freimaurerlexikon*, Wien 1932, S. 25). – Für Hitler waren die Freimaurer nichts anderes als eine »Waffe im Dienste des Judentums« (*Mein Kampf*, S. 345).

52 *Kanzleibeamter* – Kleiner Beamter, der in jener Abteilung einer Behörde tätig ist, in der Verfügungen, Anordnungen u. ä. geschrieben und vervielfältigt werden.

defraudiert – Unterschlagen, hinterzogen, veruntreut; nach dem lat. defraudatio für: Betrug.

Konkubinat – Nach Karl Binding, *Lehrbuch des gemeinen deutschen Strafrechts* (2 Bde., 1896-1905), das »vertragsmäßige, außereheliche, geschlechtliche Zusammenleben zwischen zwei Personen verschiedenen Geschlechts«; in Bayern (Württemberg, Baden, Hessen und Braunschweig) bei Erregung öffentlichen Ärgernisses strafbar, in Preußen nicht.

53 *»freie Liebe«* – 1930 definierte *Der Große Brockhaus* (Bd. 6, S. 568): »ein nur auf Liebe gegründetes Zusammenleben von Mann und Frau, das weder durch die rechtliche Eheschließung noch durch den Grundsatz der Unauflösbarkeit bestimmt ist«.

Religionslehrer Joseph Heinzmann – Anspielung auf den Religionslehrer Dr. Heinzinger in München, der sich erfolglos bemühte, den Schüler Horváth vom Kaiser-Wilhelms-Gymnasium verweisen zu lassen.

54 *läßliche und unerläßliche Sünden* – Die katholische Kirche unterscheidet zwischen peccatum veniale (Erlaßsünde) und peccatum grave (auch: peccatum mortale, Todsünde). Während es sich bei der läßlichen Sünde um ein geringfügiges Vergehen ohne Abwendung von Gott handelt, bedeutet die unerläßliche Sünde den Verlust des Gnadenstandes; nach dem *Ersten Johannesbrief* (5,16 f.): »Wenn einer seinen Bruder eine Sünde begehen sieht, die nicht zum Tode ist, so bete er, und er wird ihm das Leben geben, freilich nur solchen, deren Sünde nicht zum Tode ist. Es gibt eine Sünde zum Tode; nicht von der sage ich, daß er beten soll./Alles Unrecht ist Sünde, doch gibt es Sünde, die nicht zum Tode ist.«

zur Kunst nötig – Dr. Ludwig Kemmer wies in seiner Publikation (*Die graphische Reklame der Prostitution*, S. 32) auf eine Preisliste mit dem Titel *Studienphotographien für Künstler* hin. »Sie versichert, daß ihre Bilder ›tatsächlich mit künstlerischem Verständnis aufgenommen und für künstlerische Zwecke bestimmte Studien sind, auch nur Künstlern und Kunstsammlern durch Annoncen in vornehmen Zeitungen angeboten werden‹.« Aber nur in den allerseltensten Fällen, meinte Kemmer (S. 15), »wird ein selbständig schaffender Künstler eine Linie, einen Körperteil, eine Geberde von einer Aktphotographie auf sein Bild übertragen können. [...] Jede Aktstudie und jede Aktskizze, worin die Technik und die Auffassung des Künstlers das natürliche Rohmaterial der Idee des Künstlers genähert haben, hat für den Künstler weit größeren Wert als Tausende von photographischen Aktaufnahmen«.

ausgschamter – Bayer. mundartl. für: unverschämter, unverfrorener.

55 *Buchtitel* – Im wesentlichen sind jene Schriften gemeint, die Dr. Paul Englisch in seinem 1927 in Stuttgart erschienenen Stan-

dardwerk *Geschichte der erotischen Literatur* als »Besiegung des Vorurteils, daß die Diskussion über geschlechtliche Fragen nicht in die Öffentlichkeit getragen werden solle«, bezeichnete (S. 299). Dort erwähnt er auch das »umfangreiche Werk« von Bernhard A. Bauer *Wie bist du, Weib? Betrachtungen über Körper, Seele, Sexualleben und Erotik des Weibes* mit »ganz selbständigen Schlüssen« des Autors (S. 302). Dieses Buch war 1923 erschienen und erreichte 1928 die 5. Auflage. – Siehe auch Bd. 5,154.

56 *Darstellung der Leda* – Der griech. Mythologie nach näherte sich Gott Zeus der Leda, Gemahlin des Königs Tyndareus, in Gestalt eines Schwanes. Das Thema »Leda mit dem Schwan« hat seit dem Altertum viele Künstler angeregt und war nicht zuletzt beliebtes Motiv für erotische Darstellungen.

Marianischer Kalender – Von den »Marianischen Kongregationen« (Vereinigungen katholischer Mädchen und Frauen) herausgegebener Kalender.

Agnestag – »Über den Tag, an dem Agnes im jugendlichen Alter zu Rom ihr Leben für Christus dahingab, sind alle Nachrichten sich einig. Ungewiß bleibt, ob es 304 in der Verfolgung unter Diokletian [um 243-313 od. 316] geschah oder schon 258/59 unter Kaiser Valerian [253-260]. Die Legende malte ihr Blutzeugnis aus. In der Meßfeier werden wir erinnert an ihre jungfräuliche Bereitschaft und an die Kraft des göttlichen Beistandes« (zit. nach: Anselm Schott, *Das Meßbuch der heiligen Kirche*, Freiburg–Basel–Wien 1966, S. 703).

Gottes Mühlen – Vgl. Friedrich von Logau (1604-1655), *Göttliche Rache*: »Gottes Mühlen mahlen langsam, mahlen aber trefflich klein« (nach Sextus Empiricus, *Adversus mathematicos*: »Spät erst mahlen die Mühlen der Götter, doch mahlen sie Feinmehl«).

hintervotzig – Bayer. mundartl. für: hinterlistig, gemein.

Schmarrn – In Bayern und Österreich gebräuchl. für: Unsinn.

heilige Afra – Märtyrerin um 304 unter Diokletian; Heilige der Diözesen Augsburg und Meißen; gilt als Schutzpatronin der reuigen Sünderinnen.

Venusdienst – Umschreibung für (religiöse) Prostitution zu Ehren der Göttin der Liebe. »Als das klassische Land der Tempelprostitution gilt Babylonien. [. . .] Danach spielte sich die Deflorationshingabe in der Weise ab, daß jede Frau einmal im Leben im Tempel der Istar (= Aphrodite) sich einem Fremden gegen Entgelt preisgeben muß. Sie darf keinen ausschlagen, der ihr den Lohn dafür bietet, und muß mit jeder Gabe zufrieden sein. [. . .] Daß von Babylonien aus über Phönizien die Tempelprostitution auch bei den Griechen Eingang gefunden hat, wird uns von den verschiedensten zeitgenössischen oder nicht lange danach lebenden Schriftstellern bezeugt. [. . .] Strabo berichtet uns denn auch in seiner *Erdbeschreibung*: ›Der Tempel der Aphrodite war so reich, daß er mehr als 1000 dem Tempeldienst geweihte Buhldirnen hatte, die sowohl von Männern als von Frauen der Göttin dargebracht waren.‹« (Dr. Paul Englisch, *Sittengeschichte Europas*, Berlin 1931, S. 32 ff.)

Narzissus – Eigentl. Narcissus; Bischof, gest. 307.

Zypern – Aus Zypern stammt die Kypris genannte griech. Göttin Aphrodite (lat.: Venus).

57 *St. Ulrich* – Ehem. Klosterkirche St. Ulrich und St. Afra; 1474 begonnen und 1476 bis 1500 von Burkhard Engelberger (gest. 1512) vollendet.

Stefanie – »Café Stefanie« in München-Schwabing, Amalienstraße 25 (Ecke Türkenstraße), 1895 von dem Konditoreibesitzer Karl Oberdorfer eröffnet, auch »Café Größenwahn« genannt. – Vgl. Josef Ruederer, *München* (München 1907, S. 165 f.): »Von aussen wie jedes andere der zahllosen Lokale, worin die Münchner von zwei bis fünf dem Tertel obliegen, von innen ein wesentlich anderes Bild. Schon der Geruch ist verschieden. Keine Zigarren, nur Zigaretten, kein Bier, nur Stefan George. Nicht als ob der gefeierte Dichter in eigener Person zugegen wäre: seine Jünger, seine Bekenner, seine Verehrer sitzen herum. In allen Altern, in allen Typen, in allen Geschlechtern. Schwarzhaarige Jünglinge aus den Donaustaaten, Malweiber, die Reformkostüme tragen, und Studenten, die dichten. Alles nach Gruppen und Cliquen geregelt. An jenem Tische schwärmt man für Maeterlinck, da drüben für Huysmans, am dritten für Strindberg, am vierten für alle zusammen.«

59 *Greco* – El Greco, eigentl. Domenico Theotocopuli (1541-1613), griech.-span. Maler.

Bayros – Franz von Bayros (1866-1924), Illustrator zahlreicher erotischer Werke z. T. unter dem Pseudonym Choisy le Conin.

Nationalgalerie – Die Berliner Nationalgalerie war von Friedrich August Stühler (1800-1865) entworfen und 1867 bis 1876 von Johann Heinrich Strack (1805-1880) erbaut worden. Die Nationalgalerie beherbergte Werke der deutschen Bildhauerei und Malerei seit Ende des 18. Jhs. Werke der neueren Kunstrichtungen des 20. Jhs. waren in der neuen Abteilung, im ehem. Kronprinzenpalais, untergebracht.

Golem – Jidd. gojlem; eine Lehmfigur in menschlicher Gestalt, der einer Sage aus dem 17. Jh. nach ein weiser Rabbi Leben eingehaucht hatte. Der Roman *Der Golem* von Gustav Meyrink (eigentl. Gustav Meyer, 1868-1932) wurde 1915 veröffentlicht. – Siehe auch S. 399.

60 *südamerikanische Pampas* – Eigentl. La Pampa; Steppengebiet im westl. Argentinien.

demivièrge – Nach dem Titel des Romans *Les demi-vièrges* (1894) von Marcel Prévost (1862-1941), der mit Maud de

Rouvre, der Hauptfigur, einen Mädchentypus beschrieb, der trotz moralischer Verderbtheit nach außen hin den Eindruck unberührter Jungfräulichkeit zu bewahren versucht. Deutsche Übersetzungen erschienen unter dem Titel *Halbe Unschuld* 1895, 1901 und 1905, unter dem Titel *Halb-Jungfern* 1919 und unter dem Titel *Plaudereien einer Pariserin über die Liebe* 1923.

62 *gnostische Irrlehren* – Der Gnostizismus (nach dem griech. gnosis für: Erkenntnis) war eine um Christi Geburt entstandene Glaubensrichtung, die das Heil des Menschen von der Erkenntnis der Geheimnisse der Welt abhängig machte. Die christliche Gnosis des Marcion aus Sinope wurde zu einer Gefahr für die Kirche; 144 wurde er als Ketzer ausgeschlossen.

Verbrechen der Jesuiten – Der sog. »Jesuitenstaat« von 1609/10 an als Missionswerk in Südamerika (Paraguay) entstanden und 1767 gewaltsam aufgelöst, war in den zwanziger Jahren als praktiziertes kommunistisches Wirtschaftsmodell (Wirtschaftsgemeinschaft auf der Basis der Gemeinwirtschaft) wieder besonders aktuell geworden. Die wichtigsten zeitgenössischen Publikationen waren: Graf Paul von Hoensbroech, *Der Jesuitenorden* (3 Bde., 1926/27), Friedrich Wiegand, *Die Jesuiten* (1926), Maria Faßbinder, *Der »Jesuitenstaat« in Paraguay* (1926), René Fülöp-Miller, *Macht und Geheimnis der Jesuiten* (1929) und Geer, *Der Jesuitenstaat in Paraguay* (1929).

Lächeln wie die Hollywooder Stars – Mit »welchen Qualen, Entbehrungen und Bitternissen die Kinogrößen ihren Ruhm bezahlen«, darüber berichteten die ›Münchner Neuesten Nachrichten‹ am 28. 1. 1928 in dem Artikel *Leiden der Kinostars. Die andere Seite der »Filmromantik«*. So ist das Leben von Mac Murray, »dieser schönen, zierlichen Frau, eine unsagbare Kette von Entbehrungen. Sie weiß, daß sie ihren ganzen Ruhm ihrer zarten Gestalt und vor allem ihrem Puppengesicht verdankt, und bis heute hat sie ihrem Gesichtchen die kindlichen, zarten Züge bewahrt – aber um welchen Preis! Man hat sie noch nie lächeln gesehen, denn dies würde Falten in ihr Gesicht graben, und noch weniger hört man sie je lachen. Sie läßt niemals eine wahre und tiefe Bewegung in sich aufkommen, damit die Erregung nicht ihre Züge verändere – ihr ganzes Leben ist der Schönheit geweiht.«

63 *ein fremder Badegast* – Auf den autobiographischen Bezug hat Gustl Schneider-Emhardt in ihren *Erinnerungen an Ödön von Horváths Jugendzeit* (Horváth Blätter 1/83, S. 71) hingewiesen: »Einmal beobachtete die Brüder [im Murnauer Strandbad] ein älterer Herr, der sie aufgrund ihrer Hände als von Mongolen abstammend beurteilte, [...] wie ja auch der Körperbau viel weicher und runder war als der nordischer Menschen.«

maßen – Veraltet für: weil, in Anbetracht.

alles Symbol – Im Zusammenhang mit der Frage *Kennen Sie die Psychoanalyse?* handelt es sich hier um eine Anspielung auf Sigmund Freuds *Traumdeutung* (1899), wobei »[R.A.] Scherner als der eigentliche Entdecker der Symbolik im Traum anerkannt werden sollte, und daß die Erfahrungen der Psychoanalyse sein für phantastisch gehaltenes, vor langen Jahren (1861) veröffentlichtes Buch [*Das Leben des Traumes*] nachträglich zu Ehren gebracht haben«. Freud führt u. a. an: »alle in die Länge reichenden Objekte [...], alle länglichen und scharfen Waffen [...] wollen das männliche Glied vertreten. [...] Dosen, Schachteln, Kästen, Schränke, Öfen entsprechen dem Frauenleib [...]. Stiegen, Leitern, Treppen, respektive das Steigen auf ihnen, und zwar sowohl aufwärts als abwärts, sind symbolische Darstellungen des Geschlechtsaktes. [...] Tische, gedeckte Tische und Bretter sind gleichfalls Frauen [...]« (zit. nach der Taschenbuchausgabe 1985, S. 293 ff.).

ich benötige Individualität – Carl Sternheim (1878-1942) wählte 1924 für sein Drama *Oskar Wilde* dessen Ausspruch »Was nottut ist Individualismus!« als Motto. Sternheims Bühnenstück, am 31. 3. 1925 im Deutschen Theater in Berlin uraufgeführt, lag die Biographie von Frank Harris, *Oscar Wilde. His*

Life and Confessions (New York 1916), zugrunde; die deutsche Ausgabe mit Titel *Oscar Wilde. Eine Lebensbeichte* war 1923 in Berlin erschienen. – Hingewiesen sei auch auf Parallelen zu der »psychologischen Studie« *Heinrich Heine und Oscar Wilde* aus dem Jahr 1908 von Lion Feuchtwanger (1884-1958).

66 *alleinseligmachende Kirche* – Selbstbezeichnung der römisch-katholischen Kirche als alleinige von Jesus gestiftete Kirche, die allein zum Heil führen kann.

brach der Weltkrieg aus – Am 28. 7. 1914 erklärte Österreich-Ungarn Serbien den Krieg.

Belgrad – Serb. Beograd, Hauptstadt Serbiens; 90 000 Einw. (1910); wurde am 2. 12. 1914 von k.u.k. Truppen besetzt.

Warschau – Poln. Warszawa, Hauptstadt Polens; 845 000 Einw. (1920); wurde am 5. 8. 1915 von deutschen und österreichischen Truppen besetzt.

brach Deutschland zusammen – Am 3. 10. 1918 trat der deutsche Kanzler Georg Graf von Hertling (1843-1919) zurück, und Kaiser Wilhelm II. (1859-1941) ernannte Prinz Max von Baden (1867-1929) zum Reichskanzler, nachdem der Reichstagspräsident Konstantin Fehrenbach (1852-1926) die Kandidatur abgelehnt hatte. Prinz Max von Baden richtete am 5. 10. 1918 ein Waffenstillstandsangebot an den amerikanischen Präsidenten Woodrow Wilson (1856-1924). Am 9. 11. 1918 verkündete Prinz Max die Abdankung Kaiser Wilhelms II. und übertrug das Reichskanzleramt an Friedrich Ebert (1871-1925).

in Weimar die Nationalversammlung – Am 6. 2. 1919 wurde wegen der Unruhen in Berlin von der Reichsregierung die Nationalversammlung nach Weimar einberufen. Mit mehr als 70% der Stimmen wurde am 11. 2. Friedrich Ebert zum Reichspräsidenten gewählt; der Sozialdemokrat Philipp Scheidemann (1865-1939) wurde Reichskanzler.

Regierungsbaumeister – Titel eines Baumeisters im Staatsdienst; die Architekten mußten akademisch vorgebildet sein, eine 2- bis 3jährige praktische Ausbildung nachweisen können und die Prüfung als Diplomingenieur bestanden haben.

67 *Kleinod im Lotos* – Hinweis auf den Mahajana-Buddhismus, dem Gustav Meyrink 1927 beigetreten war. – Siehe hierzu S. 424.

Rodin – Auguste Rodin (1840-1917), franz. Bildhauer; für ein (nicht zur Ausführung gelangtes) Denkmal beendete Rodin 1889 eine Marmorstatue von Balzac. Rainer Maria Rilke (1875-1926) veröffentlichte innerhalb der Berliner Reihe »Die Kunst« im März 1913 eine Monographie über *Auguste Rodin*; 1928 erschien diese Monographie im 48. Tausend. Über Rodins Arbeit schrieb Rilke: »Er benutzte lebende Modelle von ähnlichen Körperverhältnissen und bildete in verschiedenen Stellungen sieben, vollkommen ausgeführte Akte. [...] Er kam ihrer Lösung näher, indem er alle den sieben Akten Mönchskutten anzulegen versuchte, von der Art, wie Balzac sie bei der Arbeit zu tragen pflegte. [...] Er sah eine breite, ausschreitende Gestalt, die an des Mantels Fall alle ihre Schwere verlor.«

Balzac hätte vor Rodin – Als der franz. Romanschriftsteller Honoré de Balzac (1799-1850) starb, war Rodin noch keine zehn Jahre alt. AML konnte damit rechnen, daß sein Modell Agnes dies nicht wußte.

Therese Seitz – Inwiefern Horváth bei dieser Namensgebung auf seinen Bekanntenkreis zurückgriff, war nicht zu klären. Hingewiesen sei auf ein für »Ödön J. M. von Horvath« entworfenes Exlibris aus dem Jahr 1921, signiert von A. Seitz, dessen Original sich in der Bayerischen Staatsbibliothek befindet.

68 *Venus von Milo* – Marmorstandbild aus dem 2. Jh. v. Chr., das auf der griech. Insel Melos (ital. Milo) 1820 gefunden, auf Befehl des franz. Botschafters in Konstantinopel durch eine franz.

Kriegsschiffbesatzung nach Frankreich gebracht und im Louvre in Paris ausgestellt wurde.

69 *des Zentrums* – Auch: Zentrumspartei, benannt nach den der katholischen Fraktion des Preußischen Abgeordnetenhauses in der Mitte des Saales zugeteilten Plätze. – Unter der Regentschaft Prinz Luitpolds (1821-1912; Prinzregent ab 10. 6. 1886) errang die bayerische Patriotenpartei, die sich ab 1887 (bayer.) Zentrum nannte, eine beherrschende Stellung in Bayern und erzielte 1899 die Mehrheit im Landtag. Bei den Wahlen 1905 verbündete sich das Zentrum mit den Sozialdemokraten und erreichte dadurch mit 103 Mandaten eine Zweidrittelmehrheit. Als sich die Sozialdemokraten mit den Liberalen und dem Bauernbund für die Wahlen am 5. 2. 1912 zu einem Großblock zusammenschlossen, errangen das Zentrum 87 Sitze, die protestantischen Konservativen 7 Sitze und die Linken 69 Sitze. Durch diese knappe Mehrheit wurde der Vorsitzende der bayer. Zentrumsfraktion, Georg Graf Hertling (1843-1919), bayerischer Ministerpräsident.

Feigenblätter – In der Publikation *Nackt. Eine kritische Studie* von Richard Ungewitter aus dem Jahr 1908 befindet sich eine der Zeitschrift ›Jugend‹ (1906, H.18) entnommene Karikatur *Der Heuchler im Museum.* Ungewitter schreibt dazu (S. 9 f.): »Auch haben es die Sittlichkeitsfanatiker bereits erreicht, daß an alten Bildwerken sog. ›Feigenblätter‹ angebracht werden. Mußten wir es doch vor einigen Jahren erleben, daß die Münchener Glyptothek damit verunziert wurde. Zum Glück wurden die blechernen Anhängsel, die lebend sonst nur an Bäumen wachsen, wieder entfernt, allerdings nicht ohne lästige Spuren zu hinterlassen.«

zweites Parkett – Im Zuschauerraum gab es, außer Logen- und Rangplätzen, die »Parterre«-Sitze im hinteren Saalabschnitt, der mittlere Teil wurde als »erstes Parkett«, die vordersten (schlechtesen und daher billigsten) Sitzreihen als »zweites Parkett« bezeichnet.

70 *Hausbesitzerszeitung* – Zur Vertretung der wirtschaftlichen Interessen der Hausbesitzer war 1832 in Hamburg der »Grundeigentümerverein« gegründet worden; weitere Vereine entstanden vor allem nach 1870 und schlossen sich 1879 im »Zentralverband deutscher Haus- und Grundbesitzervereine« zusammen. 1925 waren 700 000 Hausbesitzer in 2000 Orts- und 30 Landesverbänden organisiert; ihre Zeitschrift war seit 1894 die ›Deutsche Hausbesitzerzeitung‹.

71 *»Illustrierten«* – ›Münchner Illustrierte Presse‹, gegründet 1924, erschien im Verlag Knorr & Hirth in München.

72 *kaute Gummi* – Kaugummi war 1876 in den USA aufgekommen und seit dem 1. Weltkrieg auch in Europa bekannt.

immatrikuliert – In der Matrikel (Verzeichnis) der Universität eingeschrieben.

an der philosophischen Fakultät, erste Sektion – Gemeint ist die Philosophische Fakultät der Ludwig-Maximilians-Universität in München, an der auch Horváth vom Wintersemester 1919/20 bis zum Wintersemester 1921/22 immatrikuliert war.

73 *faschistischen Parteisekretär* – Möglicherweise Anspielung auf den Faschisten Arnoldo Capellini (geb. 1890), der am 30. 6. 1927 in Wien Lili Schnitzler (geb. 1909), die Tochter Arthur Schnitzlers (1862-1931), geheiratet hatte; Capellini entstammte einer alten italienischen Familie, die gegen die Heirat ihres katholischen Sohnes mit einer Jüdin war. Am 26. 7. 1928 nahm sich Schnitzlers Tochter in Venedig das Leben.

der »Bunte Vogel« – Künstlerlokal in München-Schwabing; von Hedi König 1914 eröffnet.

homosexuelle Hitlerianer – Auf die Homosexualität innerhalb der Anhänger Hitlers hatte Horváth mehrfach hingewiesen (z. B. *Sladek* 2,27 f. u. 117. – Ernst Röhm (1887-1934), der die

Sturmabteilung (SA) Hitlers mit aufgebaut und nach deren Verbot 1923 im Jahr 1924 neu organisiert hatte, entdeckte, seiner eigenen Aussage nach, im selben Jahr seine homosexuelle Veranlagung: »Ich kann mich vorher an eine Reihe auch gleichgeschlechtlicher Gefühle und Akte bis in meine Kindheit erinnern, habe aber auch mit vielen Frauen verkehrt. Allerdings nie mit besonderem Genuß. Auch drei Tripper habe ich mir erworben, was ich später als Strafe der Natur für widernatürlichen Verkehr ansah« (Helmut Klotz, *Der Fall Röhm*, Berlin 1932; zit. nach: Hans Peter Bleuel, *Das saubere Reich*, Bergisch-Gladbach 1979, S. 128). 1925 war Röhm in eine Affäre mit einem 17jährigen Strichjungen verwickelt, über die die ›Münchner Post‹ am 30. 6. 1931 berichtete. General Ludendorff (1865-1937) schrieb im Mai 1932: »Ich habe die Unterlagen dafür in Händen, daß Hitler schon im Jahr 1927 auf die ernsten Mißstände innerhalb der Organisation durch die gleichgeschlechtliche Veranlagung der Unterführer Röhm und Heines und im besonderen auf die Verseuchung der Hitlerjugend durch Heines hingewiesen worden ist« (ebd., S. 129).

75 *hundertsten Todestag Ludwig van Beethovens* – Samstag, 26. 3. 1927.

80 *Gedichte von Lenau* – Nikolaus Lenau (eigentl. Nikolaus Franz Niembsch, Edler von Strehlenau; 1802-1850), österr. Lyriker; eine historisch-kritische Ausgabe von Lenaus Werken, hg. von Eduard Castle, erschien 1910-1923.

Romane von Tovote – Heinz Tovote (1864-1946), Verfasser meist erotischer Romane und Novellen aus der Berliner Gesellschaft mit sozialkritischer Tendenz, dessen Bücher in den zwanziger Jahren hohe Auflagen erreichten. Sein Roman *Im Liebesrausch* (1890) erreichte 1929 die 55. Auflage, die Novellen *Heimliche Liebe* (1893) und *Nicht doch!* (1908) die 38. Auflage, der Roman *Fräulein Griesbach* (1909) erreichte 1929 die 30. Auflage, *Lockvögelchen* (1910) die 20. Auflage; *Um Eveline* (1924) erzielte binnen 5 Jahren 13 Auflagen.

Gott eigentlich mit Händen erschaffen – Zit. nach Psalm 8,4: »Wenn ich deinen Himmel schaue, das Werk deiner Hände, den Mond und die Sterne, die du befestigt hast.«

83 *Bulgarien* – Konstitutionelles Königreich; 5 483 125 Einw. (1926).

Sofia – Hauptstadt Bulgariens; 213 160 Einw. (1926).

Kathedrale – Gemeint ist die Alexander-Neski-Kathedrale, die am 16. 4. 1925 durch ein Bombenattentat zerstört wurde.

Agrarkommunisten – Der Agrarkommunismus war ein auf Gesamteigentum des landwirtschaftlich genutzten Grund und Bodens gestütztes Wirtschaftssystem. – In Bulgarien wurden diese Bestrebungen durch Alexander Stambolijski (1879-1923) unterstützt, der im Oktober 1919 zum Ministerpräsidenten berufen wurde und ab 1920 gemeinsam mit den Kommunisten und der Bauernpartei eine gegen das Bürgertum gerichtete Herrschaft ausübte. Am 9. 6. 1923 wurde Stambolijski gestürzt und am 14. 6., bei dem Versuch, die Macht wieder an sich zu reißen, getötet. Als Führer einer sog. Demokratischen Vereinigung (Demokratitscheskij Sgovor) übernahm Alexander Zankow (1879-1959) die Regierung. Im September 1923 wurden kommunistische Aufstände niedergeschlagen, 1924 die kommunistische Partei und die Agrarpartei verboten. Am 14. 4. 1925 wurde auf den bulgarischen König Boris III. (1894-1943) ein Mordanschlag, am 16. 4. das Bombenattentat auf die Kathedrale von Sofia verübt. Im Januar 1926 wurde Andreas Liaptschew (1866-1933) Ministerpräsident (bis Juni 1931).

Feldzug – Vereinfachte Formulierung für den 1. Weltkrieg.

Die Besten unserer Generation sind gefallen – Nach Friedrich Schiller (1759-1805), *Das Friedensfest*: »Ja, der Krieg verschlingt die Besten!«

86 *das alte Stück von Jedermann* – *Jedermann. Das Spiel vom Sterben des reichen Mannes* von Hugo von Hofmannsthal (1874-1929), zwischen 1903 und 1911 entstanden, wurde nach seiner Uraufführung am 1. 12. 1911 im Berliner Zirkus Schumann (Regie: Max Reinhardt), von 1920 an alljährlich während der Salzburger Festspiele am Domplatz gespielt. Hofmannsthals *Jedermann* basiert auf dem anonym überlieferten Text *The Somonynge of Everyman* (dt.: Jedermanns Vorladung) aus dem Jahr 1509 und auf Hans Sachsens (1494-1576) *Comedi von dem reichen sterbenden Menschen, der Hecastus genannt* (1549), einer Übersetzung des neulateinischen Schuldramas *Hecastus* (1539) von Georgius Macropedius (eigentl. Georg Lankveld oder Langveldt; um 1475-1558).

Der Reinhardt – Max Reinhardt (eigentl. Goldmann; 1873-1943), Regisseur und Leiter des Deutschen Theater (1905-1920, 1924-1933) in Berlin und des Theaters in der Josefstadt (1924-1937) in Wien. 1917 wurde die Salzburger Festspielhaus-Gemeinde gegründet, am 22. 8. 1920 wurden die ersten Salzburger Festspiele mit Hofmannsthals *Jedermann* am Domplatz eröffnet.

Fernpaß – In 1210 m Höhe gelegener Paß im Zugspitzgebiet; Horváth durch zahlreiche Wanderungen bekannt.

Ischl – Eigentl. Bad Ischl; Kurort und Sommerfrische des österr. Adels und der Großfinanz; 10 200 Einw. (1923). Im Jahr 1927/28 wurde Bad Ischl von 36 150 Fremden besucht.

87 *Salonkommunist* – Bezeichnung für einen, der die marxistische Anschauung nur theoretisch vertritt, aber nicht praktiziert. In der Endphase der Weimarer Republik von der rechtsorientierten Presse häufig gebrauchtes Schimpfwort für linksintellektuelle Kritiker.

miteinander verwandt – Der Großvater von Ludwig II. (1845-1886), König Ludwig I. (1786-1868), und die Mutter von Elisabeth (»Sissi«; 1837-1898), Ludovika Wilhelmine von Bayern (1808-1892), waren Geschwister. Sissi war also die Cousine von Ludwigs Vater König Maximilian II. (1811-1864).

89 *»Chinesischen Turm«* – Gaststätte im Englischen Garten in München; nach einem Vorbild aus dem Jahr 1757-62 im Botanischen Garten von Kew (südl. von London) in den Jahren 1789/90 von Joseph Frey erbaut.

90 *bedauernswerten Genie* – Anspielung auf Otto Weininger (geb. 1880) und dessen Buch *Geschlecht und Charakter*, das 1903 im Verlag Wilhelm Braumüller in Wien erschienen war. Das Buch, das in den folgenden 20 Jahren 25 Auflagen erlebte und in viele Sprachen übersetzt wurde, basierte auf Weiningers Dissertation *Eros und Psyche*, die von Sigmund Freud hart kritisiert worden war. Weininger sah die Frau als »weder moralisch noch amoralisch«, sah in ihr »weder Engel, noch Teufel«. Er schrieb: »Das Bedürfnis, selbst koitiert zu werden, ist zwar das heftigste Bedürfnis der Frau, aber es ist ein Spezialfall ihres einzigen vitalen Interesses, das nach dem Koitus überhaupt geht; des Wunsches, daß möglichst viel, von wem immer, wo immer, wann immer, koitiert werde. Dieses allgemeinere Bedürfns richtet sich mehr auf den Akt selbst, oder mehr auf das Kind; im ersten Falle ist die Frau Dirne und Kupplerin um der bloßen Vorstellung vom Akt willen; im zweiten ist sie Mutter« (zit. nach: Annegret Stopczyk, *Was Philosophen über Frauen denken*, München 1980, S. 288). Otto Weininger erschoß sich am 4. 10. 1903 in seiner Wohnung in Wien.

93 *ob das Auto kaputt sei* – Vgl. hierzu die Parallelen in *Kasimir und Karoline* (Vorarbeiten zum 4. Bild) und in *Glaube Liebe Hoffnung* (Szene 31 innerhalb der Vorarbeiten).

95 *Nummer II A 16747* – Die Verordnung über den Kraftfahrzeugverkehr vom 16. 3. 1928 bestimmte, daß jedes auf öffentlichen Wegen verkehrende Kraftfahrzeug von der Polizei zugelassen und mit einem Kennzeichen versehen sein mußte. Die (röm.)

Ziffer *II* stand für Bayern, der Buchstabe *A* für den Stadtbezirk München und *16474* für die Nummer, unter der das Fahrzeug in der polizeilichen Liste eingetragen war.

Vor Gott ist kein Ding unmöglich – Zit. nach der »Verheißung der Geburt Jesu« bei Lukas 1,37: »denn ›bei Gott ist kein Ding unmöglich‹«.

98 *Kochel* – Dorf in Oberbayern; 2560 Einw. (1928).

des Sendlingerberges – Im Münchner Stadtteil Sendling gelegen; der Bezug zwischen *Kochel* und *Sendlingerberg* basiert auf der Sendlinger Bauernschlacht vom 25. 12. 1705, als der Schmied von Kochel, Balthasar Maier, über den Leichen seiner Söhne gegen österreichische Soldaten für die bayerische Unabhängigkeit kämpfte. 1031 Bauern kamen bei dieser Schlacht ums Leben.

Mitglied der Sozialdemokratischen Partei – Die SPD hatte sich als Nachfolgeorganisation der SAPD (Sozialistische Arbeiterpartei Deutschlands), die durch das »Sozialistengesetz« vom 21. 10. 1878 von Bismarck wegen der »gemeingefährlichen Bestrebungen« der Sozialdemokratie (bis 1890) verboten worden war, 1890 in Halle neu konstituiert. – Sebastian Krattler war also schon sehr früh, etwa seit 1899, Mitglied der SPD.

auf die Walze gehen – Veraltet für: auf Wanderschaft gehen (um Arbeit zu finden).

99 *Wallgau bei Mittenwald* – Kleiner Sommer- und Wintererholungsort am Rand des Karwendelgebirges.

höchstgelegenste Kirche – Gemeint ist Obergurgl, 1927 m über dem Meer, am Gurgler Fernser in den Ötztaler Alpen.

Frauentürme – Die beiden fast 99 m hohen kupfergedeckten Türme der Frauenkirche. – Siehe S. 333.

101 *reichsdeutsche* – Vor allem vor 1938 Bezeichnung für Deutsche, die innerhalb der Grenzen des Deutschen Reiches wohnhaft waren, im Gegensatz zu den in Österreich und anderen deutschsprachigen Gebieten wohnhaften Deutschen.

Schillinge, Franken, Lire und Lei – In Österreich war seit 19. 12. 1924 *Schilling* (und Groschen) als Währung eingeführt; in der Schweiz seit 1850 *Frank[en]* (und Rappen); in Italien seit 1859 *Lira* (und Centesimo); in Rumänien seit 1860 Leu (Mehrz.: *Lei* und Bani). – Ende 1931 lag der Devisenkurs im Deutschen Reich vom Schilling bei 0,50, vom Franken bei 0,8213, von der Goldlira bei 0,2141, vom Leu bei 0,0252 RM.

Lechleitner – In Hinterhornbach, *einem der finstersten Winkel des heiligen Landes Tirol, 1200 Meter hoch über dem fernen Meer* [...] *zwölf Häuser und dreiundachtzig Seelen*, wo Horváth im Haus des Frankfurter Ehepaares Schultz mehrmals seinen Urlaub verbrachte, war *Lechleitner* (außer Bader) der häufigste Familienname. Ein Richard Lechleitner war Jäger beim Ehepaar Schultz. – Siehe *Hinterhornbach* (Band 11); vgl. Susanna Foral-Krischke, *Hinterhornbach 1983*, in: Horváth Blätter 1/83, S. 85-91.

Paralyse – Umgangssprachl. für: progressive Paralyse (volkstüml.: Gehirnerweichung), eine syphilitische Erkrankung, die 10 bis 20 Jahre nach der Ansteckung (in 2-6% der Fälle) auftritt. Zum Krankheitsbild gehören u. a. Lähmungserscheinungen und allmähliche Verblödung.

Steinhof bei Wien – »Am Steinhof«, Heil- und Pflegeanstalt für Geistes- und Nervenkranke; die von Otto Wagner (1841-1918) entworfene Gesamtanlage besteht aus 60 Pavillons und drei Abteilungen; die Eröffnung fand am 8. 10. 1907 statt.

104 *AML* – In Horváths Typoskript steht *MLA* als Abkürzung für Maria Lothar *Achner*, wie der Radierer im *Ewigen Spießer* (S. 238 u. a.) dann genannt wurde.

106 *Schelling-Kino* – Das Kino befand sich Schellingstraße 70 in München-Schwabing.

107 *Lenbachplatz* – Der nach dem Münchner Maler Franz von Lenbach (1836-1904) benannte Platz mit dem von Gabriel Seidl (1848-1913) in den Jahren 1896 bis 1900 erbauten Künstlerhaus gilt als einer der schönsten Münchens.

den großen Hotels – In der nächsten Umgebung des Lenbachplatzes waren die elegantesten Hotels das Continental (Ottostraße 6), das Regina Palast Hotel (Maximiliansplatz 5) und der Bayerische Hof (Promenadeplatz 19).

108 *Potpourri* – Nach dem span. olla podrida (für: verfaulter Topf und in übertr. Sinn: buntes Allerlei) aus verschiedenen, meist sehr bekannten Melodien zusammengesetztes Musikstück.

»Sonntagspost« – Eigentl. ›Süddeutsche Sonntagspost‹; gegr. 1926, erschien im Verlag der ›Münchner Neuesten Nachrichten‹ bei Knorr & Hirth G.m.b.H., München; Chefredakteur war Walter Tschuppik (1889-1955).

Whist – Engl. Kartenspiel (mit franz. Spielkarten) für vier Spieler; Vorläufer des Bridge-Spiels.

Flapper – Selbstbewußter junger Mädchentyp Ende der zwanziger Jahre mit knabenhafter Figur und kurzgeschnittenen Haaren (Bubikopf); durch amerikanische Filmschauspielerinnen wie Clara Bow, Louise Brooks und Joan Crawford in Deutschland bekanntgeworden.

Poker – Glücksspiel mit Whist-Karten.

Bakkarat – Glücksspiel mit zwei Whistkartenspielen, wobei ein »Bankhalter« gegen zwei Partner spielt.

Henry Clay – Nach dem nordamerikan. Staatsmann Henry Clay (1777-1852) benannte Havana-Zigarre.

109 *Wiener Neustadt* – Stadt in Niederösterreich im südl. Wiener Becken; 33 000 Einw. (1921).

110 *Gymnasiasten, Realschüler, Realgymnasiasten* – Zu den höheren Schulen, die in Österreich als »Mittelschulen« (zwischen Volks-, Hauptschule und der Hochschule) bezeichnet wurden, gehörten Gymnasien (mit Latein und Griechisch), Realgymnasien (mit Latein und Englisch oder Französisch) und Realschulen (Schwerpunkt Naturwissenschaften und Mathematik, zwei lebende Fremdsprachen).

höhere Töchter – »Höhere Töchterschulen« hießen die Mittelschulen für Mädchen, die etwa den Realschulen für Knaben entsprachen, mit zwei lebenden Fremdsprachen (meist Englisch und Französisch) und Betonung von Handarbeit (und künstlerischen Fächern).

des malayischen Archipels – Sexuelle Anspielung Horváths auf die einem Penis ähnliche Form des malayischen Archipels.

klerikalen Narren – Autobiographische Anspielung Horváths auf seine Differenzen mit seinem Religionslehrer in München; siehe S. 345 f.

Besserungsanstalt – Fürsorge- und Fürsorgeerziehungsanstalt für verwahrloste oder schwer erziehbare Kinder. In Österreich gab es für das Land Wien Besserungsanstalten in Eggenburg und in Weinzierl, für Niederösterreich (zuständig für Wiener Neustadt) in Purkersdorf, einem Villenvorort Wiens mit Sommerfrische (1923: 4560 Einw.). Auf diese Besserungsanstalt (vor allem für Psychopathen bestimmt) spielt Horváth an, wenn er von den sadistisch veranlagten Aufsehern und dem homosexuellen Religionslehrer (S. 111) schreibt.

Schmittenhöhe – 1968 m hoher Berg in den Kitzbühler Alpen, nordwestl. von Zell am See.

111 *Katechet* – Bezeichnung des katholischen Religionslehrers (nach dem griech. katechein für: entgegentönen). Z. Zt. Horváths war der Religionsunterricht ausschließlich Priestern gestattet.

Stiftekopf – Kurzgeschnittenes Haar; Anfang des 20. Jhs. für Lehrlinge übliche Frisur. Lehrlinge wurden umgangssprachl. als »Stifte« bezeichnet.

Gabelsberger System – Ein von Franz Xaver Gabelsberger (1789-1849) im Jahr 1834 entwickeltes Kurzschriftsystem, das sich wegen seiner praktischen Handhabung rasch durchsetzte.

meistgelesene Zeitung Österreichs – Die in Wien seit 2. 1. 1900 erscheinende ›Österreichische Kronen-Zeitung‹, die seit dem 1. 6. 1905 unter dem Titel ›Illustrierte Kronenzeitung‹ erschien.

Wertes Fräulein! – Der Wortlaut des Briefes ist eine Abschrift aus Eduard Fuchs, *Illustrierte Sittengeschichte vom Mittelalter bis zur Gegenwart*, Bd. 3, S. 414.

114 *Memento!* – Aus dem Lat. für: Mahnung; bei Horváth einerseits die Schlange, die für den Sündenfall verantwortlich gemacht wird (Genesis 3,1-13), andererseits das »Memento, homo, quia pulvis es et in pulverem revertis« (Genesis 1,19 in der *Vulgata*; dt.: »Bedenke, Mensch, daß du Staub bist und wieder Staub wirst«).

Höllriegelsgreuth – In Horváths Typoskript irrtümlich *Höllriegelskreuth*; im Forstenrieder Park an der Isar gelegene Bahnstation bei Grünwald.

116 *Bacchantin* – Eigentl. Teilnehmerin an einem Bacchanal, einem orgiastischen Geheimfest zu Ehren des röm. Gottes Bacchus, zu dem ursprünglich nur Frauen zugelassen waren.

Pratzen – Bayer. mundartl. für: große, unförmige Hände.

possierlich – Im Typoskript Horváths fälschlicherweise poussierlich; lustig, drollig.

118 *Grundsteinlegung* – Da die Grundsteinlegung zum Bibliotheksbau des Deutschen Museums erst am 4. 9. 1928 stattfand, Horváths Roman jedoch am frühen Morgen des 30. 8. 1928 endet, verzichtete Horváth auf die Worte *zum Bibliotheksbau* (vgl. S. 268), ließ aber die Worte *in Anwesenheit des Reichspräsidenten von Hindenburg* stehen; die Grundsteinlegung zum Hauptgebäude des Deutschen Museums hatte in Anwesenheit von Kaiser Wilhelm II. bereits am 13. 11. 1906 stattgefunden.

Der ewige Spießer

128 *Ernst Weiß* – Am 28. 8. 1882 in Brünn geboren, promovierte er 1908 in Wien zum Doktor der Medizin; mit Franz Kafka (1883-1924) befreundet und von Thomas Mann (1875-1955) gefördert, war Weiß einer der erfolgreichsten Schriftsteller im Berlin der zwanziger Jahre. Nach Aussage von Lajos von Horváth (1903-1968) war Ernst Weiß »überhaupt der beste Freund« Ödön von Horváths. Zeugnisse dieser Freundschaft fehlen. 1934 zog Ernst Weiß nach Paris und unternahm am Tag des Einmarsches deutscher Truppen einen Selbstmordversuch. In der Nacht des darauffolgenden Tages, am 15. 6. 1940, starb Ernst Weiß.

129 *Spießer* – Vgl. Friedrich Kluge, *Etymologisches Wörterbuch der deutschen Sprache* (18. Aufl., bearb. v. W. Mitzka, Berlin 1960): »Spießbürger sein heißt ein engstirniger Mensch sein, der sich jedem Fortschritt verschließt und veraltete Anschauungen und moralische Grundsätze hartnäckig verteidigt. Nachdem Heinrich I. (919 bis 936) viele Städte gegründet hatte, hießen ihre Bewohner Bürger. Sie verteidigten die Stadt mit dem Spieß, daher Spießbürger, während die Söldner Hellebarden trugen. Die Bezeichnung erhielt erst dann eine abschätzige Bedeutung,

als die Kleinstädter den Fortschritt der Feuerwaffen ignorierten. Noch im 16. Jahrhundert, also zur Zeit des Niedergangs der Städte, hielten sie schwerfällig an der alten Bewaffnung fest und traten wie ihre Urgroßväter mit Spießen aus den Wällen zur Verteidigung ihrer Stadt auf, so daß sie an ihrer Niederlage selbst schuld waren, weil sie nie einen Blick über die Mauern ihrer Stadt hinausgetan, sich in ihrer Beschränktheit wohlgefühlt und die moderne Entwicklung nicht kennengelernt hatten. Als Spottname und Schelte für rückständige Menschen, besonders auf geistigem Gebiet, wurde der Begriff Spießbürger zuerst von den Studenten gebraucht, die sich dagegen weltoffen und überlegen dünkten.«

130 *Paneuropäer* – Der Österreicher Richard Nicolas Graf von Coudenhove-Kalergi (1894-1972) hatte 1923 die Paneuropabewegung, die eine Vereinigung aller europäischen Staaten auf wirtschaftlicher und politischer Ebene anstrebte, ins Leben gerufen. Im selben Jahr publizierte er sein Manifest *Pan-Europa* und von 1924 an die Monatsschrift ›Pan-Europa‹ in deutscher und französischer Sprache. Am 3. 10. 1926 fand in Wien, dem Sitz des Zentralrats der »Paneuropäischen Union«, deren Präsident Coudenhove-Kalergi war, der erste Paneuropa-Kongreß unter Vorsitz des deutschen Reichstagspräsidenten Paul Löbe (1875-1967) statt, auf dem 28 Staaten vertreten waren.

»Denn solang . . . – Auf S. 4 des Typoskripts hs hinzugefügt: *»Denn solang du dies nicht hast, / Dieses ›stirb und werde!‹, / Bist du noch ein trüber Gast / Auf der schönen Erde.«* – Abweichend zit. nach Johann Wolfgang von Goethe (1749-1832), *Selige Sehnsucht* aus dem Gedichtzyklus *West-östlicher Divan* (1819/1827). Auch zit. in *Geschichten aus dem Wiener Wald* 4,86 u. 201.

Kobler – Als Hauptfigur der *ewige Spießer* schlechthin, ehemals mit einer Hofopernsängerin (s. u.) liiert, wie Fritz Tritz, Hauptfigur in dem 1922 entstandenen Lustspiel *Der Nebbich* von Carl Sternheim (1878-1942). Fritz Tritz, ein »Commis voyageur«

(Handlungsreisender), mit der Kammersängerin Rita Marchetti liiert, ist in deren Augen der »stumpfsinnige Prototyp des Spießbürgers« und »der typische Nebbich« (III,6). *Der Nebbich* wurde am 9. 10. 1922 in Darmstadt uraufgeführt und wurde in den Berliner Kammerspielen (1. 2. 1924) ein Publikumserfolg. Am 4. 10. 1924 inszenierte Hermine Körner (1878-1960) das Stück am Münchner Schauspielhaus mit Heinz Rühmann (geb. 1902) in der Titelrolle.

600 Reichsmark – Am 9. 9. 1929 überwies der Ullstein-Verlag an Horváth, der sich zu diesem Zeitpunkt in Murnau aufhielt, einen Vorschuß von 600 Reichsmark.

Hofopernsängerin – Mitglieder der Königlichen Oper wurden als »Königliche Hofopernsänger« bezeichnet.

Sechszylinder – Hochqualifizierte Weiterentwicklung eines Verbrennungsmotors, der einen gleichmäßigen Lauf garantiert. Die einfachste Bauart war der Einzylindermotor; der Sechszylindermotor wurde nur noch durch den Achtzylindermotor übertroffen. – Vgl. Max Hermann Bloch, *Deutsche Automobile, Jahrgang 1928*: »Die deutschen Konstruktionen haben sich seit Jahresfrist dem internationalen Standard stark angeglichen. In der Hauptsache wird der mittelstarke Wagen gebaut, der, größtenteils sechszylindrig, den Erfordernissen entspricht, die das Publikum hinsichtlich Fahrkomfort stellt. [...] Besonders auffallend und kennzeichnend für den Jahrgang 1928 ist, daß eine große Anzahl von Automobilfabrikanten das Kabriolett, ob zwei- oder mehrsitzig, serienmäßig bauen oder bauen lassen.« (Der Querschnitt, 8. Jg., H. 4, April 1928, S. 262)

Kabriolett – Geschlossener Wagen mit nach hinten herabklappbarem Verdeck.

132 *Rosenheim* – In Oberbayern gelegener Bahnknotenpunkt; von München 60 km entfernt; 17 900 Einw. (1928).

steuerfreies Leichtmotorrad – Nach dem Kraftfahrzeugsteuergesetz vom 21. 12. 1927 (gültig ab 1. 4. 1928) waren Motorräder mit einem Hubraum von 100, 175 und 200 ccm steuerfrei.

Führerschein – Nach dem Kraftfahrzeuggesetz vom 3. 5. 1909 und der Verordnung über Kraftfahrzeugverkehr vom 16. 3. 1928 war zur Führung eines Kraftfahrzeuges eine schriftliche Erlaubnis der Polizeiverwaltung (in Stadtkreisen) oder der Landräte (in Landkreisen) nötig. Für die Prüfung war die Vollendung des 18. Lebensjahres Voraussetzung sowie der Nachweis, an mindestens 12 Tagen eine Strecke von mindestens 150 km mit einem Kraftfahrzeug auf öffentlichen Wegen oder Plätzen gefahren zu sein. Diese praktische Prüfung wurde durch eine theoretische Prüfung ergänzt.

Prälatn – Geistlicher Würdenträger der katholischen Kirche.

133 *Heil!* – Nach dem 1. Weltkrieg von völkischen Gruppierungen verwendeter Gruß. – Siehe *Geschichten aus dem Wiener Wald* 4, 221.

Auspuff – In der Auspuffleitung angebrachte Klappe, durch die die Abgase statt über den Auspufftopf (als Schalldämpfer) direkt ins Freie geleitet wurden; bei längerem Halt mußte diese Klappe geschlossen werden.

134 *in pekuniärer Hinsicht* – Nach dem lat. pecunarius (dt.: zum Geld gehörig) für: in finanzieller Hinsicht.

platonisch – Nach dem griech. Philosophen Platon (427-347 v. Chr.) geprägter Begriff für: nicht körperlich, rein seelisch.

seit dem Umsturz – Am 7. 11. 1918 hatte Kurt Eisner (1867-1919) in München die Republik ausgerufen.

Honorarkonsul – Ehrenamtlich tätige Wahlkonsuln, meist aus dem Kaufmannsstand.

136 *Ausstellungsrestaurant* – Nach Plänen von Emanuel Seidl (1856-1919) 1908/10 im Ausstellungspark der Münchner Theresienwiese errichtetes Restaurant mit einem Deckengemälde (Künstlerfest) von Ludwig von Herterich (1856-1932) und Wandmalereien von Fritz Erler (1868-1940), Julius Diez (1870-1957) und Karl Becker-Gundahl (1856-1925). – Siehe auch *Kasimir und Karoline* 5,155.

138 *christlichsozialen Familie* – Die Christlichsoziale Partei Österreichs ging aus dem ›Christlichsozialen Verein‹, geführt von Ludwig Psenner (1834-1917), und der Partei ›Vereinigte Christen‹ von Karl Lueger (1844-1910) als eine demokratische und antisemitische Partei des städtischen Kleinbürgertums hervor. 1897 wurde Karl Lueger Bürgermeister von Wien. Die Wahlen im Mai 1907 gewannen zwar die Sozialdemokraten mit 87 Sitzen, doch bildeten die 60 gewählten Christlichsozialen mit den 30 Katholisch-Konservativen eine Koalition und wurden damit die stärkste Fraktion im österreichischen Abgeordnetenhaus.

Brescia – Hauptstadt der gleichnamigen italienischen Provinz in der Poebene; 70 612 Einw. (1901).

infiziert – Motivparallele zu *Glaube Liebe Hoffnung* 6,58.

Quartalsäufer – Alkoholiker, bei dem die Trunksucht periodisch auftritt.

Kadettenschule – Gemeint ist die Kadettenschule im XIII. Wiener Gemeindebezirk (Hütteldorferstraße).

k.u.k. Oberleutnant – In der Wehrmacht der Österreichisch-Ungarischen Monarchie unterschied man zwischen dem gemeinsamen (k.u.k.) Heer, der österreichischen (k.k.) Landwehr und der ungarischen (k.) Honvéd (dt.: Vaterlandsverteidiger).

Etappe – Das Gebiet hinter der kämpfenden Truppe mit Nachschublagern an Waffen und Lebensmitteln.

Kontor – Nach dem franz. comptoir für: Schreibstube, Kanzlei.

139 *zwei linke Füß* – Im Wiener Dialekt für: ungeschickt, unbeholfen.

diese Heiraterei – Vgl. hierzu den Bericht von Gustl Schneider-Emhardt über Horváths Großmutter (*Erinnerungen an Ödön von Horváths Jugendzeit*, in: Horváth Blätter 1/83, S. 63-81; hier S. 79): »Ihr Sohn Pepi hatte manchmal Heiratsgedanken, die sie ihm aber immer wieder ausredete. Einmal aber schien es ernst, und Pepi ließ sich nichts mehr ausreden. Da kam die Großmama auf die Idee, einmal mit ihrem Sohn Pepi und seiner Angebeteten in ein Bad zu gehen, um diese ganz genau betrachten zu können. Später, daheim, sagte sie zunächst kein Wort. Dann legte sie langsam einen Finger über den anderen und bemerkte nur so nebenbei: ›Findest du das schön, wenn man solche Zehen hat?‹ Onkel Pepi löste auch diese Verbindung und blieb fortan Junggeselle, wohlbehütet von seiner schlauen Mama.«

Angestellte – Siehe *Kasimir und Karoline* 5,147.

Inflation [. . .] *und Stabilisierung* – Siehe *Sladek* 2,151 f.

1. Mai – Anspielung auf die blutigen Zusammenstöße in Berlin 1929. Der Berliner Polizeipräsident Karl Zörgiebel (1878-1961) hatte alle öffentlichen Kundgebungen und Demonstrationen verboten. Als sich die Kommunisten darüber hinwegsetzten, kam es zu Zusammenstößen mit der Polizei; 33 Menschen wurden getötet und 1200 verhaftet.

Tizian – Tiziano Vecelli(o) (1476 od. 1477-1576); ital. Maler.

Katzlmacher – Österr. Spottname für: Italiener; die Herkunft des seit 1741 gebräuchlichen Wortes ist umstritten. Am wahrscheinlichsten scheint die Anspielung auf den Kinderreichtum italienischer Familien.

140 *Kandelaber* – Eigentl. ein mehrarmiger Kerzenständer; in Österreich gebräuchlich für den Ständer einer Straßenlaterne.

Maria-Theresia-Denkmal – Pompöses, mit zahlreichen allegorischen und historischen Figuren ausgestattetes Denkmal in Wien mit der Kaiserin Maria Theresia (1717-1780) auf ihrem Thron. Nach dem Entwurf von Carl Hasenauer (1833-1894) wurde das Denkmal in den Jahren 1874 bis 1888 von Carl Zumbusch (1830-1915) errichtet.

Hugenotten – Seit 1560 Bezeichnung für die französischen Protestanten, die vor allem unter Ludwig XIV. (1638-1715; König seit 1643) verfolgt wurden und nach Holland und Deutschland flohen. Erst in der Französischen Revolution (1789) erhielten die Hugenotten ihre Gleichberechtigung zurück.

Bayerischen Wald – Westlicher Teil des Böhmerwaldes; abgelegene, wirtschaftlich kaum erschlossene Gegend.

Piaristen – »Regulares pauperes Matris Dei scholarum piarum« (dt.: Regulierte arme Kleriker der Mutter Gottes der frommen Schulen) hieß eine 1597 von dem spanischen Priester Joseph Calasana (1556-1648) in Rom gestiftete Genossenschaft für Schulunterricht mit Provinzen in Spanien (Scolopios genannt), Italien (Scopoli und Pauliner), Polen (Piaren), Deutschland, in der Tschechoslowakei und in Österreich (Piaristen). – Die Piaristen kamen 1697 nach Wien, erbauten 1698 eine Kapelle, 1700 das Kollegium und 1717 die Kirche »Maria Treu« nach Plänen von Johann Lukas von Hildebrandt (1668-1745). Die Piaristengasse, im VIII. Wiener Gemeindebezirk gelegen, ist eine Parallelstraße zur Langen Gasse, Horváths Schauplatz der *stillen Straße im achten Bezirk* in seinen *Geschichten aus dem Wiener Wald*. – Siehe auch Bd. 4,214 f.

jede Oper an die Hugenotten – *Les Huguenots*, Oper in fünf Akten von Giacomo Meyerbeer (1791-1864) nach dem Text von

Eugène Scribe (1791-1861) und Emile Deschamps (1791-1871), am 29. 2. 1836 in Paris uraufgeführt.

142 *Zoppot* – 12 km nordwestlich der Stadt Danzig gelegener Villenwohnort mit staatlich zugelassenem Spielklub; 30 835 Einw. (1929).

Freistaat Danzig – Durch Beschluß der Botschafterkonferenz vom 27. 10. 1920 wurde Danzig (mit den Städten Olivia, Zoppot, Tiegenhof und Neuteich) zum Freistaat unter dem Schutz des Völkerbundes erklärt, am 1. 4. 1922 aber in das polnische Zoll- und Wirtschaftsgebiet aufgenommen.

Luxushotel – Im Oktober 1928 erschien in der Zeitschrift ›Der Querschnitt‹ (8. Jg., H.10) eine ganzseitige Annonce: »Kasino-Hotel Zoppot/›Das Schloß am Meer‹/Modernster Neubau der Hotelindustrie/Den Besuchern stehen zur Verfügung: Kalte und warme Seebäder, Golf, Tennis/Reiten, Segeln und Tontaubenschießen/Waldspaziergänge/Das ganze Jahr über geöffnet bei Hotelpreisen der Schweiz!/Vor- und Nachsaison 30 Proz. Ermäßigung.«

143 *Ulanen* – Ursprünglich (16. Jh.) leichte mit Lanzen bewaffnete Kavallerie; 1914 gab es, neben 19 preußischen, 3 sächsischen und 2 württembergischen, auch zwei bayerische Ulanen-Regimenter.

Kadettenaspirant – Nach dem Abitur ins Heer aufgenommene gemeine Soldaten, deren weitere Ausbildung in den Kadettenanstalten auf Kosten des Staates erfolgen sollte.

Meran – Ital. Merano, Stadtgemeinde in der ital. Provinz Bozen; wegen seiner milden Temperaturen ein beliebter Winterkurort und Erholungsort für Nervenkranke; 20 960 Einw. (1921).

Boston – Nach der amerikanischen Stadt Boston benannter langsamer Walzer.

Seidenstrümpf hat er sich angezogen – Eigenart des Schauspielers Karl Huszar-Puffy, der 1931 in der Uraufführung von *Geschichten aus dem Wiener Wald* die Rolle des Misters spielte.

Narziß – Nach der griech. Mythologie verschmähte der schöne Jüngling Narkissos die Liebe der Nymphe Echo und verliebte sich beim Trinken aus einer Quelle in sein eigenes Spiegelbild.

Mazedonier – Tabaksorte; siehe Bd. 9,147.

Wahrscheinlichkeitsrechnung – Das Verhältnis der Anzahl der erwarteten günstigen Fälle zu der Anzahl aller möglichen Fälle ist die Basis der Wahrscheinlichkeitsrechnung, die schon im 15. Jh. für Glücksspiele Verwendung fand.

144 *Ende gut, alles gut* – Nach dem Titel der Komödie *All's Well That End's Well* (1602/03) von William Shakespeare (1564-1616).

Strizzi – Wiener Mundartausdruck für einen arbeitsscheuen Burschen (angeblich nach dem tschech. stryc bzw. im Plural stryci für: Onkel).

Naturell – Nach dem franz. naturel für: Charakter, Wesensart.

Rüssel – Derb österreich. für: Nase.

über Leichen gehen – Nach dem Gedicht *Der Gastfreund* von Johann Gottfried Herder (1744-1803): »Nur über meinen Leichnam geht der Weg.«

145 *Radio* – Bis zum 11. 4. 1923 war in Deutschland der Rundfunkempfang für Privatpersonen verboten; am 29. 10. 1923 begann die Berliner Funkstunde A.G. mit regelmäßigen Sendungen. Am 24. 7. 1924 waren im Deutschen Reich insgesamt 100 000 Rundfunkteilnehmer registriert.

urdanares – Phonetische Schreibweise des wienerischen Schimpfwortes ordinär für: gewöhnlich, gemein.

Abbazia – Kurort von Weltruf in der ital. Provinz Fiume; 2500 Einw. (1928).

Louvre – Einer der ältesten und größten Paläste der Welt, vom 16. bis 19. Jh. erbaut, mit berühmten Kunstsammlungen.

Dogenpalast – Palazzo Ducale in Venedig. 814 als Residenz des Dogen erbaut; nach mehreren Zerstörungen im 14./15. Jh. in der heutigen Form wieder aufgebaut.

Porträt eines alten Dogen – Im Sala dello Scrutini, dem ehem. Abstimmungssaal.

Forum Romanum – In der Frühzeit das Zentrum Roms und Schauplatz zahlreicher Sagen; die Wiederentdeckung des Forum Romanum begann Anfang des 19. Jhs.; 1898/99 wurde es unter Leitung des Archäologen Giacomo Boni (1859-1925) völlig freigelegt.

Belletristen – Verfasser schöngeistiger (Unterhaltungs-)Literatur.

Tippmamsell – Seit 1900 umgangssprachl. Ausdruck für: Stenotypistin; heute veraltet.

Weltausstellung – Am 19. 5. 1929 wurde in Barcelona die Weltausstellung eröffnet; der deutsche Pavillon stammte von dem Architekten Mies van der Rohe (1886-1969). – Siehe auch S. 413 ff.

Pariser Weltausstellung – Vom 15. 4. bis 12. 11. 1900 dauerte die Pariser Weltausstellung; insgesamt wurden 50 860 801 Besucher registriert. Im Mittelpunkt des Interesses standen die Elektrizität und Filmvorführungen von Auguste Lumière (1862-1954).

amtliches Reisebüro – Amtliches Bayerisches Reisebüro (A.B.R.), Promenadenplatz 16 und im Mittelbau des Hauptbahnhofs in München.

148 *Geschäftliches mit dem Nützlichen verbinden* – Abwandlung der Redensart: »Das Angenehme mit dem Nützlichen verbinden« (auch umgekehrt gebraucht); wird zurückgeführt auf Vers 343 der *Ars poetica (Die Dichtkunst)* von Horaz (65-8 v. Chr.): »Omne titulit punctum, qui miscuit utile dulci« (dt.: Aller Beifall ist dem gewiß, der Heilsames mischte mit Süßem).

Emigrantinnen – Nach der Oktoberrevolution (17. 11., nach dem russ. Kalender: 26. 10.) 1917 flohen viele Russen vor dem sowjetischen Regime nach West- und Mitteleuropa; ihre Zahl wurde 1925 auf mehr als 2,5 Mill. geschätzt.

Lido – Internationales Seebad in der Nähe von Venedig.

Cannes – Luxuriöses Seebad an der franz. Riviera; 42 430 Einw. (1926).

Deauville – Franz. Seebad an der Seinemündung; 4270 Einw. (1926).

Dalmatien – Ehem. österr. Kronland; nach dem 1. Weltkrieg kam die Küstenlandschaft zu Jugoslawien. Das mediterrane Klima und die Schönheit der Landschaft wirkten sich fördernd auf den seit den zwanziger Jahren wachsenden Fremdenverkehr aus.

ungarischer Abgeordneter – Der ungarische Reichstag (Országgyülés) bestand aus zwei Häusern: dem Oberhaus (Felsöház) mit 244 Abgeordneten (oberste weltliche und geistliche Beamte, Angehörige der Familie Habsburg-Lothringen sowie Vertreter des Hochadels, der Berufsverbände und Hochschulen) und dem Abgeordnetenhaus (Képviselöház) mit 245 auf fünf Jahre gewählten Mitgliedern.

ungarische Zeitung – Das am meisten verbreitete Blatt war ›Pesti Hírlap‹ (Pester Nachrichtenblatt), 1878 gegründet; bezeichnete sich als parteilos-bürgerlich; regierungsfreundlich war ›Budapesti Hírlap‹, 1881 gegründet; christlich-legitimistisch ›Nemzeti Ujság‹ (Nationalzeitung), 1919 gegründet; national-liberal ›Esti Kurir‹ (Abendkurier), 1923 gegründet.

MacDonald – James Ramsay MacDonald (1866-1937), Pazifist und Gegner des Versailler Vertrags, bildete 1924 die erste Arbeiterregierung in England, stellte die diplomatischen Beziehungen zur Sowjetunion her und erreichte in Zusammenarbeit mit Frankreich die Annahme des Dawesplans. Im Oktober 1924 mußte MacDonald zurücktreten, die Beziehungen zur Sowjetunion wurden abgebrochen. Im Mai 1929 kam MacDonald wieder in die Spitze der Regierung und nahm auch die Beziehungen zur Sowjetunion wieder auf.

Hajdúszoboszló – Ung. Stadt mit 17 720 Einw. (1920), etwa 20 km südwestl. von Debrecen.

Welche Klasse – Vom 7. 10. 1928 an gab es bei der Deutschen Reichsbahn (statt vier) nur noch drei Wagenklassen: die Luxusklasse 1 (gelbe Fahrkarten; 11,2 Reichspfennige je Kilometer), die Polsterklasse 2 (grüne Fahrkarten; 5,6 Rpf. je km) und die Holzklasse (braune Fahrkarte; 3,7 Rpf. je km); die Mindestfahrpreise betrugen 40, 20 und 14 Rpf. Wagen der 1. Klasse wurden nur in wichtigen Schnellzügen, in FD- und FFD-Zügen und in Schlafwagen geführt.

Primo di Rivera – Miguel Primo de Rivera y Orbaneja, Marqués de Estelle (1870-1930), spanischer General und Diktator. 1902 hatte er in Barcelona einen Aufstand der Anarchisten niedergeschlagen. Am 15. 9. 1925 errichtete er im Einvernehmen mit König Alfons XIII. (1886-1931) eine Militärdiktatur in Spanien.

Zentrale der anarchistischen Bewegung – Ein Höhepunkt der anarchistischen Bewegung in Spanien wurde um 1880 mit

50-70 000 Anhängern erreicht; nach illegaler Tätigkeit in den Jahren 1874-1881 wurde die ›Federación de trabajadores de la Región Española‹ gegründet; noch 1928 waren etwa 40 000 Mitglieder in der spanischen ›Federación Anarquista‹ zusammengeschlossen.

150 *Rumpfungarn* – Durch den Vertrag von Trianon am 4. 6. 1920, der am 26. 7. 1921 in Kraft trat, wurde das historische Königreich Ungarn auf etwa ein Drittel seiner Größe reduziert, von 282 870 auf 92 833 km², die Bevölkerung Ungarns von 18,3 Mill. auf 8 Mill. vermindert; etwa 3,5 Mill. Magyaren wurden von anderen Staaten regiert. Die Slowakei (mit Preßburg), die Zips und Karpathenrußland fielen an die Tschechoslowakei, Siebenbürgen, das östl. Banat (mit Temeswar) und die Gebiete von Arad, Großwardein und Sathnar fielen an Rumänien, Kroatien und Slawonien, der größte Teil der Batschka, die Woiwodina und das westliche Banat an Jugoslawien, das Burgenland an Österreich.

151 *Bolschewik* – Der Ausdruck entstand 1903 auf dem 2. Parteitag der SDAPR (Sozialdemokratische Arbeiterpartei Rußlands) in London, wo sich die Partei in die Menschewiki (nach dem russ. mensche für: weniger) unter Führung von Pawel Borissowitsch Axelrod (1850-1928) und in die Bolschewiki (Mehrheitler) unter Führung von Wladimir Iljitsch Lenin (1870-1924) und Georgi Walentinowitsch Plechanow (1856-1918) spaltete. – In rechtsorientierten Kreisen auch Bezeichnung für einen kritischen, linksorientierten Menschen.

Schellingsalon – Im Adreßbuch von 1878 war erstmals ein Georg Bauer als Wirt vom »Schelling-Salon« in der Schallingstraße 52 (heute 56) verzeichnet; 1889 kaufte Sylvester Mehr das Café, das seither im Besitz der Familie blieb.

Herr Dünzl – Nach Mitteilung von Dr. Heinrich Emhardt ein Maler und Journalist aus Horváths Bekanntenkreis, der im Schellingsalon verkehrte.

152 *zehn oder fünfzehn* – Der Preisunterschied ergab sich daraus, ob nach der Toilettenbenutzung auch Händewaschen (mit Seife und Handtuch) gewünscht wurde.

Fräulein Anna Pollinger – siehe hierzu Birgit Muth, *Politisch-gesellschaftliche Hintergründe in Ödön von Horváths Roman »Der ewige Spießer«. Dokumentiert anhand zeitgenössischer Berichte und Publikationen* (München 1987, S. 106): »Adreßbuchverlag der Industrie- und Handelskammer (Hg.), *Adreßbuch für München und Umgebung 1929*. In diesem Buch ist vermerkt: ›Anna Pollinger. Damenschneiderin. Schleißheimerstraße 47.‹ Vielleicht hat Horváth diese Anna Pollinger gekannt; die Änderung der Agnes Pollinger aus seinem Roman *Sechsunddreißig Stunden* in eine Anna Pollinger im *Ewigen Spießer* gibt darauf jedenfalls einen Hinweis.

Märchen vom Fräulein Pollinger – Siehe auch Band 11.

Allerheiligen auf einen Samstag – Das katholische Fest Allerheiligen, das am 1. November begangen wird, fiel in den Jahren 1924 und 1928 auf einen Samstag. Bis etwa 1960 galt der Samstag als Werktag.

154 *Wasserkarspitze* – In der hinteren Karwendelkette, südöstlich von Mittenwald gelegen.

155 *Sozialisierung* – Forderung nach Aufhebung des Privateigentums zugunsten der Allgemeinheit. In der Durchführung der Sozialisierung sah der Sozialismus ein Mittel zur gerechteren Verteilung des Arbeitsertrags.

Asphaltdeutscher – Nach Cornelia Berning, *Vom »Abstammungsnachweis« zum »Zuchtwart«. Aus dem Vokabular des Nationalsozialismus* (Berlin 1964, S. 26 f.) wurde *Asphalt* in der NS-Sprache »metaphorisch gebraucht: die künstliche Decke, die den Großstadtmenschen vom natürlichen Boden trennt; dient als negativer Gegenbegriff zu ›Blut und Boden‹«.

156 *Wörterbücher* – Gemeint sind die Taschenwörterbücher der Langenscheidtschen Verlagsbuchhandlung GmbH, 1895 durch den Sprachlehrer Gustav Langenscheidt (1832-1895) begründet.

157 *Plaid* – (Karierte) Reisedecke.

Figueras – Spanische Bezirksstadt nahe der franz. Grenze; 12 540 Einw. (1920).

158 *drecket* – Bayerisch mundartl. für: schmutzig, dreckig.

159 *in seine Schranken* – Zit. nach Friedrich Schiller (1757-1805), *Dom Karlos. Infant von Spanien* (1887): »Arm in Arm mit dir,/So fordr' ich mein Jahrhundert in die Schranken« (I,9).

bayerische Eigenstaatlichkeit – Bis 1918 Königreich, wurde Bayern nach der Verfassung vom 14. 8. 1919 ein demokratisch-parlamentarischer Freistaat.

Reichsfinanzminister – Vom 28. 6. 1928 bis zum 23. 12. 1929 war Rudolf Hilferding (1877-1941), SPD, Finanzminister; er war einer der führenden Theoretiker des Marxismus.

160 *Mittenwald* – Markt in Oberbayern, Sommerfrische und Wintersport; 2730 Einw. (1925).

Heimstättenbewegung – Ziel der Bestrebungen seit den 80er Jahren des 19. Jhs. war es, die Lebenshaltung der Arbeiter und der Bewohner von Mietskasernen zu bessern. Von 1917 an lagen die Aufgaben vornehmlich auf dem Gebiet der Kleinwohnungsversorgung für Bevölkerungsschichten mit geringem Einkommen.

apostolische Doppelkreuze – Das apostolische (päpstliche) Kreuz hat drei parallele, nach oben kürzer werdende Querbalken.

Werdenfelser Land – Das oberbayerische Gebiet zwischen Murnau, Oberammergau, Schloß Linderhof, Mittenwald und der Zugspitze, mit Garmisch-Partenkirchen als Mittelpunkt.

161 *Schwebebahn* – 1924-26 nach dem System Bleichert-Zuegg erbaute Seilschwebebahn von Ehrwald-Obermoos (1225m) zur Bergstation am Zugspitzkamm in 2805 m Höhe unterhalb des Westgipfels. – Siehe auch Bd. 1,295.

zweite Zugspitzbahn – Zahnradbahn von Grainau über Eibsee bis zum Hotel Schneefernerhaus (2650 m), wurde 1928-30 erbaut. Die Strecke Grainau-Eibsee wurde am 19. 12. 1929 eröffnet, die Hauptstrecke Eibsee-Schneefernerhaus am 8. 7. 1930 in Betrieb genommen.

bis zur Inbetriebnahme – Gemeint ist die Seilbahn vom Schneefernerhaus bis zum Zugspitzgipfel, die am 30. 1. 1931 in Betrieb genommen wurde.

Kuba – Die ›Republica de Cuba‹ war damals noch beschränkt auf die Insel zwischen dem Golf von Mexiko und dem Karibischen Meer; nach der Verfassung vom 21. 2. 1901 ein Freistaat. Präsident war von 1913 bis 1921 General Menocal. Nach einem Negeraufstand im Osten Kubas (Mai 1912) und einer Revolution des früheren Präsidenten José Miguel Gómes (Februar 1917) landeten nordamerikanische Marineabteilungen in Kuba; als Initiatoren vermutete man Wirtschaftskreise, die durch die Annexion der Insel erhofften, die kubanische Zuckerindustrie in die Hand zu bekommen. Am 10. 4. 1917 erklärte Kuba Deutschland den Krieg und unterzeichnete 1919 mit den Vertrag von Versailles.

162 *Weimarer Verfassung* – Am 31. 7. 1919 billigte die deutsche Nationalversammlung mit 262 Stimmen gegen 75 Stimmen (DNVP, BVP, USPD) die neue Verfassung, die am 11. 8. 1919 von Reichspräsident Friedrich Ebert (1871-1925) unterzeichnet und durch Veröffentlichung im Reichsgesetzblatt am 14. 8. 1919

in Kraft trat. In Art. 109 hieß es: »Alle Deutschen sind vor dem Gesetz gleich«.

Freiheitsrechte – Anspielung auf Art. 114 der Weimarer Verfassung: »Die Freiheit der Person ist unverletzlich. Eine Beeinträchtigung oder Entziehung der persönlichen Freiheit durch die öffentliche Gewalt ist nur auf Grund von Gesetzen zulässig.«

bayerischen Konkordat – Am 29. 3. 1924 wurde das Konkordat zwischen dem Vatikan und Bayern unterzeichnet und am 25. 1. 1925 vom Landtag verabschiedet; vor allem durch die Art. 4 bis 9 erhielt die katholische Kirche größten Einfluß auf die bayerischen Schulen. Art. 5 § 1 lautete: »Der Unterricht und die Erziehung der Kinder an den katholischen Volksschulen wird nur solchen Lehrkräften anvertraut werden, die geeignet und bereit sind, in verlässiger Weise in der katholischen Religionslehre zu unterrichten und im Geiste des katholischen Glaubens zu erziehen.« Jürgen Schröder (*Horváths Lehrerin von Regensburg. Der Fall Elly Maldaque*, Frankfurt/Main 1982, S. 141) wies darauf hin, daß der Schriftleiter der ›Bayerischen Lehrerzeitung‹, Dr. Friedrich Nüchter, 1927 in der Broschüre *Über Auswirkungen des Konkordats und der übrigen Kirchenverträge in Bayern* alle Fälle gesammelt hatte, »in denen Lehrer aus religiösen Gründen auf Betreiben des Pfarrers oder des zuständigen Ordinariats entweder vom Dienst suspendiert, pensioniert oder versetzt worden waren.« – Vgl. auch Horváths *Fall E.* (Band 15): *Neulich hat ein Kollege von mir den Dienst verlassen müssen, weil er eine Protestantin geheiratet hat, wie im Dreißigjährigen Krieg!*

163 *Anschluß* – In Art. 80 des Friedensvertrags von Versailles (28. 6. 1919) hieß es: »Deutschland erkennt die Unabhängigkeit Österreichs in den durch den Vertrag zwischen diesem Staate und den alliierten und assoziierten Hauptmächten festzusetzenden Grenzen an und verpflichtet sich, sie unbedingt zu achten; Deutschland erkennt an, daß diese Unabhängigkeit unabänderlich ist.« – 1925 schrieb Adolf Hitler in *Mein Kampf* (München

1937, 277./280. Aufl.; S. 1): »Deutschösterreich muß wieder zurück zum großen deutschen Mutterlande, und zwar nicht aus Gründen irgendwelcher wirtschaftlicher Erwägungen heraus. Nein, nein: Auch wenn diese Vereinigung, wirtschaftlich gedacht, gleichgültig, ja selbst wenn sie schädlich wäre, sie müßte dennoch stattfinden. Gleiches Blut gehört in ein gemeinsames Reich.« – Auf dem Linzer Parteitag der Sozialdemokraten Österreichs (30. 10.-3. 11. 1926) wurde von Otto Bauer (1881-1938) ein neues Parteiprogramm vorgelegt und verabschiedet, in dem es hieß: »Die Sozialdemokratie betrachtet den Anschluß Deutschösterreichs an das Deutsche Reich als notwendigen Abschluß der nationalen Revolution von 1918.« Nachdrücklich vertrat auch die Großdeutsche Volkspartei die Anschlußbewegung an das Deutsche Reich. Seit 1922 neben der christlichsozialen Regierungspartei, stellte sie bis 1927 den Vizekanzler (Walter Becisky [1871-1944], Felix Frank [1876-1957], Franz Dinghofer [1873-1956]).

Rechts fahren!/Links fahren! – In Deutschland und Vorarlberg wurde rechts gefahren, rechts ausgewichen und links überholt; in Österreich (ausgenommen Vorarlberg) links gefahren, links ausgewichen und rechts überholt.

164 *1928* – Zunächst wurde auf der bayerischen Seite das Gebiet zwischen Walchen, Isar und Wörner, 1928 auch der Tiroler Teil des Karwendelgebietes zum Naturschutzpark erklärt.

Naturschutzgebiet – In diesen Gebieten ist jede Schädigung der Pflanzen- und Tierwelt, also auch das Sammeln von Käfern und Schmetterlingen, streng untersagt. Auch das Pflücken besonderer Pflanzen (z. B. Alpenrose, Alpenveilchen, Edelweiß, Frauenschuh, Teufelskresse, Türkenbundlilie u.a.) ist bei Geldstrafe untersagt.

goldenes Dachl – Spätgotischer Erker der Fürstenburg (1425) von Maximilian I. (1458-1519), im Jahr 1500 mit einem vergoldeten Kupferdach versehen; Wahrzeichen der Stadt Innsbruck.

Bologna – Hauptstadt der ital. Provinz Bologna; 241 810 Einw. (1928).

Kufstein – Bezirksstadt mit Paß- und Zollstation zwischen Österreich und Deutschland, Sommerfrische und Winterkurort; 6800 Einw. (1928).

Steinach am Brenner – Sommerfrische und Wintersportort in Tirol; 1530 Einw. (1923).

Heimwehr – Im November 1918 als Selbstschutzverbände in den ehemaligen Kronländern und Gemeinden gegründet. Seit dem 15. 7. 1927, als es in Wien zu Straßenkämpfen gekommen war, nahm die Heimwehrbewegung mit Unterstützung der Großindustrie einen neuen, gegen die Sozialdemokratie gerichteten Aufschwung unter Richard Steidle (1881-1940) und dem ehemaligen preußischen Major Waldemar Pabst (1880-1970). Einen Höhepunkt erreichte die österreichische Heimwehrbewegung unter Ignaz Seipel (1876-1932) als Bundeskanzler, der in der Heimwehr einen Bundesgenossen gegen den »gottlosen Sozialismus« sah. Der christlichsoziale Arbeiterführer Leopold Kunschak (1871-1953) erklärte am 27. 1. 1929: »Die Heimwehrbewegung nimmt eine Entwicklung, die sie als Gefahr für das parlamentarische System erscheinen läßt.« Bei einer Großkundgebung der Heimwehr auf dem Wiener Heldenplatz am 27. 10. 1929 versammelten sich 12 800 Heimwehrmänner und 2000 Jäger einer »Privatarmee« des Fürsten Ernst Rüdiger Graf Starhemberg (1899-1956). Am 18. 5. 1930 kam es in Korneuburg (Niederösterreich) zu einer Großkundgebung der Heimwehr. In den von den 800 Delegierten aufgestellten Grundsätzen des »Korneuburger Eides« hieß es: »Wir wollen Österreich von Grund auf erneuern! [. . .] Wir wollen nach der Macht im Staate greifen und zum Wohl des gesamten Volkes Staat und Wirtschaft neu ordnen. [. . .] Wir verwerfen den westlichen demokratischen Parlamentarismus und den Parteienstaat! [. . .] Wir kämpfen gegen die Zersetzung unseres Volkes durch den marxistischen Klassenkampf und liberal-kapitalistische Wirtschaftsgestaltung!«

165 *Berg Isel* – 750 m hoch in der Nähe von Innsbruck; bekannt durch die Kämpfe im Jahr 1809, in deren Verlauf Tiroler Bauern unter Führung von Andreas Hofer (s. u.) am 12. 4., 29. 5. und 13. 8. vom Berg Isel aus dreimal Innsbruck eroberten. Auf dem Berg Isel befinden sich das Kaiserjäger-Museum und das Andreas-Hofer-Denkmal, das von Heinrich Natter (1846-1892) 1892 erbaut und 1893 enthüllt wurde.

Andreas Hofer – (1767-1810), Tiroler Freiheitskämpfer.

Halsmann – Am 10. 9. 1928 war der Zahnarzt Max Halsmann auf einer Bergtour in den Zillertaler Alpen ums Leben gekommen. Sein Sohn Philipp Halsmann (geb. 1905) wurde verdächtigt, seinen Vater ermordet zu haben und wurde im Dezember 1928 zu 10 Jahren Kerker verurteilt. Auch beim Wiederaufnahmeverfahren im September/Oktober 1929 beteuerte Philipp Halsmann vergeblich seine Unschuld. Am 19. 10. 1929 wurde er zu vier Jahren Kerker verurteilt.

Judentate – Jiddisch Tate für: Vater.

Prestige der österreichischen Justiz – Vgl. hierzu den Bericht *Der Halsmann-Prozeß* von Hanns Margulies in der ›Weltbühne‹ vom 22. 10. 1929 (25. Jg., Nr. 43, S. 626-629; hier S. 628 f.): »Die österreichische Rechtspflege leidet unter der Institution des beamteten Gerichtsarztes, der die Wissenschaft, ähnlich wie es während des Krieges ein großer Teil der Ärzte getan hat, mißbraucht, um seinem Auftraggeber gefällig zu sein. Wurden damals Halbtote als felddiensttauglich bezeichnet, so tragen heute häufig unsre Gerichtsärzte das Material zusammen, nicht um das klinische Bild zu geben, sondern um dem Staatsanwalt bei der Überführung des Beschuldigten zu helfen. Sie degradieren sich eindeutig zu Schergen des Staatsanwaltes. [. . .] Die Berichterstatter, die zahlreich aus dem In- und Ausland gekommen waren und die Blätter aller Schattierungen politischer und religiöser Richtung vertraten, hatten an den Bundespräsidenten Miklas [Wilhelm Miklas, 1872-1956] und an den Justizminister Doktor Slama

[Franz Slama, 1885-1938] ein Telegramm gerichtet, in dem sie ihrer einhelligen Überzeugung von der Unschuld des Angeklagten Ausdruck gaben und baten, daß der Bundespräsident und der Justizminister von den ihnen verfassungsrechtlich respektive gesetzlich zustehenden Mitteln Gebrauch machen und den Prozeß niederschlagen respektive die Anklage zurückziehen lassen sollen ›im Interesse des Ansehens der österreichischen Justiz‹. Einen solchen Schritt haben Zeitungsberichterstatter noch niemals unternommen. [...] Einen Erfolg hatte die Aktion nicht.«

166 *Frieden von Saint-Germain* – Der Staatsvertrag von St. Germain-en-Laye vom 10. 9. 1919, der von dem österr. Kanzler Karl Renner (1870-1950) unterzeichnet wurde, sah u. a. die Abtretung Südtirols an Italien vor.

Trento – Ital. Sprachgebiet Südtirols, das durch die Wiener Kongreßakte von 1815 zu Österreich gekommen war, 1919 aber wieder an Italien abgetreten werden mußte.

Annexion – Die Italiener wollten keine Annexion, seit sie 1860 gezwungen worden waren, Savoyen und Nizza an Frankreich abzutreten.

Graf Berchtold – Leopold Graf Berchtold (1863-1942), seit 17. 2. 1912 k.u.k. Außenminister, stellte nach dem Attentat von Sarajevo am 23. 7. 1914 das Ultimatum an Serbien, das den äußeren Anstoß zum Ausbruch des 1. Weltkrieges gab. Im Januar 1915 trat Graf Berchtold zurück und wurde Obersthofmeister, dann politischer Berater Erzherzog Karls (1887-1921) und nach dessen Thronbesteigung (1916) Oberstkämmerer.

Exkaiser Wilhelm II. – (1848-1928), seit 15. 6. 1888 Deutscher Kaiser und König von Preußen; am 28. 11. 1918 verzichtete er auf den Thron.

Ludendorff – Erich Ludendorff (1865-1937), preußischer General und deutsch-völkischer Politiker; als Stratege verfolgte Ludendorff den sog. Schlieffenplan (nach dem preußischen General Adolf Graf von Schlieffen; 1833-1913), der bei einem Zweifrontenkrieg Deutschlands die Ausdehnung des rechten Flügels bis zum Meer vorsah.

167 *Chauvinist* – Bezeichnung für einen fanatischen und militanten Patrioten, nach dem franz. chauvin. – Angeblich zurückzuführen auf den Namen des aus Rochefort stammenden Veteranen Nicolas Chauvin, der wegen seiner Schwärmereien für Kaiser Napoleon (1769-1831) bekannt und Vorbild für *Le soldat laboureur* von Eugène Scribe (1791-1861) war. Chauvin war auch der Name eines Rekruten in dem Lustspiel *La cocarde tricolore* (1831) der Brüder Théodore und Hippolyte Cogniard. Der Refrain eines von ihm vorgetragenen Couplets lautet: »J'suis Français, j'suis Chauvin, J'tape sur le Bédouin.«

Mussolini – Benito Mussolini (1883-1945), Gründer und Führer (»Duce«) des Faschismus in Italien.

italianisieren – Am 15. 6. 1926 veröffentlichten die ›Münchner Neuesten Nachrichten‹, daß »jetzt die Anwendung der uralten deutschen Ortsnamen nicht mehr gestattet und der Presse bei Strafe der Suspendierung verboten [ist], sie zu gebrauchen. Im Dekret vom 10. Januar 1926 Nr. 17 wird verordnet, daß die Familien in der Provinz Trient, welche einen vom italienischen oder lateinischen (!) abgeleiteten Namen führen, der in andere Sprachen übersetzt oder durch eine fremde Schreibart sowie durch Hinzufügen fremder Endungen verändert ist, in der ursprünglichen Form ›wieder anzunehmen haben‹. Die Wiederherstellung der alten Form geschieht durch Dekret des Präfekten. Jeder, der einen Familiennamen in der alten Form gebraucht, wird mit einer hohen Geldstrafe bestraft. Diese Verfügung bedroht fast alle deutschen Namen Südtirols, namentlich auch solche, die sich von Ortsnamen ableiten, ein niemals dagewesener Eingriff in das persönliche Recht des Menschen.« Am 22. 9. 1929 berichteten die ›Münchner Neuesten Nachrichten‹, daß man in Südtirol »in stärkerem Maße als bisher« dazu übergegangen ist, »auch die nach Personen bezeichneten Straßen, also z. B. Andreas Hoferstraße, Gilmstraße usw. umzutaufen. Damit glaubt man dem Stadtbild Bozens endgültig einen italienischen Anstrich geben zu können.« – Am 1. 10. 1929 schickte der Präfekt von Bozen, G. B. Marziali, ein Telegramm an Mussolini, »daß nach Aufhebung der letzten Reste der Doppelsprachigkeit und der österreichischen Gesetzgebung und Rechtsprechung in Bozen und Meran das fascistische Italien ›seine ehernen Fersen tiefer und endgültig in diesen römischen Boden setzte‹«.

seinerzeit Preußen das polnische Posen – Gemeint ist Bismarcks (1815-1898) »Ostmarkpolitik«; mit Erlaß vom 27. 10. 1873 wurde in den Volksschulen Polens Deutsch als Unterrichtssprache, mit Gesetz vom 28. 8. 1876 Deutsch als alleinige Amtssprache eingeführt.

Schwarzhemden – Bezeichnung für die ital. Faschisten nach den schwarzen Blusenhemden ihrer Uniformen.

168 *vierzig Millionen* – Während Italien vor dem 1. Weltkrieg zu 99% von Italienern bewohnt war, waren durch die Einbeziehung Südtirols, Istriens und des Karst von den rund 40 Millionen nur 97,7% Italiener; der Rest der Bevölkerung Italiens setzte sich aus 0,7% Deutschen, 1,1% Kroaten und Slovenen sowie Franzosen (Piemont), Albanesen und Griechen (Unteritalien und Sizilien) zusammen.

Duce – Mussolini hatte durch den »Marsch auf Rom« am 28. 10. 1922 die Macht an sich gerissen und war seit dem 1. 11. 1922 Vorsitzender des Kabinetts, zugleich Außen- und Innenminister Italiens; der »Duce« (Führer) verfügte über die Machtfülle eines Diktators. – Siehe auch *Italienische Nacht* Bd. 3, 12 u. 64.

Prego – Ital. für: Bitte.

169 *Franz Karl Zeisig* – Anspielung Horváths auf seinen Bekannten Franz Zeise (geb. 1896), dessen Erzählung *Ein Reisender liebt*

1929 in der Anthologie 24 *neue deutsche Erzähler*, herausgegeben von Hermann Kesten (geb. 1900), erschienen war, in der auch Horváths Prosaskizze *Ein Fräulein wird verkauft* (Band 11) abgedruckt wurde. Am 14. 12. 1930 wies Horváth in einem Brief den Kritiker Julius Bab (1880-1955) auf Franz Zeise *(meiner Meinung nach ein ungewöhnlich starkes episches Talent)* hin. Von Karl Zeise war am 26. 10. 1930 im ›Berliner Tageblatt‹ als »Probe moderner Prosa« unter der Überschrift *Der Ritt auf dem Sturm* ein Auszug aus seinem Roman *Der Aufstand* erschienen.

politische Polizei – Teil der Sicherheitspolizei zum Schutz des Staates und seiner Interessen; da sie mitunter ihren Dienst in Zivil versahen, wurden sie auch als ›Geheimpolizei‹ bezeichnet.

Kreuzverhör – Besonders in England und Amerika praktizierte Verhörmethode, wobei die Zeugen zuerst vom eigenen Anwalt und dann vom Anwalt der Gegenpartei befragt werden, ohne daß der Richter in das Verhör eingreift.

anarchistische – Die anarchistische Bewegung war in Italien vor allem nach dem 1. Weltkrieg weit verbreitet; 35 000 Anarchisten waren in der »Anarchistischen Union Italiens« organisiert. Es gab 15 anarchistische Wochenblätter und eine Tageszeitung ›Umanità Nuova‹.

syndikalistische – Nach Anschauung der Syndikalisten muß durch eine Revolution die Vergesellschaftung der Produktionsmittel und deren Übernahme durch ein gewerkschaftlich organisiertes Proletariat erfolgen; die italienische Organisation war die »Syndikalistische Union«, ihre Zeitung ›La Guerra di Classe‹ erschien in Mailand.

Nihilist – Die Bezeichnung für einen, der keinerlei Autoritäten anerkennt und die bestehende Staats- und Gesellschaftsordnung ablehnt, erlangte Verbreitung durch den Roman *Väter und Söhne* (1862; dt. 1869) von Ivan S. Turgenev (1818-1883), der in seinen *Literatur- und Lebens-Erinnerungen* (Deutsche Rundschau, Februar 1884, S. 249-253) über den Helden seines Romans schrieb: »Die Figur des Basarow ist das Ebenbild eines jungen, kurz vor dem Jahre 1860 verstorbenen, in der Provinz lebenden Arztes, den ich kennengelernt hatte und in dem mir das verkörpert zu sein schien, was man später Nihilismus nannte« (zit. nach Georg Büchmann, *Geflügelte Worte. Der Zitatenschatz des deutschen Volkes*, Frankfurt/Main–Berlin–Wien [33]1981, S. 240).

diretto – Ital. für: direkt.

170 *Albergo* – Ital. für: Herberge, Pension.

Uscita – Ital. für: Ausgang.

Tabacco – Ital. für: Tabak, Zigarettengeschäft.

Olio Sasso – Ital. Speise-Öl.

Donne – Ital. für: Frauen.

Uomina – Ital. für: Männer.

Franzensfeste – Ital.: Fortezza, Festung in der Provinz Bozen; gehörte früher zur Gemeinde Mittenwald.

171 *Nobile* – Umberto Nobile (1885-1978), ital. General und seit 1911 im Luftschiffbau tätig, hatte die Luftschiffe »Norge« und »Italia« erbaut. Am 12. 5. 1926 überflog er, zusammen mit Roald Amundsen (1872-1928), den Nordpol (siehe Bd. 2, 171). – Horváths Formulierung der *abfälligen Äußerung* bezieht sich darauf, daß Nobile mit seinem Luftschiff »Italia« am 24. 5. 1928 bei einem Nordpolflug abgestürzt war, am 24. 6. 1928 gerettet werden konnte und sich, entgegen allen Gepflogenheiten, als erster der Mannschaft bergen ließ, was allgemeine Kritik und Entrüstung hervorrief.

Elektrizitätswerk – Gemeint ist das Elektrizitätswerk 3 km östlich von Bozen bei Cardano.

Bolzano – Ehem. Bozen in Südtirol, am 6. 11. 1918 von den Italienern besetzt; Fremdenverkehrszentrum; 32 680 Einw. (1921).

172 *Rosengarten* – Ital.: Catinaccio; wildzackige, das Panorama Bozens beherrschende Felskette der Dolomiten.

aus Weimar, der Stadt Goethes und der Verfassung – Hauptstadt und drittgrößte Stadt des Landes Thüringen; 49 327 Einw. (1933). – Goethe (1749-1832) lebte ab 1775 mit kurzen Unterbrechungen in Weimar und wurde 1832 in der Fürstengruft auf dem Friedhof vor dem Frauentor bestattet. – Im Weimarer Nationaltheater trat am 6. 2. 1919 die Nationalversammlung zusammen und nahm (nach Unterzeichnung des Versailler Vertrags am 22./23. 6.) am 31. 7. die neue Reichsverfassung (Weimarer Verfassung) an. Erst am 30. 9. 1919 kehrte die Nationalversammlung wieder nach Berlin zurück.

173 *wilhelminische Epoche* – Regierungszeit (1888-1918) von Wilhelm II. (1859-1941), deutscher Kaiser und König von Preußen.

Renaissancemensch – Der 1928 in München lebende Privatdozent und spätere Professor für Neuere deutsche Literaturgeschichte Walter Rehm (1901-1963) publizierte 1924 *Das Werden des Renaissancebildes in der deutschen Dichtung vom Rationalismus bis zum Realismus* und 1929 *Der Renaissancekult um 1900 und seine Überwindung* (Neuausgabe: *Der Dichter und die neue Einsamkeit. Aufsätze zur Literatur um 1900*, Göttingen 1969, S. 34-77). Nach Rehm war »erst seit Nietzsche der Renaissancemensch als Herrenmensch und Übermensch möglich und Ideal« (S. 43). »Die Renaissance tritt in den Mittelpunkt, die buchhändlerische Spekulation bemächtigt sich dieses neuen Gebietes, und es ist bezeichnend, daß Jacob Burckhardts *Kultur der Renaissance*, die es in 25 Jahren nur auf 4 Auflagen (1860,

1869, 1877, 1885) gebracht hatte, innerhalb von 12 Jahren nun 6 Auflagen erlebt (1896, 1897, 1899, 1901, 1904, 1908; dann 1913, 1918). Die Renaissanceverkündiger Stendhal und Heinse werden entdeckt und neu herausgegeben, Stendhal seit 1900, Heinse seit 1901; kurzum die Renaissance wird Mode, nachdem sie bei einigen wirklich ein inneres Erlebnis hervorgerufen hatte« (S. 49). Anzumerken ist, daß Jacob Burckhardts (1818-1897) Nachfolger als o. Professor in Basel 1893 Heinrich Wölfflin (1864-1945) wurde, der dann 1901 nach Berlin und 1912 nach München ging; bei ihm hörte Horváth im Sommersemester 1921 Vorlesungen über *Die Kunst der Renaissance*. Rehm bezeichnete in seiner Arbeit über den *Renaissancekult um 1900* als »Nachtreter« Nietzsches u. a. Max Halbe (1865-1945) und dessen Bühnenstück *Der Eroberer* (1899), »eine Mixtur von sentimental unwahrscheinlichem Edelmut und protzenhaftem Kraftmeiertum, von Sinnlichkeit und hochtrabender Rhetorik«, eine Charakterisierung, die auch auf Kobler zutrifft. Im Werk des Münchner Kunstsammlers und Schriftstellers Wilhelm Weigand (1862-1949) sind die »Renaissancemenschen« nach Rehm »alle verkommene Schufte und verruchte Gewaltmenschen, die eine alberne und geschwollene Sprache reden, mit finsteren Brauen wild um sich herblicken, stets tückisch lächeln und sich zu Expektorationen wie dieser erheben: ›Sie hassen mich? Warum? Was ich getan, hab ich getan, weil ich es durfte und weil ich die Zeit verstand, die Herrschergröße will. Denn ich bin Ich. Das rechtfertigt all mein Tun‹« (S. 52 f.).

Realpolitiker – Begriff, der von August Ludwig von Rochau (1810-1873) durch die Publikation *Grundsätze der Realpolitik* (1853-1869) geprägt wurde. – Siehe auch Bd. 1, 323.

Kuratel – Vormundschaft.

Primo – Siehe S. 376.

174 *Kulis aus China* – Nach dem engl. coolie für chinesische, japanische, indische und malaiische Lastenträger und Taglöhner, die

die niedrigsten Arbeiten verrichten mußten und wie Sklaven behandelt wurden.

Dietrich von Bern – Figur aus den germanischen Heldensagen, die den verschiedensten Überlieferungen und Wandlungen unterlag; daher Horváths Formulierung *irgendwie*. Im *Hildebrandslied* verbirgt sich in der Gestalt von Dietrich von Bern der Ostgotenkönig Theoderich der Große (471-526); als Idealgestalt des christlich-ritterlichen Helden tritt er im *Nibelungenlied* auf und wurde dann in der *Thidreksaga* Norwegens Mittelpunkt der deutschen Sagenüberlieferung. Theoderich soll nach seinem Sieg über den germanischen Heerführer Odoaker (433-493) von Verona aus Italien regiert haben.

Romeo und Julia – William Shakespeare (1564-1616), *An Excellent Conceited Tragedie of Romeo and Juliet* (dt.: Eine vortrefflich erfundene Tragödie von Romeo und Julia), nach der in Verona zwischen Romeo Montecchi und Julia Cappelletti spielenden tragischen Novelle *Historia novellamente ritrovate di due nobile amanti* (1524) von Luigi da Porto (1485-1529).

175 *Ventimiglia* – Gemeinde an der ital.-franz. Grenze; 17 080 Einw. (1931).

177 *Piazza d'Erbe* – Eigentl. Piazza delle Erbe, Mittelpunkt Veronas.

Festungsviereck – Verona war, zusammen mit Venedig, durch den Frieden von Campoformido am 17. 10. 1797 Österreich zugesprochen worden; von 1814 bis 1866 war das Festungsviereck von Mantua, Pechiera und Legnano die militärische Hauptstütze der österreichischen Herrschaft in Oberitalien. Nach dem österreichisch-italienischen Krieg (20. 6. 1866 – 3. 10. 1866) mußte das Gebiet wieder an Italien abgetreten werden.

mit Italien verbündet – Der zwischen Österreich-Ungarn mit dem Deutschen Reich am 7. 10. 1879 geschlossene »Zweibund« wurde am 20. 5. 1882 durch den Beitritt Italiens zum »Dreibund« erweitert und am 6. 5. 1891 erneuert. Nach der dritten Erneuerung des »Dreibund«-Vertrages am 28. 6. 1902 schlossen Italien und Frankreich am 1. 11. 1902 einen geheimen Neutralitätsvertrag, der den »Dreibund«-Vertrag praktisch aufhob. In Italien wuchs die österreichfeindliche Haltung. Formal wurde der »Dreibund«-Vertrag nochmals am 5. 12. 1912 erneuert; am 2. 8. 1914 erklärte sich Italien für neutral und beendete am 4. 5. 1915 offiziell den »Dreibund«-Vertrag von 1882 durch Austritt. Am 3. 5. 1915 hatte Italien in einem Geheimvertrag in London geregelt, daß ihm die Gebiete von Südtirol (bis zum Brenner), Istrien und Dalmatien zugesprochen würden, falls es binnen 4 Wochen an der Seite der Entente in den Krieg einträte. Am 23. 5. 1915 erklärte Italien dann Österreich-Ungarn den Krieg.

179 *in den Flegeljahren* – Vgl. Textparallele in der *Autobiographischen Notiz* (Band 15).

Marseille – Siehe auch S. 403 f.

180 *Abendblatt in Prag* – Das ›Prager Abendblatt‹ war eine der deutschsprachigen Zeitungen, die in der Hauptstadt der Tschechoslowakei erschienen.

Morgenblatt in Klausenburg – Das ungarische Kolozsvár in Siebenbürgen war 1921 an Rumänien gefallen; das rumänische Cluj hatte (1930) 99 400 Einw. (50% Magyaren, 33% Rumänen, 13% Juden, 3% Deutsche).

Mittagsblatt in Agram – In Zagreb, der zweitgrößten Stadt Jugoslawiens mit 150 000 Einw. (1927), davon 80% Südslawen und 20% Juden und Deutsche, erschienen das ›Agramer Tagblatt‹ und die ›Agramer Zeitung‹ in deutscher Sprache.

Wochenblatt in Lemberg – Das polnische Lwów war durch die erste polnische Teilung (1772) an Österreich gefallen und wurde die Hauptstadt des Österr. Kronlandes Galizien; am 1. 11. 1918 wurde Lemberg von Ukrainern besetzt, fiel aber am 22. 11.

wieder an Polen; von den 219 400 Einw. (1921) waren 112 000 Polen, 76 000 Juden und 28 000 Ukrainer. – Mit dem *Wochenblatt* meint Horváth möglicherweise das ›Deutsche Volksblatt für Galizien‹, das 1907-1914, 1916-1918 mit belletristischen und geschichtlichen Beiträgen wöchentlich erschien und 1922 durch das ›Ostdeutsche Volksblatt‹ abgelöst wurde.

Revolverblatt – Seit den 70er Jahren des 19. Jhs. Schimpfwort für Zeitungen, die sich vor allem mit Skandalnachrichten beschäftigten. Karl Gutzkow (1811-1878) schrieb in *Rückblicke auf mein Leben* (1875): »Die regelmäßigen Angriffe auf alles, was von mir ausging, kamen theils von einem elenden Subjekte in Frankfurt am Main, Namens Schuster, der einer der Ersten von jener Pest von Autoren gewesen ist, die in den großen Städten Deutschlands allmälig die ›Revolver-Presse‹ (La bourse ou la vie!) geschaffen haben« (S. 136 f.). – Horváth spielt hier auf die Zeitungen des ungarischen Publizisten Imre Békessy (1886-1951), des Vaters von Hans Habe (eigentl. János Békessy; 1911-1977) an, der, in Budapest wegen mehrerer krimineller Delikte (Erpressung und Korruption) gesucht, nach Wien gekommen war, sich als »unabhängiger Enthüller« aufspielte, »Revolverblätter« wie ›Die Stunde‹ herausgab und von Karl Kraus (1874-1936) heftig bekämpft wurde.

geborener Österreich-Ungar – Horváths Schulfreund und erster Biograph Jenö Krammer (1901-1972) sah diese Passage autobiographisch und »geradezu als Selbstbildnis« (*Ödön von Horváth. Leben und Werk aus ungarischer Sicht*, Wien 1969, S. 40).

Ujvidék – Jugoslaw. Novi Sad, dt. Neusatz; wirtschaftlicher und kultureller Mittelpunkt der Batschka; hatte (1921) 39 150 Einw. (17 200 Serbokroaten, 10 300 Magyaren, 6500 Deutsche); bis 1931 stieg die Einwohnerzahl auf 63 966.

»Ein Vorsommer in der Hölle« – Anspielung auf *Une saison en enfer* (1873) von Arthur Rimbaud; die deutsche Übersetzung von Paul Zech (1881-1946) mit dem Titel *Ein Sommer in der*

Hölle erschien 1927 in Leipzig und 1930 in Berlin. – Vgl. Jenö Krammer, *Ödön von Horváth. Leben und Werk aus ungarischer Sicht* (Wien 1969, S. 53): »(welch' vielsagender Titel, verlebte Ödön v. Horváth den Vorsommer seines Daseins denn nicht in einer teuflischen Hölle – im Weltkrieg!?)«. Allerdings sei angemerkt, daß in Horváths Typoskript (S. 65) als Titel ursprünglich *»Der Keuschheitsgürtel«* angeführt war, dann aber von Horváth handschriftlich in *»Ein Vorsommer in der Hölle«* geändert wurde. – Siehe auch S. 400.

schleimens Ihnen aus! – Drastischer Wiener Mundartausdruck, abgeleitet vom Auswurf beim Husten für eine (minderwertige) Meinungsäußerung.

Rimbaud – Arthur Rimbaud (1854-1891) kam als 17jähriger auf Einladung von Paul Verlaine (1844-1896), der sich von seiner Frau trennte, um mit Rimbaud zusammenzuleben, nach Marseille. Im Streit verletzte Verlaine seinen Freund durch einen Schuß und kam ins Gefängnis. Rimbaud begann ein unstetes abenteuerliches Leben. In Rimbauds *Une saison en enfer* deutete sich schon seine Abkehr von der Dichtkunst an, die er mit den Prosagedichten *Les Illuminations* (dt.: Illuminationen) ein Jahr später vollzog. – Rimbaud zählte, wie Gustl Schneider-Emhardt mitteilte (*Erinnerungen an Ödön von Horváths Jugendzeit*, in: Horváth Blätter 1/83, S. 65), zu den von Horváth bevorzugten Dichtern; siehe auch S. 399.

181 *Der Zufall* – Nach Friedrich Schiller, *Dom Karlos*: »Den Zufall gibt die Vorsehung – zum Zwecke/Muß ihn der Mensch gestalten« (III,9).

der liebe Gott – Nach Gotthold Ephraim Lessing (1729-1781), *Emilia Galotti* (1757-1771/72): »Das Wort Zufall ist Gotteslästerung./Nichts unter der Sonne ist Zufall« (IV,3).

Pyrrhussieg – Begriff für einen zu teuer erkauften Sieg; nach dem Ausspruch von Pyrrhus (319-272 v. Chr.), dem König von Epirus, nach dem Sieg über die Römer in der Schlacht bei Ausculum (279 v. Chr.): »Noch einen solchen Sieg über die Römer, und wir sind verloren!«

182 *Sacro egoismo* – Geheiligter (d. h. berechtigter) Egoismus; ein Schlagwort, das der italienische Ministerpräsident Antonio Salandra (1853-1931) am 17. 10. 1914 prägte, um seine ausschließlich von nationalen Interessen bestimmte Außenpolitik zu charakterisieren. – Siehe auch S. 392 f.

183 *Deutsche aus Rußland* – Siehe S. 375.

184 *Schnorrer* – In der Gaunersprache für: Bettler, Schmarotzer. – Vgl. hierzu die Beschreibung von Anton Kuh (1891-1941) aus dem Jahr 1929: »Der Schreiber dieser Zeilen, seit über dreißig Jahren am Wiener Platz als Schnorrer (Habenichts) tätig und in dieser Branche durch rastlose Mühe und ein wohlfundiertes Kapital an Geldbedürfnis groß geworden, sieht sich plötzlich mit einer Sorte neuer Armer in einer Gesellschaft vereint, die durch nichts zu ihrer Rolle legitimiert erscheinen. Wie kommen wir, solide Vorkriegsschnorrer, für die der Besitzmangel stets mehr war als ein zufälliges und vorübergehendes Kein-Geld-Haben und die wir uns unsere Weltanschauung buchstäblich am Mund der Reichen absparen mußten, dazu, Leute sich an uns herandrängen und unserem Los zugesellt sehen zu müssen, deren Armut erst von gestern ist? [. . .] Diese Nix-Gewinner und neuen Armen machen sich schon überall schmal, man sieht sie auf den Stehplätzen der vierten Galerie, auf der vordersten Plattform der Elektrischen, im Schankzimmer des Restaurants – überall schwimmen sie jetzt schon untenauf!« (Anton Kuh, *Luftlinien. Feuilletons, Essays und Publizistik*, hg. von Ruth Greuner, Wien 1981, S. 36 f.)

185 *Mailänder Dom* – 1386 von Marco di Campione begonnen, aber erst 1813 fertiggestellt.

Chianti – Weinsorte aus dem gleichnamigen Hügelland im Vorland der Toskana, nördl. von Siena.

186 *Hitlerputsch* – Versuch Hitlers, durch eine »nationale Revolution« am 8./9. 11. 1923 die »Regierung der Novemberverbrecher in Berlin« zu stürzen. Der von General Ludendorff und Hitler organisierte »Marsch zur Feldherrnhalle« in München am 9. 11. endete mit 16 Toten, zahlreichen Verletzten und der Verhaftung Ludendorffs; Hitler gelang die Flucht. Er konnte zwei Tage später in Uffing verhaftet werden und wurde am 26. 2. 1924 vor Gericht gestellt.

Todesmotiv – Anspielung auf die sog. »Wiener Moderne«. – Vgl. Gotthart Wunberg (Hg.), *Die Wiener Moderne. Literatur, Kunst und Musik zwischen 1890 und 1910* (Stuttgart 1981, S. 222): »Lebensüberdruß und Todessehnsucht bestimmen, als Stimmung oder Pose, ernst gemeint oder kokett, die Haltung der gesamten österreichischen Kunst der Jahrhundertwende. Diejenigen Werke, die das (bereits im Titel) belegen, gehören bezeichnenderweise bis heute zugleich zu den bekanntesten: Hofmannsthals *Tor und Tod* und *Tod des Tizian*, Richard Beer-Hofmanns *Tod Georgs* oder Schnitzlers *Sterben*.«

187 *(1922) drunter und drüber* – Am 1. 3. streikten die süddeutschen Metallarbeiter; am 10. 6. protestierten die »Vereinigten Vaterländischen Verbände« in München gegen den Besuch von Reichspräsident Friedrich Ebert (1871-1925); am 24. 7. gab Bayern nach Ablehnung des Gesetzes zum Schutz der Republik eigene Verordnungen zum Schutz des Staates heraus und betonte damit die Eigenstaatlichkeit Bayerns; am 25. 7. planten »Vaterländische Verbände« anläßlich einer Massenkundgebung einen Putsch; bei nationalsozialistischen Kundgebungen mit Hitler als Hauptredner wurden Ende November in München insgesamt 50 000 Teilnehmer gezählt.

politischer Geheimbund – Gemeint ist vermutlich die Münchner »Thule-Gesellschaft«, eine Vorläuferorganisation der Nationalsozialisten, im August 1918 aus dem völkisch-antisemitischen »Germanenorden« hervorgegangen. Führer der Thule-Gesellschaft war Rudolf Freiherr von Sebottendorf, am 9. 9. 1875 in

Hoyerswerda als Sohn des Lokomotivführers Ernst Rudolf Glauer geboren. Der Thule-Gesellschaft, deren Wahlspruch »Bedenke, daß Du ein Deutscher bist« und »Halte Dein Blut rein« lautete, gehörte auch Hermann Bauer an, ein Lehrer des Wilhelms-Gymnasiums, das Horváth 1913/14 besuchte. (Hermann Gilbhard, *Die Thule-Gesellschaft – eine Wegbereiterin des Faschismus in München 1918/19*, in: Staatl. Kunsthalle Berlin (Hg.), *Bericht 1983*, Berlin 1983, S. 17-28).

188 *Leute gibts, die wieder einen Krieg wollen* – Vgl. Otto Jacobsen, *Jungsozialisten – Staat – Nation – Pazifismus*, in: Süddeutsche Monatshefte, München, 23. Jg., H.8 (Mai 1926, S. 185-187; hier S. 186): »Deutschland steht unter dem Kuratel des Friedensvertrages und seiner späten Ableger. Großzügig bekennen sich die Siegerstaaten zum Pazifismus, sie können es sich leisten. Sie wollen in Ruhe befestigen, was Gewalt ihnen gab . . .«

Heilige Allianz – Auf Anregung von Zar Alexander I. (1777-1825) schloß Rußland mit Österreich (unter Kaiser Franz I.; 1768-1835) und Preußen (unter König Friedrich Wilhelm III.; 1770-1840) am 26. 9. 1815 eine »Heilige Allianz« mit der Zusicherung gegenseitiger Hilfe gegen innere und äußere Feinde auf der Basis der christlichen Grundsätze von Gerechtigkeit, Liebe und Friede. Die »Heilige Allianz« wurde zum Schlagwort für die antirevolutionäre und antiliberale Politik der drei östlichen Großmächte.

189 *Mandatsgebiet* – Im Vertrag von Versailles festgelegter Begriff für die Gebiete und deren Bewohner, die nach Ansicht der Siegermächte noch nicht reif für eine eigene unabhängige Regierung waren; als Mandatsgebiete galten u. a. die ehemaligen deutschen Kolonien. Im allg. Sprachgebrauch ist hier die wirtschaftliche Abhängigkeit Deutschlands von den Vereinigten Staaten gemeint.

Polen – Anspielung auf den seit dem 1. 8. 1925 zwischen Deutschland und Polen herrschenden Zollkrieg. Deutsche, die

1919 die Annahme der polnischen Staatsbürgerschaft verweigerten, wurden wie Ausländer behandelt, die sich widerrechtlich auf polnischem Staatsgebiet aufhielten. Im ersten Halbjahr 1925 wurden 17 000 (von insgesamt 20 000) deutschen Optanten aus Polen ausgewiesen; das Deutsche Reich reagierte mit der Ausweisung von 15 000 polnischen Optanten.

190 *Pan* – Griech. für: All, Weltall.

Paneuropa – Siehe S. 366.

ohne Großbritannien – Die ›Paneuropa‹-Bewegung von Coudenhove-Kalergi orientierte sich an den Bestrebungen der »Kontinentalpolitik«, wie sie von den 1895 begründeten ›Sozialistischen Monatsheften‹ während des 1. Weltkrieges propagiert wurde: Verständigungsfriede mit Rußland und Frankreich, um sich dann gegen England wenden zu können. Das von England gegen Rußland gerichtete Bündnisangebot für ein »Europäisches Gleichgewicht« war schon von Wilhelm II. abgelehnt worden und hatte zu einer erbitterten Gegnerschaft Englands gegenüber der deutschen Politik geführt.

Edgar-Allan-Poe – (1809-1849); nordamerikanischer Dichter, der in seiner Prosa mit großer Eindringlichkeit unheimliche Marter, Tod und Verwesung beschrieb. – Vgl. hierzu Gustl Schneider-Emhardt, *Erinnerungen an Ödön von Horváths Jugendzeit*: »Wenn wir zwei allein über das Eis fuhren, sprachen wir über Bücher. Ödön brachte immer Bücher mit. Ich erinnere mich an einige Autoren, wie Büchner, Rimbaud, Edgar Allan Poe, E. T. A. Hoffmann, Oscar Wilde *(Das Bildnis des Dorian Gray)* und Meyrink *(Der Golem)*« (zit. nach: Horváth Blätter 1/83, S. 65).

Kriegsnovelle – Anspielung auf Ludwig Renn (eigentl. Arnold Friedrich Vieth von Golssenau; 1889-1979), *Schlachtfeld*; seinem Roman *Krieg* (Frankfurt/Main 1928) entnommen, war *Schlachtfeld* einer der Beiträge in Kestens Anthologie *24 neue deutsche Erzähler* (Berlin 1929, S. 332-336).

adionysisch – Nicht dionysisch, nicht wild, nicht rauschhaft.

das trunkene Schiff – *La bateau ivre* von Arthur Rimbaud entstand 1871; die deutsche Übersetzung von K. L. Ammer (eigentl. Karl Klammer; 1879-1959) erschien im *Insel-Almanach auf das Jahr 1908*. Ein Rimbaud-Stück von Paul Zech unter dem Titel *Das trunkene Schiff* wurde am 21. 5. 1926 in der Berliner Volksbühne unter der Regie von Erwin Piscator (1883-1966) uraufgeführt.

191 *altrömischer Gruß* – Von Horváth ironisch gemeint die Fica, eine obszöne Geste: der zwischen Mittel- und Zeigefinger durchgesteckte Daumen deutete den Coitus an.

Faschistengruß – Erhobene Hand am ausgestreckten rechten Arm in Augenhöhe.

arkadische – Nach der griech. Gebirgslandschaft und Heimat des Gottes Pan; in übertragenem Sinn für: idyllisch, paradiesisch.

Fin de siècle – Ende des Jahrhunderts; ursprünglich der Titel eines Lustspiels von F. de Jouvenot und H. Micard (1888). Im Deutschen wurde ›Fin de siècle‹ als Begriff für die Untergangsstimmung des (19.) Jahrhunderts 1890 bekannt durch eine Novelle von Hermann Bahr (1863-1934). Max Nordau (eigentl. Max Simon Südfeld; 1849-1923), in Budapest geborener Erzähler, Dramatiker und Publizist, neben Theodor Herzl (1860-1904) einer der Begründer des Zionismus, definierte in seiner kulturkritischen Untersuchung *Entartung* (1892/93): »So töricht das Wort ›fin de siècle‹ sein mag, die Geistesbeschaffenheit, die es bezeichnen soll, ist in den führenden Gruppen tatsächlich vorhanden. Die Zeitstimmung ist eine seltsam wirre, aus fieberhafter Ratlosigkeit und stumpfer Entmuthigung, aus ahnender Furcht und verzichtendem Galgenhumor zusammengesetzte. Die vorherrschende Empfindung ist die eines Untergehns, eines Erlöschens. ›Fin de siècle‹ ist ein Beicht-Bekenntnis und zugleich eine Klage« (zit. nach Georg Büchmann, *Geflügelte Worte*, S. 218).

193 *Wer weitergeht, wird erschossen* – Siehe auch Bd. 9,21.

verwandelt sich in einen Stier – Anspielung auf die griech. Mythologie; Zeus, der höchste Gott der Griechen, verwandelte sich in einen Stier und entführte Europa über das Meer nach Kreta. – Der von Horváth geschilderte Traum des Journalisten Schmitz ist beispielhaft für kleinbürgerliches Bildungsgut: Pan, Gott der Hirten und Jäger, ist ein Bruder des Dionysos und Enkel des Zeus; in der Wiedergabe werden die verschiedensten Motive durcheinandergebracht.

das Meer, unsere Urmutter – Im Gegensatz zur »Mutter Erde« als Ursprung allen Lebens folgt Horváth hier dem griech. Philosophen Thales von Milet (624-546 v. Chr.), der im Wasser den Urstoff und göttlichen Ursprung aller Dinge sah. – Vgl. *Jugend ohne Gott* Bd. 13,53.

194 *Jahrgang 1902* – Das Geburtsjahr Koblers (S. 135) und auch (fast) Horváths (geb. am 9. 12. 1901) Jahrgang. Zugleich Anspielung auf den im Oktober 1928 im Kiepenheuer Verlag, Berlin, erschienenen Roman *Jahrgang 1902* von Ernst Glaeser (1902-1963).

Perron – Veraltet für: Bahnsteig.

195 *Sozialdemokraten Minister* – Anspielung auf das 10. Kabinett Briands (29. 7.-22. 10. 1929); Aristide Briand (1862-1932) war während seiner ersten Amtsperiode als Ministerpräsident (Juli 1909-Februar 1911) von den Sozialisten zu den Sozialrepublikanern übergewechselt; am 3. 11. 1929 folgte das erste Kabinett Tardieu (bis Februar 1930); André Tardieu (1876-1945) war einer der hervorragenden Staatsmänner der republikanischen Rechtsparteien. Erst die Kammerwahlen im Mai 1932 brachten

dann den Linksparteien (Radikalsozialisten, Republikanische Sozialisten, Sozialisten) den entscheidenden Sieg.

die Uhr – Am 1. 1. 1925 war die Weltzeit eingeführt worden; dadurch ergab sich für die in Deutschland gültige Mitteleuropäische Zeit (MEZ) ein Unterschied von einer Stunde gegenüber der in Frankreich (und auch Spanien) gültigen Westeuropäischen Zeit (WEZ).

Atmosphäre von 1890 – Das letzte Jahrzehnt des 19. Jhs. gilt als die Glanzzeit des Bürgertums. »Der Friede schien ein Dauerzustand zu werden. Das kleine Glück der großen Menge schien gesichert, soweit man über den Lebensrand hinaussehen konnte. Der Spießbürger war das Maß aller Dinge geworden. Selbst für den Thron galt das. Man wußte den Herrschern nichts Rühmenderes nachzusagen als familiäre Bürgereigenschaften. Alle Wirklichkeit wurde in den Teig rührseliger Weichlichkeit gewickelt. [. . .] Gegen Erregungen jeder Art versuchte man sich zu schützen. Gegen den Anblick von Bettlern und Verarmten hatte man Vereine gegründet. Durch einen Jahresbeitrag, gezahlt an einen dieser Vereine, enthob man sein Gewissen von jeder Mühe der Einzelleistung an Mitgefühl oder Beistand. [. . .] Es war eine Zeit, wo sich der Spießbürger nicht nach dem Paradies zu sehnen brauchte« (Alice Berend, *Die gute alte Zeit. Bürger und Spießbürger im 19. Jahrhundert*, München 1966, S. 155-157).

Cap d'Antibes – Winterkurort in der Nähe der franz. Seestadt Antibes.

Bernard Shaw – George Bernard Shaw (1856-1950), irischer Dramatiker und Nobelpreisträger; die Anspielung Horváths bezieht sich auf Shaws Napoleon-Stück *The Man of Destiny* (1895; dt.: *Der Mann des Schicksals*), das unter dem Titel *Der Schlachtenlenker* 1930 in Berlin gespielt wurde.

alten Nobel – Alfred Nobel (1853-1896), Chemiker; Erfinder des Dynamits.

Nobelpreis – Alfred Nobel hinterließ ein Vermögen von 31,5 Mill. Kronen, deren jährliche Zinsen an 5 Personen verteilt werden sollten, »die im verflossenen Jahre der Menschheit den größten Nutzen gebracht haben« auf dem Gebiet der Physik, Chemie, Medizin, Literatur; hinzu kam ein Friedenspreis. Die Nobelpreise wurden zum ersten Mal 1901 verliehen. – 1925 wurde der Nobelpreis für Literatur G. B. Shaw zuerkannt, der den Geldbetrag zurückwies, ihn aber 1926 doch annahm und der Förderung literarischer Beziehungen zwischen England und Schweden stiftete.

Toulon – Bedeutendster Kriegshafen Frankreichs; 133 265 Einw. (1931).

Pola – Heutiges Pula, an der südlichsten Spitze Istriens. Pola war der wichtigste Kriegshafen Österreich-Ungarns und fiel durch den Vertrag von St. Germain (10. 9. 1919) an Italien (1946 an Jugoslawien). 1850 hatte Pola 1100 Einw., bis 1931 stieg die Zahl auf 56 691 an.

196 *Marianne* – Ursprüngl. Name einer linksradikalen Geheimgesellschaft in Frankreich (19. Jh.); dann symbolische Bezeichnung für die »Freiheitsheldin« als Verkörperung der franz. Republik.

Marseillaise – Das franz. Revolutionslied *Allons, enfants de la patrie* wurde am 24. 4. 1792 in Straßburg von dem Pionieroffizier Claude Joseph Rouget de Lisle (1760-1836) gedichtet und von ihm nach einer Melodie aus der Einleitung zum Oratorium *Esther* von Jean-Baptiste Lucien Grison (vor 1787) vertont. – *Hier in Marseille entstand die Marseillaise* ist insofern nicht unrichtig, als das Lied am 25. 6. 1792 auf einem Parteifest der Jakobiner in Marseille als Revolutionslied zum ersten Mal und auch am 30. 6. 1792 beim Einzug in Paris von einem Bataillon

Freiwilliger aus Marseille gesungen wurde; damals wurde die Bezeichnung *Chant de Marseillais* oder *Marseillaise* geprägt.

197 *Canebière* – La Canebière war das elegante Gegenstück zu den Elendsvierteln am Alten Hafen von Marseille; eine Einkaufsstraße mit eleganten Geschäften und Kaffeehäusern.

Prado – Um die Hügel herum führte die Villenstraße Avenue du Prado bis zum Badestrand am Meer (Bains du Prado).

Corniche – Die Promenade de la Corniche führte am Felsenstrand entlang zurück in die Stadt.

Inselchen – Die Insel If mit dem Château d'If, dem Schauplatz des Romans *Der Graf von Monte Christo* (1845/46) von Alexandre Dumas Père (1802-1870).

Graf von Monte Christo – Edmond Dantès, Hauptfigur des Romans von Dumas Père, wurde auf Grund einer falschen Anklage 14 Jahre lang auf Château d'If gefangengehalten, bis ihm durch Hilfe eines früheren Mitgefangenen, des Abbé Faria, die Flucht gelang. Abbé Faria vermachte einen auf der Insel Monte Christo vergrabenen Schatz, und Dantès konnte an seinen Feinden Rache nehmen.

Notre Dame de la Garde – Wallfahrtskirche, in romanisch-byzantinischem Stil auf einem 162 m hohen Kalkfelsen an der Stelle einer Kapelle 1853/54 erbaut. Der 45 m hohe Turm trägt eine 9 m hohe vergoldete Marienstatue. Zur Kirche, die einen Rundblick über Stadt, Hafen und Umgebung bietet, führt ein Fahrstuhl.

Pont Transbordeur – 1905 erbaute Schwebefähre über den Alten Hafen von Marseille, die von zwei 86 m hohen Gittertürmen getragen wird.

198 *Sprichwort* – »Er lebt wie Gott in Frankreich.«

Kolonialdenkmal – Das Monument aux Morts d'Orient, an der Promenade de la Corniche gelegen, von Sastorio entworfen, wurde 1927 eingeweiht.

199 *Rathaus* – Gemeint ist das 1689 erbaute Stadthaus von Marseille.

Der Gott und die Bajadere – Das als »Indische Legende« bezeichnete Gedicht Goethes, dessen zweite Strophe lautet: »Als er nun hinausgegangen,/Wo die letzten Häuser sind,/Sieht er, mit gemalten Wangen,/Ein verlornes schönes Kind./Grüß dich, Jungfrau! – Dank der Ehre!/Wart, ich komme gleich hinaus. –/Und wer bist du? – Bajadere,/Und dies ist der Liebe Haus./Sie rührt sich die Zimbeln zum Tanze zu schlagen;/Sie weiß sich so lieblich im Kreise zu tragen,/Sie neigt sich und biegt sich, und reicht ihm den Strauß.«

Bajader – Für: Bajadere; indische Tempeltänzerinnen. Sie sind nach Dr. Paul Englisch (*Sittengeschichte des Orients*, Wien 1932, S. 215) »weder Hetären noch Prostituierte im eigentlichen Sinne, sondern Tänzerinnen, die ihren Beruf zum Deckmantel gewählt haben, um damit ihren eigentlichen Zweck, möglichst viel Geld zu verdienen, um im Alter ein sorgenfreies Leben führen zu können, zu verdecken. Es gilt ihnen gleich, auf welche Weise das geschieht, selbst um den Preis ihrer körperlichen Hingabe. Im Hauptberuf jedoch sind sie Tänzerinnen«.

Gottes Ebenbild! – Nach Genesis 1,26, 27, 5,1 und 9,1 ist der Mensch das Ebenbild Gottes.

200 *›Bristol‹* – In Wien am »Sirk-Eck« (Ecke Kärntner Straße – Kärntner Ring) 1913 von Josef Fiedler und Pietro Palumbo erbautes Nobel-Hotel, in dem auch Horváth mehrmals wohnte (18. 4.-3. 6. 1933, 6. 9.-16. 9. 1933 und 14. 12. 1933-9. 1. 1934).

201 *drei Triebe* – Nach Sigmund Freud (1856-1939), *Totem und Tabu. Einige Übereinstimmungen im Seelenleben Wilder und Neurotiker* (1910-1913).

kommunistischen Manifest – *Manifest der Kommunistischen Partei* (1847/48) von Karl Marx (1818-1883) und Friedrich Engels (1820-1895). – Siehe auch *Italienische Nacht* 3,39 u. 100.

202 *Louis-*XVI.*-Stil* – Aus den letzten Jahrzehnten des 18. Jhs. (Ludwig XVI., 1754-1793; König seit 1774); der Stil der Möbel zeigte einfache Formen, das Holz war meist vergoldet, mit Motiven aus der Antike als Schmuck.

Watteau – Antoine Watteau (1684-1721), franz. Maler galanter Feste.

Fragonard – Jean-Honoré Fragonard (1732-1806), franz. Maler überwiegend erotischer Motive.

203 *Turftips* – Wettempfehlungen für Pferderennen.

Adolf Menjou – Adolphe Menjou (1890-1963), amerik. Liebhaber- und Charakterdarsteller.

204 *Diskurieren* – Eigentl. diskurrieren; veraltet für: lebhaft verhandeln, sich unterhalten; nach dem franz. discourir für: lang und breit reden.

205 *Hermaphroditen* – Zwitterähnliche Körper mit weiblichen und männlichen Geschlechtsmerkmalen; nach der griech. Mythologie war Hermaphroditos ein Sohn des Hermes und der Aphrodite, den die Quellennymphe Salamakis leidenschaftlich liebte. Da er ihre Liebe nicht erwiderte, bat sie die Götter, ihre beiden Körper zu verschmelzen. Alle, die in der Quelle, an der die Verwandlung stattfand, badeten, wurden zu Hermaphroditen.

Tarascon – Siehe S. 407.

Cette – Auch: Sète; Badeort, nach Marseille der bedeutendste franz. Hafen am Mittelmeer; 36 953 Einw. (1931).

van Gogh – Vincent van Gogh (1853-1890), holl. Maler, Zeichner und Lithograph, kam 1888 nach Arles, wo seine bedeutendsten Werke entstanden. – Horváth spielt gleichzeitig auch auf ein aktuelles Ereignis an. Im Dezember 1927 waren in Berlin 100 Van-Gogh-Zeichnungen aus holländischem Privatbesitz gezeigt worden, eine Ausstellung, die im Mai 1928 auch im »Graphischen Kabinett« in München zu sehen war, bevor sie nach Paris ging. Im Mai 1929 griff ›Der Querschnitt‹ (9. Jg., H.3, S. 206 ff.) eine Fälschungsaffäre auf. – 1929 erschien Kurt Pfisters (geb. 1895) Biographie *Vincent van Gogh* aus dem Jahr 1922 in einer erweiterten Neuausgabe, 1930 folgten von Doiteau und Laroy, dem Leiter der Anstalt von St. Rémy, *Vincent van Goghs Leidensweg* sowie eine *Vincent van Gogh*-Biographie von Friedrich Knapp (1870-1938).

206 *Tarascon* – Tarascon-sur-Rhône, Kantonstadt im franz. Departement Bouches-du-Rhône; 8495 Einw. (1931).

Tartarins – Gemeint ist Tartarin de Tarascon, der Titelheld des Romans *Les Aventures prodigieuses de Tartarin de Tarascon* (dt.: Die wundersamen Abenteuer des Tartarin von Tarascon) von Alphonse Daudet (1840-1897); diesem Roman, in dem Daudet sowohl seinen Helden als auch die Kleinbürger der Provence verspottete, folgten nach seinem Erscheinen 1872 noch zwei weitere Teile: *Tartarin sur les Alpes* (1885) und *Port-Tarascon* (1890). Die deutsche Übersetzung *Tartarin von Tarascon* von Paul Stefan (1879-1945) aus dem Jahr 1913 erreichte bis 1930 eine Auflage von 50 000. In Berlin erschien 1921 die Übersetzung von Klabund (eigentl. Alfred Henschke; 1890-1928) mit 97 Illustrationen von George Grosz (eigentl. Georg Ehrenfried Groß; 1893-1959).

Nîmes – Hauptstadt des franz. Departements Gard; 84 670 Einw. (1926).

207 *Sex-appeal* – Körperliche Anziehungskraft; um 1930 aus der Filmsprache Hollywoods übernommen. – Unter dem Titel *Sex*

Appeal veröffentlichte ›Der Querschnitt‹ im November 1929 (9. Jg., H.11, S. 759-764) einen Vortrag von G. B. Shaw, gehalten vor dem Dritten Kongreß für Sexualreform in London. Populär wurde der Begriff 1930 durch das Chanson *Sex-Appeal* von Marcellus Schiffer (1892-1932), gesungen von Margo Lion (geb. 1899), vertont von Friedrich Hollaender (1896-1976) in der Revue *Ich tanze um die Welt mit dir!*: »Ich wär so gern ein Sexappeal!/Sowohl en face als auch profil!/Ach, was wär' das für ein Gefühl,/Ein Sexappeal im Garbostil!/Von außen warm, von innen kiehl/Zur Hälfte sex, zur Hälfte peal!/Doch ich hab noch ein höhres Ziel:/Am liebsten wär' ich sexappeal/Und 7-appeal und 8-appeal!/Mir wär kein Sexappeal zu viel!/Im Gegentiel!«

208 *Biarritz* – Seebad am Golf von Biscaya; 20 780 Einw. (1926), mit jährlich einer halben Million Besucher einer der beliebtesten und elegantesten Kurorte Frankreichs.

St. Moritz – Das höchstgelegene Dorf (1856 m) im Engadin; 3 936 Einw. (1930); Höhenluftkurort von internationalem Ruf.

Apanage – Finanzielle Zuwendung regierender Fürsten an nicht regierende Angehörige; abgel. vom franz. apanage für: Erbteil.

Urkundenfälschung – §§ 267-280 des StGB regelten Ahndung und Bestrafung der Urkundenfälschung, wobei zwischen einfacher (Gefängnis bis zu 5 Jahren), schwerer (Zuchthaus bis zu 5 Jahren und Geldstrafe) und intellektueller Urkundenfälschung (Gefängnis bis zu 6 Jahren oder Geldstrafe) unterschieden wurde.

Kind der Nacht – Paulus schreibt in seinem *Brief an die Epheser* (5,8) über die »Kinder des Lichtes«, die »ehedem Finsternis« waren.

sexuelle Neurasthenie – Der amerikanische Arzt George Miller Beard (1839-1883) prägte den Ausdruck der ›neurasthenia sexualis‹ und stellte ihr Krankheitsbild, eine nervöse Erschöpfung (»nervous exhaustion«) der Geschlechtsorgane, in seinem Werk *Die sexuelle Neurasthenie* (Leipzig–Wien [2]1890) dar. Der Berliner Arzt Dr. Iwan Bloch (1872-1922) schrieb darüber in *Das Sexualleben unserer Zeit in seinen Beziehungen zur modernen Kultur* (Berlin 1907, S. 473): »In einer Analyse von 333 Neurastheniefällen fanden Collins und Phillip, daß 123 Fälle, also mehr als ein Drittel, eine Folge von Überarbeitung oder Masturbation waren. Freud, v. Krafft-Ebing, Savill, Gattel, Rohleder sehen in der Onanie die wirkliche Ursache der Neurasthenie. Fürbringer, Löwenfeld, Eulenburg sind der Ansicht, daß noch andere schädigende Ursachen mit im Spiele sein müssen, um das typische Bild der sexuellen Neurasthenie hervorzurufen. Sicher ist, daß sehr häufig auch umgekehrt diese das Primäre, die Onanie das Sekundäre ist. Die Onanie ist dann nur ein Symptom der sexuellen Neurasthenie.« – Siehe auch S. 417.

209 *Frauen auch Menschen sind* – Siehe *Ein Kind unserer Zeit* 14, 238 f.

Filme gesehen – Curt Moreck (eigentl. Konrad Haemmerling; 1888-1957) schrieb in seiner *Sittengeschichte des Kinos* (Dresden 1926, S. 172 f., 176): »Die große Öffentlichkeit weiß nichts von pornographischen Filmen und fragt vielleicht ein wenig überrascht, ob es dies denn überhaupt gibt. Die Kinoindustrie hört nicht gern davon, kann sie aber nicht ableugnen; doch trifft nicht sie die Schuld, denn die pornographischen Filme sind das Werk gewinnsüchtiger, skrupelloser Außenseiter, mit denen die Industrie nichts zu schaffen hat. Am meisten weiß die überwachende Behörde, die Polizei, von dieser Gattung von Filmen, die bestimmt sind, eine bescheidene Existenz in der Verborgenheit zu führen. Unter pornographischen Filmen versteht man die kinematographische Darstellung aller auf das Geschlechtsleben bezüglichen Vorgänge in obszöner Form, und sie enthalten so ziemlich alles, was die menschliche Phantasie auf dem Gebiet des Sexuellen nur erfinden kann. [. . .] Begnügten die Freudenhäuser sich früher mit mehr oder minder unflätigen graphischen

Darstellungen von Szenen, die der Bestimmung des Ortes entsprachen, so glaubten die Besitzer sich die neuen Errungenschaften der Technik nicht entgehen lassen zu dürfen, wenn sie sich davon eine Förderung ihres Geschäftes versprechen konnten. In diesem Sinne verbanden sie Kino und Bordell.«

Und Kobler erzählte – Vgl. hierzu die Vorarbeiten S. 308 f.

Operateur – Veraltet für: Filmvorführer (und auch für Kameramann).

211 *Jugend kennt halt* – Nach dem dt. Sprichwort: »Jugend hat keine Tugend.«

aus einzelnen Zellen – Der von Horváth mehrfach zitierte Wilhelm Bölsche (u. a. Bd. 2, 175) schrieb in seinem Werk *Das Liebesleben in der Natur. Eine Entwicklungsgeschichte der Liebe* (1. Teil, S. 67 f.): »Dein Leib, deine Organe, dein ganzes Du sind ein einziger großer Wunderbau aus Millionen winziger Zellen, genau so wie Hund, Regenwurm und Ölbaum es sind. [...] Ei und Samentierchen, sie sind nichts anderes als zwei solcherart von ihren Organen abgefallenen Einzelzellen. Indem sie sich in der Begattung finden und miteinander verschmelzen, bilden sie einen Grundstein, eine erste Bauzelle zu einem neuen Zellenbau, einem neuen Organismus, einem neuen Menschen.«

212 *Termiten* – Maurice Maeterlinck (1862-1949) veröffentlichte 1928 *La Vie des Termites* (dt.: Das Leben der Termiten), dessen deutsche Übersetzung von Käthe Ilch im selben Jahr erschien; Wilhelm Bölsche publizierte 1931 das Buch *Der Termitenstaat.*

Duisburg – Vom 8. 3. 1921 bis 25. 8. 1925 war Duisburg von belgischen Truppen besetzt. Am 10. 7. 1929 wurden die Städte Duisburg und Hamborn zu einem Stadtkreis zusammengeschlossen.

die Juden überall – Siehe auch Bd. 2, 159 f.

Erzberger – Matthias Erzberger (geb. 1875) wurde am 26. 8. 1921 auf einem Spaziergang auf dem Kniebis im Schwarzwald von Heinrich Schulz und Hinrich Tilessen, Angehörigen der rechtsradikalen Organisation Consul (OC), erschossen.

213 *Verständigungspolitik* – Am 20. 7. 1917 hatte Matthias Erzberger in der Friedensentschließung des Deutschen Reichstages von »einem Frieden der Verständigung und der dauernden Versöhnung der Völker« gesprochen; auch in der Osterbotschaft vom 15. 4. 1919 äußerte der Reichspräsident Friedrich Ebert (1871-1925) den Wunsch, daß »der kommende Friede ein Friede dauernder Verständigung und Versöhnung der Völker sein soll«.

Rolle der Mütter im Krieg – Am 6. 8. 1914, dem Tag der Kriegserklärung Serbiens an Deutschland, erließ Kaiserin Auguste Viktoria (1858-1921) eine Botschaft *An die deutschen Frauen* und rief alle »deutsche[n] Frauen und Jungfrauen und alle, denen es nicht vergönnt ist, für die geliebte Heimat zu kämpfen, zur Hilfe auf. Es trage jeder nach seinen Kräften dazu bei, unseren Gatten, Söhnen und Brüdern den Kampf leicht zu machen«. Die deutsche Schriftstellerin und Frauenrechtlerin Gertrud Bäumer (1873-1954) hatte bereits am 1. 8. 1914 gemeinsam mit dem Deutschen Roten Kreuz den »Nationalen Frauendank« gegründet. »Wir fühlen uns aufgenommen in dieses große, ernste Zusammenwachsen aller nationalen Kräfte zu einem großen, gemeinsamen Willen: durch den uns aufgezwungenen Weltkrieg die Macht und Größe unserer Nation zu erhalten.« Appelle an die bürgerlichen Frauen wie »Krieg und Küche/Esst Kriegsbrot/Kocht die Kartoffeln/in der Schale/Kauft Keinen Kuchen/Seid Klug spart Fett/Kocht mit KochKiste/Kocht mit KriegsKochbuch/Helft den Krieg gewinnen« und »Gold gab ich zur Wehr/Eisen nahm ich zur Ehr« ging auf die Initiative des »Nationalen Friedensdienstes«, wie sich der »Nationale Frauendank« später nannte, zurück (zit. nach: Daniela Weiland, *Geschichte der Frauenemanzipation*, Düsseldorf 1983,

S. 180). Der Arzt und Sexualwissenschaftler Dr. Magnus Hirschfeld (1868-1935) schrieb in der von ihm 1930 herausgegebenen *Sittengeschichte des Weltkrieges* (Leipzig–Wien 1930; 1. Bd., S. 98, 108): »In Deutschland bekam man im Anfang des Weltkrieges begeisterte Tiraden über den sittlichen Ernst der deutschen Frau zu hören, die als leibhaftiger Gegensatz der leichtfertigen Französin hingestellt wurde. Auch die Frage, ob die Frau ein größeres oder geringeres Geschlechtsbedürfnis als der Mann besitze, wurde erneut aufs Tapet gebracht. ›Die deutschen Frauen haben ... jetzt im Weltkrieg unter den schwierigen Lebensverhältnissen andere Dinge im Kopf, als sich zum Gefäß der Lust zu machen. Die deutsche Frau hat nichts mit jenen entarteten Weibchen gemein, die schon im Frieden, namentlich in großen Städten, den Männern nachjagten‹, schreibt [Gaston] Vorberg [*Das Geschlechtsleben im Weltkriege*, München 1918, S. 26] [...] Es ist hoch an der Zeit, den oft auch ohne Grund verleumdeten Kriegerfrauen Gerechtigkeit widerfahren zu lassen. Unsagbar litten sie in diesen Jahren an Körper wie an Seele. Körperlich, weil sie bei dürftiger Ernährung und erzwungener Enthaltsamkeit eine ihre Kräfte übersteigende Arbeit verrichten mußten, seelisch, weil sie machtlos der Verwahrlosung ihrer Kinder zuschauen und alle Ängste des Krieges, auch abgesehen von der Sorge um den im Felde stehenden Ernährer oder Angehörigen, durchzumachen hatten.«

Frauenfrage – Die gesetzliche Regelung der Rechte und Pflichten der Frau in der Gesellschaft stand in unmittelbarem Zusammenhang mit der Rolle der Frau während des Weltkrieges. Art. 109 der Reichsverfassung von 1919 lautete: »Männer und Frauen haben grundsätzlich dieselben staatsbürgerlichen Rechte und Pflichten.« Die in Charlottenburg lebende Lehrerin Agnes von Zahn-Harnack (1884-1950) publizierte 1915 die Schrift *Der Krieg und die Frauen* und 1928 das Werk *Die Frauenbewegung*.

214 *Montpellier* – Nahe dem Mittelmeer gelegene Hauptstadt des Departements; 82 820 Einw. (1926).

große russische Revolution – Gemeint ist die »große sozialistische Oktoberrevolution« im Jahr 1917 (7./8. 11.) in Petersburg und (12. 11.) in Moskau, die mit dem Sieg der Bolschewiki und der Errichtung der Sowjetrepublik mit Lenin an der Spitze endete.

Lenin – Eigentl. Wladimir Iljitsch Uljanow (1870-1924). Clara Zektin (1857-1933), eine enge Freundin Rosa Luxemburgs (1871-1919), aktive Kommunistin und maßgebliche Theoretikerin der deutschen proletarischen Frauenbewegung, veröffentlichte 1927 ihre *Erinnerungen an Lenin*; Valeriu Marcu (1899-1942), der zu Horváths engerem Bekanntenkreis zählte, publizierte im selben Jahr eine *Lenin*-Biographie.

Idee des revolutionären Krieges – Anspielung Horváths auf das 1926 in deutscher Sprache veröffentlichte Hauptwerk Lenins *Staat und Revolution. Die Lehre des Marxismus vom Staat und die Aufgabe des Proletariats in der Revolution.* Im August und September 1917 geschrieben, betonte Lenin in diesem Werk die Notwendigkeit eines gewaltsamen Sturzes der Bourgeoisie, um die Klassenherrschaft der Bourgeoisie durch die revolutionäre Diktatur des Proletariats zu ersetzen.

Malefizwelt! – Eine »übel gemachte« Welt nach dem lat. malus (für: übel, böse) und facere (für: machen, tun).

Botticelli – Eigentl. Alessandro Filipepi (1444-1510), ital. Maler.

215 *Exposición de Barcelona 1929* – Offizielle spanische Bezeichnung der Weltausstellung in Barcelona.

Nepp – Abgeleitet aus der Gaunersprache von dem Begriff Nepper für: Betrüger, der minderwertige Waren zu überhöhten Preisen verkauft.

spanischen Habsburger – Durch den Vertrag von Worms am 28. 4. 1521 und den Vertrag von Brüssel am 7. 2. 1522 war eine

Teilung des Hauses Habsburg in eine österreichische Linie unter Erzherzog Ferdinand I. (1503-1564) und in eine spanische Linie unter Kaiser Karl V. (1500-1558) erfolgt; Kaiser Karl V. behielt jedoch den Titel eines Erzherzogs von Österreich bei.

Calle Cortes – Eigentl. Calle de las Cortes, eine über 7 km lange Nord-Süd-Straße in Barcelona.

216 *Nebbich* – Ein Niemand; die Herkunft des Wortes ist unklar; das jidd. nebach oder nebich ist ein Ausruf des Mitleids, des Erbarmens. – Siehe auch S. 366 f.

habt keine Seele – Vgl. hierzu Horváths Protest *Sie haben keine Seele* (Band 15) anläßlich der Kritik von Heinrich Mann (1871-1950) in der ›Literarischen Welt‹ vom 4. 4. 1930 an der Anthologie 24 *neue deutsche Erzähler*.

S.M. – Abkürzung für: Seine[r] Majestät.

des Königs von Spanien – Alfons XIII. (1886-1941), nominell seit seiner Geburt König von Spanien, übernahm 1902 die Regierungsgeschäfte von seiner Mutter, der österr. Erzherzogin Maria Christina. Nach einem Putsch des Generalkapitäns von Barcelona, Miguel Primo de Rivera y Orbaneja (siehe S. 376) am 13. 9. 1923 errichtete Primo de Rivera im Einvernehmen mit dem König am 15. 9. 1923 eine Militärdiktatur. Auf Druck der öffentlichen Meinung mußte Primo de Rivera am 28. 1. 1930 von Alfons XIII. entlassen werden.

218 *Geist von Locarno* – Vom 5.-16. 10. 1925 fand zwischen der deutschen, belgischen, britischen, französischen, italienischen, polnischen und tschechoslowakischen Regierung in Locarno eine Konferenz statt, »um gemeinsam die Mittel zum Schutze ihrer Völker von der Geisel des Krieges zu suchen und für die friedliche Regelung von Streitigkeiten jeglicher Art, die etwa zwischen einigen von ihnen entstehen könnten, zu sorgen«, wie es im Schlußprotokoll des Locarno-Paktes vom 16. 10. 1925

hieß. Seit damals bezeichnete man eine auf Versöhnung ausgerichtete Politik als eine Politik im »Geist von Locarno«.

219 *ad maiorem* – Abwandlung des Leitspruchs der Jesuiten: »Ad maiorem Dei gloriam« (dt.: Zum größeren Ruhme Gottes). Erstmals in den *Dialogi* (593 oder 594) von Gregor dem Großen (um 540-604; Papst seit 590); später auch in den *Canones et decreta oecumenici concilii Tridentini* (1545-1563). Durch die Briefe des Ignatius von Loyola wurde der Ausspruch zum Wahlspruch des Jesuitenordens.

Mont Juich – Auch: Monjuich; 213 m hoher, felsiger, steil zum Meer abfallender Hügel mit dem Ausstellungsgelände am Nordwesthang.

Gralsburg – Gemeint ist die von Wolfram von Eschenbach (1170-1220) im Versroman *Parzival* erwähnte Burg Munsalvæsche.

Säule des Kolumbus – Monumento de Colon; eine 60 m hohe Säule mit einer 8 m hohen Bronzestatue von Kolumbus; 1886 von C. Buigas Monrava geschaffen.

Vergnügungspark – Parque de la Ciudada, an der Stelle der ehemaligen Zitadelle für die Weltausstellung 1888 angelegt, mit einer Cascada (Wasserfall).

220 *Stierkampf* [. . .] *Corrida de Toros* – Seit dem 17. Jh. in Spanien meist an Sonn- und Feiertagen von Ostern bis Oktober. – Vgl. hierzu auch in dem 1930 erstmals erschienenen Roman *Erfolg. Drei Jahre Geschichte einer Provinz* von Lion Feuchtwanger (1884-1958) das Kapitel »Stierkampf« (im 3. Buch).

»Ritter« statt »Herren« – Span. Caballero und Señores.

stolz sind die Spanier – Nach Friedrich Schiller, *Dom Karlos* (1787): »Stolz will ich/Den Spanier« (III,10).

Don Quichotte oder Sancho Pansa – Die beiden Hauptfiguren aus dem Roman *El ingenioso hidalgo Quixote de la Mancha* (1605 und 1615; dt.: Der scharfsinnige Edle Herr Don Quijote de la Mancha) von Miguel de Cervantes Saavedra (1547-1616), der große hagere Ritter »von der traurigen Gestalt« und sein Knappe Sancho Pansa, ein kleiner, rundlicher, pfiffiger Bauer.

223 *Vivisektion* – Experimentelle operative Eingriffe an lebenden Tieren; in Preußen war die Vivisektion seit 1885 durch einen Erlaß des Kultusministers auf physiologische Institute beschränkt; auf Betreiben der Tierschutzorganisationen ging am 3. 4. 1930 ein Runderlaß an alle Medizinalbehörden, Vivisektionen unter besonderer Beachtung humanitärer Forderungen nur noch im Interesse der Erkennung, Verhütung und Heilung menschlicher und tierischer Erkrankungen vorzunehmen.

224 *polnischen Korridor* – 30 bis 90 km breiter Landstreifen, der Ostpreußen (und die Freie Stadt Danzig) vom deutschen Reichsgebiet trennte. Durch diese im Versailler Vertrag festgelegte Regelung erhielt Polen Zugang zum Meer.

225 *mit der Seele?* – Vgl. auch S. 44 u. 237.

Sphinx – Siehe hierzu *Geschichten aus dem Wiener Wald* 4, 50, 142 u. 225.

Psychoanalyse – Sigmund Freuds (1856-1939) Heilmethode geistiger Krankheiten durch Bewußtmachen der ins Unterbewußtsein verdrängten Komplexe. – Siehe auch *Italienische Nacht* Bd. 3, 175-178.

grüß mich nicht Unter den Linden – Anspielung auf Gerhart Hauptmanns (1862-1946) Spaziergänge Unter den Linden in Berlin, wo er von den Passanten ehrerbietig gegrüßt wurde. Die vom Brandenburger Tor zum Lustgarten führende Prachtstraße war vom Großen Kurfürsten Friedrich Wilhelm (1620-1688) angelegt worden; von Heinrich Heine (1797-1856) als »Lieblingsspaziergang so vieler großer Männer« charakterisiert und von E.T.A. Hoffmann (1776-1822) als »Sammelplatz des höheren, durch Stand oder Reichtum zu üppigerem Lebensgenuß berechtigten Publikum« bezeichnet (nach Karl Voß, *Reiseführer für Literaturfreunde Berlin. Vom Alex bis zum Kudamm*, Frankfurt/Main–Berlin–Wien 1980, S. 98).

226 *geschmerzt* – Süddeutsch mundartl. für: leicht empfindlich, angerührt.

Milwaukee – Größte Stadt im Staat Wisconsin (USA); 578 250 Einw. (1930), davon 45% Deutsche und 65% Deutschsprechende.

Libido – Nach dem gleichbedeutenden lat. Wort für: Begierde, Geschlechtslust, Trieb, von Albert Moll (1862-1939) in seinen *Untersuchungen über die Libido sexualis* (1897/98) geprägter und von Sigmund Freud übernommener Begriff. – Horváths Anspielung, Adolf Kaufmann wäre *nach Zürich gefahren, um seine Libido kurieren zu lassen*, bezieht sich auf die Auseinandersetzungen zwischen Sigmund Freud und C. G. Jung (1875-1961). Während Freud die Libido als Energie des menschlichen Geschlechtstriebes interpretierte, definierte Jung sie als allgemeine Lebensenergie. C. G. Jung war von 1905 bis 1913 Privatdozent in Zürich und lebte dann als Nervenarzt in Küßnacht bei Zürich, von 1933 bis 1940 Professor in Zürich, von 1945 an in Basel.

Sozialversicherung – Durch eine Kaiserliche Botschaft vom 17. 11. 1881 (auch: »Novemberbotschaft«) wurde Otto von Bismarcks (1815-1898) Idee einer Sozialversicherung angekündigt; 1883 wurde die Krankenversicherung, 1884 die Unfall- und 1889 die Invaliden- und Altersversicherung eingeführt. 1911 folgte die Einführung einer Angestellten- und 1927 einer Arbeitslosenversicherung. Die Mittel für die Sozialversicherung wurden aus Beiträgen der versicherten Arbeitnehmer und des Arbeitgebers aufgebracht, wodurch für die Unternehmer eine zusätzliche finanzielle Belastung entstand.

229 *Metz* – Hauptstadt des ehem. deutschen Regierungsbezirks Lothringen mit überwiegend franz. Bevölkerung; 69 620 Einw. (1926). 1918 fiel Metz, das seit dem Frankfurter Vertrag vom 10. 5. 1871 zu Deutschland gehört hatte, nach Art. 51 des Versailler Vertrages wieder an Frankreich zurück, weshalb *die pikante Französin aus Metz* [...] *sich heimlich über den Versailler Vertrag* freute.

230 *das Rheinland räumen* – Auf Grund des Vertrages von Versailles vom 28. 6. 1919 (Art. 428 ff.) waren die westl. Rheingebiete und die auf dem Ostufer des Rheins gelegenen Städte Köln, Koblenz, Mainz und Kehl von den Siegermächten besetzt worden. Die erste Zone (Köln und ein linksrheinischer Gebietsteil) sollte nach 5 Jahren, die zweite Zone (Koblenz und ein weiterer linksrheinischer Gebietsteil) nach 10 Jahren, alle anderen Gebiete sollten nach 15 Jahren, gerechnet vom 10. 1. 1920 an, geräumt werden. Wegen Verletzungen des Versailler Vertrages waren 1921 auch rechtsrheinische Städte und 1923 große Teile des Ruhrgebietes von franz. und belg. Truppen besetzt worden. Die Räumung der ersten Zone erfolgte im Januar 1926. Auf der ersten Haager Konferenz (6.-31. 8. 1929) erlangte der deutsche Außenminister Gustav Stresemann (1878-1929) die Zusage, daß die zweite und dritte Zone am 30. 6. 1930 geräumt würden.

Amanullah – Aman Ullah (1892-1960), Emir (König) von Afghanistan, dritter Sohn des Emirs Habib Ullah (s. u.), erreichte 1919 von England die Unabhängigkeit; 1928 besuchte er als erster Monarch nach dem Krieg Deutschland; überstürzte Reformbestrebungen führten zu einem Aufstand, der am 14. 1. 1929 seinen Rücktritt bewirkte.

Habibullah – Habib Ullah (geb. 1872), seit 1901 Emir von Afghanistan, verfolgte eine englandfeindliche Politik, blieb während des 1. Weltkrieges neutral. Am 21. 2. 1919 wurde er ermordet.

Abd el Krim (1880-1963), Vorkämpfer der marokkanischen Freiheitsbewegung, führte 1921 den Aufstand gegen die Spanier und wurde am 1. 2. 1922 zum Emir proklamiert. 1925 kämpfte er gegen die Franzosen, wurde im Mai 1926 von Frankreich und Spanien besiegt und auf die Insel Réunion (bis 1947) verbannt.

General Feng – Feng Yü-siang (1880-1948), chinesischer General, genannt »der christliche General«, beteiligte sich an der Revolution von 1911, besetzte 1924-1926 Peking. 1925 schloß er sich Tschiang Kai-Schek (1887-1975) an und war 1927-1929 Kriegsminister der Kuomintang-Regierung.

vergast – Siehe auch S. 294 f.

einen friedlichen Herrn – Anspielung auf Prinz Karl Anton Rohan (1898-1975), österr. Publizist, der seit 1925 die Monatsschrift ›Europäische Revue‹ in Berlin herausgab und zu den Kritikern der Paneuropa-Bewegung von Coudenhove-Kalergi zählte.

232 *»Nur wer sich wandelt, bleibt mit mir verwandt«* – Auf S. 129 des Typoskripts hs hinzugefügtes Zitat nach Friedrich Nietzsche (1844-1900), *Jenseits von Gut und Böse. Vorspiel einer Philosophie der Zukunft* (1886). – Siehe auch Bd. 4,242.

233 *Lindt* – Vgl. auch *Stunde der Liebe* (Band 15).

Mutter hatte keine Lieder – Nach *Die Gesänge* (1804) von Johann Gottfried Seume (1763-1810): »Wo man singet, laß dich ruhig nieder,/[...] Bösewichter haben keine Lieder.«

Kopfgrippe – Umgangssprachl. für Erscheinungsformen der Gehirnentzündung (Encephalitis lethargica) oder der Hirnhautentzündung, wie sie als Folge der Grippeepidemie 1918-1923 auftrat.

Ludwigskirche – Gegenüber der Schellingstraße an der Ludwigstraße gelegen; der Grundstein für den Bau der Kirche nach Plänen Friedrich von Gärtners (1792-1847) wurde am 25. 8. 1829 gelegt. 1834 war der Rohbau fertiggestellt; die Einweihung fand am 29. 8. 1844 statt. Das Chorfresko von Peter von Cornelius (1873-1867) war mit 18,5 m Höhe und 11,3 m Breite das größte Kirchenfresko Deutschlands.

234 *»Zehn Tage, die die Welt erschütterten«* – *Oktjabr* (dt.: Oktober) war der Originaltitel des sowjetischen Films, den Sergej Michailowitsch Eisenstein (1898-1948) 1927, aus Anlaß des 10. Jahrestags der Oktoberrevolution, nach dem Buch *Ten Days that Shook the World* (1918 in New York erschienen) von John Reed (1887-1920), verfilmte. Unter diesem Titel wurde der Film, der den Sturz der Regierung Alexander Kerenskis (1881-1970) durch Lenin zum Inhalt hatte, in den USA gestartet. Diese Fassung kam 1928 auch in die deutschen Kinos. Die deutsche Buchausgabe von John Reeds Bericht in der Übersetzung von Willi Schulz erschien im Verlag für Literatur und Politik, Wien–Berlin, 1927 und erreichte 1928 das 31.-40. Tausend.

Großfilm – Oberbebegriff für sog. »Monumental-«, »Kolossal-« oder »Super-Kolossal-Filme«, als die aufwendige Produktionen wie *Die zehn Gebote* (1923), *Die Nibelungen* (1924), *Ben Hur* (1926) u. a. angekündigt wurden.

235 *»Honny soit qui mal y pense«* – Dt.: »Ein Schuft (eigentl.: beschimpft sei), wer dabei an Schlechtes denkt«; Ausspruch nach König Eduard III. (1312-1377). – Siehe Bd. 3,187.

Zahntechniker – Im Unterschied zu derjenigen von Zahnärzten mit Universitätsstudium war die Ausbildung zum Zahntechniker eine handwerkliche. In Deutschland durfte, im Gegensatz zu anderen Staaten, der Zahntechniker auch operative Arbeiten ausführen. Nach einer staatlichen Prüfung wurden Zahntechniker auch für Krankenkassen zugelassen und durften dann die Bezeichnung »Dentist« führen.

Waffenstillstand – Montag, 11. 11. 1918 um 12.00 Uhr. – Siehe *Don Juan kommt aus dem Krieg* Bd. 9,147.

Bohèmenatur – Künstlernatur; nach den von Henri Murger (1822-1861) in der Zeitschrift ›Corsaire‹ 1845 veröffentlichten Skizzen und Anekdoten aus der Pariser »Probezeit des Künstlerdaseins«. – Siehe auch Bd. 4,219 f.

Montmartre – Stadtteil von Paris (18ᵉ Arrondissement); vor allem im 19. Jh. das Künstlerviertel von Paris.

Morgue – Leichenschauhaus von Paris, an der östl. Spitze der Îsle de la Cité gelegen; bis 1907 wurden dort die Leichen Unbekannter drei Tage hindurch ausgestellt.

landete beim Film – Über das »männliche Schönheitsideal im Film« schrieb Curt Moreck 1926 in seiner *Sittengeschichte des Kinos* (S. 240 f.): »Der Typ, der diesen Vorbedingungen vollauf entspricht, darf als das moderne männliche Schönheitsideal angesprochen werden. ›Er muß groß und schlank sein und ein energisches Gesicht haben – wie in Damenbüchern geschrieben steht – regelmäßige, scharfgeschnittene Züge und breite Schultern‹, bemerkt Urban Gad [*Der Film, seine Mittel, seine Ziele*, Berlin 1920] und fährt fort: ›Als Filmsachverständiger erlaube ich mir noch hinzuzufügen, daß er sympathisch sein, ein hübsches Lächeln und einen ausgesprochen männlichen Typ haben muß.‹ Von erheblicher Wichtigkeit ist ferner noch, daß er sich elegant zu kleiden und schneidig zu bewegen weiß, daß er Überlegenheit offenbart und den Mann von Welt markiert.«

Hilfsregisseur – Frühere Bezeichnung für den Regie-Assistenten.

»Der bethlehemitische Kindermord, oder Ehre sei Gott in der Höhe« – Eine Verfilmung des bei Matthäus (2,16) erwähnten Vorfalls konnte nicht festgestellt und ein Film gleichen oder ähnlichen Titels nicht verifiziert werden.

Glashaus – Nach dem Sprichwort: »Wer im Glashaus sitzt, soll nicht mit Steinen werfen!«

Dialektik – Der Begriff (nach dem griech. Ausdruck für: Unterredungskunst) als philosophische Auseinandersetzung ist hier von Horváth bewußt im Sinn von Karl Marx verwendet, nach dem die Dialektik darin bestand, »in dem positiven Verständnis des Bestehenden zugleich auch das Verständnis seiner Negation, seines notwendigen Untergangs einzuschließen«.

sexualer und sexualethischer Neugier – Vgl. Eduard Fuchs, *Illustrierte Sittengeschichte vom Mittelalter bis zur Gegenwart* (Bd. 3, S. 410): »Von Turin berichtet Robert Michels in seinem Buche *Die Grenzen der Geschlechtsmoral*, daß es hier mehrfach Schneiderinnenateliers gibt mit 20 oder 30 Arbeiterinnen, die alle heimlich der Prostitution obliegen und zwar in den betreffenden Häusern selbst. Michels schreibt: ›Weiter gibt es – ich spreche hier aus eigener, aus sexualer und sexualethischer Neugier gesammelter Erfahrung – vielerorts, z. B. in Turin, Schneidereien, Nähstuben, meist im zweiten oder dritten Stock stark bewohnter Häuser gelegen.‹«

tiefes stilles Wasser – Nach dem Sprichwort: »Stille Wasser sind tief.«

strickte Strümpfe – Anspielung auf die Nornen, die nordischen Schicksalsgöttinnen, die an der Wurzel des Weltenbaumes an einem Brunnen sitzen und die Weltesche begießen. Sie spinnen und weben die Fäden des Geschicks; ihrem Spruch kann niemand entgehen.

237 *produktiv gestalten* – Anspielung auf Friedrich Engels, daß »ein Monopol der herrschenden Klasse in ein Gemeingut der ganzen Gesellschaft verwandelt und weiter fortgebildet werde«.

»Im Anfang war die Prostitution« – Vgl. den Beginn des Johannesevangeliums (1,1): »Im Anfang war das Wort.«

238 *Radierer* – Kupferstecher.

239 *Prunelle* – Süßer, olivgrüner Likör mit Bittermandelgeschmack.

Schnee – Geld; geht zurück auf die um 1920 in Berlin aufgekommene Bezeichnung für Heroin bzw. Kokain, die als weißes Pulver angeboten wurden.

Oktoberfest – Am 12. 10. 1810 gestiftetes Fest auf der Theresienwiese im Südwesten Münchens, das seit 1911 alljährlich in den letzten beiden Septemberwochen begangen wird. – Siehe auch *Kasimir und Karoline* 5, 141.

des Löwenmädchens Lionella – »›Lionella‹ das Löwenweib« wurde von dem Dresdner Schausteller O. Seifert zum ersten Mal 1920 auf dem Oktoberfest gezeigt. Auf Plakaten waren die »besonderen Kennzeichen« angeführt: »Ist das einzige weibliche Wesen, welches als Weib und halb Löwe zu begegnen ist. Oberschenkelknochen ist mit Beckenknochen verwachsen, Kniescheiben fehlen, vordere Tatzen weisen rechts wie links 6 Zehen, hintere je 8 Zehen auf, im ganzen 28 Zehen. Kann infolge ihres tierischen Körperbaues blos auf vier Gliedmaßen sich fortbewegen. Ein Teil des Körpers ist behaart. Alter 26 Jahre. Gesicht normal und hübsch, geisteshochgebildet, kann, so gut es mit ihren Tatzen geht, schreiben« (zit. nach: *175 Jahre Oktoberfest. 1810-1985*, München 1985, S. 83).

Herr Doktor – Vgl. S. 34 f.

Kaffeehausmusiker – Vgl. S. 35 f.

Herr Brunner – Vgl. S. 36.

241 *alles um das Geld* – Nach dem Sprichwort »Geld regiert die ganze Welt« vom lat. »Pecunia una regimen est rerum omnium« von Publius Syrus (1. Jh. v. Chr.).

Limousine – Nach der franz. Landschaft Limousin benanntes Auto mit festem Verdeck.

Briefe Vincent van Goghs – Gemeint ist die deutsche Ausgabe (von Margarete Mauthner) in 2 Bänden, von denen 1928 das 28. Tausend erschien. – Siehe auch S. 407.

Buddha – Siddhatta (auch: Siddharta; um 560-480 v. Chr.), Stifter des in Benares verkündeten Buddhismus. – Siehe auch *Zur schönen Aussicht* Bd. 1,313.

242 *Er persönlich* – Anspielung auf Gustav Meyrink (eigentl. Gustav Meyer, 1868-1932) und dessen Novellensammlung *Des deutschen Spießers Wunderhorn*, 1913 erschienen und 1923 auch in den 4. und 5. Band seiner *Gesammelten Werke* aufgenommen; am 19. 1. 1928 feierte der in Starnberg lebende Schriftsteller seinen 60. Geburtstag. 1927 war der Protestant Meyrink zum Mahajama-Buddhismus übergetreten. Im Gegensatz zum ursprüngl. Buddhismus, der keine Seele und keinen Gott kannte, war im Mahajama der Glauben an beides zu finden. In gottähnlicher Weise thronte Buddha in seinem Paradies, wo die Seelen der Frommen in Lotoskelchen wiedergeboren werden, um nach einer Frist zur Lotosblüte selbst aufzusteigen. In der Novelle *Tschitrakarna, das vornehme Kamel* steht die japanische Lebenslehre »Buschido« im Mittelpunkt von Meyrinks Fabel. – Siehe auch S. 67.

Rainer Maria Rilke – (1875-1926), dessen Gedicht *Einsamkeit* später (S. 249) zitiert wird. Horváths Freund Heinrich Emhardt berichtet, daß sie gemeinsam »Rilke auf komische Stellen« absuchten (Dietmar Grieser, *Ein sogenannter schmucker Markt. Murnau und seine Horváth-Schauplätze*, in: D. G., *Schauplätze österreichischer Dichtung. Ein literarischer Reiseführer*, München–Wien ²1974, S. 118-126; hier S. 126).

243 *Es ist strengstens verboten ...* – Schilder, die früher in den Straßenbahnen in der Nähe des Wagenführers angebracht waren.

244 *›Neuesten‹* – ›Münchner Neueste Nachrichten‹, 1848 von Robert Schurig gegründet, ging 1881 in den Besitz des Verlages Knorr & Hirth über; erschien täglich, war national ausgerichtet, bezeichnete sich selbst als »unabhängig national«.

Glyptothek – Der früheste Museumsbau in Deutschland (1816-1830) von Leo von Klenze (1784-1864) mit antiken Bildwerken, die König Ludwig I. (1786-1868) in den Jahren 1805-1816 als Kronprinz gesammelt hatte, darunter auch griechische und römische Originale.

von Saal zu Saal – In der Glyptothek waren insgesamt 14 Ausstellungsräume: Assyrischer, Ägyptischer und Archaischer Saal (I-III), Apollo-, Bacchus-, Niobiden- und Göttersaal (V-VIII), Trojanischer, Heroen- und Römer-Saal (X-XII), Saal der Bronzen und farbigen Bildwerke (XIII) und der Saal der Leda (XIV).

Göttin der Liebe – Im Niobiden-Saal (VII) befand sich (Nr. 258) eine Kopie der Aphrodite von Knidos des Praxiteles (um 400-um 300 v. Chr.).

Logenplätze – Vgl. hierzu Curt Moreck, *Sittengeschichte des Kinos* (S. 209): »Bei einer gewissen Schicht des Publikums nämlich sind die Kinos, wo es am dunkelsten ist, am beliebtesten; am meisten zu schätzen wissen diesen Umstand unbedingt die verliebten Paare. Ihre Vorliebe für die Dunkelheit der Kinos hat nämlich ihren Grund darin, daß sie ziemlich ungestört verstohlene Zärtlichkeiten austauschen und noch ungestörter miteinander sprechen können, weil eine gedämpfte Unterhaltung im Kino die übrigen Zuschauer nicht tangiert. Größere Freiheiten erlauben je nach der Lage und Anlage des Raumes die Logenplätze denen, die mit dem Besuch des Kinos auch noch andere Zwecke verfolgen als die reine Befriedigung ihrer Schaulust und ihres Verlangens nach Zeitvertreib.«

Bahnsteigkarte – Das Bahngelände durfte nur mit einer gültigen Fahrkarte betreten werden bzw. mit einer sog. »Bahnsteigkarte«

für die begleitende Person; diese Bahnsteigkarte war nur bis zur Abfahrt des Zuges gültig.

245 *Harry Priegler* – Nach Gustl Schneider-Emhardts Darstellung war der Eishockeyspieler Georg Schröttle vom S.C. Riessersee Vorbild für diese Figur. Schröttle gehörte auch zur deutschen Mannschaft der Olympischen Winterspiele 1928 in St. Moritz. Am 12. 2. 1928 beim Spiel Deutschland-Österreich hatte man »mit einer glatten Niederlage« (›Münchner Neueste Nachrichten‹, 13. 2. 1928) gerechnet, aber das Spiel endete 0:0; als »Auswechselleute bewährten sich Sachs und Schröttle in zufriedenstellender Weise«.

Schweinermetzger – Siehe hierzu Birgit Muth, *Politisch-gesellschaftliche Hintergründe in Ödön von Horváths Roman* (S. 71): »Im Adreßbuch von 1929 war ein Schweinemetzger namens Georg Schröttle in der Rosenheimerstraße 80 zu finden; vielleicht war er der *reiche Schweinemetzger*, also Vater des bekannten Eishockeyspielers Georg Schröttle, alias Harry Priegler.«

Stürmer – Schröttle spielte als Stürmer in der deutschen Nationalmannschaft.

seiner Mannschaft – Nach den ›Münchner Neuesten Nachrichten‹ vom 30. 1. 1928 war die deutsche Nationalmannschaft eine »Kombination zwischen den beiden stärksten Vereinen S.C. Riessersee und Berliner Schlittschuhklub. Es spielen: Leis (Riessersee) im Tor; Hans Schmid und Kreisel (beide Riessersee) in der Verteidigung; Jaenecke (Schlittschuhklub), Romer (Schlittschuhklub) und Schröttle (Riessersee) im Sturm. Auswechselleute sind Sachs und Kittel (Schlittschuhklub).«

246 *Spieles in der Schweiz* – Anläßlich der II. Olympischen Winterspiele vom 11. bis 19. 2. 1928 in St. Moritz.

»schwarzer Einser« – In Pasing bei München gedruckte

schwarze 1-Kreuzer-Marke für Orts- und Drucksachenporto; gültig vom 1. 11. 1849 bis 1. 8. 1864.

»sächsischer Dreier« – Die »Drei Pfennige«-Marke von Sachsen aus dem Jahr 1850 gehört zu den Seltenheiten der Philatelie.

attachiert – Veralteter Ausdruck für: sich jemandem anschließen, nach dem franz. attacher für: anbinden, festmachen.

Aus Liebe – Am 9. 2. 1928 erregte der Prozeß über die »Steglitzer Schülertragödie« Aufsehen. Der Primaner Paul Krantz und sein Freund Günther Scheller hatten beschlossen, um Juni 1927 die Schwester Schellers und deren Verehrer zu erschießen und dann gemeinsam Selbstmord zu begehen. Scheller führte den Vorsatz aus. Krantz wurde des Mordes angeklagt, am 20. 2. 1928 aber freigesprochen.

unsere Kolonien – Vgl. *Zur schönen Aussicht* 1,172, *Sladek* 2,17, *Italienische Nacht* 3,18 u. 70, *Jugend ohne Gott* 13,12 f. – Siehe Bd. 2, 161, Bd. 13,161 f.

248 *Flügel der Verblödung* – Abwandlung Horváths von »des Geistes Flügeln« in Goethes *Faust*. »Auf den Flügeln eines Kriegsgesangs« heißt es in *Die Jungfrau von Orleans* (1801; 5,11) von Friedrich Schiller und »Auf den Flügeln des Gesanges« in *Lyrisches Intermezzo* (1822) bei Heinrich Heine (1797-1856).

249 *Die Einsamkeit ...* – Achner *rezitierte Rainer Maria Rilke* (S. 242), und zwar dessen 1902 in Paris entstandenes Gedicht *Einsamkeit*, 1906 in das *Buch der Bilder* aufgenommen (Neuausgabe: Frankfurt/Main 1973, S. 37).

Bulgarien – Seit 1879 Königreich mit Sofia (1926: 213 160 Einw.) als Hauptstadt; unter den Waren des Außenhandels stand Tabak an 11. Stelle (1925).

250 *Soziussitz* – Beifahrersitz auf dem Motorrad.

251 *Possenhofen* – Am Westufer des Starnberger Sees gelegen.

Kaiserin von Österreich – Elisabeth von Österreich (1837-1898) heiratete 1854 Kaiser Franz Joseph I. (1830-1916).

ein König von Bayern – Ludwig II. (1845-1886).

Roseninsel – Bewaldete kleine Insel im Starnberger See mit einer im pompejanischen Stil erbauten Villa von Maximilian II. (1662-1726).

Schloß Berg – Sommersitz und letzter Aufenthalt von König Ludwig II., 1640 erbaut und 1851 verändert. In diesem Schloß trafen sich im Sommer 1864 Ludwig II. und Prinzessin Sissi, die spätere Kaiserin von Österreich.

252 *Feldafing* – Am Starnberger See gelegene Sommerfrische.

Golfplatz – Der Golfplatz von Feldafing wird bereits 1928 im Baedeker erwähnt (Karl Baedeker, *München und Südbayern. Handbuch für Reisende*, Leipzig 1928, S. 105).

Bowel – Auch: Pofel (nach dem Jidd. für: Babel, babylonische Verwirrung) für: wertloser, abgelagerter Kram.

Tutzing – Sommerfrische am Starnberger See; 2900 Einw. (1928).

Benediktenwand – Langgestrecktes Massiv der bayer. Voralpen, 1803 m hoch.

Mauerkircherstraße acht – Straße im Münchner Stadtteil Bogenhausen. Im Haus Nr. 8 war 1918 auch die Wohnung der Familie Horváth.

Berliner Sportpalast – Unter der Bezeichnung »Hohenzollern-Sportpalast« wurde der Bau in der Potsdamer Straße am 11. 12.

1910 eingeweiht als »größte Eisbahn der Welt«. 1911 fand erstmals das Sechstagerennen im Sportpalast statt; ab 1918 gehörten Eishockeyspiele zur großen Mode.

254 *Meineckestraße* – In Berlin-Wilmersdorf, führt vom Kurfürstendamm zur Schapernstraße, parallel zur Joachimstalerstraße; benannt nach dem Historiker Friedrich Meinecke (1862-1954).

Barsoi – Russische Windhundrasse.

Franz-Josef-Straße – In München-Schwabing; verbindet die Leopoldstraße mit der Kurfürstenstraße.

im Training gehindert – Parallele zu *Stunde der Liebe* (Band 15).

Fürstenstraße – In der Innenstadt von München, zwischen Wittelsbacher Platz und Theresienstraße.

hat er mir auseinandergesetzt – Textparallele zu *Geschichten aus dem Wiener Wald* 4,81 u. 194.

Albert von Reisinger – Anspielung auf den Schriftsteller Hans Reisiger (1884-1968), der zeitweise in München lebte und als Autor psychologischer und historischer Romane geschätzt war.

Amalienstraße – An der Münchner Universität beginnend, führt sie bis zur Gabelsberger Straße.

255 *Forstenrieder Park* – Südwestlich von München gelegenes großes Waldstück.

257 *»Und die Liebe . . .* – Auf S. 160 des Typoskripts hs hinzugefügt; zit. nach dem *Ersten Brief an die Korinther* (13,8): »Die Liebe hört niemals auf«. – Auch Motto zu *Kasimir und Karoline* 5,67.

Landeswetterwarte – Im Deutschen Reich gab es Landeswetterwarten in Preußen, Sachsen, Thüringen, Hessen, Württemberg, Baden und Bayern.

wegen gewerbsmäßiger Verbreitung unzüchtiger Schriften – Nach § 184 des StGB wurde »derjenige, der unzüchtige Schriften, Abbildungen und Darstellungen verbreitet oder besonders jugendlichen Personen zugänglich macht« mit einer Geld- oder Gefängnisstrafe belegt. Als »unzüchtig« galten alle jene Schriften, Abbildungen und Darstellungen, »die objektiv geeignet sind, das Scham- und Sittlichkeitsgefühl in geschlechtlicher Beziehung zu verletzen«.

258 *Waffenstudent* – Mitglied einer »schlagenden Verbindung«, einer waffentragenden Burschenschaft.

Couleur – Anfang des 19. Jhs. aufgekommenes Band mit drei verschiedenen Farbstreifen, das von der rechten Schulter zur linken Hüfte getragen wurde. Auch die Schirmmütze zeigte durch dieselben Farben die Zugehörigkeit zu einer der studentischen Verbindungen an.

259 *Städtisches Arbeitsamt* – In München Thalkirchner Straße 54. – Am 7. 7. 1927 hatte der Reichstag mit 356 gegen 47 Stimmen ein neues Gesetz über Arbeitsvermittlung und Arbeitslosenversicherung angenommen, das die Reichsanstalt für Arbeitsvermittlung und Arbeitslosenversicherung in Berlin zum Träger der Arbeitsämter machte. Das Gesetz trat am 16. 10. 1927 in Kraft, die Neuorganisation der Arbeitsämter sollte bis 1. 10. 1928 abgeschlossen sein. Bis zu diesem Zeitpunkt sollte auch das Arbeitsamtsgebäude in München (seit 1895 städtisch) aus dem Verwaltungsbereich der Stadt München in das Eigentum der Reichsanstalt überführt sein, doch zogen sich die Verhandlungen über die Entschädigung bis Juni 1931 hin.

Oberpfalz – Regierungsbezirk in Bayern mit Regensburg (1925: 31 500 Einw.) als Hauptstadt.

Reichswehrkompanie – Siehe *Sladek* 2,151.

260 *Doppeldecker* – Flugzeug mit zwei übereinander befindlichen Tragflächen. Das in den USA gebaute Curtiss-Großverkehrsflugzeug »Condor« war ein Doppeldecker, ebenso das franz. Blériot-Kampfflugzeug und das »Bristol«-Kampfflugzeug, die Standardtype der britischen Luftwaffe.

Herrn von Löwenstein – Vermutl. Anspielung auf die 63jährige Prinzessin zu Löwenstein-Wertheim-Freudenberg, die am 3. 9. 1927 von Windsor aus als erste Frau den Atlantik überfliegen wollte. Das Flugzeug mit seiner Besatzung wurde als verschollen gemeldet.

261 *Oase Biskra* – Im südl. Algerien gelegene Oase in unmittelbarer Nähe der Stadt Biskra; auf der 5 km langen Oase waren 150 000 Dattelpalmen und mehrere tausend Fruchtbaume gepflanzt. An Sidie Nádherný von Borutin (1885-1950) schrieb Rilke am 21. 1. 1923, daß er auf seiner Reise schon an seiner zweiten Station »ins Biskra, ein halbes Leben geblieben« wäre. (Zit. nach: Ingeborg Schnack, *Rainer Maria Rilke. Chronik seines Lebens und seines Werkes*, Frankfurt/Main 1975, Bd. 1, S. 359 f.)

unter Palmen wandeln – Nach Johann Wolfgang Goethe, *Die Wahlverwandtschaften* (1809): »Es wandelt niemand ungestraft unter Palmen.« Schon Gotthold Ephraim Lessing (1729-1781) hatte den Tempelherrn in *Nathan der Weise* (1779) sagen lassen: »Weib, macht mir die Palmen nicht verhaßt, worunter ich so gern sonst wandle« (1,6).

Schweinerei in Sarajevo – Anspielung auf die Ermordung von Erzherzog Franz Ferdinand d'Este (geb. 1863) und dessen Frau Sophie Gräfin Chotek, Herzogin von Hohenberg (geb. 1867), durch den serbischen Gymnasiasten Gavrilo Princip (1895-1918) am 28. 6. 1914 in der bosnischen Hauptstadt Sarajevo.

tschechischer Erzherzog – Anspielung auf die Abstammung der

Frau von Erzherzog Franz Ferdinand. Die Familie Chotek gehörte zwar dem alten böhmischen Adel (seit 1745 im Reichsgrafenstand) an, stand aber rangmäßig weit unter den Habsburgern.

österreich-ungarische Thronfolger – Erzherzog Franz Ferdinand war der älteste Sohn von Erzherzog Karl Ludwig von Habsburg-Lothringen (1833-1896) und als Neffe von Kaiser Franz Joseph I. (1830-1916) nach dem Tode Karl Ludwigs zwar nicht offiziell erklärter, aber faktischer Thronfolger in Österreich. Da nach dem Familienstatut Kaiser Ferdinands I. (1793-1875) vom 3. 2. 1839 die Gräfin Chotek als nicht »ebenbürtig« galt, mußte Franz Ferdinand am 28. 6. 1900, zwei Tage vor seiner Heirat, die Erklärung abgeben, daß er für die aus der Ehe hervorgehenden Kinder auf die Thronfolge verzichte.

Inflation – Siehe Bd. 2,152.

Billionärin – Im November 1923 erreichte die Inflation in Deutschland ihren Höhepunkt. Der Tageslohn eines gelernten Arbeiters betrug in Berlin 3 Billionen Mark. Bei der Währungsreform vom 15. 11. 1923 entsprach eine Billion Papiermark einer Goldmark oder einer Rentenmark.

als österreichischer Staatsbürger – »Ausländer erhalten Erwerbslosenfürsorge nur dann, wenn reichsdeutsche Arbeitslose in dem Heimatstaate der Ausländer nachweislich ebenfalls Erwerbslosenfürsorge beziehen können.« (Wilhelm Morgenroth [Hg.], *Münchner Jahrbuch 1926*, 36. Jg., S. 457)

262 *1915 in Wolhynien* – Im 12. Jh. ein russisches Fürstentum, später eine polnische Woiwodschaft (Provinz), seit 1797 ein russisches Gouvernement. Am 31. 8. 1915 wurde Luzk, die Hauptstadt Wolhyniens, von der k.u.k. Armee eingenommen. Durch den russisch-polnischen Frieden von Riga (18. 3. 1921) fielen Teile von Wolhynien an Polen und an die sowjetische Ukraine.

Kalmücken – Volk aus dem westl. Zweig der Mongolen.

Tom Mix – (1881-1940), 1912 für den Film entdeckt, wurde er zu einem der ersten und populärsten Cowboy-Darsteller.

Gesellschaftsdrama – Gemeint ist der Film *Kleine Affären großer Leute* mit May Murray, der in der letzten Augustwoche 1928 im UFA-Theater in der Dachauer Straße 16 lief. In die Inhaltsangabe arbeitete Horváth auch Handlungselement des Films *Die Dame und ihr Chauffeur* mit Jack Trevor, Elisabeth Pinajeff, Charlotte Ander und Fritz Kampers ein; dieser Film lief Mitte August 1928 in den Kammer-Lichtspielen, Kaufingerstraße 28.

265 *eine Sklavennatur* – Im Herbst 1929 war unter dem Titel *Das Weib als Sklavin* von Dr. Joachim Welzl das »erste Spezialwerk, das das hochbedeutsame Problem der Sexual-Pathologie, den Masochismus der Frau in wissenschaftlich einwandfreier und doch gemeinverständlicher Weise nach allen Seiten durchleuchtet«, erschienen. Die Publikation wurde u. a. auch im ›Simplicissimus‹ (34. Jg., Nr. 23, 2. 9. 1929) annonciert.

Rosenstraße – Fortsetzung der Sendlinger Straße, zum Rathaus und Marienplatz führend.

So ohne Kinder – Parallelstelle in *Geschichten aus dem Wiener Wald* 4, 206.

266 *»Continental«* – Münchner Hotel »allerersten Ranges«, Ottostraße 6, »vornehmes Haus in ruhiger Lage, mit Garten, Restaurant und Bar« (Karl Baedeker, *München und Südbayern*, S. 2).

Müllerstraße – Der von Horváth geschilderte Weg Reithofers führte von der Rosenstraße über den Viktualienmarkt in die Rumfordstraße, die dann – in Richtung Sendlinger-Tor-Platz – in die Müllerstraße übergeht.

ihre vorgeschriebene Reise – Nach Goethes *Faust* (Prolog im Himmel): »Die Sonne tönt nach alter Weise in Brudersphären Wettgesang« usf.

Staatszeitung – Eigentl. ›Bayerische Staatszeitung mit Bayerischem Staatsanzeiger‹, gegr. 1912.

267 *Journalistenausstellung* – Am 12. 5. 1928 wurde in Köln vom damaligen Oberbürgermeister Konrad Adenauer (1876-1967) die Internationale Presseausstellung PRESSA eröffnet; an der bis Oktober dauernden »Weltschau am Rhein« beteiligten sich fast alle europäischen Staaten, Lateinamerika, China und Japan.

Gesoleiausstellung – In Verbindung mit der Düsseldorfer Kunstausstellung wurde am 8. 5. 1926 die »Große Ausstellung Gesundheitspflege, Soziale Fürsorge, Leibesübungen« (= Gesolei) eröffnet; es wurden insgesamt 7,5 Mill. Besucher gezählt.

268 *Automobilausstellungen* – Am 28. 9. 1923 wurde in Berlin die erste Automobil-Ausstellung eröffnet; 77 Hersteller zeigten 118 Autotypen; die Ausstellung fand dann jährlich statt.

landwirtschaftliche Ausstellungen – Seit 1925 wurde in Berlin jährlich die »Grüne Woche« veranstaltet, eine Ausstellung für Land- und Forstwirtschaft, Fischerei, Jagd, Gartenbau, Ländliche Hauswirtschaft, Geflügel, Kaninchen, Imkerei und Hunde. Im Jahr 1928 fand die »Grüne Woche« vom 28. 1. bis 28. 2. statt. – In München gab es landwirtschaftliche Ausstellungen regelmäßig auch parallel zum Oktoberfest.

Grundsteinlegung – Die Grundsteinlegung zum Studien- und Bibliotheksbau des Deutschen Museums in München in Anwesenheit Paul von Hindenburgs (1847-1934) fand am 4. 9. 1928 statt.

vaterländische Heimatkundgebung – Gemeint ist der (3.)

Reichsparteitag der NSDAP in Nürnberg vom 19. bis 21. 8. 1927 und der (4.) Reichsparteitag vom 1. bis 4. 8. 1929.

Katholikentag in Breslau – Seit 1880 wurde jährlich eine Generalversammlung der Katholiken in verschiedenen Gegenden Deutschlands veranstaltet. Die 65. Generalversammlung fand vom 21. bis 25. 8. 1926 in Breslau statt. Die Themen waren u. a. »Christus und die Familie«, »Gewissensfreiheit und nationale Einheit in der Schule«, »Herrschaft der christlichen Grundsätze im Wirtschaftsleben«, »Der Triumph des Königtums Christi in der deutschen Frau«.

Preßburg – Slowakisch: Bratislava, ung.: Pozsony; hatte (1921) 93 330 Einw. (40% Slowaken und Tschechen, 28% Deutsche, 22% Magyaren). – In Preßburg besuchte Horváth 1916/17 die fünfte und 1917/18 die sechste Klasse der königlich-ungarischen Staats-Oberrealschule.

Montenegro – »Schwarzer Berg«, serbokroat.: Crna Gora; selbständiges Königreich (bis 1918) mit 435 000 Einw. (1914). Am 7. 8. 1914 hatte Montenegro Österreich den Krieg erklärt; die härtesten Kämpfe zwischen den Truppen Österreichs und Montenegros fanden im Dezember 1915 und im Januar 1916 statt; am 26. 11. 1918 fiel Montenegro an Jugoslawien.

Pferderennen – In der Tschechoslowakei gab es in Karlsbad (Großer Preis), Pardubitz (Jagdrennen), Prag-Großkuchelbad (Derby) und in Preßburg Rennplätze.

269 *Sonntagskind* – Dem Aberglauben nach sind an einem Sonntag geborene Kinder Glückskinder, die vieles erkennen und sehen können, was anderen verborgen bleibt.

270 *Vorkriegskommerzienrat* – Der Titel Kommerzienrat wurde bis 1918 im Deutschen Reich an hervorragende Finanzmänner, Industrielle und Großkaufleute verliehen. Nach Art. 109 der Weimarer Verfassung wurde der Titel nicht mehr verliehen.

271 *Neu-Ulm* – Von der Stadt Ulm (1928: 56 800 Einw.) durch die Donau getrennt, was für den verheirateten Kommerzienrat besonders wichtig ist; 23 430 Einw. (1925).

Ochsen an der Höhlenwand – Gemeint sind die 1879 entdeckten Höhlenzeichnungen von Altamira (Nordspanien), in die Wand geritzte und farbig (rot und schwarz) ausgemalte Tierdarstellungen aus der Eiszeit; der *Ochse* ist ein Wisent (oder Bison).

Briefmarken – Es handelt sich um die Reihe *Berühmte Deutsche* aus den Jahren 1926/27. Die (grüne) *Fünfpfennigmarke* stellte Friedrich Schiller dar. Goethe war auf der grünen 3-Pf-Marke und auf der blauen 25-Pf-Marke dargestellt. Die (violette) *Vierzigpfennigmarke* zeigte Gottfried Wilhelm Freiherr von Leibniz (1646-1716); hier gemeint ist aber offenbar *jener große Philosoph* Immanuel Kant (1724-1804), dessen philosophisches Hauptwerk *Kritik der reinen Vernunft* 1781, in einer umgearbeiteten Ausgabe 1787, erschienen und der auf der 15-Pf-Marke abgebildet war. Auf der (lilabraunen) *Fünfzigpfennigmarke* war Johann Sebastian Bach (1685-1750), auf der (olivgrünen) *Dreißigpfennigmarke* Gotthold Ephraim Lessing (1729-1781) dargestellt.

273 *Hotel »Deutscher Kaiser«* – In der Nähe des Münchner Hauptbahnhofes, Arnulfstraße 2, gelegen. Der Neubau aus dem Jahr 1894/95 wurde 1922 nochmals umgebaut. 1928 hatte das Hotel 520 Betten, die Preise lagen zwischen 3,50 und 6,50 Mark.

Quellen und Hinweise

1 Bei der Transkription der hs (= handschriftlichen) Texte Ödön von Horváths werden durch

> Sofortkorrekturen,
[ ] Zusätze bzw. Ergänzungen,
⟨ ⟩ Tilgungen,
⟨?⟩ fragliche Lesart bzw. nicht zu ermittelnder Text

markiert. Innerhalb dieser Transkriptionen wird der Autortext durch *Kursivdruck*, der Editortext durch Geradschrift ausgewiesen.

Abkürzungen für den Aufbewahrungsort:

HA/B = Ödön-von-Horváth-Archiv in Berlin an der Akademie der Künste (mit nachfolgender Ordnungsnummer).

U/B = Archiv des Ullstein-Verlages in Berlin.

2 Lotte Fahr (geb. 1898), wohnhaft in München, Gattin eines bekannten Chemikers, hatte Horváth in Murnau kennengelernt und sich mit ihm angefreundet.

3 S. Fischer Verlag, Berlin W 57, Bülowstraße 90. Belege über Horváths Verhandlungen mit dem S. Fischer Verlag fehlen.

4 Hs Original in Privatbesitz; abgedruckt in: Horváth Blätter 1/83, S. 105.

5 Horváths Lesung war eine »Sonderveranstaltung der Volksbühne E.V.« um 20 Uhr »im Bürgersaal des Rathauses, Eingang Königstraße« (heutige Rathausstraße in Berlin-Ost).

6 U/B; abgedruckt in: Horváth Blätter 1/83, S. 103 ff.

7 Vgl. S. 12, 30, 124.

8 Vgl. S. 118.

9 Aufbewahrungsort unbekannt; zit. nach dem Katalog der Stargardt-Auktion vom 22./23. 3. 1983, Nr. 192; auch abgedruckt in: Horváth Blätter 1/83, S. 108.

10 »Berliner Journalist [. . .], der um 1930 mit Horváth befreundet war« (Dieter Hildebrandt, *Ödön von Horváth in Selbstzeugnissen und Bilddokumenten*, Reinbek 1975, S. 53); von ihm stammt auch der bei Hildebrandt (S. 55) zitierte Bericht *Ödön, Berlin hat*

dich nicht vergessen! von Adalbert Bornhagen, in: Neue Zeitung, 12. 8. 1950.

11 Wie 9.

12 U/B; auch in: Horváth Blätter 1/83, S. 109.

13 Dort S. 396-402; da die Arbeit Horváths in dieser Form weder in *Sechsunddreißig Stunden* noch im *Ewigen Spießer* Aufnahme fand, wird sie als selbständiger Beitrag behandelt und in Band 11 (*Sportmärchen und andere Prosa*) der kommentierten Werkausgabe eingeordnet.

14 24 *neue deutsche Erzähler*, S. 419.

15 Brief des Ullstein-Verlages vom 9. 9. 1929 an Horváth; U/B; auch in: Horváth Blätter 1/83, S. 112.

16 Horváth am 25. 9. 1929 aus Marseille an Hans Henny Jahnn; zit. nach: *Hans Henny Jahnn. Schriftsteller und Orgelbauer 1894-1959. Eine Ausstellung*, Wiesbaden 1973, S. 92.

17 Am 15. 10. 1929 schrieb Horváth aus Murnau dem Kritiker Julius Bab (1880-1955): *Es tut mir ganz außerordentlich leid, dass ich Sie gestern in Berlin nicht sprechen konnte –– leider musste ich bereits früh am abend nach hierher fahren.* HA/B; auch in: Horváth Blätter 1/83, S. 114.

18 HA/B, 55a. Zur besseren Orientierung sind die Doppelseiten des Notizbuches fortlaufend gezählt.

19 Ebd., S. 6 f.

20 Ebd., S. 8.

21 Siehe Bd. 1,291.

22 Wie 20.

23 HA/B, 55a, S. 11.

24 Ebd., S. 27.

25 Ebd., S. 38.

26 Ebd., S. 21.

27 [Wilhelm Lukas] k[ristl], *Drei Dichter lesen*, in: Münchener Post, 24. 3. 1930. – Die Lesung, veranstaltet vom S.D.S. (Schutzverband Deutscher Schriftsteller), fand zum »Tag des Buches« im Pressehaus, Bruderstraße 2, statt. Außer Horváth lasen noch Joseph Maria Lutz (1893-1972) und Wolfgang Petzet (geb. 1896).

28 U/B; auch in: Horváth Blätter 2 (1984), S. 120 f.

29 Siehe Bd. 3,141.

30 HA/B,8; auf S. 184 des Typoskripts ist unten rechts der hs Vermerk: »11.VII.30/Pa«.

31 Olaf Gulbransson (1873-1958), norw. Zeichner und Maler, kam 1902 nach München und wurde durch seine Karikaturen im ›Simplicissimus‹ einer der bekanntesten Zeichner. 1929 wurde er Professor an der Akademie in München.

32 Vgl. Horváths Brief vom 4. 11. 1930 an Julius Bab: *Bis heute warte ich leider vergeblich auf ein Exemplar meines Romanes*, und die Nachricht der Werbe-Abteilung des Propyläen-Verlages vom 13. 11. 1930: »Wichtige Besprechungen Ihres Buches sind bisher noch nicht eingegangen. [. . .] Sowie einige Rezensionen vorliegen, werden wir Ihnen diese selbstverständlich zuschicken«, zit. nach: Horváth Blätter 2 (1984), S. 122 f.

33 In einem Prospekt des Propyläen-Verlages aus dem Jahr 1931; Privatbesitz.

34 Anton Kuh, *Oedön von Horvath, Der ewige Spießer*, in: Der Querschnitt, Berlin, 10. Jg., H.12, S. 852.

35 Postkarte von Hermann Kesten vom 6. 1. 1931; HA/B.

36 Brief vom 8. 1. 1931; HA/B.

37 Die Literarische Welt, Berlin, 7. Jg., Nr. 26.

38 U/B.

39 U/B.

40 Hermann Kesten (geb. 1900) war 1928 als Lektor in den Kiepenheuer Verlag eingetreten (bis März 1933), emigrierte und war von 1933 bis 1940 literarischer Leiter der Abteilung für deutsche Literatur im Verlag Allert de Lange in Amsterdam, in dem 1937 Horváths Roman *Jugend ohne Gott* und 1938 *Ein Kind unserer Zeit* erschienen.

41 Vgl. Hermann Kesten, *Kesten und Kiepenheuer. 1927-1933*, in: *Thema Stil Gestalt. 15 Jahre Literatur und Kunst im Spiegel eines Verlages* (Katalog zur Ausstellung anläßlich des 75jährigen Bestehens des Gustav Kiepenheuer Verlages, Leipzig–Weimar 1984, S. 513-517; hier S. 513): »Zum 50. Geburtstag von Gustav Kiepenheuer gab der Verlag einen abendlichen Empfang. [. . .] Der Verlag hatte außer seinen Autoren auch andere Koryphäen eingeladen. Es wurden viele Reden gehalten, und es wurde viel getrunken. Ödön von Horvath, den ich für den Verlag gewinnen

wollte, schüttete ein Glas mit einem bunten Likör auf das neue Kleid meiner Schwester Gina, die dieses Kleid an jenem Abend zum ersten Mal trug.«

42 Die Vertragsunterlagen müssen als verschollen gelten. Daß ein Vertrag zwischen Kiepenheuer und Horváth zustande kam, bestätigte der damalige Mitdirektor des Kiepenheuer Verlages, Fritz H. Landshoff (geb. 1901), am 5. 9. 1978 in einem Brief an den Hg.: »In der Tat hatte Kiepenheuer Verlag, durch Hermann Kesten, der Horváth zu mir gebracht hat, einen Vertrag mit uns geschlossen.« Belegt ist dies auch durch einen Briefwechsel im April 1933 zwischen den Verlagen Kiepenheuer und Marton Horváth betreffend.

43 HA/B, 4c, 4d, 5a, 6a, 6b, 7; alle eingeordnet unter *Der ewige Spießer*.

44 HA/B,8; 184 Seiten; Titelblatt und Widmungsblatt fehlen; durchpaginiert von *-3-* bis *-184-*; hinzu kommen noch die Seiten *-40a-* und *-133a-*. Das Typoskript ist von Horváth hs korrigiert, von fremder Hand nochmals korrigiert und für den Druck eingerichtet worden.

45 Die Erläuterungen versuchen, neben sprachlichen Hinweisen und Zitatnachweisen, vor allem den zeitgeschichtlichen Hintergrund und Anspielungen Horváths auf lokale und aktuelle Ereignisse darzulegen. Bei *Sechsunddreißig Stunden* beschränken sich die Erläuterungen auf jene Begriffe, in der Reihenfolge ihrer ersten Erwähnung, die innerhalb des *Ewigen Spießers* nicht aufscheinen, aber für die Charaktere und Zusammenhänge von Bedeutung sind. Für die zahlreichen Hinweise zu Details des zeitgenössischen Hintergrunds und zur Dechiffrierung vieler Anspielungen Horváths ist der Herausgeber Herrn Alexander Fuhrmann, München, zu besonderem Dank verpflichtet. Von großem Nutzen waren auch die Recherchen von Frau Birgit Muth und deren Arbeit *Politisch-gesellschaftliche Hintergründe in Ödön von Horváths Roman ›Der ewige Spießer‹. Dokumentiert anhand zeitgenössischer Berichte und Publikationen* (München 1987).

Ödön von Horváth
Sein Werk im Suhrkamp Verlag

Gesammmelte Werke. Herausgegeben von Traugott Krischke unter Mitarbeit von Susanna Foral-Krischke. Leinen

Band 1: Stücke 1920-1930
Band 2: Stücke 1931-1933
Band 3: Stücke 1934-1937
Band 4: Prosa und Verse 1918-1938

Supplementband: Skizzen, Fragmente und Kommentar

Gesammelte Werke. Kommentierte Werkausgabe in Einzelbänden. 15 Bde. Herausgegeben von Traugott Krischke unter Mitarbeit von Susanna Foral-Krischke. st 1051-1065

Band 1: Zur schönen Aussicht und andere Stücke. st 1051
Band 2: Sladek. st 1052
Band 3: Italienische Nacht. st 1053
Band 4: Geschichten aus dem Wiener Wald. st 1054
Band 5: Kasimir und Karoline. st 1055
Band 6: Glaube Liebe Hoffnung. st 1056
Band 7: Eine Unbekannte aus der Seine und andere Stücke. st 1057
Band 8: Figaro läßt sich scheiden. st 1058
Band 9: Don Juan kommt aus dem Krieg. st 1059
Band 10: Der jüngste Tag und andere Stücke. st 1060
Band 11: Sportmärchen und anderes. st 1061
Band 12: Der ewige Spießer. st 1062
Band 13: Jugend ohne Gott. st 1063
Band 14: Ein Kind unserer Zeit. st 1064

Supplementband: Skizzen und Fragmente. st 1065

Einzelausgaben

Geschichten aus dem Wiener Wald. Volksstück in drei Teilen mit einer Nacherzählung von Peter Handke. BS 247

Glaube Liebe Hoffnung. Herausgegeben und mit einem Nachwort versehen von Traugott Krischke. BS 361

Italienische Nacht. Edition und Nachwort von Traugott Krischke. BS 410

Jugend ohne Gott. Roman. BS 947

Kasimir und Karoline. Herausgegeben und mit einem Nachwort versehen von Traugott Krischke. BS 316

Ein Lesebuch. Herausgegeben von Traugott Krischke. st 742

18/1/11.92

Ödön von Horváth
Sein Werk im Suhrkamp Verlag

Zu Ödön von Horváth

Ödön von Horváth. Herausgegeben von Traugott Krischke. stm. st 2005

Horváth-Chronik. Von Traugott Krischke. stm. st 2089

Horváths Stücke. Herausgegeben von Traugott Krischke. stm. st 2092

Horváths Prosa. Herausgegeben von Traugott Krischke. stm. st 2094

Horváths ›Geschichten aus dem Wiener Wald‹. Herausgegeben von Traugott Krischke. stm. st 2019

Horváths ›Jugend ohne Gott‹. Herausgegeben von Traugott Krischke. stm. st 2027

18/2/11.92

suhrkamp taschenbücher materialien

Herbert Achternbusch. Herausgegeben von Jörg Drews. Mit Fotografien. stm. st 2015

Apokalypse. Weltuntergangsvisionen in der Literatur des 20. Jahrhunderts. Herausgegeben von Gunter E. Grimm, Werner Faulstich und Peter Kuon. stm. st 2067

Baudelaires ›Blumen des Bösen‹. Herausgegeben von Hartmut Engelhardt und Dieter Mettler. stm. st 2070

Samuel Beckett. Herausgegeben von Hartmut Engelhardt. stm. st 2044

Thomas Bernhard. Werkgeschichte. Herausgegeben von Jens Dittmar. stm. st 2002

Arbeitsbuch Thomas Brasch. Herausgegeben von Margarete Häßel und Richard Weber. stm. st 2076

Brasilianische Literatur. Herausgegeben von Michi Strausfeld. stm. st 2024

Brechts ›Antigone‹. Herausgegeben von Werner Hecht. stm. st 2075

Brechts ›Aufhaltsamer Aufstieg des Arturo Ui‹. Herausgegeben von Raimund Gerz. stm. st 2029

Brechts ›Dreigroschenoper‹. Herausgegeben von Werner Hecht. stm. st 2056

Brechts ›Gewehre der Frau Carrar‹. Herausgegeben von Klaus Bohnen. stm. st 2017

Brechts ›Guter Mensch von Sezuan‹. Herausgegeben von Jan Knopf. stm. st 2021

Brechts ›Heilige Johanna der Schlachthöfe‹. Herausgegeben von Jan Knopf. stm. st 2049

Brechts ›Herr Puntila und sein Knecht Matti‹. Herausgegeben von Hans Peter Neureuter. stm. st 2064

Brechts ›Kaukasischer Kreidekreis‹. Herausgegeben von Werner Hecht. stm. st 2054

Brechts ›Leben des Galilei‹. Herausgegeben von Werner Hecht. stm. st 2001

Brechts ›Mann ist Mann‹. Herausgegeben von Carl Wege. stm. st 2023

Brechts ›Mutter Courage und ihre Kinder‹. Herausgegeben von Klaus-Detlef Müller. stm. st 2016

Brechts Romane. Herausgegeben von Wolfgang Jeske. stm. st 2042

Brechts ›Tage der Commune‹. Herausgegeben von Wolf Siegert. stm. st 2031

Brechts Theaterarbeit. Seine Inszenierung des ›Kaukasischen Kreidekreises‹ 1954. Herausgegeben von Werner Hecht. stm. st 2062

Brechts Theorie des Theaters. Herausgegeben von Werner Hecht. stm. st 2074

251/1/4.92

suhrkamp taschenbücher materialien

Brechts ›Trommeln in der Nacht‹. Herausgegeben von Wolfgang Schwiedrzik. stm. st 2101

Hermann Broch. Herausgegeben von Paul Michael Lützeler. stm. st 2065

Brochs theoretisches Werk. Herausgegeben von Paul Michael Lützeler und Michael Kessler. stm. st 2090

Brochs ›Tod des Vergil‹. Herausgegeben von Paul Michael Lützeler. stm. st 2095

Brochs ›Verzauberung‹. Herausgegeben von Paul Michael Lützeler. stm. st 2039

Paul Celan. Herausgegeben von Werner Hamacher und Winfried Menninghaus. stm. st 2083

Die deutsche Kalendergeschichte. Ein Arbeitsbuch von Jan Knopf. stm. st 2030

Deutsche Lyrik nach 1945. Herausgegeben von Dieter Breuer. stm. st 2088

Diskurstheorien und Literaturwissenschaft. Herausgegeben von Jürgen Fohrmann und Harro Müller. stm. st 2091

Tankred Dorst. Herausgegeben von Günther Erken. st 2073

Dramatik der DDR. Herausgegeben von Ulrich Profitlich. stm. st 2072

Marguerite Duras. Herausgegeben von Ilma Rakusa. stm. st 2096

Hans Magnus Enzensberger. Herausgegeben von Reinhold Grimm. stm. st 2040

Max Frisch. Herausgegeben von Walter Schmitz. stm. st 2059

Frischs ›Andorra‹. Herausgegeben von Walter Schmitz und Ernst Wendt. stm. st 2053

Frischs ›Don Juan oder Die Liebe zur Geometrie‹. Herausgegeben von Walter Schmitz. stm. st 2046

Frischs ›Homo faber‹. Herausgegeben von Walter Schmitz. stm. st 2028

Geschichte als Schauspiel. Herausgegeben von Walter Hinck. stm. st 2006

Franz Grillparzer. Herausgegeben von Helmut Bachmaier. stm. st 2078

Peter Handke. Herausgegeben von Raimund Fellinger. stm. st 2004

Heinrich Heine. Ästhetisch-politische Profile. Herausgegeben von Gerhard Höhn. stm. st 2112

Wolfgang Hildesheimer. Werkgeschichte. Von Volker Jehle. stm. st 2109

Wolfgang Hildesheimer. Herausgegeben von Volker Jehle. stm. st 2103

Friedrich Hölderlin. Studien von Wolfgang Binder. Herausgegeben von Elisabeth Binder und Klaus Weimar. stm. st 2082

Ludwig Hohl. Herausgegeben von Johannes Beringer. stm. st 2007

251/2/4.92

suhrkamp taschenbücher materialien

Ödön von Horváth. Herausgegeben von Traugott Krischke. stm. st 2005

Horváth- Chronik. Von Traugott Krischke. stm. st 2089

Horváths Stücke. Herausgegeben von Traugott Krischke. stm. st 2092

Horváths Prosa. Herausgegeben von Traugott Krischke. stm. st 2094

Horváths ›Geschichten aus dem Wiener Wald‹. Herausgegeben von Traugott Krischke. stm. st 2019

Horváths ›Jugend ohne Gott‹. Herausgegeben von Traugott Krischke. stm. st 2027

Horváths ›Lehrerin von Regensburg. Der Fall Elly Maldaque‹. Dargestellt und dokumentiert von Jürgen Schröder. stm. st 2014

Peter Huchel. Herausgegeben von Axel Vieregg. stm. st 2048

Johnsons ›Jahrestage‹. Herausgegeben von Michael Bengel. stm. st 2057

Uwe Johnson. Herausgegeben von Rainer Gerlach und Matthias Richter. stm. st 2061

Joyces ›Dubliner‹. Herausgegeben von Klaus Reichert, Fritz Senn und Dieter E. Zimmer. stm. st 2052

Der junge Kafka. Herausgegeben von Gerhard Kunz. stm. st 2035

Juden in der deutschen Literatur. Ein deutsch-israelisches Symposion. Herausgegeben von Stéphane Moses und Albrecht Schöne. stm. st 2063

Kaiser, Gerhard: Geschichte der deutschen Lyrik. Band 1: Von Goethe bis Heine. 3 Bände. stm. st 2087

– Geschichte der deutschen Lyrik. Band 2: Von Heine bis zur Gegenwart. Ein Grundriß in Interpretationen. 3 Bände. Mit einem Textbeiheft. stm. st 2107

Marie Luise Kaschnitz. Herausgegeben von Uwe Schweikert. stm. st 2047

Alexander Kluge. Herausgegeben von Thomas Böhm-Christl. stm. st 2033

Wolfgang Koeppen. Herausgegeben von Eckart Oehlenschläger. stm. st 2079

Franz Xaver Kroetz. Herausgegeben von Otto Riewoldt. stm. st 2034

Dieter Kühn. Herausgegeben von Werner Klüppelholz und Helmut Scheuer. stm. st 2113

Landschaft. Herausgegeben von Manfred Smuda. stm. st 2069

Lateinamerikanische Literatur. Herausgegeben von Michi Strausfeld. stm. st 2041

Einladung, Hermann Lenz zu lesen. Herausgegeben von Rainer Moritz. stm. st 2099

251/3/4.92

suhrkamp taschenbücher materialien

Literarische Klassik. Herausgegeben von Hans-Joachim Simm. stm. st 2084

Literarische Utopie-Entwürfe. Herausgegeben von Hiltrud Gnüg. stm. st 2012

Literaturverfilmungen. Herausgegeben von Franz-Josef Albersmeier und Volker Roloff. stm. st 2093

Karl May. Herausgegeben von Helmut Schmiedt. stm. st 2025

Karl Mays ›Winnetou‹. Herausgegeben von Dieter Sudhoff und Hartmut Vollmer. stm. st 2102

Friederike Mayröcker. Herausgegeben von Siegfried J. Schmidt. stm. st 2043

E. Y. Meyer. Herausgegeben von Beatrice von Matt. stm. st 2022

Moderne chinesische Literatur. Herausgegeben von Wolfgang Kubin. stm. st 2045

Adolf Muschg. Herausgegeben von Manfred Dierks. stm. st 2086

Die Nibelungen. Ein deutscher Wahn, ein deutscher Alptraum. Studien und Dokumente zur Rezeption des Nibelungenstoffs im 19. und 20. Jahrhundert. Herausgegeben von Joachim Heinzle und Anneliese Waldschmidt. stm. st 2110

Paul Nizon. Herausgegeben von Martin Kilchmann. stm. st 2058

Die Parabel. Parabolische Formen in der deutschen Dichtung des 20. Jahrhunderts. Herausgegeben von Theo Elm und Hans H. Hiebel. stm. st 2060

Plenzdorfs ›Neue Leiden des jungen W.‹ Herausgegeben von Peter J. Brenner. stm. st 2013

Produktive Spiegelungen. Recht und Kriminalität in der Literatur. Von Klaus Lüderssen. stm. st 2080

Der Reisebericht. Die Entwicklung einer Gattung in der deutschen Literatur. Herausgegeben von Peter J. Brenner. stm. st 2097

Rilkes ›Aufzeichnungen des Malte Laurids Brigge‹. Herausgegeben von Hartmut Engelhardt. stm. st 2051

Rilkes ›Duineser Elegien‹. 3 Bände in Kassette. Herausgegeben von Ulrich Fülleborn und Manfred Engel. stm. st 2009-2011

Schillers ›Briefe über die ästhetische Erziehung‹. Herausgegeben von Jürgen Bolten. stm. st 2037

Spanische Literatur. Herausgegeben und mit einem Vorwort versehen von Michi Strausfeld. stm. st 2108

Die Strindberg-Fehde. Herausgegeben von Klaus von See. stm. st 2008

Karin Struck. Herausgegeben von Hans Adler und Hans Joachim Schrimpf. stm. st 2038

251/4/4.92

suhrkamp taschenbücher materialien

Sturz der Götter? Vaterbilder in Literatur, Medien und Kultur des 20. Jahrhunderts. Herausgegeben von Werner Faulstich und Gunter E. Grimm. stm. st 2098

Superman. Eine Comic-Serie und ihr Ethos. Von Thomas Hausmanninger. stm. st 2100

Über das Klassische. Herausgegeben von Rudolf Bockholdt. stm. st 2077

Martin Walser. Herausgegeben von Klaus Siblewski. stm. st 2003

Robert Walser. Herausgegeben von Klaus-Michael Hinz und Thomas Horst. stm. st 2104

Weimars Ende. Herausgegeben von Thomas Koebner. stm. st 2018

Ernst Weiß. Herausgegeben von Peter Engel. stm. st 2020

Peter Weiss. Herausgegeben von Rainer Gerlach. stm. st 2036

Peter Weiss' ›Die Ästhetik des Widerstands‹. Herausgegeben von Alexander Stephan. stm. st 2032

Virginia Woolf. Herausgegeben von Alexandra Lavizzari. stm. st 2111

251/5/4.92